W. A. Hollenberg

Lehrbuch für den evangelischen Religionsunterricht in Gymnasien

W. A. Hollenberg

Lehrbuch für den evangelischen Religionsunterricht in Gymnasien

ISBN/EAN: 9783743327436

Hergestellt in Europa, USA, Kanada, Australien, Japan

Cover: Foto ©Lupo / pixelio.de

Manufactured and distributed by brebook publishing software
(www.brebook.com)

W. A. Hollenberg

Lehrbuch für den evangelischen Religionsunterricht in Gymnasien

Hülfsbuch

für den

evangelischen Religionsunterricht

in

Gymnasien

von

W. A. Hollenberg.

Siebenunddreißigste Auflage.

Berlin.

Verlag von Wiegandt und Grieben.

1889.

Vorwort.

Die neue Auflage des Hülfsbuchs hat wiederum einige Verbesserungen erfahren. In dem Text der Lieder ist mancher Anstoß, den sprachliche Formen und fremdartige Wendungen boten,
vermieden, mancher Vers aus äußern oder innern Gründen ge-
strichen worden. Warum ich mich zu diesem Schritt, der leicht
als Rückschritt erscheinen kann, entschlossen habe, kann an diesem
Orte nicht entwickelt werden.

An die Stelle zweier Lieder, die ganz fortgefallen sind, habe
ich 8 neue gesetzt. Sonst ist mein Streben mehr dahin gerichtet
gewesen, den Umfang des Buches zu beschränken, als den Stoff
zu vermehren, insbesondere dahin, sowohl dem Zweifelhaften oder
Veralteten aus dem Wege zu gehen, als dem, was zu einer un-
zeitigen Kritik des Überlieferten führen müßte. Mehreres ist auch
vereinfacht worden, weil es gut erschien, zu bloß gelehrten Ausfüh-
rungen möglichst wenig Veranlassung zu bieten. Wir thun darin
ohnehin leicht zu viel, zumal in dem ersten Eifer, wo wir uns
fast verpflichtet erachten, über alles Hohe und Tiefe eine fertige

Ansicht nicht bloß selbst zu haben, sondern auch andern einzu=
prägen.

Diese Revision meines Buches soll die letzte sein. Auch
hierbei regen sich in mir manche Empfindungen von Dank und
Freude, die auszusprechen hier unpassend sein würde.

Saarbrücken. im März 1871.

Inhalt.

Register der Lieder.

I. Kirchenlieder.

Advent.

1.

1. Mit Ernst, ihr Menschenkinder,
das Herz in euch bestellt;
bald wird das Heil der Sünder,
der wunderstarke Held,
  den Gott aus Gnad allein
der Welt zum Licht und Leben
versprochen hat zu geben,
bei allen kehren ein.

2. Bereitet doch sein tüchtig
den Weg dem großen Gast,
macht seine Steige richtig,
laßt alles, was er haßt.
  Macht alle Bahnen recht;
die Thal laßt sein erhöhet,
macht niedrig, was hoch stehet,
was krumm ist, gleich und schlecht.

3. Ein Herz, das Demut liebet,
bei Gott am höchsten steht;
ein Herz, das Hochmut übet,
mit Angst zu grunde geht;
  ein Herz, das richtig ist
und folget Gottes Leiten,
das kann sich recht bereiten,
zu dem kommt Jesus Christ.

4. Ach, mache du mich Armen
in dieser Gnadenzeit
aus Güte und Erbarmen,
Herr Jesu, selbst bereit;
  Zeuch in mein Herz hinein
vom Stall und von der Krippen;
so werden Herz und Lippen
dir ewig dankbar sein.

Val. Thilo.

2.

1. Wie soll ich dich empfangen,
und wie begegn ich dir?
o aller Welt Verlangen,
o meiner Seelen Zier!
  O Jesu, Jesu, setze
mir selbst die Fackel bei,
damit, was dich ergetze,
mir kund und wissend sei.

2. Dein Zion streut dir Palmen
und grüne Zweige hin;
und ich will dir in Psalmen
ermuntern meinen Sinn.
  Mein Herze soll dir grünen
in stetem Lob und Preis,
und deinem Namen dienen,
so gut es kann und weiß.

3. Was hast du unterlassen
zu meinem Trost und Freud?
Als Leib und Seele saßen
in ihrem größten Leid.

Hollenberg, Hülfsbuch.

als mir das Reich genommen,
da Fried und Freude lacht,
da bist du, mein Heil, kommen
und hast mich froh gemacht.

4. Ich lag in schweren Banden,
du kommst und machst mich los;
ich stand in Spott und Schanden,
du kommst und machst mich groß
und hebst mich hoch zu Ehren.
und schenkst mir großes Gut,
das sich nicht läßt verzehren,
wie irdisch Reichtum thut.

5. Nichts, nichts hat dich getrieben
zu mir vom Himmelszelt,
als das geliebte Lieben,
damit du alle Welt
  in ihren tausend Plagen
und großen Jammerslast,
die kein Mund aus kann sagen,
so fest umfangen hast.

6. Das schreib dir in dein Herze,
du herzbetrübtes Heer,
bei denen Gram und Schmerze
sich häuft je mehr und mehr;
seid unverzagt, ihr habet
die Hülfe vor der Thür,
der eure Herzen labet
und tröstet, steht allhier.

7. Ihr dürft euch nicht bemühen,
noch sorgen Tag und Nacht,
wie ihr ihn wollet ziehen
mit eures Armes Macht:
er kommt, er kommt mit Willen,
ist voller Lieb und Lust,
all Angst und Not zu stillen,
die ihm an euch bewußt.

8. Auch dürft ihr nicht erschrecken
vor eurer Sündenschuld;
nein! Jesus will sie decken
mit seiner Lieb und Huld;

er kommt, er kommt den Sündern
zum Trost und wahren Heil,
schafft, daß bei Gottes Kindern
verbleib ihr Erb und Teil.

9. Was fragt ihr nach dem Schreien
der Feind und ihrer Tück?
ihr Herr wird sie zerstreuen
in einem Augenblick.
Er kommt, er kommt ein König,
dem wahrlich alle Feind
auf Erden viel zu wenig
zum Widerstande sind

10. Er kommt zum Weltgerichte,
zum Fluch dem, der ihm flucht,
mit Gnad und süßem Lichte
dem, der ihn liebt und sucht.
Ach komm, ach komm, o Sonne
und hol uns allzumal
zum ewgen Licht und Wonne
in deinen Freudensaal.

Paul Gerhardt.

3.

1. Gott sei Dank durch alle Welt,
der sein Wort beständig hält,
und der Sünder Trost und Rat
zu uns hergesendet hat!

2. Was der alten Väter Schar
höchster Wunsch und Sehnen war,
und was sie geprophezeit,
ist erfüllt nach Herrlichkeit.

3. Zions Hülf und Abrams Lohn,
Jakobs Heil, der Jungfrau Sohn,
der wohlzweigestammte Held
hat sich treulich eingestellt.

4. Sei willkommen, o mein Heil,
dir Hosianna, o mein Teil!
Richte du auch eine Bahn
dir in meinem Herzen an.

5. Zeuch, du Ehrenkönig, ein,
es gehöret dir allein,

mach es, wie du gerne thust,
rein von aller Sünden Wust.

6. Und gleichwie dein Zukunft war
voller Sanftmut, ohn Gefahr,
also sei auch jederzeit
deine Sanftmut mir bereit.

7. Tröste, tröste meinen Sinn,
weil ich schwach und blöde bin
und des Satans schlaue List
sich zu hoch für mich vermißt.

8. Tritt der Schlange Kopf entzwei,
daß ich, aller Ängste frei,
dir im Glauben, um und an,
selig bleibe zugethan;

9. Daß, wenn du, du Lebensfürst,
prächtig wiederkommen wirst,
ich dir mög entgegen gehn
und vor dir gerecht bestehn.

Heinrich Held.

Weihnachten.

4.

1. Gelobet seist du, Jesu Christ,
daß du Mensch geboren bist
von einer Jungfrau, das ist wahr,
des freuet sich der Engel Schar.
Halleluja!

2. Des ewgen Vaters einig Kind
jetzt man in der Krippe findt,
in unser armes Fleisch und Blut
verkleidet sich das ewge Gut.
Halleluja!

3. Den aller Welt Kreis nie beschloß,
der liegt in Marien Schoß;
er ist ein Kindlein worden klein,
der alle Dinge erhält allein.
Halleluja!

4. Das ewge Licht geht da herein,
giebt der Welt ein neuen Schein,
es leucht wohl mitten in der Nacht,
und uns des Lichtes Kinder macht.
Halleluja!

5. Der Sohn des Vaters, Gott von Art,
ein Gast in der Welt hie ward,

und führt uns aus dem Jammerthal,
er macht uns Erben in seinm Saal.
Halleluja!

6. Er ist auf Erden kommen arm,
daß er unser sich erbarm
und in dem Himmel mache reich
und seinen lieben Engeln gleich.
Halleluja!

7. Das hat er alles uns gethan,
sein groß Lieb zu zeigen an;
des freu sich alle Christenheit
und dank ihm des in Ewigkeit.
Halleluja!

Martin Luther.

5.

1. Vom Himmel hoch da komm ich her,
ich bring euch gute neue Mär,
der guten Mär bring ich so viel,
davon ich singn und sagen will.

2. Euch ist ein Kindlein heut geborn
von einer Jungfrau auserkorn,
ein Kindelein so zart und fein,
das soll eur Freud und Wonne sein.

3. Es ist der Herr Christ, unser Gott,
der will euch führn aus aller Not,
er will eur Heiland selber sein,
von allen Sünden machen rein.

4. Er bringt euch alle Seligkeit,
die Gott der Vater hat bereit,
daß ihr mit uns im Himmelreich
sollt leben nun und ewiglich.

5. So merket nun das Zeichen recht,
die Krippen, Windelein so schlecht;
da findet ihr das Kind gelegt,
das alle Welt erhält und trägt.

6. Des laßt uns alle fröhlich sein,
und mit den Hirten gehn hinein,
zu sehn, was Gott uns hat beschert,
mit seinem lieben Sohn verehrt.

8. Sei willekomm, du edler Gast,
den Sünder nicht verschmähet hast,
und kommst ins Elend her zu mir;
wie soll ich immer danken dir?

12. Das hat also gefallen dir,
die Wahrheit anzuzeigen mir,
wie aller Welt Macht, Ehr und Gut
vor dir nichts gilt, nichts hilft, noch
thut.

13. Ach, mein herzliebes Jesulein,
mach dir ein rein sanft Bettelein,
zu ruhen in meins Herzens Schrein,
daß ich nimmer vergesse dein.

15. Lob, Ehr sei Gott im höchsten Thron,
der uns schenkt seinen eingen Sohn!
des freuen sich der Engel Schar
und singen uns solchs neues Jahr.

Martin Luther.

6.

1. Lobt Gott, ihr Christen alle gleich,
in seinem höchsten Thron,
der heut schleußt auf sein Himmelreich
und schenkt uns seinen Sohn.

2. Er kommt aus seines Vaters Schoß
und wird ein Kindlein klein:
er liegt dort elend, nackt und bloß
in einem Krippelein.

3. Er äußert sich all seiner Gewalt,
wird niedrig und gering,

und nimmt an sich eins Knechts Gestalt,
der Schöpfer aller Ding.

4. Er liegt an seiner Mutter Brust,
ihr Milch, die ist sein Speis,
an dem die Engel sehn ihr Lust,
denn er ist Davids Reis,

5. Das aus sein Stamm entsprießen sollt
in dieser letzten Zeit,
durch welchen Gott aufrichten wollt
sein Reich, die Christenheit.

1*

6. Er wechselt mit uns wunderlich:
Fleisch und Blut nimmt er an,
und giebt uns in seins Vaters Reich
die klare Gottheit dran.

7. Er wird ein Knecht, und ich ein Herr,
das mag ein Wechsel sein!

Wie könnt er doch sein freundlicher,
das Herze-Jesulein.

8. Heut schleußt er wieder auf die Thür
zum schönen Paradeis;
der Cherub steht nicht mehr dafür:
Gott sei Lob, Ehr und Preis.
Nik. Herman.

7.

1. Dies ist der Tag, den Gott gemacht,
sein werd in aller Welt gedacht,
ihn preise, was durch Jesum Christ
im Himmel und auf Erden ist.

2. Die Völker haben dein geharrt,
bis daß die Zeit erfüllet ward;
da sandte Gott von seinem Thron
das Heil der Welt, dich, seinen Sohn.

3. Wenn ich dies Wunder fassen will,
so steht mein Geist vor Ehrfurcht still,
er betet an, und er ermißt,
daß Gottes Lieb unendlich ist.

4. Damit der Sünder Gnad erhält,
erniedrigst du dich, Herr der Welt,
nimmst selbst an unsrer Menschheit
theil,
erscheinst im Fleisch und wirst uns Heil.

5. Dein König, Zion, kommt zu dir;
ich komm, im Buche steht von mir:
Gott, deinen Willen thu ich gern,
gelobt sei, der da kommt im Herrn!

6. Herr, der du Mensch geboren wirst,
Immanuel und Friedensfürst,

auf den die Väter hoffend sahn,
dich, Gott Messias, bet ich an!

7. Du unser Heil und höchstes Gut,
vereinest dich mit Fleisch und Blut,
wirst unser Freund und Bruder hier,
und Gottes Kinder werden wir.

8. Gedanke voller Majestät,
du bist es, der das Herz erhöht.
Gedanke voller Seligkeit,
du bist es, der das Herz erfreut.

9. Durch Eines Sünde fiel die Welt,
Ein Mittler ists, der sie erhält:
was zagt der Mensch, wenn der ihn
schützt,
der in des Vaters Schoße sitzt?

10. Jauchzt, Himmel, die ihr ihn erfuhrt,
den Tag der heiligsten Geburt,
und Erde, die ihn heute sieht,
sing ihm, dem Herrn, ein neues Lied.

11. Dies ist der Tag, den Gott gemacht,
sein werd in aller Welt gedacht;
ihn preise, was durch Jesum Christ
im Himmel und auf Erden ist.
Gellert.

Neujahr.

8.

1. Nun laßt uns gehn und treten
mit Singen und mit Beten
zum Herrn, der unserm Leben
bis hierher Kraft gegeben.

2. Wir gehn dahin und wandern
von einem Jahr zum andern,
wir leben und gedeihen
vom alten bis zum neuen,

3. Durch so viel Angst und Plagen,
durch Zittern und durch Zagen,
durch Krieg und große Schrecken,
die alle Welt bedecken.

4. Denn wie von treuen Müttern
in schweren Ungewittern
die Kindlein hier auf Erden
mit Fleiß bewahret werden,

5. Also auch und nichts minder
läßt Gott ihm seine Kinder,
wenn Not und Trübsal blitzen,
in seinem Schoße sitzen.

6. Ach Hüter unsres Lebens,
fürwahr, es ist vergebens
mit unserm Thun und Machen,
wo nicht dein Augen wachen.

7. Gelobt sei deine Treue,
die alle Morgen neue!
Lob sei den starken Händen,
die alles Herzleid wenden!

8. Laß ferner dich erbitten,
o Vater, und bleib mitten
in unserm Kreuz und Leiden
ein Brunnen unsrer Freuden.

9. Gieb mir und allen denen,
die sich von Herzen sehnen
nach dir und deiner Hulde
ein Herz, das sich gedulde.

10. Schleuß zu die Jammerpforten
und laß an allen Orten
auf so viel Blutvergießen
die Friedensströme fließen.

11. Sprich deinen milden Segen
zu allen unsern Wegen,

laß Großen und auch Kleinen
die Gnadensonne scheinen.

12. Sei der Verlaßnen Vater,
der Irrenden Berater,
der Unversorgten Gabe,
der Armen Gut und Habe.

13. Hilf gnädig allen Kranken,
gieb fröhliche Gedanken
den hochbetrübten Seelen,
die sich mit Schwermut quälen.

14. Und endlich, was das Meiste,
füll uns mit deinem Geiste,
der uns hier herrlich ziere,
und dort zum Himmel führe.

15. Das alles wollst du geben,
o meines Lebens Leben,
mir und der Christenschare
zum selgen neuen Jahre.
Paul Gerhardt.

Passionszeit.

9.

1. O Lamm Gottes, unschuldig
am Stamm des Kreuzes geschlachtet,
allzeit gefunden duldig,
wiewohl du warbst verachtet.
All Sünd hast du getragen,
sonst müßten wir verzagen;
erbarm dich unser, o Jesu.

2. O Lamm Gottes, unschuldig
am Stamm des Kreuzes geschlachtet,
allzeit gefunden duldig,
wiewohl du warbst verachtet.

All Sünd hast du getragen,
sonst müßten wir verzagen;
erbarm dich unser, o Jesu.

3. O Lamm Gottes, unschuldig
am Stamm des Kreuzes geschlachtet,
allzeit gefunden duldig,
wiewohl du warbst verachtet.
All Sünd hast du getragen,
sonst müßten wir verzagen;
gieb uns deinen Frieden, o Jesu.
Nicolaus Decius.
(Hovesch.)

10.

1. Herzliebster Jesu, was hast du ver-
brochen,
daß man ein solch scharf Urteil hat
gesprochen?
Was ist die Schuld? In was für
Missethaten
bist du geraten?

2. Du wirst gegeißelt und mit Dorn
gekrönet,
ins Angesicht geschlagen und verhöhnet,
du wirst mit Essig und mit Gall
getränket,
ans Kreuz gehenket.

3. Was ist doch wohl die Ursach solcher
Plagen?
Ach, meine Sünden haben dich geschlagen;
ach, Herre Jesu, ich hab dies verschuldet,
was du erduldet.

4. Wie wunderbarlich ist doch diese
Strafe:
der gute Hirte leidet für die Schafe,
die Schuld bezahlt der Herre, der
Gerechte,
für seine Knechte.

6. O große Lieb, o Lieb ohn alle
    Maße,
die dich gebracht auf diese Marter-
    straße;
ich lebte mit der Welt in Lust und
    Freuden,
und du mußt leiden!

7. Ach großer König, groß zu allen
    Zeiten;
wie kann ich gnugsam solche Treu
    ausbreiten?
Keins Menschen Herz vermag es
    auszubenken,
was dir zu schenken.

8. Ich kanns mit meinen Sinnen nicht
    erreichen,
womit doch dein Erbarmen zu ver-
    gleichen:
wie kann ich dir denn beine Liebes-
    thaten
im Werk erstatten?

9. Doch ist noch etwas, das dir an-
    genehme:
wenn ich des Fleisches Lüste bäupf
    und zähme,
daß sie aufs neu mein Herze nicht
    entzünden
mit alten Sünden.

10. Weils aber nicht besteht in eignen
    Kräften,
fest die Begierden an das Kreuz zu
    heften,

so gieb mir beinen Geist, der mich
    regiere,
zum Guten führe.

11. Alsbann so werd ich deine Huld be-
    trachten,
aus Lieb zu dir die Welt für gar
    nichts achten;
ich werde mich bemühn, Herr, bei-
    nen Willen
stets zu erfüllen.

12. Ich werde dir zu Ehren alles wagen,
kein Kreuz nicht achten, keine Schmach
    und Plagen,
nichts von Verfolgung, nichts von
    Todesschmerzen
nehmen zu Herzen.

13. Dies alles, obs für schlecht zwar ist
    zu schätzen,
wirst du es doch nicht gar beiseite
    setzen,
in Gnaden wirst du dies von mir
    annehmen,
mich nicht beschämen.

14. Wann dort, Herr Jesu, wird vor
    beinem Throne
auf meinem Haupte stehn die Ehren-
    krone,
da will ich dir, wann alles wird
    wohl klingen,
Lob und Dank singen.
      Johann Heermann.

11.

1. Ein Lämmlein geht und trägt die
    Schuld
der Welt und ihrer Kinder,
es geht und träget in Geduld
die Sünden aller Sünder.
 es geht dahin, wird matt und krank,
ergiebt sich auf die Würgebank,
verzeiht sich aller Freuden;
es nimmet an Schmach, Hohn und
    Spott,
Angst, Wunden, Striemen, Kreuz
    und Tod,
und spricht: ich wills gern leiden.

2. Das Lämmlein ist der große Freund
und Heiland meiner Seelen,
den, den hat Gott zum Sündenfeind
und Sühner wollen wählen:

„geh hin, mein Kind, und nimm
    dich an
der Kinder, die ich ausgethan,
zur Straf und Zornesruten.
Die Straf ist schwer, der Zorn ist groß,
du kannst und sollst sie machen los
durch Sterben und durch Bluten."

3. Ja, Vater, ja, von Herzensgrund,
leg auf, ich will dirs tragen.
Mein Wollen hängt an deinem Mund,
mein Wirken ist dein Sagen.
 O Wunderlieb, o Liebesmacht,
du kannst, was nie kein Mensch gedacht,
Gott seinen Sohn abzwingen;
o Liebe, Liebe, du bist stark,
du streckest den ins Grab und Sarg,
vor dem die Felsen springen.

4. Mein Lebetage will ich dich
aus meinem Sinn nicht lassen,
dich will ich stets, gleich wie du mich,
mit Liebesarmen fassen;
   du sollst sein meines Herzens Licht,
und wenn mein Herz in Stücke bricht,
sollst du mein Herze bleiben;
ich will mich dir, mein höchster Ruhm,
hiermit zu deinem Eigentum
beständiglich verschreiben.

5. Ich will von deiner Lieblichkeit
bei Nacht und Tage singen,
mich selbst auch dir zu aller Zeit
zum Freudenopfer bringen.
   Mein Bach des Lebens soll sich dir
und deinem Namen für und für
in Dankbarkeit ergießen,
und was du mir zu gut gethan,
das will ich stets, so tief ich kann,
in mein Gedächtnis schließen.

6. Was schadet mir des Todes Gift,
dein Blut das ist mein Leben;
wann mich der Sonne Hitze trifft,
so kann mirs Schatten geben;
   setzt Leiden mir und Jammer zu,
so find ich bei dir meine Ruh,
als auf dem Bett ein Kranker;
und wann des Kreuzes Ungestüm
mein Schifflein treibet um und um,
so bist du dann mein Anker.

7. Wann endlich ich soll treten ein
in deines Reiches Freuden,
so soll dein Blut mein Purpur sein,
ich will mich darein kleiden;
   es soll sein meines Hauptes Kron,
in welcher ich will vor den Thron
des höchsten Vaters gehen,
und dir, dem er mich anvertraut,
als eine wohlgeschmückte Braut
an deiner Seite stehen.

Paul Gerhardt.

12.

1. O Haupt voll Blut und Wunden,
voll Schmerz und voller Hohn;
o Haupt, zum Spott gebunden
mit einer Dornenkron;
   o Haupt, sonst schön gekrönet
mit höchster Ehr und Zier,
jetzt aber höchst verhöhnet:
gegrüßet seist du mir.

2. Du edles Angesichte,
davor sonst schrickt und scheut
das große Weltgewichte,
wie bist du so bespeit;
   wie bist du so erbleichet;
wer hat dein Augenlicht,
dem sonst kein Licht mehr gleichet,
so schändlich zugericht't?

3. Die Farbe deiner Wangen,
der roten Lippen Pracht
ist hin und ganz vergangen;
des blassen Todes Macht
   hat alles hingenommen,
hat alles hingerafft,
und daher bist du kommen
von deines Leibes Kraft.

4. Nun, was du Herr erdulbet,
ist alles meine Last,
ich hab es selbst verschuldet,
was du getragen hast.

Schau her, hier steh ich Armer,
der Zorn verdienet hat;
gieb mir, o mein Erbarmer,
den Anblick deiner Gnad.

5. Erkenne mich, mein Hüter,
mein Hirte, nimm mich an!
Von dir, Quell aller Güter,
ist mir viel Guts gethan:
   dein Mund hat mich gelabet
mit süßer Gnadenkost,
dein Geist hat mich begabet
mit mancher Himmelslust.

6. Ich will hier bei dir stehen,
verachte mich doch nicht!
Von dir will ich nicht gehen,
wann dir dein Herze bricht;
   wann dein Haupt wird erblassen
im letzten Todesstoß,
alsdann will ich dich fassen
in meinen Arm und Schoß.

7. Es dient zu meinen Freuden
und kommt mir herzlich wohl,
wenn ich in deinem Leiden,
mein Heil, mich finden soll.
   Ach möcht ich, o mein Leben,
an deinem Kreuze hier
mein Leben von mir geben,
wie wohl geschähe mir!

8. Ich danke dir von Herzen,
   o Jesu, liebster Freund,
   für deines Todes Schmerzen,
   da dus so gut gemeint.
   　Ach gieb, daß ich mich halte
   zu dir und deiner Treu,
   und wann ich nun erkalte
   in dir mein Ende sei.

9. Wann ich einmal soll scheiden,
   so scheide nicht von mir,
   wann ich den Tod soll leiden,
   so tritt du dann herfür;
   　wann mir am allerbängsten
   wird um das Herze sein,
   so reiß mich aus den Aengsten
   kraft deiner Angst und Pein.

10. Erscheine mir zum Schilde,
    zum Trost in meinem Tod,
    und laß mich sehn dein Bilde
    in deiner Kreuzesnot;
    　da will ich nach dir blicken,
    da will ich glaubensvoll
    dich fest an mein Herz drücken:
    Wer so stirbt, der stirbt wohl.
    　　　　　Paul Gerhardt.

13.

1. Wenn meine Sünd mich kränken,
   o mein Herr Jesu Christ,
   so laß mich wohl bedenken,
   wie du gestorben bist,
   　und alle meine Schuldenlast
   am Stamm des heilgen Kreuzes
   auf dich genommen hast.

2. O Wunder ohne Maßen,
   wer es betrachtet recht:
   es hat sich martern lassen
   der Herr für seinen Knecht;
   　es hat sich selbst der wahre Gott
   für mich verlornen Menschen
   gegeben in den Tod.

3. Was kann mir denn nun schaden
   der Sünden große Zahl?
   Ich bin bei Gott in Gnaden,
   die Schuld ist allzumal
   　bezahlt durch Christi teures Blut,
   daß ich nicht mehr darf fürchten
   der Hölle Qual und Glut.

4. Drum sag ich dir von Herzen
   jetzt und mein Leben lang,
   für beine Pein und Schmerzen,
   o Jesu, Lob und Dank,
   　für beine Not und Angstgeschrei,
   für dein unschuldig Sterben,
   für beine Lieb und Treu.

5. Herr, laß dein bitter Leiden
   mich reizen für und für,
   mit allem Ernst zu meiden
   die sündliche Begier,
   　daß mir nie komme aus dem Sinn,
   wie viel es dich gekostet,
   daß ich erlöset bin.

6. Mein Kreuz und meine Plagen,
   sollts auch sein Schmach und Spott,
   hilf mir geduldig tragen;
   gieb, o mein Herr und Gott,
   　daß ich verleugne diese Welt,
   und folge dem Exempel,
   das du mir vorgestellt.

7. Laß mich an andern üben,
   was du an mir gethan,
   und meinen Nächsten lieben,
   gern dienen jedermann
   　ohn Eigennutz und Heuchelschein,
   und, wie du mir erwiesen,
   aus reiner Lieb allein.

8. Laß endlich deine Wunden
   mich trösten kräftiglich
   in meiner letzten Stunden,
   und des versichern mich:
   　weil ich auf dein Verdienst nur trau,
   du werdest mich annehmen,
   daß ich dich ewig schau.
   　　　　　Justus Gesenius.

Ostern.

14.

1. Christ lag in Todesbanden,
   für unsre Sünd gegeben,
   der ist wieder erstanden
   und hat uns bracht das Leben:
   　des wir sollen fröhlich sein,
   Gott loben und ihm dankbar sein
   und singen Halleluja!
   Halleluja!

2. Den Tod niemand bezwingen konnt
bei allen Menschenkindern;
das machte alles unsre Sünd,
kein Unschuld war zu finden.
  Davon kam der Tod sobald
  und nahm sich über uns Gewalt,
  hielt uns in sein Reich g'fangen.
Halleluja!

3. Christ, unser Heiland, Gottes Sohn,
an unsrer Statt ist kommen
und hat die Sünde abgethan,
damit dem Tod genommen
  all sein Recht und sein Gewalt;
  da bleibet nichts denn Tods Gestalt,
  den Stachel hat er verloren.
Halleluja!

5. Hie ist das rechte Osterlamm,
davon Gott hat geboten,
das ist für uns an Kreuzes Stamm
in heißer Lieb gestorben;
  des Blut zeichnet unsre Thür,
  das hält der Glaub dem Tode für;
  nicht rühren kann uns der Würger.
Halleluja!

6. So feiern wir das hohe Fest
mit Herzens Freud und Wonne,
das uns der Herre scheinen läßt.
Er ist selber die Sonne,
  der durch seiner Gnaden Glanz
  erleuchtet unsre Herzen ganz:
  der Sünd Nacht ist vergangen.
Halleluja!

Martin Luther.

15.

1. Wach auf, mein Herz, die Nacht ist hin,
die Sonn ist aufgegangen.
Ermuntre deinen Geist und Sinn,
den Heiland zu empfangen,
  der heute durch des Todes Thür
  gebrochen aus dem Grab herfür,
  der ganzen Welt zur Wonne.

2. Steh aus dem Grab der Sünden auf
und such ein neues Leben,
vollführe deinen Glaubenslauf
und laß dein Herz sich heben
  gen Himmel, da dein Jesus ist,
  und such, was droben, als ein Christ,
  der geistlich auferstanden.

3. Vergiß nun, was dahinten ist,
und tracht nach dem, was droben,
damit dein Herz zu jeder Frist
zu Jesu sei erhoben.
  Tritt unter dich die böse Welt
  und strebe nach des Himmels Zelt,
  wo Jesus ist zu finden.

4. Quält dich ein schwerer Sorgenstein:
dein Jesus wird ihn heben;
es kann ein Christ bei Kreuzespein
in Freud und Wonne leben.
  Wirf dein Anliegen auf den Herrn
  und sorge nicht: er ist nicht fern,
  weil er ist auferstanden.

5. Es hat der Löw aus Juda's Stamm
heut siegreich überwunden;
und das erwürgte Gotteslamm
hat uns zum Heil, erfunden
  das Leben und Gerechtigkeit,

weil er nach überwundnem Streit
die Feinde schaugetragen.

6. Drum auf, mein Herz, fang an den
    Streit,
weil Jesus überwunden;
er wird auch überwinden weit
in dir, weil er gebunden
  der Feinde Macht, daß du aufstehst
  und in ein neues Leben gehst
  und Gott im Glauben dienest.

7. Scheu weder Teufel, Welt noch Tod,
noch gar der Hölle Rachen;
denn Jesus lebt, es hat kein Not,
er ist noch bei den Schwachen
  und den Geringen in der Welt
  als ein gekrönter Siegesheld;
  drum wirst du überwinden.

8. Ach mein Herr Jesu, der du bist
von Toten auferstanden,
rett uns aus Satans Macht und List
und aus des Todes Banden,
  daß wir zusammen insgemein
  zum neuen Leben gehen ein,
  das du uns hast erworben.

9. Sei hochgelobt in dieser Zeit
von allen Gotteskindern,
und ewig in der Herrlichkeit
von allen Überwindern,
  die überwunden durch dein Blut.
  Herr Jesu, gieb uns Kraft und
      Mut,
  daß wir auch überwinden.

Laurentius Laurenti.

16.

1. Ich geh zu deinem Grabe,
du großer Osterfürst,
weil ich die Hoffnung habe,
daß du mir zeigen wirst,
   wie man kann fröhlich sterben
und fröhlich auferstehn;
auch mit des Himmels Erben
ins Land des Lebens gehn.

2. Du liegest in der Erde
und hast sie eingeweiht:
wenn ich begraben werde,
daß sich mein Herz nicht scheut,
   auch in den Staub zu legen,
was Asch und Staub vermehrt;
weil dir doch allerwegen
die Erde zugehört.

3. Du schläfest in dem Grabe,
daß ich auch meine Ruh
an diesem Orte habe;
du drückst die Augen zu:
   so soll mir gar nicht grauen,
wenn mein Gesicht vergeht;
ich werde den wohl schauen,
der mir zur Seite steht.

4. Dein Grab war wohl versiegelt,
doch brichst du es entzwei;
wenn mich der Tod verriegelt,
so bin ich dennoch frei.

Du wirst den Stein schon rücken,
der auch mein Grab bedeckt;
da werd ich den erblicken,
der mich vom Tode weckt.

5. Du fährest in die Höhe
und zeigest mir die Bahn,
wohin ich endlich gehe,
da ich dich finden kann.
   Dort ist es sicher wohnen,
wo lauter Glanz um dich;
da warten lauter Kronen
in deiner Hand auf mich.

6. O meines Lebens Leben,
o meines Todes Tod!
ich will mich dir ergeben
in meiner letzten Not.
   Ich will mein Bette machen
in deine liebe Gruft,
da werd ich schon erwachen
wenn deine Stimme ruft.

7. Du wirst den Ölberg zeigen,
wo man gen Himmel fährt,
da will ich fröhlich steigen,
bis daß ich eingekehrt
   in Salems Friedenshäuser,
da heißt's: Halleluja!
Da trägt man Sieges=Reiser;
ach, wär ich nur schon da!
   Benjamin Schmolk.

Himmelfahrt.

17.

1. Ach wundergroßer Siegesheld,
du Sündenträger aller Welt,
heut hast du dich gesetzet
zur Rechten deines Vaters Kraft,
der Feinde Schar gebracht zur Haft,
bis auf den Tod verletzet;
   mächtig, prächtig,
triumphierest.
jubilierest;
Tod und Leben,
dir ist alles untergeben.

2. Dir dienen alle Cherubim,
Viel tausend hohe Seraphim
dich großen Siegsmann loben,
weil du den Segen wiederbracht,
mit Majestät und großer Macht
zur Glorie bist erhoben:

singet, klinget,
rühmt und ehret
den, so fähret
auf gen Himmel
mit Posaunen und Getümmel.

3. Du bist das Haupt, hingegen wir
sind Glieder, ja es kommt von dir
auf uns Licht, Trost und Leben,
Heil, Fried und Freude, Stärk und
   Kraft,
Erquickung, Labsal, Herzenssaft
wird uns von dir gegeben:
   bringe, zwinge
mein Gemüte,
mein Geblüte,
daß es preise,
dir als Siegsherrn Ehr erweise.

4. Zeuch, Jesu, uns, zeuch uns nach dir,
hilf, daß wir forthin für und für
nach deinem Reiche trachten.
Laß unser Thun und Wandel sein,
Wo Zucht und Demut tritt herein,
all Üppigkeit verachten!
Unart, Hoffart
laß uns meiden,
christlich leiden,
wohl ergründen,
wo die Gnade sei zu finden.

5. Sei Jesus, unser Schutz und Schatz,
sei unser Ruhm und fester Platz,
darauf wir uns verlassen;
laß suchen uns was droben ist:
auf Erden wohnet Trug und List,
es ist auf allen Straßen

Lügen, Trügen,
Angst und Plagen,
die da nagen,
die da quälen
stündlich arme Christenseelen.

6. Herr Jesu, komm, du Gnadenthron,
du Siegesfürst, Held, Davids Sohn,
komm, stille das Verlangen;
du, du bist allen uns zu gut,
o Jesu, durch dein teures Blut,
ins Heiligtum gegangen:
komm schier, hilf mir!
dann so sollen,
dann so wollen
wir ohn Ende
fröhlich klopfen in die Hände.

C. Christoph Homburg.

Pfingsten.

18.

1. O heilger Geist, lehr bei uns ein
und laß uns deine Wohnung sein,
o komm, du Herzenssonne!
du Himmelslicht, laß deinen Schein
bei uns und in uns kräftig sein
zu steter Freud und Wonne!
Sonne, Wonne,
himmlisch Leben willst du geben,
wenn wir beten;
zu dir kommen wir getreten.

2. Du Quell, draus alle Weisheit fleußt,
die sich in fromme Seelen geußt,
laß deinen Trost uns hören;
daß wir in Glaubenseinigkeit
auch können aller Christenheit
dein wahres Zeugnis lehren.
Höre, lehre,
daß wir können Herz und Sinnen
dir ergeben
dir zum Lob und uns zum Leben.

3. Steh uns stets bei mit deinem Rat
und führ uns selbst den rechten Pfad,
die wir den Weg nicht wissen.
Gieb uns Beständigkeit, daß wir
getreu dir bleiben für und für,
auch wenn wir leiden müssen.
Schaue, baue,
was zerrissen und geflissen
dich zu schauen
und auf deinen Trost zu bauen.

4. Laß uns dein eble Balsamkraft
empfinden und zur Ritterschaft
dadurch gestärket werden,
auf daß wir unter deinem Schutz
begegnen aller Feinde Trutz
mit freudigen Gebärden;
laß dich reichlich
auf uns nieder, daß wir wieder
Trost empfinden,
alles Unglück überwinden.

5. O starker Fels und Lebenshort,
laß uns dein himmelsüßes Wort
in unsern Herzen brennen
daß wir uns mögen nimmermehr
von deiner Weisheit reichen Lehr
und reiner Liebe trennen!
Fließe, gieße
deine Güte ins Gemüte,
daß wir können
Christum unsern Heiland nennen.

6. Du süßer Himmelstau, laß dich
in unsre Herzen kräftiglich
und schenk uns deine Liebe;
daß unser Sinn verbunden sei
dem Nächsten stets mit Liebestreu
und sich darinnen übe.
Kein Neid, kein Streit
dich betrübe, Fried und Liebe
müsse schweben;
Fried und Freude wirst du geben.

7. Gieb, daß in reiner Heiligkeit
wir führen unsre Lebenszeit,
sei unsres Geistes Stärke!
daß uns forthin sei unbewußt
die Eitelkeit, des Fleisches Lust
und seine toten Werke.

Rühre, führe
unser Sinnen und Beginnen
von der Erden,
daß wir Himmelserben werden.

Michael Schirmer.

19.

1. Nun bitten wir den heilgen Geist
um den rechten Glauben allermeist,
daß er uns behüte an unserm Ende,
wenn wir heimfahren aus diesem
Elende.
Kyrieleis!

2. Du wertes Licht, gieb uns deinen
Schein,
lehr uns Jesum Christ kennen allein,
daß wir an ihm bleiben, dem treuen
Heiland,
der uns bracht hat zum rechten
Vaterland.
Kyrieleis!

3. Du süße Lieb, schenk uns deine Gunst,
laß uns empfinden der Liebe Brunst,
daß wir uns von Herzen einander
lieben
und in Friede auf einem Sinn bleiben.
Kyrieleis!

4. Du höchster Tröster in aller Not,
hilf, daß wir nicht fürchten Schand
noch Tod,
daß in uns die Sinne nimmer verzagen,
wenn der Feind wird das Leben
verklagen.
Kyrieleis!

Martin Luther.

Trinitatisfest.

20.

1. Allein Gott in der Höh sei Ehr
und Dank für seine Gnade,
darum daß nun und nimmermehr
uns rühren kann ein Schade.
Ein Wohlgefalln Gott an uns hat,
nun ist groß Fried ohn Unterlaß,
all Fehd hat nun ein Ende.

2. Wir loben, preisen, anbeten dich,
für deine Ehr wir danken,
daß du, Gott Vater, ewiglich
regierst ohn alles Wanken.
Ganz unermessen ist dein Macht,
fort gschieht, was dein Will hat bedacht;
wohl uns des feinen Herren.

3. O Jesu Christ, Sohn eingeborn,
deines himmlischen Vaters,
Versöhner der, die warn verlorn,
du Stiller unsers Haders,
Lamm Gottes, heilger Herr und
Gott,
nimm an die Bitt von unsrer Not,
erbarm dich unser aller.

4. O heilger Geist, du größtes Gut,
du allrheilsamster Tröster:
vors Teufels Gewalt fortan behüt
die Jesus Christ erlöset
durch große Marter und bittern
Tod,
abwend all unsern Jammer und Not!
Dazu wir uns verlassen.

Nicolaus Decius.
(Hovesch.)

21.

1. Ach bleib mit deiner Gnade
bei uns, Herr Jesu Christ;
daß uns hinfort nicht schade
des bösen Feindes List.

2. Ach bleib mit deinem Worte
bei uns, Erlöser wert,
daß uns beid hier und dorte,
sei Güt und Heil beschert.

3. Ach bleib mit beinem Glanze
bei uns, du wertes Licht:
dein Wahrheit uns umschanze,
damit wir irren nicht.

4 Ach bleib mit deinem Segen
bei uns, du reicher Herr:
dein Gnad und alls Vermögen
in uns reichlich vermehr.

5. Ach bleib mit deinem Schutze
bei uns, du starker Held,
daß uns der Feind nicht trutze
noch fäll die böse Welt.

6. Ach bleib mit deiner Treue
bei uns, mein Herr und Gott,
Beständigkeit verleihe,
hilf uns aus aller Not.

Josua Stegmann.

22.

1. Ein feste Burg ist unser Gott,
ein gute Wehr und Waffen.
Er hilft uns frei aus aller Not,
die uns jetzt hat betroffen.
Der alt böse Feind
mit Ernst ers jetzt meint,
groß Macht und viel List
sein grausam Rüstung ist,
auf Erd ist nicht seins Gleichen.

2. Mit unsrer Macht ist nichts gethan,
wir sind gar bald verloren:
es streit für uns der rechte Mann,
den Gott hat selbst erkoren.
Fragst du, wer der ist:
er heißt Jesus Christ,
der Herr Zebaoth,
und ist kein andrer Gott,
das Feld muß er behalten.

3. Und wenn die Welt voll Teufel wär
und wollt uns gar verschlingen,
so fürchten wir uns nicht so sehr,
es soll uns doch gelingen.
Der Fürst dieser Welt,
wie saur er sich stellt,
thut er uns doch nicht,
das macht, er ist gericht,
ein Wörtlein kann ihn fällen.

4. Das Wort sie sollen lassen stan
und kein Dank dazu haben.
Er ist bei uns wohl auf dem Plan
mit seinem Geist und Gaben.
Nehmen sie den Leib,
Gut, Ehr, Kind und Weib;
laß fahren dahin,
sie habens kein Gewinn;
das Reich muß uns doch bleiben.

Martin Luther.

23.

1. Schmücke dich, o liebe Seele,
laß die dunkle Sündenhöhle,
komm ans helle Licht gegangen,
fange herrlich an zu prangen,
denn der Herr voll Heil und
Gnaden
will dich jetzt zu Gaste laden,
der den Himmel kann verwalten,
will jetzt Herberg in dir halten.

4. Jesu, meine Lebenssonne,
Jesu, meine Freud und Wonne,
Jesu, du mein ganz Beginnen,
Lebensquell und Licht der Sinnen,
hier fall ich zu deinen Füßen,
laß mich würdiglich genießen
dieser deiner Himmelsspeise,
mir zum Heil und dir zum Preise!

6. Jesu, wahres Brot des Lebens,
hilf, daß ich doch nicht vergebens,
oder mir vielleicht zum Schaden
sei zu deinem Tisch geladen.
Laß mich durch dies Seelenessen
deine Liebe recht ermessen,
daß ich auch, wie jetzt auf Erden
mag dein Gast im Himmel werden.

Joh. Frank.

24.

1. Herr Jesu Christ, dich zu uns wend,
dein heilgen Geist du zu uns send;
mit Hülf und Gnad er uns regier
und uns den Weg zur Wahrheit
führ.

2. Thu auf den Mund zum Lobe dein,
bereit das Herz zur Andacht sein;
den Glauben mehr', stärk den Verstand,
daß uns dein Nam werd wohl bekannt.

3. Bis wir singen mit Gottes Heer:
heilig, heilig ist Gott der Herr!
und schauen dich von Angesicht
in ewger Freud und selgem Licht.

4. Ehr sei dem Vater und dem Sohn,
dem heilgen Geist in einem Thron;
der heiligen Dreifaltigkeit
sei Lob und Preis in Ewigkeit.

             Wilh. von Sachsen-Weimar.

25.

1. Liebster Jesu, wir sind hier,
dich und dein Wort anzuhören:
lenke Sinnen und Begier
auf die süßen Himmelslehren,
daß die Herzen von der Erden
ganz zu dir gezogen werden.

2. Unser Wissen und Verstand
ist mit Finsternis verhüllet,
wo nicht deines Geistes Hand
uns mit hellem Licht erfüllet;

Gutes denken, thun und dichten
mußt du selbst in uns verrichten.

3. O du Glanz der Herrlichkeit,
Licht vom Licht, aus Gott geboren,
mach uns allesamt bereit,
öffne Herzen, Mund und Ohren;
unser Bitten, Flehn und Singen
laß, Herr Jesu, wohl gelingen.

             Tob. Clausnitzer.

26.

1. Gott ist gegenwärtig:
Lasset uns anbeten
und in Ehrfurcht vor ihn treten.
Gott ist in der Mitten:
Alles in uns schweige
und sich innigst vor ihm beuge.
Wer ihn kennt,
wer ihn nennt:
schlag die Augen nieder;
kommt, ergebt euch wieder.

2. Gott ist gegenwärtig,
dem die Cherubinen
Tag und Nacht gebücket dienen:
Heilig, heilig! singen
alle Engelchöre
wann sie dieses Wesen ehren:
Herr, vernimm
unsre Stimm,
da auch wir Geringen
unsre Opfer bringen.

3. Wir entsagen willig
allen Eitelkeiten,
aller Erdenlust und Freuden:
da liegt unser Wille,
Seele, Leib und Leben,
dir zum Eigentum ergeben.
Du allein
sollst es sein,
unser Gott und Herre;
dir gebührt die Ehre.

4. Majestätisch Wesen,
möcht ich recht dich preisen

und im Geist dir Dienst erweisen.
Möcht ich wie die Engel
immer vor dir stehen
und dich gegenwärtig sehen.
Laß mich dir
für und für
trachten zu gefallen,
liebster Gott, in allen.

5. Luft, die alles füllet,
drin wir immer schweben,
aller Dinge Grund und Leben;
Meer ohn Grund und Ende,
Wunder aller Wunder:
ich senk mich in dich hinunter.
Ich in dir,
du in mir,
laß mich ganz verschwinden,
dich nur sehn und finden.

6. Du durchdringest alles:
laß dein schönstes Lichte,
Herr, berühren mein Gesichte
Wie die zarten Blumen
willig sich entfalten
und der Sonne stille halten:
laß mich so,
still und froh,
deine Strahlen fassen
und dich wirken lassen.

7. Mache mich einfältig,
innig abgeschieden,
sanfte und im stillen Frieden,
mach mich reines Herzens,

daß ich deine Klarheit
schauen mag in Geist und Wahrheit.
laß mein Herz
überwärts
wie ein Adler schweben,
und in dir nur leben.

8. Herr, komm in mir wohnen,
laß mein Geist auf Erden

bir ein Heiligtum noch werden:
komm, du najes Wesen,
dich in mir verkläre,
daß ich dich stets lieb und ehre.
Wo ich geh,
sitz und steh,
laß mich dich erblicken
und vor dir mich bücken.

Gerhard Tersteegen.

27.

1. Gott des Himmels und der Erden,
Vater, Sohn und heilger Geist,
der es Tag und Nacht läßt werden,
Sonn und Mond uns scheinen heißt,
dessen starke Hand die Welt
und was drinnen ist, erhält.

2. Gott, ich danke dir von Herzen,
daß du mich in dieser Nacht,
vor Gefahr, Angst, Not und
Schmerzen
hast behütet und bewacht,
daß des bösen Feindes List
mein nicht mächtig worden ist.

8. Laß die Nacht auch meiner Sünden
jetzt mit dieser Nacht vergehn;
o Herr Jesu, laß mich finden
deine Wunden offen stehn,
da alleine Hülf und Rat
ist für meine Missethat.

4. Hilf, daß ich mit diesem Morgen
geistlich auferstehen mag,
und für meine Seele sorgen,
daß, wenn nun dein großer Tag

uns erscheint und dein Gericht,
ich davor erschrecke nicht.

5. Führe mich, o Herr, und leite
meinen Gang nach deinem Wort;
sei und bleibe du auch heute
mein Beschützer und mein Hort!
Nirgends als bei dir allein
kann ich recht bewahret sein.

6. Meinen Leib und meine Seele
samt den Sinnen und Verstand,
großer Gott, ich dir befehle
unter deine starke Hand!
Herr, mein Schild, mein Ehr und
Ruhm,
nimm mich auf, dein Eigentum.

7. Deinen Engel zu mir sende,
der des bösen Feindes Macht,
List und Anschläg von mir wende
und mich halt in guter Acht,
der auch endlich mich zur Ruh
trage nach dem Himmel zu!

Heinrich Albert.

28.

1. Nun ruhen alle Wälder,
Vieh, Menschen, Städt und Felder,
es schläft die ganze Welt;
ihr aber, meine Sinnen,
auf, auf! ihr sollt beginnen,
was eurem Schöpfer wohlgefällt.

2. Wo bist du Sonne blieben?
die Nacht hat dich vertrieben,
die Nacht, des Tages Feind.
Fahr hin, eine andre Sonne,
mein Jesus, meine Wonne,
gar hell in meinem Herzen scheint.

8. Der Tag ist nun vergangen,
die güldnen Sternlein prangen
am blauen Himmelssaal:

also werd ich auch stehen,
wenn mich wird heißen gehen
mein Gott aus diesem Jammerthal.

4. Der Leib eilt nun zur Ruhe,
legt ab das Kleid und Schuhe,
das Bild der Sterblichkeit;
die zieh ich aus; dagegen
wird Christus mir anlegen
den Rock der Ehr und Herrlichkeit.

5. Das Haupt, die Füß und Hände
sind froh, daß nun zum Ende
die Arbeit kommen sei.
Herz, freu dich, du sollst werden
vom Elend dieser Erden
und von der Sünden Arbeit frei.

6. Nun geht, ihr matten Glieder,
geht hin, und legt euch nieder,
der Betten ihr begehrt.
Es kommen Stund und Zeiten,
da man euch wird bereiten
zur Ruh ein Bettlein in der Erd.

7. Mein Augen stehn verdrossen,
im Hui sind sie geschlossen;
wo bleibt dann Leib und Seel?
Nimm sie zu deinen Gnaden,
sei gut für allen Schaden,
du Aug und Wächter Israel.

8. Breit aus die Flügel beide,
o Jesu, meine Freude,
und nimm dein Küchlein ein;
will Satan mich verschlingen,
so laß die Englein singen:
dies Kind soll unverletzet sein.

9. Auch euch, ihr meine Lieben,
soll heute nicht betrüben,
kein Unfall noch Gefahr;
Gott laß euch ruhig schlafen,
stell euch die güldnen Waffen
ums Bett und seiner Helden Schar.

Paul Gerhardt.

29.

1. Lobe den Herren, den mächtigen
    König der Ehren;
meine geliebete Seele, das ist mein
    Begehren.
    Kommet zu Hauf,
Psalter und Harfe, wacht auf,
lasset den Lobgesang hören!

2. Lobe den Herren, der alles so herr-
    lich regieret,
der dich auf Adelers Fittichen sicher
    geführet,
    der dich erhält,
wie es dir selber gefällt,
hast du nicht dieses verspüret?

3. Lobe den Herren, der künstlich und
    fein dich bereitet,
der dir Gesundheit verliehen, dich
    freundlich geleitet:

in wie viel Not
hat nicht der gnädige Gott
über dir Flügel gebreitet?

4. Lobe den Herren, der deinen Stand
    sichtbar gesegnet,
der aus dem Himmel mit Strömen
    der Liebe geregnet.
    Denke daran,
was der Allmächtige kann,
der dir mit Liebe begegnet.

5. Lobe den Herren; was in mir ist,
    lobe den Namen!
Alles, was Odem hat, lobe mit
    Abrahams Samen!
    Er ist dein Licht,
Seele, vergiß es ja nicht;
lobende schließe mit Amen.

Joachim Neander.

30.

1. Nun danket alle Gott
mit Herzen, Mund und Händen,
der große Dinge thut
an uns und allen Enden,
der uns von Mutterleib
und Kindesbeinen an,
unzählig viel zu gut
und noch jetzund gethan.

2. Der ewig reiche Gott
woll uns bei unserm Leben
ein immer fröhlich Herz
und edlen Frieden geben,

und uns in seiner Gnad
erhalten fort und fort,
und uns aus aller Not
erlösen hier und dort.

3. Lob, Ehr und Preis sei Gott,
dem Vater und dem Sohne,
und dem, der beiden gleich
im höchsten Himmelsthrone,
dem dreimal einen Gott;
als es anfänglich war
und ist und bleiben wird
jetzund und immerdar.

Rinkart.

31.

1. O daß ich tausend Zungen hätte,
und einen tausendfachen Mund,
so stimmt ich damit um die Wette,
vom allertiefsten Herzensgrund
ein Loblied nach dem andern an
von dem, was Gott an mir gethan.

2. O daß doch meine Stimme schallte
Bis dahin, wo die Sonne steht!
O daß mein Blut mit Jauchzen
wallte,
so lang es noch im Laufe geht!
ach, wäre jeder Puls ein Dank,
und jeder Odem ein Gesang!

3. Was schweigt ihr denn, ihr meine
Kräfte?
Auf, auf, braucht allen euren Fleiß
und stehet munter im Geschäfte
zu Gottes, meines Herren, Preis!
Mein Leib und Seele, schicke dich
und lobe Gott herzinniglich.

4. Ihr grünen Blätter in den Wäldern,
bewegt und regt euch doch mit mir!
Ihr schwanken Gräschen in den
Feldern,
ihr Blumen, laßt doch eure Zier
zu Gottes Ruhm belebet sein,
und stimmet lieblich mit mir ein.

5. Ach alles, alles, was ein Leben
und einen Odem in sich hat,
soll sich mir zum Gehülfen geben,
denn mein Vermögen ist zu matt,
die großen Wunder zu erhöhn,
die allenthalben um mich stehn.

6. Wer überströmet mich mit Segen?
Bist du es nicht, o reicher Gott?
Wer schützet mich auf meinen Wegen?
Du, du, o Herr Gott Zebaoth!
Du trägst mit meiner Sünden
Schuld
unsäglich gnädige Geduld.

7. Ich hab es ja mein Lebetage
schon so manch liebes Mal gespürt,
daß du mich unter vieler Plage
zwar wunderbar, doch wohl geführt;
denn in der größesten Gefahr
ward ich dein Trostlicht stets gewahr.

8. Wie sollt ich nun nicht voller Freuden
in deinem steten Lobe stehn?
Wie sollt ich auch im tiefsten Leiden
nicht triumphierend einhergehn?
Und fiele auch der Himmel ein,
so will ich doch nicht traurig sein.

9. Ich will von deiner Güte singen,
so lange sich die Zunge regt;
ich will dir Freudenopfer bringen,
so lange sich mein Herz bewegt;
ja wenn der Mund wird kraftlos sein,
so stimm ich doch mit Seufzen ein.

10. Ach nimm das arme Lob auf Erden,
mein Gott, in allen Gnaden hin;
im Himmel soll es besser werden,
wenn ich bei deinen Engeln bin,
da sing ich dir im höhern Chor
viel tausend Halleluja vor!

Joh. Mentzer.

32.

1. Aus tiefer Not schrei ich zu dir,
Herr Gott, erhör mein Rufen!
Dein gnädig Ohren kehr zu mir
und meiner Bitt sie öffen;
denn so du willst das sehen an,
was Sünd und Unrecht ist gethan:
wer kann, Herr, vor dir bleiben?

2. Bei dir gilt nichts denn Gnad und
Gunst,
die Sünde zu vergeben:
es ist doch unser Thun umsonst
auch in dem besten Leben;
vor dir niemand sich rühmen kann;
des muß dich fürchten jedermann
und deiner Gnade leben.

3. Darum auf Gott will hoffen ich,
auf mein Verdienst nicht bauen;
auf ihn mein Herz soll lassen sich
und seiner Güte trauen,
die mir zusagt sein wertes Wort,
das ist mein Trost und treuer Hort,
des will ich allzeit harren.

4. Und ob es währt bis in die Nacht
und wieder an den Morgen:
doch soll mein Herz an Gottes
Macht
verzweifeln nicht noch sorgen.
So thue Israel rechter Art,
der aus dem Geist erzeuget ward,
und seines Gottes erharre.

Sollenberg, Hülfsbuch.

2

5. Ob bei uns ist der Sünden viel,
bei Gott ist vielmehr Gnaden;
sein Hand zu helfen hat kein Ziel,
wie groß auch sei der Schaden.

Er ist allein der gute Hirt,
der Israel erlösen wird
aus seinen Sünden allen.

Martin Luther.

33.

1. Mir nach, spricht Christus, unser Held,
mir nach, ihr Christen alle!
Verleugnet euch, verlaßt die Welt,
folgt meinem Ruf und Schalle!
  Nehmt euer Kreuz und Ungemach
auf euch, folgt meinem Wandel nach.

2. Ich bin das Licht, ich leucht euch für
mit heilgem Tugendleben;
wer zu mir kommt und folget mir,
darf nicht im Finstern schweben;
  ich bin der Weg, ich weise wohl,
wie man wahrhaftig wandeln soll.

3. Mein Herz ist voll Demütigkeit,
voll Liebe meine Seele;
mein Mund der fleußt zu jeder Zeit
von süßem Sanftmutöle;
  mein Geist, Gemüte, Kraft und Sinn
ist Gott ergeben, schaut auf ihn.

4. Fällts euch zu schwer, ich geh voran,
ich steh euch an der Seite,

ich kämpfe selbst, ich brech die Bahn,
bin alles in dem Streite.
  Ein böser Knecht, der still darf stehn,
wenn er den Feldherrn an sieht gehn.

5. Wer seine Seel zu finden meint,
wird sie ohn mich verlieren;
wer sie um mich verlieren scheint,
wird sie in Gott einführen.
  Wer nicht sein Kreuz nimmt und folgt mir,
ist mein nicht wert und meiner Zier.

6. So laßt uns denn dem lieben Herrn
mit unserm Kreuz nachgehen,
und wohlgemut, getrost und gern
in allem Leiden stehen.
  Wer nicht gekämpft, trägt auch die Kron
des ewgen Lebens nicht davon.

Joh. Scheffler.
(Angelus Silesius.)

34.

1. Eins ist not, ach Herr, dies Eine
lehre mich erkennen doch!
Alles andre, wies auch scheine,
ist ja nur ein schweres Joch,
  darunter das Herze sich naget und plaget,
  und dennoch kein wahres Vergnügen erjaget.
Erlang ich dies Eine, das alles ersetzt,
so werd ich mit Einem in allem ergötzt.

2. Seele, willst du dieses finden,
suchs bei keiner Creatur,
laß, was irdisch ist, dahinten,
schwing dich über die Natur,
  wo Gott und die Menschheit in Einem vereinet,
  wo alle vollkommne Fülle erscheinet,

da, da ist das beste, notwendigste Teil,
mein Ein und mein Alles, mein seligstes Heil.

3. Wie Maria war beflissen
auf des Einigen Genieß,
da sie sich zu Jesu Füßen
voller Andacht niederließ:
  ihr Herze entbrannte, dies einzig zu hören,
  was Jesus, ihr Heiland, sie wollte belehren,
ihr Alles war gänzlich in Jesum versenkt,
und wurde ihr Alles in Einem geschenkt:

4. Also ist auch mein Verlangen,
liebster Jesu, nur nach dir,

laß mich treulich an dir hangen,
schenke dich zu eigen mir.
Ob viel auch umkehrten zum größesten Haufen,
so will ich dir dennoch in Liebe
nachlaufen;
denn dein Wort, o Jesu, ist Leben
und Geist,
was ist wohl, das man nicht in
Jesu genießt?

5. Aller Weisheit höchste Fülle
in dir ja verborgen liegt.
Gieb nur, daß sich auch mein Wille
sein in solche Schranken fügt,
worinnen die Demut und Ein-
falt regieret
und mich zu der Weisheit, die himmlisch ist, führet.
Ach, wenn ich nur Jesum recht kenne
und weiß,
so hab ich der Weisheit vollkommenen Preis.

6. Nichts kann ich vor Gott ja bringen,
als nur dich, mein höchstes Gut;
Jesu, es muß mir gelingen,
durch dein rosinfarbes Blut.
Die höchste Gerechtigkeit ist mir
erworben,
da du bist am Stamme des Kreuzes gestorben,
die Kleider des Heils ich da habe
erlangt,
worinnen mein Glaube in Ewigkeit
prangt.

7. Nun so gieb, daß meine Seele
auch nach deinem Bild erwacht;
du bist ja, den ich erwähle,
mir zur Heiligung gemacht.
Was dienet zum göttlichen Wandel und Leben

ist in dir, mein Heiland, mir alles
gegeben,
entreiße mich aller vergänglichen Lust,
dein Leben sei, Jesu, mir einzig bewußt.

8. Ja, was soll ich mehr verlangen?
mich beschwemmt die Gnadenflut.
Du bist einmal eingegangen
in das Heilige durch dein Blut,
da hast du die ewge Erlösung gefunden,
daß ich nun der höllischen Herrschaft
entbunden;
dein Eingang die völlige Freiheit
mir bringt,
im kindlichen Geiste das Abba nun
klingt.

9. Volles Gnüge, Fried und Freude
jetzo meine Seel ergötzt,
weil auf eine frische Weide
mein Hirt Jesus mich gesetzt.
Nichts Süßes kann also mein Herze
erlaben,
als wenn ich nur, Jesu, dich immer
soll haben!
nichts, nichts ist, das also mich innig erquickt,
als wenn ich dich, Jesu, im Glauben erblickt.

10. Drum auch, Jesu, du alleine
sollst mein Ein und Alles sein,
prüf, erfahre, wie ichs meine,
tilge allen Heuchelschein.
Sieh, ob ich auf bösem, betrüg-
lichem Stege
und leite mich, Höchster, auf ewigem
Wege,
gieb, daß ich nichts achte, nicht Leiden, nicht Tod,
nur Jesum gewinne, dies Eine ist
not.

Joh. Heinr. Schröder.

35.

1. Meinen Jesum laß ich nicht,
Weil er sich für mich gegeben,
so erfordert meine Pflicht,
unverrückt nur ihm zu leben.
Er ist meines Lebens Licht,
meinen Jesum laß ich nicht.

2. Jesum laß ich nimmer nicht,
weil ich soll auf Erden leben;
ihm hab ich voll Zuversicht
was ich bin und hab, ergeben.
Alles ist auf ihn gericht,
meinen Jesum laß ich nicht.

8. Laß vergehen das Gesicht,
Hören, Schmecken, Fühlen weichen:
laß das letzte Tageslicht
mich auf dieser Welt erreichen:
wenn der Lebensfaden bricht,
meinen Jesum laß ich nicht.

4. Ich werd ihn auch lassen nicht,
wenn ich nun dahin gelanget,
wo vor seinem Angesicht
meiner Väter Glaube pranget;
mich erfreut sein Angesicht;
meinen Jesum laß ich nicht.

5. Nicht nach Welt, nach Himmel nicht
meine Seele wünscht und sehnet;
Jesum wünscht sie und sein Licht,
der mich hat mit Gott versöhnet,
der mich freiet vom Gericht;
meinen Jesum laß ich nicht.

6. Jesum laß ich nicht von mir,
geh ihm ewig an der Seiten;
Christus läßt mich für und für
zu dem Lebensbächlein leiten.
Selig, wer mit mir so spricht:
Meinen Jesum laß ich nicht.

Keimann.

36.

1. O Gott, du frommer Gott,
du Brunnquell guter Gaben,
ohn den nichts ist, was ist,
von dem wir alles haben,
gesunden Leib gieb mir,
und daß in solchem Leib
ein unverletzte Seel
und rein Gewissen bleib.

2. Gieb, daß ich thu mit Fleiß
was mir zu thun gebühret,
wozu mich dein Befehl
in meinem Stande führet;
gieb, daß ichs thue bald,
zu der Zeit, da ichs soll,
und wann ichs thu, so gieb,
daß es gerate wohl.

3. Hilf, daß ich rede stets
womit ich kann bestehen,
laß kein unnützlich Wort
aus meinem Munde gehen;
und wann in meinem Amt
ich reden soll und muß,
so gieb den Worten Kraft
und Nachdruck ohn Verdruß.

4. Findt sich Gefährlichkeit,
so laß mich nicht verzagen,
gieb einen Heldenmut,
das Kreuz hilf selber tragen.
Gieb, daß ich ich meinen Feind
mit Sanftmut überwind,
und wann ich Rat bedarf,
auch guten Rat erfind.

5. Laß mich mit Jedermann
in Fried und Freundschaft leben,
so weit es christlich ist.
Willst du mir etwas geben
an Reichtum, Gut und Geld,
so gieb auch dies dabei,
daß von unrechtem Gut
nichts untermenget sei.

6. Soll ich auf dieser Welt
mein Leben höher bringen,
durch manchen sauren Tritt
hindurch ins Alter bringen,
so gieb Geduld, vor Sünd
und Schanden mich bewahr,
auf daß ich tragen mag
mit Ehren graues Haar.

7. Laß mich an meinem End
auf Christi Tod abscheiden,
die Seele nimm zu dir
hinauf zu deinen Freuden,
dem Leib ein Räumlein gönn
bei seiner Eltern Grab,
auf daß er seine Ruh
an ihrer Seite hab.

8. Wann du die Toten wirst
an jenem Tag erwecken,
so thu auch deine Hand
zu meinem Grab ausstrecken,
laß hören deine Stimm
und meinen Leib weck auf
und führ ihn schön verklärt
zum auserwählten Hauf.

Joh. Heermann.

37.

1. Auf meinen lieben Gott
trau ich in Angst und Not;
er kann mich allzeit retten
aus Trübsal, Angst und Nöten;
mein Unglück kann er wenden:
steht alls in seinen Händen.

2. Ob mich mein Sünd anficht,
will ich verzagen nicht:
auf Christum will ich bauen
und ihm allein vertrauen:
ihm will ich mich ergeben
im Tod und auch im Leben.

3. Ob mich der Tod nimmt hin,
ist sterben mein Gewinn,
und Christus ist mein Leben;

dem hab ich mich ergeben,
ich sterb heut oder morgen:
mein Seel wird er versorgen.

4. O mein Herr Jesu Christ,
der du so geduldig bist
für mich am Kreuz gestorben,
hast mir das Heil erworben,
und bringst uns all zugleiche
zum ewgen Himmelreiche;

5. Amen zu aller Stund
sprech ich aus Herzensgrund.
Du wollest selbst uns leiten,
Herr Christ, zu allen Zeiten,
auf daß wir deinen Namen
ewiglich preisen. Amen.

38.

1. Befiehl du deine Wege
und was dein Herze kränkt
der allertreusten Pflege
des, der den Himmel lenkt;
der Wolken, Luft und Winden
giebt Wege, Lauf und Bahn,
der wird auch Wege finden,
da dein Fuß gehen kann.

2. Dem Herren mußt du trauen,
wenn dirs soll wohl ergehn;
auf sein Werk mußt du schauen,
wenn dein Werk soll bestehn.
Mit Sorgen und mit Grämen
und mit selbsteigner Pein
läßt Gott ihm gar nichts nehmen:
es muß erbeten sein.

3. Dein ewge Treu und Gnade,
o Vater, weiß und sieht,
was gut sei oder schade
dem sterblichen Geblüt;
und was du dann erlesen,
das treibst du, starker Held,
und bringst zum Stand und Wesen,
was deinem Rat gefällt.

4. Weg hast du allerwegen,
an Mitteln fehlts dir nicht;
dein Thun ist lauter Segen,
dein Gang ist lauter Licht.

Dein Werk kann niemand hindern,
bein Arbeit darf nicht ruhn,
wenn du, was deinen Kindern
ersprießlich ist, willst thun.

5. Und obgleich alle Teufel
hier wollten widerstehn,
so wird doch ohne Zweifel
Gott nicht zurücke gehn:
was er ihm vorgenommen
und was er haben will,
das muß doch endlich kommen
zu seinem Zweck und Ziel.

6. Hoff, o du arme Seele,
hoff, und sei unverzagt!
Gott wird dich aus der Höhle,
da dich der Kummer plagt,
mit großen Gnaden rücken;
erwarte nur die Zeit:
so wirst du schon erblicken
die Sonn der schönsten Freud.

7. Auf! auf! gieb deinem Schmerze
und Sorgen gute Nacht;
laß fahren, was das Herze
betrübt und traurig macht.
Bist du doch nicht Regente,
der alles führen soll:
Gott sitzt im Regimente,
und führet alles wohl.

8. Ihn, ihn laß thun und walten,
er ist ein weiser Fürst,
und wird sich so verhalten,
daß du dich wundern wirst,
   wenn er, wie ihm gebühret,
mit wunderbarem Rat
die Sach hinausgeführet,
die dich bekümmert hat.

9. Er wird zwar eine Weile
mit seinem Trost verziehn,
und thun an seinem Teile,
als hätt in seinem Sinn
   er deiner sich begeben,
und solltst du für und für
in Angst und Nöten schweben,
fragt er doch nichts nach dir;

10. Wirds aber sich befinden,
daß du ihm treu verbleibst,
so wird er dich entbinden,
da dus am mindsten gläubst.

11. Wohl dir, du Kind der Treue:
du hast und trägst davon
mit Ruhm und Dankgeschreie
den Sieg und Ehrenkron.
   Gott giebt dir selbst die Palmen
in deine rechte Hand;
und du singst Freudenpsalmen
dem, der dein Leib gewandt.

12. Mach End, o Herr, mach Ende
mit aller unsrer Not;
stärk unsre Füß und Hände
und laß bis in den Tod
   uns allzeit deiner Pflege
und Treu empfohlen sein,
so gehen unsre Wege
gewiß zum Himmel ein.

Paul Gerhardt.

39.

1. In allen meinen Thaten
laß ich den Höchsten raten,
der alles kann und hat;
er muß zu allen Dingen,
solls anders wohl gelingen,
selbst geben Segen, Rat und That.

2. Nichts ist es spät und frühe
um alle meine Mühe,
mein Sorgen ist umsonst;
er mags mit meinen Sachen
nach seinem Willen machen,
ich stells in seine Vatergunst.

3. Es kann mir nichts geschehen,
als was er hat versehen
und was mir selig ist.
Ich nehm es, wie ers giebet,
was ihm von mir geliebet,
dasselbe hab ich auch erkiest.

4. Ich traue seiner Gnaden,
die mich vor allem Schaden,
vor allem Übel schützt.
Leb ich nach seinen Sätzen,
so wird mich nichts verletzen,
nichts fehlen, was mir ewig nützt.

5. Er wolle meiner Sünden
in Gnaden mich entbinden,
durchstreichen meine Schuld.

Er wird auf mein Verbrechen
nicht stracks das Urteil sprechen
und mit mir haben noch Geduld.

6. Sein Engel, der getreue,
macht meine Feinde scheue,
tritt zwischen mich und sie.
Durch seinen Zug, den frommen,
sind wir soweit nun kommen,
und wissen selber fast nicht wie.

7. Leg ich mich späte nieder,
erwach ich frühe wieder,
lieg oder zieh ich fort,
in Schwachheit und in Banden
und was mir stößt zu Handen,
so tröstet mich sein kräftig Wort.

8. Hat er es denn beschlossen,
so will ich unverdrossen
an mein Verhängnis gehn;
kein Unfall unter allen
wird mir zu harte fallen,
mit Gott will ich ihn überstehn.

9. Ihm hab ich mich ergeben,
zu sterben und zu leben,
sobald er mir gebeut:
es sei heut oder morgen,
dafür laß ich ihn sorgen,
er weiß allein die rechte Zeit.

10. So sei nun, Seele, deine,
und traue dem alleine,
der dich geschaffen hat!

40.

1. Ist Gott für mich, so trete
gleich alles wider mich;
so oft ich ruf und bete,
weicht alles hinter sich.
Hab ich das Haupt zum Freunde
und bin geliebt bei Gott,
was kann mir thun der Feinde
und Widersacher Rott?

2. Nun weiß und glaub ich feste
ich rühms auch ohne Scheu,
daß Gott der Höchst und Beste
mein Freund und Vater sei;
und daß in allen Fällen
er mir zur Rechten steh,
und dämpfe Sturm und Wellen
und was mir bringet Weh.

3. Der Grund da ich mich gründe,
ist Christus und sein Blut,
das machet, daß ich finde
das ewge wahre Gut.
An mir und meinem Leben
ist nichts auf dieser Erd:
was Christus mir gegeben,
das ist der Liebe wert.

5. Sein Geist wohnt mir im Herzen,
regieret meinen Sinn,
vertreibt mir Sorg und Schmerzen,
nimmt allen Kummer hin,
giebt Segen und Gedeihen
dem, was er in mir schafft,
hilft mir das Abba schreien
aus aller meiner Kraft.

6. Und wenn an meinem Orte
sich Furcht und Schwachheit findt,
so seufzt und spricht er Worte,
die unaussprechlich sind
mir zwar und meinem Munde,
Gott aber wohl bewußt,
der an des Herzens Grunde
ersiehet seine Lust.

Es gehe, wie es gehe,
dein Vater aus der Höhe,
der weiß zu allen Sachen Rat.

Paul Flemming.

7. Sein Geist spricht meinem Geiste
manch süßes Trostwort zu,
wie Gott dem Hülfe leiste,
der bei ihm suchet Ruh,
und wie er hab erbauet
eine edle neue Stadt,
da Aug und Herze schauet,
was es geglaubet hat.

8. Da ist mein Teil, mein Erbe,
mir prächtig zugericht,
wenn ich gleich fall und sterbe,
fällt doch mein Himmel nicht.
Muß ich auch gleich hier feuchten
mit Thränen meine Zeit,
du, Jesu, durch dein Leuchten
versüßest mir mein Leid.

9. Die Welt, die mag zerbrechen,
du stehst mir ewiglich;
kein Brennen, Hauen, Stechen,
soll trennen mich und dich:
kein Hunger und kein Dürsten,
kein Armut, keine Pein,
kein Zorn des großen Fürsten
soll mir ein Hindrung sein.

10. Kein Engel, keine Freuden,
kein Thron, kein Herrlichkeit,
kein Lieben und kein Leiden,
kein Angst, kein Herzeleid,
was man nur kann erdenken,
es sei klein oder groß,
der keines soll mich lenken
aus deinem Arm und Schoß.

11. Mein Herze geht in Springen
und kann nicht traurig sein,
ist voller Freud und Singen,
sieht lauter Sonnenschein:
die Sonne, die mir lachet,
ist mein Herr Jesus Christ,
das, was mich singen machet,
ist, was im Himmel ist.

Paul Gerhardt.

41.

1. Was Gott thut, das ist wohl gethan:
es bleibt gerecht sein Wille;
wie er fängt meine Sachen an,
will ich ihm halten stille.

Er ist mein Gott,
der in der Not
mich wohl weiß zu erhalten;
drum laß ich ihn nur walten.

2. Was Gott thut, das ist wohl gethan:
   er wird mich nicht betrügen;
   er führet mich auf rechter Bahn,
   so laß ich mir genügen
       an seiner Huld
       und hab Geduld,
   er wird mein Unglück wenden;
   es steht in seinen Händen.

3. Was Gott thut, das ist wohl gethan:
   er wird mich wohl bedenken;
   er als ein Arzt und Wundermann
   wird mir nicht Gift einschenken
       für Arzenei;
       Gott ist getreu,
   drum will ich auf ihn bauen
   und seiner Güte trauen.

4. Was Gott thut, das ist wohl gethan:
   er ist mein Licht und Leben,
   der mir nichts Böses gönnen kann;
   ich will mich ihm ergeben

in Freud und Leid,
es kommt die Zeit,
da öffentlich erscheinet,
wie treulich er es meinet.

5. Was Gott thut, das ist wohl gethan:
   muß ich den Kelch gleich schmecken,
   der bitter ist nach meinem Wahn,
   laß ich mich doch nichts schrecken,
       weil doch zuletzt
   ich werd ergötzt
   mit süßem Trost im Herzen;
   da weichen alle Schmerzen.

6. Was Gott thut, das ist wohl gethan:
   dabei will ich verbleiben;
   es mag mich auf die rauhe Bahn
   Not, Tod und Elend treiben,
       so wird Gott mich
   ganz väterlich
   in seinen Armen halten;
   drum laß ich ihn nur walten.

                    Samuel Rodigast.

42.

1. Warum sollt ich mich denn grämen?
   Hab ich doch
   Christum noch,
   wer will mir den nehmen?
   Wer will mir den Himmel rauben,
   den mir schon
   Gottes Sohn
   beigelegt im Glauben?

2. Nackend lag ich auf dem Boden,
   da ich kam,
   da ich nahm
   meinen ersten Odem;
   nackend werd ich auch hinziehen,
   wenn ich werd
   von der Erd
   als ein Schatten fliehen.

3. Gut und Blut, Leib, Seel und Leben
   ist nicht mein,
   Gott allein
   ist es, ders gegeben.
   Will ers wieder zu sich kehren,
   nehm ers hin,
   ich will ihn
   dennoch fröhlich ehren.

4. Schickt er mir ein Kreuz zu tragen,
   bringt herein
   Angst und Pein,
   sollt ich drum verzagen?

der es schickt, der wird es wenden,
er weiß wohl,
wie er soll,
all mein Unglück enden.

5. Gott hat mich bei guten Tagen
   oft ergötzt,
   sollt ich jetzt
   auch nicht etwas tragen?
   Fromm ist Gott, und schärft mit Maßen
   sein Gericht,
   kann mich nicht
   ganz und gar verlassen.

6. Satan, Welt und ihre Rotten
   können mir
   nichts mehr hier
   thun, als meiner spotten.
   Laß sie spotten, laß sie lachen;
   Gott mein Heil
   wird in Eil
   sie zu Schanden machen.

7. Unverzagt und ohne Grauen
   soll ein Christ,
   wo er ist,
   stets sich lassen schauen;
   wollt ihm auch der Tod aufreiben,
   soll der Mut
   dennoch gut
   und sein stille bleiben.

8. Kann uns doch kein Tod nicht töten,
sondern reißt
unsern Geist
aus viel tausend Nöten,
schleußt das Thor der bittren Leiden
und macht Bahn
da man kann
gehn zu Himmelsfreuden.

9. Allda will in süßen Schätzen
ich mein Herz
auf den Schmerz
ewiglich ergötzen.
Hier ist kein recht Gut zu finden;
was die Welt
in sich hält
muß im Hui verschwinden.

10. Was sind dieses Lebens Güter?
eine Hand
voller Sand,
Kummer der Gemüter

Dort, dort sind die edlen Gaben,
da mein Hirt,
Christus, wird
mich ohn Ende laben.

11. Herr, mein Hirt, Brunn aller Freuden,
du bist mein,
ich bin dein,
niemand kann uns scheiden.
Ich bin dein, weil du dein Leben
und dein Blut
mir zu gut
in den Tod gegeben;

12. Du bist mein, weil ich dich fasse
und dich nicht,
o mein Licht,
aus dem Herzen lasse.
Laß mich, laß mich hingelangen,
da du mich
und ich dich
lieblich werd umfangen.

Paul Gerhardt.

43.

1. Was mein Gott will, das gscheh
allzeit,
sein Will der ist der beste;
zu helfen den er ist bereit,
die an ihn glauben feste.
Er hilft aus Not, der fromme Gott,
und tröst die Welt mit Maßen.
Wer Gott vertraut, fest auf ihn baut,
den will er nicht verlassen.

2. Gott ist mein Trost, mein Zuversicht,
mein Hoffnung und mein Leben;
was mein Gott will, daß mir geschicht,
will ich nicht widerstreben.
Sein Wort spricht wahr: all
deine Haar
er selber hat gezählet;
er hüt und wacht, stets für uns
tracht,
auf daß uns ja nichts fehlet.

3. Nun muß ich Sünder von der Welt
hinfahrn in Gottes Willen
zu meinem Gott; wenns ihm gefällt,
ich will ihm halten stille.
Mein arme Seel ich Gott befehl
in meiner letzten Stunden;
du frommer Gott, Sünd, Höll und
Tod
hast du mir überwunden.

4. Noch eins, Herr, will ich bitten dich,
du wirst mirs nicht versagen:
wenn mich der böse Geist anficht,
laß mich, Herr, nicht verzagen;
hilf und auch wehr, ach Gott,
mein Herr,
zu Ehren deinem Namen.
Wer das begehrt, dem wirds ge-
währt;
drauf sprech ich fröhlich Amen.

Albrecht von Brandenburg.

44.

1. Wer nur den lieben Gott läßt walten,
und hoffet auf ihn allezeit,
den wird er wunderlich erhalten
in allem Kreuz und Traurigkeit.
Wer Gott dem Allerhöchsten traut,
der hat auf keinen Sand gebaut.

2. Was helfen uns die schweren Sorgen?
Was hilft uns unser Weh und Ach?
Was hilft es, daß wir alle Morgen
beseufzen unser Ungemach?
Wir machen unser Kreuz und Leid
nur größer durch die Traurigkeit.

3. Man halte nur ein wenig stille
und sei doch in sich selbst vergnügt,
wie unsres Gottes Gnadenwille,
wie sein Allwissenheit es fügt.
Gott, der uns ihm hat auserwählt,
der weiß auch sehr wohl, was uns
fehlt.

4. Er kennt die rechten Freudenstunden,
er weiß wohl, wann es nützlich sei;
wenn er uns nur hat treu erfunden
und merket keine Heuchelei,
so kommt Gott, eh wirs uns
versehn,
und lässet uns viel Guts geschehn.

5. Denk nicht in deiner Drangsalshitze,
daß du von Gott verlassen seist,
und daß Gott der im Schoße sitze,
der sich mit stetem Glücke speist;

die Folgezeit verändert viel
und setzet jeglichem sein Ziel.

6. Es sind ja Gott sehr schlechte Sachen,
und ist dem Höchsten alles gleich,
den Reichen klein und arm zu
machen,
den Armen aber groß und reich.
Gott ist der rechte Wundermann,
der bald erhöhn, bald stürzen kann.

7. Sing, bet und geh auf Gottes
Wegen,
verricht das Deine nur getreu
und trau des Himmels reichem Segen,
so wird er bei dir werden neu.
Denn welcher seine Zuversicht
auf Gott setzt, den verläßt er nicht.
Georg Neumark.

45.

1. Christus der ist mein Leben,
sterben ist mein Gewinn;
dem hab ich mich ergeben,
mit Freud fahr ich dahin;

2. Mit Freud fahr ich von bannen,
zu Christ dem Bruder mein,
auf daß ich zu ihm komme,
und ewig bei ihm sei.

3. Nun hab ich überwunden
Kreuz, Leiden, Angst und Not;
durch seine heilgen Wunden
bin ich versöhnt mit Gott.

4. Wenn meine Kräfte brechen,
mein Atem geht schwer aus,

und kann kein Wort mehr sprechen,
Herr, nimm mein Seufzen auf.

5. Wenn mein Herz und Gedanken
zergehn als wie ein Licht,
das hin und her muß wanken,
wenn ihm die Flamm gebricht:

6. Alsdann sein sanft und stille
laß, mich, Herr, schlafen ein
nach deinem Rat und Willen,
wenn kommt mein Stündelein;

7. Und laß mich gleich den Reben
an dir sein allezeit,
und ewig bei dir leben
in deiner Himmelsfreud.

46.

1. Wer weiß, wie nahe mir mein
Ende!
Hin geht die Zeit, her kommt der
Tod:
ach wie geschwinde und behende
kann kommen meine Todesnot!
Mein Gott, ich bitt durch Christi
Blut:
machs nur mit meinem Ende gut!

2. Es kann vor Nacht leicht anders
werden,
als es am frühen Morgen war;

denn weil ich leb auf dieser Erden,
leb ich in steter Todesgefahr.
Mein Gott, ich bitt durch Christi
Blut:
machs nur mit meinem Ende gut!

3. Herr, lehr mich stets mein End bedenken
und, wenn ich einstens sterben muß,
die Seel in Jesu Wunden senken
und ja nicht sparen meine Buß.
Mein Gott, ich bitt durch Christi
Blut:
machs nur mit meinem Ende gut!

4. Laß mich bei Zeit mein Haus be-
stellen,
daß ich bereit sei für und für
und sage frisch in allen Fällen:
Herr, wie du willst, so schicks mit
mir!
Mein Gott, ich bitt durch Christi
Blut:
machs nur mit meinem Ende gut!

5. Mach immer süßer mir den Himmel,
und immer bittrer diese Welt,
gieb, daß mir in dem Weltgetümmel,
die Ewigkeit sei vorgestellt.
Mein Gott, ich bitt durch Christi
Blut:
machs nur mit meinem Ende gut!

7. Nichts ist, das mich von Jesu
scheide:
nichts, es sei Leben oder Tod!
ich leg die Hand in seine Seite
und sage: mein Herr und mein
Gott.

Mein Gott, ich bitt durch Christi
Blut:
machs nur mit meinem Ende gut!

10. So komm mein End heut oder
morgen;
ich weiß, daß mirs mit Jesu glückt;
ich bin und bleib in deinen Sorgen,
mit Jesu Blut schön ausgeschmückt.
Mein Gott, ich bitt durch Christi
Blut:
machs nur mit meinem Ende gut!

11. Ich leb indes mit dir vergnüget
und sterb ohn alle Kümmerniß;
mir gnüget, wie mein Gott es füget.
Ich glaub und bin es ganz gewiß,
durch deine Gnad und Christi
Blut
machst dus mit meinem Ende gut.

Aemilie Juliane Gräfin von Schwarzburg-
Rudolstadt.

47.

1. Herr Jesu Christ, wahr Mensch und
Gott,
der du littst Marter, Angst und Spott,
für mich am Kreuz auch endlich starbst
und mir deins Vaters Huld erwarbst;
ich bitt durchs bittre Leiden dein,
du wollst mir Sünder gnädig sein.

2. Wenn ich nun komm in Sterbensnot
und ringen werde mit dem Tod,
wenn mir vergeht all mein Gesicht,
und meine Ohren hören nicht,
und meine Zunge nicht mehr spricht,
und mir vor Angst mein Herz zer-
bricht;

3. Wenn mein Verstand sich nicht besinnt,
und mir all menschlich Hülf zerrinnt:
so komm, Herr Christe, mir behend
zu Hülf an meinem letzten End
und führ mich aus dem Jammerthal!
verkürz mir auch des Todes Qual!

4. Die bösen Geister von mir treib,
mit deinem Geist stets bei mir bleib,
bis sich die Seel vom Leib abwend,
so nimm sie, Herr, in deine Händ!
Der Leib hab in der Erd sein Ruh,
bis naht der jüngste Tag herzu.

5. Ein fröhlich Urständ mir verleih,
am jüngsten Gericht mein Fürsprech
sei,
und meiner Sünd nicht mehr gedenk,
aus Gnaden mir das Leben schenk,
wie du hast zugesaget mir
in deinem Wort, das trau ich dir:

6. Fürwahr, fürwahr, euch sage ich:
wer mein Wort hält und glaubt an
mich,
der wird nicht kommen ins Gericht,
und den Tod ewig schmecken nicht;
und ob er gleich hier zeitlich stirbt,
mit nichten er drum gar verdirbt;

7. Sondern ich will mit starker Hand
ihn reißen aus des Todes Baub
und zu mir nehmen in mein Reich,
da soll er dann mit mir zugleich
in Freuden leben ewiglich:
Dazu hilf uns ja gnädiglich.

8. Ach, Herr, vergieb all unsre Schuld;
hilf, daß wir warten mit Geduld,
bis unser Stündlein kommt herbei,
auch unser Glaub stets wacker sei,
deim Wort zu trauen festiglich,
bis wir entschlafen seliglich!

Paul Eber.

48.

1. Wachet auf! ruft uns die Stimme
der Wächter sehr hoch auf der Zinne,
wach auf, du Stadt Jerusalem!
Mitternacht heißt diese Stunde,
sie rufen uns mit hellem Munde:
Wo seid ihr klugen Jungfrauen?
  Wohlauf! der Bräutgam kömmt!
Steht auf, die Lampen nehmt!
  Halleluja!
  Macht euch bereit
  zu der Hochzeit;
  ihr müsset ihm entgegen gehn.

2. Zion hört die Wächter singen,
das Herz thut ihr vor Freuden
    springen,
sie wachet und steht eilend auf,
ihr Freund kommt vom Himmel
    prächtig,
von Gnaden stark, von Wahrheit
    mächtig,
ihr Licht wird hell, ihr Stern geht
    auf.

Nun komm, du werte Kron,
Herr Jesu, Gottes Sohn!
  Hosianna!
  Wir folgen all
  zum Freudensaal
  und halten mit das Abendmahl.

3. Gloria sei dir gesungen
mit Menschen- und mit Engel-
    Zungen,
mit Harfen und mit Cymbeln schön.
Von zwölf Perlen sind die Thore
an deiner Stadt, wir stehn im Chore
der Engel hoch um deinen Thron.
  Kein Aug hat je gespürt,
  kein Ohr hat je gehört
  solche Freude;
  drum jauchzen wir
  und singen dir
  das Halleluja für und für.

Phil. Nicolai.

49.

1. Jesus, meine Zuversicht
und mein Heiland, ist im Leben:
dieses weiß ich, sollt ich nicht
darum mich zufrieden geben,
  was die lange Todesnacht
  mir auch für Gedanken macht?

2. Jesus, er mein Heiland lebt;
ich werd auch das Leben schauen;
sein, wo mein Erlöser schwebt,
warum sollte mir denn grauen?
  Lässet auch ein Haupt sein Glied,
  welches es nicht nach sich zieht?

3. Ich bin durch der Hoffnung Band
zu genau mit ihm verbunden;
meine starke Glaubenshand
wird in ihn gelegt befunden,
  daß mich auch kein Todesbann
  ewig von ihm trennen kann.

4. Ich bin Fleisch, und muß daher
auch einmal zu Asche werden,
das gesteh ich; doch wird er
mich erwecken aus der Erden,
  daß ich in der Herrlichkeit
  um ihn sein mög alle Zeit.

5. Dann wird diese meine Haut
mich umgeben, wie ich gläube,
Gott wird werden angeschaut
dann von mir in diesem Leibe,
  und in diesem Fleisch werd ich
  Jesum sehen ewiglich.

6. Dieser meiner Augen Licht
wird ihn, meinen Heiland, kennen;
ich, ich selbst, kein Fremder nicht,
werd in seiner Liebe brennen;
  nur die Schwachheit um und an
  wird von mir sein abgethan.

7. Was hier kranket, seufzt und fleht,
wird dort frisch und herrlich gehen;
irdisch werd ich ausgesät,
himmlisch werd ich auferstehen;
  hier geh ich natürlich ein,
  dort, da werd ich geistlich sein.

8. Seid getrost und hoch erfreut,
Jesus trägt euch, meine Glieder,
gebt nicht statt der Traurigkeit:
sterbt ihr, Christus ruft euch wieder,
  wenn einst die Posaun erklingt,
  die auch durch die Gräber bringt.

9. Lacht der finstern Erbenkluft,
lacht des Todes und der Höllen:
denn ihr sollt euch durch die Luft
eurem Heiland zugesellen,
   dann wird Schwachheit und Ver-
      druß
liegen unter eurem Fuß.

50.

1. Jerusalem, du hochgebaute Stadt,
wollt Gott, ich wär in dir!
Mein sehnlich Herz so groß Ver-
      langen hat
und ist nicht mehr bei mir.
   Weit über Berg und Thale,
   weit über blaches Feld
   schwingt es sich über alle
und eilt aus dieser Welt.

2. O schöner Tag und noch viel schönre
      Stund,
wann wirst du kommen schier,
da ich mit Lust, mit freudenfreiem
      Mund
die Seele geb von mir
   in Gottes treue Hände,
   zum auserwählten Pfand,
   daß sie mit Heil anlände
in jenem Vaterland?

3. Im Augenblick wird sie erheben sich
bis an das Firmament,
wenn sie verläßt so sanft, so wun-
      derlich
die Stätt der Element;
   fährt auf Eliä Wagen
   mit heilger Engel Schar,
   die sie in Händen tragen,
umgeben ganz und gar.

4. O Ehrenburg, nun sei gegrüßet mir,
thu auf der Gnaden Pfort!
Wie große Zeit hat mich verlangt
      nach dir,
eh ich bin kommen fort
   aus jenem bösen Leben,
   aus jener Nichtigkeit
   und mir Gott hat gegeben
das Erb der Ewigkeit.

51.

1. O Jesu, meines Lebens Licht,
nun ist die Nacht vergangen:
Mein Geistesaug zu dir sich richt,
dein Anblick zu empfangen.

10. Nur daß ihr den Geist erhebt
von den Lüften dieser Erden,
und euch dem schon jetzt ergebt,
dem ihr beigefügt wollt werden;
   schickt das Herze da hinein,
   wo ihr ewig wünscht zu sein.
Louise Henriette von Brandenburg.

5. Was für ein Volk und ein sehr
      werte Schar
kommt dann gezogen schon?
Was in der Welt von Auserwähl-
      ten war,
seh ich, die beste Kron,
   die Jesus mir, der Herre,
   entgegen hat gesandt,
   da ich noch war so ferne
in meinem Thränenland.

6. Propheten groß und Patriarchen hoch,
auch Christen insgemein,
die weiland dort trugen des Kreuzes
      Joch
und der Tyrannen Pein,
   schau ich in Ehren schweben,
   in Freiheit überall,
   mit Klarheit hell umgeben,
mit sonnenlichtem Strahl.

7. Wenn dann zuletzt ich angelanget bin
ins schöne Paradeis,
von höchster Freud erfüllet wird der
      Sinn,
der Mund voll Lob und Preis.
   Das Halleluja reine
   man singt in Heiligkeit,
   das Hosianna feine
ohn End in Ewigkeit;

8. Mit Jubelklang, mit Instrumenten
      schön
auf Chören ohne Zahl,
daß von dem Schall und von dem
      süßen Ton
sich regt der Freudensaal,
   mit hundert tausend Zungen,
   mit Stimmen noch viel mehr,
   wie von Anfang gesungen
das himmlische Heer.   Meyfart.

2. Du hast, da ich nicht sorgen konnt,
mich vor Gefahr bedecket,
und auch vor andern mich gesund
nun aus dem Schlaf erwecket.

3. Mein Leben schenkst du mir aufs neu,
es sei auch dir verschrieben,
mit neuem Ernst, mit neuer Treu
dich diesen Tag zu lieben.

4. Dir, Jesu, ich mich ganz befehl,
im Geiste dich verkläre,
dein Werkzeug sei nur meine Seel,
den Leib bewahr und nähre.

5. Durchdring mit deinem Lebenssaft
Herz, Sinne und Gedanken;
bekleide mich mit deiner Kraft,
in Proben nicht zu wanken.

6. Mein treuer Hirte, sei mir nah,
steh immer mir zur Seiten,

und wenn ich irre, wollst du ja
mich wieder zu dir leiten.

7. Zeig mir in jedem Augenblick,
wie ich dir soll gefallen;
zieh mich vom Bösen stets zurück,
regiere mich in allen.

8. Gieb, daß ich meinen Wandel führ
im Geist in deinem Lichte
und als ein Frembling lebe hier
vor deinem Angesichte.

9. Ach, halt mich fest mit deiner Hand,
daß ich nicht fall noch weiche;
zieh weiter durch der Liebe Band,
bis ich mein Ziel erreiche.

Gerhard Terstegen.

52.

1. Mein erst Gefühl sei Preis und Dank!
Erheb ihn, meine Seele!
Der Herr hört deinen Lobgesang;
lobsing ihm, meine Seele.

2. Gelobet seist du, Gott der Macht,
gelobt sei deine Treue,
daß ich nach einer sanften Nacht
mich dieses Tags erfreue.

3. Laß deinen Segen auf mir ruhn,
mich deine Wege wallen,
und lehre du mich selber thun
nach deinem Wohlgefallen.

4. Nimm meines Lebens gnädig wahr;
auf dich hofft meine Seele.
Sei mir ein Retter in Gefahr,
ein Vater, wenn ich fehle.

5. Gieb mir ein Herz voll Zuversicht,
erfüllt mit Lieb und Ruhe,
ein weises Herz, das seine Pflicht
erkenn und willig thue.

6. Daß ich als ein getreuer Knecht
nach deinem Reiche strebe,
gottselig, züchtig und gerecht
durch deine Gnade lebe.

7. Daß ich, dem Nächsten beizustehn,
nie Fleiß und Arbeit scheue,
mich gern an andrer Wohlergehn
und ihrer Tugend freue.

8. Daß ich das Glück der Lebenszeit
in deiner Furcht genieße,
und meinen Lauf mit Freudigkeit,
wenn du gebeutst, beschließe.

Christ. Fürchtegott Gellert.

53.

1. Dir, dir, Jehovah, will ich singen;
denn wo ist doch ein solcher Gott,
wie du?
Dir will ich meine Lieder bringen:
ach gieb mir deines Geistes Kraft
dazu,
daß ich es thu im Namen Jesu Christ,
so wie es dir durch ihn gefällig ist.

2. Zeuch mich, o Vater, zu dem Sohne,
damit dein Sohn mich wieder zieh
zu dir;
dein Geist in meinem Herzen wohne,
und meine Sinnen und Verstand
regier,

daß ich den Frieden Gottes schmeck
und fühl,
und dir darob im Herzen sing und
spiel.

3. Verleih mir, Höchster, solche Güte,
so wird gewiß mein Singen recht
gethan;
so klingt es schön in meinem Liede,
ich bete dich im Geist und Wahrheit an;
so hebt dein Geist mein Herz zu dir
empor,
daß ich dir Psalmen sing im höhern
Chor.

4. Denn der kann mich bei dir vertreten
mit Seufzern, die ganz unaussprechlich sind;
der lehret mich recht gläubig beten,
giebt Zeugnis meinem Geist, daß
ich dein Kind
und ein Miterbe Jesu Christi sei,
daher ich Abba, lieber Vater! schrei.

5. Wohl mir, daß ich dies Zeugnis habe,
drum bin ich voller Trost und Freudigkeit,
und weiß, daß alle gute Gabe,
die ich von dir verlange jederzeit,

die giebst du und thust überschwäng-
lich mehr,
als ich verstehe, bitte und begehr.

6. Wohl mir, ich bitt in Jesu Namen,
der mich zu deiner Rechten selbst
vertritt;
in ihm ist alles Ja und Amen,
was ich von dir im Geist und Glauben bitt.
Wohl mir, Lob dir jetzt und in
Ewigkeit,
daß du mir schenkest solche Seligkeit!
Barthol. Craffellus.

54.

1. Ein reines Herz, Herr, schaff in mir,
schleuß zu der Sünde Thor und
Thür;
vertreibe sie, und laß nicht zu,
daß sie in meinem Herzen ruh.

2. Dir öffn ich, Jesu, meine Thür,
ach komm und wohne du bei mir;
treib all Unreinigkeit hinaus
aus deinem Tempel, deinem Haus.

3. Laß deines guten Geistes Licht
und dein hellglänzend Angesicht

erleuchten mein Herz und Gemüt,
o Brunnen unerschöpfter Güt!

4. Und mache dann mein Herz zugleich
an Himmelsgut und Segen reich;
gieb Weisheit, Stärke, Rat, Verstand
aus deiner milden Gnadenhand.

5. So will ich deines Namens Ruhm
ausbreiten als dein Eigentum,
und dies stets achten für Gewinn,
daß ich nur dir ergeben bin.
Heinrich Georg Neuß.

55.

1. Zeuch ein zu meinen Thoren,
sei meines Herzens Gast,
der du, da ich geboren,
mich neu geboren hast,
o hochgeliebter Geist
des Vaters und des Sohnes,
mit beiden gleichen Thrones,
mit beiden gleich gepreist!

2. Zeuch ein, laß mich empfinden,
und schmecken deine Kraft,
die Kraft, die uns von Sünden
Hülf und Errettung schafft.
Entsündge meinen Sinn,
daß ich mit reinem Geiste
dir Ehr und Dienste leiste,
die ich dir schuldig bin.

3. Du bist ein Geist der Freuden,
von Trauern hältst du nicht,
erleuchtest uns im Leiden
mit deines Trostes Licht.
Ach ja, wie manchesmal
hast du mit süßen Worten

mir aufgethan die Pforten
zum güldnen Freudensaal.

4. Du bist ein Geist der Liebe,
ein Freund der Freundlichkeit,
willst nicht, daß uns betrübe,
Zorn, Zank, Haß, Neid und Streit.
Der Feindschaft bist du feind,
willst, daß durch Liebesflammen
sich wieder thun zusammen,
die voller Zwietracht sind.

5. Du, Herr, hast selbst in Händen
die ganze weite Welt,
kannst Menschenherzen wenden,
wie es dir wohlgefällt:
so gieb doch deine Gnad
zum Fried und Liebesbanden,
verknüpf in allen Landen,
was sich getrennet hat.

6. Erhebe dich und steure
dem Herzleid auf der Erd,
bring wieder und erneure
die Wohlfahrt deiner Herd

Laß blühn in beiner Hut
die Länder, so verheeret,
die Kirchen, so zerstöret
burch Krieg und Feuersglut.

7. Beschirm die Obrigkeiten,
bau unsers Fürsten Thron,
steh ihm und uns zur Seiten;
schmück als mit einer Kron
die Alten mit Verstand,
mit Frömmigkeit die Jugend,
mit Gottesfurcht und Tugend
das Volk im ganzen Land.

8. Erfülle die Gemüter
mit reiner Glaubenszier,
die Häuser und die Güter
mit Segen für und für.
Vertreib den bösen Geist,
der dir sich widersetzet,

und was dein Herz ergötzet,
aus unserm Herzen reißt.

9. Gieb Freudigkeit und Stärke
zu stehen in dem Streit,
den Satans Reich und Werke
uns täglich anerbeut;
hilf kämpfen ritterlich,
damit wir überwinden,
und ja zum Dienst der Sünden
kein Christ ergebe sich.

10. Nicht unser ganzes Leben
allzeit nach beinem Sinn,
und wenn wirs sollen geben
ins Todes Hände hin,
wenns mit uns hier stirbt aus:
so hilf uns fröhlich sterben,
und nach dem Tod ererben
des ewgen Lebens Haus.

Paul Gerhardt.

56.

1. Befiehl dem Herren beine Wege,
und mache dich von Sorgen los;
vertraue seiner Vaterpflege,
vor ihm ist nichts zu schwer noch
groß,
das er, zu seines Namens Preis,
nicht herrlich auszuführen weiß.

2. Wo bu ihn nur hast raten lassen,
da hat er alles wohl gemacht.
Denn was dein Denken nicht kann
fassen,
das hat er längst zuvor bedacht;
wie birs sein Rat hat ausersehn,
so und nicht anders muß es gehn.

3. Wie werden beine Lebenstage
so manches Kummers sein befreit,
wie leicht wird alle Not und Plage
bir werden in der Prüfungszeit,
wenn bu nichts wünschest in der
Welt,
als was Gott will und ihm gefällt.

4. Dir wirds an keinem Gute fehlen,
wenn bu bein Herz gewöhnst und
lehrst,
nur Gottes Willen zu erwählen,
und deinem eignen Willen wehrst,
der dich stets auf den Irrweg bringt,
so gut ihn oft sein Wollen bünkt.

5. Gieb meinem Herzen solche Stille,
mein Jesu, daß ich sei vergnügt
mit allem, was dein Gnadenwille
mit mir und meinem Leben fügt;
nur nimm bich meiner Seele an,
so hab ich, was ich wünschen kann.

6.

7. Indes sei stets, mein Heil, gepriesen
für alle Sorgfalt, die bu mir,
noch eh ich war, schon hast erwiesen,
da du, mein treuer Jesu, bir
zum Eigentum mich hast erwählt,
und mich den Deinen zugezählt.

8. Dir sei auch ewig Lob gegeben,
daß bu so unermübet hast
für mich gesorgt in meinem Leben;
so lang ich bin der Erde Gast,
ist alles liebreich, nütz und gut,
was beine Schickung mit mir thut.

9. Dort werd ich beiner Liebe Thaten
erst preisen in Vollkommenheit,
wenn nun mein Hoffen ist geraten,
daß ich kann in der Seligkeit
erkennen, wie dein Wille mir
so gut gewesen für und für.

Henriette Catharina v. Gersdorf.

57.

1. Herr Jesu, Gnadensonne,
wahrhaftes Lebenslicht,
laß Leben, Licht und Wonne
mein blödes Angesicht
nach deiner Gnad erfreuen,
und meinen Geist erneuen;
mein Gott, versag mirs nicht.

2. Vergieb mir meine Sünden,
und wirf sie hinter dich;
laß alles Zürnen schwinden,
und hilf mir gnädiglich,
daß deine Friedensgaben
mein armes Herze laben;
ach Herr erhöre mich.

3. Vertreib aus meiner Seele
den alten Adamssinn,
daß ich nur dich erwähle,
und mich auch künftighin
zu deinem Dienst ergebe,
und dir zur Ehren lebe,
weil ich erlöset bin.

4. Beförbre dein Erkenntnis
in mir mein Seelenhort,
und öffne mein Verständnis
durch dein geheiligt Wort,
damit ich an dich gläube,
und in der Wahrheit bleibe
zu Trotz der Höllenpfort.

5. Ach zünde deine Liebe
in meiner Seele an,
daß ich aus innerm Triebe
dich ewig lieben kann
und dir zum Wohlgefallen
beständig möge wallen
auf rechter Liebesbahn.

6. Nun, Herr, verleih mir Stärke,
verleih mir Kraft und Mut;
denn das sind Gnadenwerke,
die dein Geist schafft und thut;
hingegen all mein Sinnen,
mein Lassen und Beginnen
ist böse und nicht gut.

7. Darum, du Gott der Gnaden,
du Vater aller Treu,
wend allen Seelenschaden,
und mach mich täglich neu:
gieb, daß ich deinen Willen
gedenke zu erfüllen,
und steh mir kräftig bei.

Laurentius v. Schnüffis.

58.

1. Mein schönste Zier und Kleinod bist
auf Erden du, Herr Jesu Christ,
dich will ich lassen walten,
und alle Zeit
in Lieb und Leib
in meinem Herzen b'halten.

2. Dein Lieb und Treu für alles geht,
kein Ding auf Erd so fest besteht,
solchs muß man frei bekennen,
drum soll nicht Tod,
nicht Angst, nicht Not
von deiner Lieb mich trennen.

3. Dein Wort ist wahr und trüget nicht,
und hält gewiß, was es verspricht
im Tod und auch im Leben.
Du bist nun mein,
und ich bin dein,
dir hab ich mich ergeben.

4. Der Tag nimmt ab: ach, schönste Zier,
Herr Jesu Christ, bleib du bei mir,
es will nun Abend werden:
laß doch dein Licht
auslöschen nicht
bei uns allhier auf Erden.

II. Dr. Martin Luthers kleiner Katechismus.

(Das erste Hauptstück.)

Die zehn Gebote.

1. Das erste Gebot.

Du sollst nicht andere Götter haben.

Was ist das?

Wir sollen Gott über alle Dinge fürchten, lieben und vertrauen.

2. Das zweite Gebot.

Du sollst den Namen deines Gottes nicht unnützlich führen.

Was ist das?

Wir sollen Gott fürchten und lieben, daß wir bei seinem Namen nicht fluchen, schwören, zaubern, lügen oder trügen; sondern denselben in allen Nöten anrufen, beten, loben und danken.

---

1. Höre, Israel, der Herr unser Gott ist ein einiger Herr. 5. Mos. 6, 4.

Du sollst anbeten, Gott deinen Herrn, und ihm allein dienen. Mt. 4, 10.

Die Furcht des Herrn ist der Weisheit Anfang. Ps. 111, 10.

Du sollst lieben Gott, deinen Herrn, von ganzem Herzen, von ganzer Seele und von ganzem Gemüte. Mt. 22, 37.

Das ist die Liebe zu Gott, daß wir seine Gebote halten, und seine Gebote sind nicht schwer. 1. Joh. 5, 3.

Befiehl dem Herrn deine Wege und hoffe auf ihn; er wirds wohl machen. Ps. 37, 5.

2. Ich sage euch, daß die Menschen müssen Rechenschaft geben am jüngsten Gericht von einem jeglichen unnützen Worte, das sie geredet haben. Mt. 12, 36.

Eure Rede sei: ja, ja; nein, nein; was darüber ist, das ist vom Übel. Mt. 5, 37.

Du sollst den Herrn, deinen Gott, fürchten und ihm dienen und bei seinem Namen schwören. 5. Mos. 6, 13.

3. Das dritte Gebot.

Du sollst den Feiertag heiligen.

Was ist das?

Wir sollen Gott fürchten und lieben, daß wir die Predigt und sein Wort nicht verachten; sondern dasselbe heilig halten, gerne hören und lernen.

4. Das vierte Gebot.

Du sollst deinen Vater und deine Mutter ehren, auf daß dirs wohlgehe und du lange lebest auf Erden.

Was ist das?

Wir sollen Gott fürchten und lieben, daß wir unsere Eltern und Herren nicht verachten noch erzürnen; sondern sie in Ehren halten, ihnen dienen, gehorchen, sie lieb und wert haben.

Der Eid machet ein Ende alles Haders, dabei es fest bleibet unter ihnen. Hebr. 6, 16.

Rufe mich an in der Not, so will ich dich erretten, und du sollst mich preisen. Pf. 50, 15.

3. Gedenke des Sabbathtages, daß du ihn heiligest. Sechs Tage sollst du arbeiten und alle deine Werke thun, aber am siebenten ist der Sabbath des Herrn deines Gottes, da sollst du keine Arbeit thun, noch dein Sohn, noch deine Tochter, noch dein Knecht, noch deine Magd, noch dein Vieh, noch der Fremdling, der in deinen Thoren ist. Denn in sechs Tagen hat der Herr Himmel und Erde gemacht und das Meer und alles, was darinnen ist und ruhete am siebenten Tage. Darum segnete der Herr den Sabbathtag und heiligte ihn. 2. Mof. 20, 8—11.

Ich halte mich, Herr, zu deinem Altar, da man höret die Stimme des Dankes, da man prediget alle deine Wunder. Herr, ich habe lieb die Stätte deines Hauses, und den Ort, da deine Ehre wohnt. Pf. 26, 6—8.

Bewahre deinen Fuß, wenn du zum Hause Gottes gehest, und komm, daß du hörest. Preb. 4, 17.

Lasset das Wort Christi unter euch reichlich wohnen in aller Weisheit; lehret und vermahnet euch selbst mit Psalmen und Lobgesängen und geistlichen lieblichen Liedern, und singet dem Herrn in eurem Herzen. Kol. 3, 16.

4. Ihr Kinder seid gehorsam euern Eltern in dem Herrn, denn das ist recht. Ehre Vater und Mutter, das ist das erste Gebot, das Verheißung hat. Eph. 6, 1—2.

Jedermann sei unterthan der Obrigkeit, die Gewalt über ihn hat. Denn es ist keine Obrigkeit, ohne von Gott; wo aber Obrigkeit ist, die ist von Gott verordnet. Röm. 13, 1.

Gehorchet euern Lehrern (Vorstehern) und folget ihnen, denn sie wachen über eure Seelen, als die da Rechenschaft dafür geben sollen, auf daß sie das mit Freuden thun und nicht mit Seufzen, denn das ist euch nicht gut. Hebr. 13, 17.

3*

5. Das fünfte Gebot.

Du sollst nicht tödten.

Was ist das?

Wir sollen Gott fürchten und lieben, daß wir unserm Nächsten an seinem Leibe keinen Schaden noch Leid thun; sondern ihm helfen und fördern in allen Leibesnöten.

6. Das sechste Gebot.

Du sollst nicht ehebrechen.

Was ist das?

Wir sollen Gott fürchten, und lieben, daß wir keusch und züchtig leben in Worten und Werken und ein jeglicher sein Gemahl lieben und ehren.

7. Das siebente Gebot.

Du sollst nicht stehlen.

Was ist das?

Wir sollen Gott fürchten und lieben, daß wir unsers Nächsten Geld oder Gut nicht nehmen, noch mit falscher Ware oder Handel an uns bringen; sondern ihm sein Gut und Nahrung helfen bessern und behüten.

Einer trage des andern Last, so werdet ihr das Gesetz Christi erfüllen. Gal. 6, 2.

Alles was ihr thut, das thut von Herzen, als dem Herrn und nicht den Menschen. Kol. 3, 23.

5. Wer Menschenblut vergießt, des Blut soll auch durch Menschen vergossen werden, denn Gott hat den Menschen zu seinem Bilde gemacht. 1. Mos. 9, 6.

Ein jeglicher Mensch sei schnell zu hören, langsam aber zu reden und langsam zum Zorn. Denn des Menschen Zorn thut nicht, was vor Gott recht ist. Jac. 1, 19 — 20.

Wer seinen Bruder hasset, der ist ein Totschläger. 1. Joh. 3, 15.

Selig sind die Friedfertigen, denn sie werden Gottes Kinder heißen. Mt. 5, 9.

6. Wisset ihr nicht, daß euer Leib ein Tempel des heiligen Geistes ist, der in euch ist, welchen ihr habt von Gott und seid nicht euer selbst? denn ihr seid teuer erkauft; darum so preiset Gott an eurem Leibe und in eurem Geiste, welche sind Gottes. 1. Cor. 6, 19 — 20.

Was wahrhaftig ist, was ehrbar, was gerecht, was keusch, was lieblich, was wohl lautet, ist etwa eine Tugend, ist etwa ein Lob, dem denket nach. Phil. 4, 8 — 9.

Selig sind, die reines Herzens sind, denn sie werden Gott schauen. Mt. 5, 8.

7. Die da reich werden wollen, die fallen in Versuchung und Stricke und viele thörichte und schädliche Lüste, welche versenken die Menschen ins Verderben und Verdammnis. Denn Geiz ist eine Wurzel alles Übels. 1. Tim. 6, 9 — 10.

8. Das achte Gebot.

Du sollst nicht falsches Zeugnis reden wider deinen Nächsten.

Was ist das?

Wir sollen Gott fürchten und lieben, daß wir unsern Nächsten nicht fälschlich belügen, verraten, afterreden oder bösen Leumund machen; sondern sollen ihn entschuldigen und gutes von ihm reden, und alles zum Besten kehren.

9. Das neunte Gebot.

Du sollst nicht begehren deines Nächsten Haus.

Was ist das?

Wir sollen Gott fürchten und lieben, daß wir unserm Nächsten nicht mit List nach seinem Erbe oder Hause stehen, und mit einem Schein des Rechts an uns bringen, sondern ihm dasselbige zu behalten, förderlich und dienstlich sein.

10. Das zehnte Gebot.

Du sollst nicht begehren deines Nächsten Weib, Knecht, Magd, Vieh oder was sein ist.

Was ist das?

Wir sollen Gott fürchten und lieben, daß wir unserm Nächsten nicht sein Weib, Gesinde oder Vieh abspannen, abdringen oder abwendig machen; sondern dieselbigen anhalten, daß sie bleiben und thun, was sie schuldig sind.

Es ist aber ein großer Gewinn, wer gottselig ist und läßt ihm genügen. 1. Tim. 6, 6.

Wohlzuthun und mitzuteilen vergesset nicht, denn solche Opfer gefallen Gott wohl. Hebr. 13, 16.

8. Leget die Lügen ab und redet die Wahrheit, ein jeglicher mit seinem Nächsten, sintemal wir untereinander Glieder sind. Eph. 4, 25.

Und denke keiner wider seinen Bruder etwas Arges in seinem Herzen. Sach. 7, 10.

9. Niemand sage, wenn er versucht wird, daß er von Gott versucht werde. Denn Gott kann nicht versucht werden vom Bösen, und er selbst versucht niemand. Sondern ein jeglicher wird versucht, wenn er von seiner eigenen Lust gereizet und gelocket wird. Darnach wenn die Lust empfangen hat, gebieret sie die Sünde; die Sünde aber, wenn sie vollendet ist, gebieret sie den Tod. Jac. 1, 13—15.

10. Welche aber Christo angehören, die kreuzigen ihr Fleisch, samt den Lüsten und Begierden. Gal. 5, 24.

Ich vermag alles durch den, der mich mächtig macht, Christus. Phil. 4, 13.

11. Was sagt nun Gott von diesen Geboten allen?

Er sagt also:

Ich der Herr, dein Gott, bin ein eifriger Gott, der über die, so mich hassen, die Sünde der Väter heimsuchet an den Kindern bis ins dritte und vierte Glied, aber denen, so mich lieben und meine Gebote halten, thue ich wohl in tausend Glied.

12. Was ist das?

Gott dräuet zu strafen alle, die diese Gebote übertreten; darum sollen wir uns fürchten vor seinem Zorn, und nicht wider solche Gebote thun. Er verheißet aber Gnade und alles Gute allen die solche Gebote halten; darum sollen wir ihn auch lieben und vertrauen, und gerne thun nach seinen Geboten.

11. Gottes Zorn vom Himmel wird geoffenbaret über alles gottlose Wesen und Ungerechtigkeit der Menschen. Röm. 1, 18.

Denn daß man weiß, daß Gott sei, ist ihnen offenbar, denn Gott hat es ihnen offenbaret, damit, daß Gottes unsichtbares Wesen, d. i. seine ewige Kraft und Gottheit wird ersehen, so man des wahrnimmt an den Werken nämlich an der Schöpfung der Welt, also daß sie keine Entschuldigung haben. Röm. 1, 19—20.

Denn so die Heiden, die das Gesetz nicht haben und doch von Natur thun des Gesetzes Werk, dieselben dieweil sie das Gesetz nicht haben, sind sie ihnen selbst ein Gesetz, als die da beweisen, des Gesetzes Werk sei beschrieben in ihrem Herzen, sintemal ihr Gewissen sie bezeuget, dazu auch die Gedanken, die sich unter einander verklagen oder entschuldigen. Röm. 2, 14. 15.

Es steht geschrieben: Verflucht sei jedermann, der nicht bleibet in alle dem, das geschrieben stehet in dem Buche des Gesetzes, daß ers thue. Gal. 3, 10.

So jemand das ganze Gesetz hält und sündigt an einem, der ist es ganz schuldig. Jac. 2, 10.

Wie wird ein Jüngling seinen Weg unsträflich gehen? Wenn er sich hält nach deinen Worten. Ps. 119, 9.

12. Ihr sollt heilig sein, denn ich bin heilig, der Herr, euer Gott. 3. Mos. 19, 2.

Es ist hier kein Unterschied, sie sind allzumal Sünder und mangeln des Ruhmes, den sie an Gott haben sollten, und werden ohne Verdienst gerecht aus seiner Gnade, durch die Erlösung, so durch Christum Jesum geschehen ist. Röm. 3, 23. 24.

So du, Herr, willst Sünden zurechnen, Herr, wer wird bestehn? denn bei dir ist die Vergebung, daß man dich fürchte. Ps. 130, 3—4.

Kein Fleisch mag durch des Gesetzes Werke vor ihm gerecht sein, denn durch das Gesetz kommt Erkenntnis der Sünde. Röm. 3, 20.

Also ist das Gesetz unser Zuchtmeister (Erzieher) gewesen auf Christum, daß wir durch den Glauben gerecht würden. Gal. 3, 24.

(Das zweite Hauptstück.)

Der Glaube.

Der erste Artikel.

13. Von der Schöpfung.

Ich glaube an Gott, den allmächtigen Vater, Schöpfer Himmels und der Erden.

Was ist das?

Ich glaube, daß mich Gott geschaffen hat samt allen Kreaturen, mir Leib und Seele, Augen, Ohren und alle Glieder, Vernunft und alle Sinne gegeben hat und noch erhält; dazu Kleider und Schuh, Essen und Trinken, Haus und Hof, Weib und Kind, Acker, Vieh und alle Güter, mit aller Notdurft und Nahrung des Leibes und Lebens reichlich und täglich versorget, wider alle Fährlichkeit beschirmet, und vor allem Übel behütet und bewahret; und das alles aus lauter väterlicher, göttlicher Güte und Barmherzigkeit, ohne alle mein Verdienst und Würdigkeit; des alles ich ihm zu danken und zu loben, und dafür zu dienen und gehorsam zu sein schuldig bin; das ist gewißlich wahr.

---

13. Das Gesetz ist durch Moses gegeben, die Gnade und Wahrheit ist durch Jesum Christum geworden. Niemand hat Gott je gesehen, der eingeborne Sohn, der in des Vaters Schoße ist, der hat es uns verkündiget. Joh. 1, 17—18.

Unser Wissen ist Stückwerk und unser Weissagen ist Stückwerk; wenn aber kommen wird das Vollkommene, so wird das Stückwerk aufhören. Wir sehen jetzt durch einen Spiegel in einem dunkeln Wort, dann aber von Angesicht zu Angesicht. Jetzt erkenne ichs stückweise, dann aber werde ich erkennen, gleichwie ich erkannt bin. 1. Cor. 13, 9. 10. 12.

Es ist aber der Glaube eine gewisse Zuversicht des, das man hoffet, und nicht zweifeln an dem, das man nicht siehet. Hebr. 11, 1.

Ohne Glauben ist es unmöglich Gott gefallen, denn wer zu Gott kommen will, der muß glauben, daß er sei und denen, die ihn suchen, ein Vergelter sein werde. Hebr. 11, 6.

Der Glaube, wenn er nicht Werke hat, ist er tot an ihm selber. Jac. 2, 17.

Gehet hin und lehret alle Völker und taufet sie im Namen des Vaters, des Sohnes und des heiligen Geistes. Mt. 28, 19.

Die Gnade unsers Herrn Jesu Christi, und die Liebe Gottes, und die Gemeinschaft des heiligen Geistes sei mit euch allen. 2. Cor. 13, 13.

Der zweite Artikel.

14. Von der Erlösung.

Und an Jesum Christum, seinen einigen Sohn, unsern Herrn, der empfangen ist vom heiligen Geiste, geboren von der Jungfrau

Der Geist erforschet alle Dinge, auch die Tiefen der Gottheit. 1. Cor. 2, 10. Durch den Glauben merken wir, daß die Welt durch Gottes Wort zugerichtet ist, also daß, was man sieht, nicht aus erscheinenden Dingen geworden ist. Hebr. 11, 3.

Herr, du bist unsere Zuflucht für und für. Ehe denn die Berge wurden und die Erde und die Welt geschaffen wurden, bist du, Gott, von Ewigkeit zu Ewigkeit. Ps. 90, 2.

Wo soll ich hingehen vor deinem Geist? und wo soll ich hinfliehen vor deinem Angesicht? Führe ich gen Himmel, so bist du da; bettete ich mir in die Hölle, siehe, so bist du auch da; nähme ich Flügel der Morgenröte und bliebe am äußersten Meer, so würde auch da deine Hand mich führen und deine Rechte mich halten. Ps. 139, 7—10. .

Unser Gott ist im Himmel, er kann schaffen, was er will. Ps. 115, 3.

Er ist nicht fern von einem jeglichen unter uns, denn in ihm leben, weben und sind wir. Apostelgesch. 17, 27.

Kauft man nicht zween Sperlinge um einen Pfennig? Noch fällt derselben keiner auf die Erde, ohne euren Vater. Nun aber sind auch eure Haare auf dem Haupte alle gezählet. Darum fürchtet euch nicht; ihr seid besser, denn viele Sperlinge. Mt. 10, 29—31.

Gott ist treu, durch welchen ihr berufen seid zur Gemeinschaft seines Sohnes Jesu Christi, unsers Herrn. 1. Cor. 1, 9.

Es sollen wohl Berge weichen und Hügel hinfallen, aber meine Gnade soll nicht von dir weichen, und der Bund meines Friedens soll nicht hinfallen, spricht der Herr, dein Erbarmer. Jes. 54, 10.

Oder verachtest du den Reichtum seiner Güte, Geduld und Langmütigkeit? Weißt du nicht, daß dich Gottes Güte zur Buße leitet? Röm. 2, 4.

O welch eine Tiefe des Reichtums, beides der Weisheit und Erkenntnis Gottes! wie gar unbegreiflich sind seine Gerichte und unerforschlich seine Wege! Röm. 11, 33.

Wir rühmen uns auch der Trübsale, dieweil wir wissen, daß Trübsal Geduld bringet, Geduld aber bringet Erfahrung, Erfahrung aber bringet Hoffnung, Hoffnung aber läßt nicht zu Schanden werden. Röm. 5, 3—5.

14. Im Anfang war das Wort und das Wort war bei Gott, und Gott war das Wort. Dasselbige war im Anfang bei Gott. Alle Dinge sind durch dasselbige gemacht, und ohne dasselbige ist nichts gemacht, was gemacht ist. — Und das Wort ward Fleisch und wohnete unter uns, und wir sahen seine Herrlichkeit, eine Herrlichkeit als des eingeborenen Sohnes vom Vater, voller Gnade und Wahrheit. Joh. 1, 1—3; 14.

Maria, gelitten unter Pontio Pilato, gekreuzigt, gestorben und begraben, niedergefahren zur Hölle, am dritten Tage auferstanden von
den Toten, aufgefahren gen Himmel, sitzend zur Rechten Gottes
des allmächtigen Vaters, von dannen er kommen wird, zu richten
die Lebendigen und die Toten.

15. Was ist das?

Ich glaube, daß Jesus Christus, wahrhaftiger Gott vom Vater in
Ewigkeit geboren und auch wahrhaftiger Mensch von der Jungfrau Maria
geboren, sei mein Herr, der mich verlornen und verdammten Menschen erlöset hat, erworben und gewonnen von allen Sünden, vom Tode und von
der Gewalt des Teufels; nicht mit Gold oder Silber, sondern mit seinem
heiligen, teuren Blute, und mit seinem unschuldigen Leiden und Sterben:
auf daß ich sein eigen sei, und in seinem Reiche unter ihm lebe und ihm
diene in ewiger Gerechtigkeit, Unschuld und Seligkeit, gleichwie er ist auferstanden vom Tode, lebet und regieret in Ewigkeit; das ist gewißlich wahr.

Also hat Gott die Welt geliebet, daß er seinen eingebornen Sohn gab,
auf daß alle, die an ihn glauben, nicht verloren werden, sondern das ewige
Leben haben. Joh. 3, 16.

Gott war in Christo und versöhnte die Welt mit ihm selber, und rechnete
ihnen ihre Sünden nicht zu. 2. Cor. 5, 19.

Da die Zeit erfüllet ward, sandte Gott seinen Sohn, geboren von einem
Weibe und unter das Gesetz gethan, auf daß er die, so unter dem Gesetz
waren, erlösete, daß wir die Kindschaft empfingen. Gal. 4, 4.

In ihm wohnet die ganze Fülle der Gottheit leibhaftig. Col. 2, 9.

16. Wie der Vater das Leben hat in ihm selber, also hat er dem Sohne gegeben das Leben zu haben in ihm selber. Joh. 5, 26.

Ihr wisset, daß ihr nicht mit vergänglichem Silber oder Gold erlöset seid
von eurem eitlen Wandel nach väterlicher Weise, sondern mit dem teuren
Blute Christi, als eines unschuldigen und unbefleckten Lammes. 1. Petri 1, 18.

Denn wir haben nicht einen Hohenpriester, der nicht könnte Mitleid haben
mit unsrer Schwachheit, sondern der versucht ist allenthalben gleich wie wir,
doch ohne Sünde. Hebr. 4, 15.

Ist jemand in Christo, so ist er eine neue Kreatur, das Alte ist vergangen, siehe, es ist alles neu worden. 2. Cor. 5, 17.

Ich bin mit Christo gekreuziget. Ich lebe aber, doch nun nicht ich, sondern Christus lebet in mir. Denn was ich jetzt lebe im Fleisch, das lebe
ich in dem Glauben des Sohnes Gottes, der mich geliebet hat und sich selbst
für mich dargegeben. Gal. 2, 19—20.

Ein jeglicher sei gesinnet, gleichwie Jesus Christus auch war, welcher, ob
er wohl in göttlicher Gestalt war, hielt er es nicht für einen Raub, Gott

16. Von der Heiligung.

Ich glaube an den heiligen Geist, eine heilige christliche Kirche, die Gemeinde der Heiligen, Vergebung der Sünden, Auferstehung des Fleisches, und ein ewiges Leben. Amen.

17. Was ist das?

Ich glaube, daß ich nicht aus eigener Vernunft noch Kraft an Jesum Christ meinen Herrn glauben oder zu ihm kommen kann; sondern der heilige Geist hat mich durch das Evangelium berufen, mit seinen Gaben er-

---

gleich sein; sondern entäußerte sich selbst und nahm Knechtsgestalt an, ward gleich wie ein anderer Mensch und an Gebärden als ein Mensch erfunden. Er erniedrigte sich selbst und ward gehorsam bis zum Tode, ja zum Tode am Kreuz.

Darum hat ihn auch Gott erhöhet und ihm einen Namen gegeben, der über alle Namen ist, daß in dem Namen Jesu sich beugen sollen alle derer Kniee, die im Himmel und auf Erden und unter der Erde sind, und alle Zungen bekennen sollen, daß Jesus Christus der Herr sei, zur Ehre Gottes des Vaters. Phil. 2, 5—11.

16. Es ist euch gut, daß ich hingehe. Denn so ich nicht hingehe, so kommt der Tröster nicht zu euch; so ich aber hingehe, will ich ihn zu euch senden. 14. Derselbige wird mich verklären, denn von dem Meinen wird ers nehmen und euch verkündigen. Joh. 16, 7. 14.

Der Tröster, der heilige Geist, welchen mein Vater senden wird in meinem Namen, derselbige wird es euch alles lehren und euch erinnern alles des, das ich euch gesagt habe. Joh. 14, 26.

17. Derselbe Geist giebt Zeugnis unserm Geiste, daß wir Gottes Kinder sind. Röm. 8, 16.

Wahrlich, wahrlich ich sage dir: Es sei denn, daß jemand geboren werde aus dem Wasser und Geist, so kann er nicht in das Reich Gottes kommen. Was vom Fleisch geboren wird, das ist Fleisch, und was vom Geist geboren wird, das ist Geist. Joh. 3, 5. 6.

Gott will, daß allen Menschen geholfen werde und sie zur Erkenntnis der Wahrheit kommen. 1. Tim. 2, 4.

Christus hat geliebet die Gemeinde, und hat sich selbst für sie gegeben, auf daß er sie heiligte. Eph. 5, 25.

Die Liebe Gottes ist ausgegossen in unser Herz durch den heiligen Geist, welcher uns gegeben ist. Röm. 5, 5.

So ein Glied leidet, so leiden alle Glieder mit, und so ein Glied wird herrlich gehalten, so freuen sich alle Glieder mit. Ihr aber seid der Leib Christi, ein jeglicher nach seinem Teil. 1. Cor. 12. 26—27.

leuchtet, im rechten Glauben geheiliget und erhalten; gleichwie er die ganze Christenheit auf Erden berufet, sammlet, erleuchtet, heiliget und bei Jesu Christo erhält im rechten einigen Glauben; in welcher Christenheit er mir und allen Gläubigen täglich alle Sünden reichlich vergiebt, und am jüng= sten Tage mich und alle Toten auferwecken wird, und mir samt allen Gläubigen in Christo ein ewiges Leben geben wird; das ist gewißlich wahr.

(Das dritte Hauptstück.)

Das Vaterunser.

18. Vater unser, der du bist im Himmel.

Was ist das?

Gott will damit uns locken, daß wir glauben sollen, er sei unser rechter Vater, und wir seine rechten Kinder, auf daß wir getrost und mit aller Zuversicht ihn bitten sollen, wie die lieben Kinder ihren lieben Vater.

Es wird gesäet verweslich und wird auferstehen unverweslich, es wird gesäet in Unehre und wird auferstehen in Kraft, es wird gesäet ein natür= licher Leib und wird auferstehen ein geistlicher Leib. 1. Cor. 15, 42—44.

Und Gott wird abwischen alle Thränen von ihren Augen und der Tod wird nicht mehr sein, noch Leid, noch Geschrei, noch Schmerzen wird mehr sein, denn das erste ist vergangen. Offenb. 21, 4.

Das kein Auge gesehen hat und kein Ohr gehöret hat, und in keines Menschen Herz gekommen ist, das Gott bereitet hat denen, die ihn lieben; uns aber hat es Gott offenbaret durch seinen Geist; denn der Geist erfor= schet alle Dinge, auch die Tiefen der Gottheit. 1. Cor. 2, 9—10.

18. Betet stets in allen Anliegen mit Bitten und Flehen im Geist und wachet dazu mit allem Anhalten und Flehen für alle Heiligen. Ephes. 6, 18.

So ermahne ich nun, daß man vor allen Dingen thue Bitte, Gebet, Für= bitte, Danksagung für alle Menschen, für die Könige und für alle Obrigkeit, auf daß wir ein geruhiges und stilles Leben führen mögen in aller Gottseligkeit und Ehrbarkeit. 1. Tim. 2, 1—2.

So ihr, die ihr arg seid, könnet euern Kindern gute Gaben geben, wie vielmehr wird der Vater im Himmel den heiligen Geist geben denen, die ihn bitten. Luc. 11, 13.

19. Die erste Bitte.

Geheiliget werde dein Name.

Was ist das?

Gottes Name ist zwar an ihm selbst heilig; aber wir bitten in diesem Gebet, daß er bei uns auch heilig werde.

20. Wie geschieht das?

Wo das Wort Gottes lauter und rein gelehrt wird, und wir auch heilig als die Kinder Gottes darnach leben: dazu hilf uns, lieber Vater im Himmel! wer aber anders lehret und lebet, denn das Wort Gottes lehret, der entheiliget unter uns den Namen Gottes, davor behüte uns, himmlischer Vater!

21. Die zweite Bitte.

Dein Reich komme.

Was ist das?

Gottes Reich kommt wohl ohne unser Gebet von ihm selbst, aber wir bitten in diesem Gebet, daß es auch zu uns komme.

22. Wie geschieht das?

Wenn der himmlische Vater uns seinen heiligen Geist giebt, daß wir seinem heiligen Worte durch seine Gnade glauben, und göttlich leben, hier zeitlich und dort ewiglich.

Sehet, welch eine Liebe hat uns der Vater erzeiget, daß wir Gottes Kinder sollen heißen. 1. Joh. 3, 1.

Ihr seid alle Gottes Kinder durch den Glauben an Christum Jesum. Gal. 3, 26.

Welche der Geist Gottes treibt, die sind Gottes Kinder. Röm. 8, 14.

19. Nicht uns, Herr, nicht uns, sondern deinem Namen gieb Ehre. Ps. 115, 1.

20. Heilige sie in deiner Wahrheit, dein Wort ist die Wahrheit. Joh. 17, 17.

So jemand anders lehret, und bleibet nicht bei den heilsamen Worten unsers Herrn Jesu Christi und bei der Lehre von der Gottseligkeit, der ist aufgeblasen und weiß nichts. 1. Tim. 6, 3. 4.

21. Trachtet am ersten nach dem Reiche Gottes und nach seiner Gerechtigkeit, so wird euch solches alles zufallen. Mt. 6, 33.

Das Reich Gottes kommt nicht mit äußerlichen Gebärden. Man wird auch nicht sagen: siehe hier oder da ist es. Denn sehet, das Reich Gottes ist inwendig in euch. Luc. 17, 20. 21.

22. Wahrlich, wahrlich, ich sage dir, es sei denn, daß jemand von neuem geboren werde, so kann er das Reich Gottes nicht sehen. Joh. 3, 3.

Ich sage aber: Wandelt im Geist, so werdet ihr die Lüste des Fleisches nicht vollbringen. Gal. 5, 16.

23. Die dritte Bitte.

Dein Wille geschehe wie im Himmel, also auch auf Erden.

Was ist das?

Gottes guter, gnädiger Wille geschieht wohl ohne unser Gebet; aber wir bitten in diesem Gebet, daß er auch bei uns geschehe.

24. Wie geschieht das?

Wenn Gott allen bösen Rat und Willen bricht, und hindert, so uns den Namen Gottes nicht heiligen und sein Reich nicht kommen lassen wollen, als da ist des Teufels, der Welt und unsers Fleisches Wille, sondern stärket und behält uns fest in seinem Wort und Glauben bis an unser Ende; das ist sein gnädiger, guter Wille.

25. Die vierte Bitte.

Unser täglich Brot gieb uns heute.

Was ist das?

Gott giebt täglich Brot auch wohl ohne unsere Bitte allen bösen Menschen; aber wir bitten in diesem Gebet, daß er uns erkennen lasse und mit Danksagung empfahen unser täglich Brot.

26. Was heißt denn täglich Brot?

Alles, was zur Leibes Nahrung und Notdurft gehört, als Essen,

---

23. Meine Speise ist die, daß ich thue den Willen des, der mich gesandt hat und vollende sein Werk. Joh. 4, 34.

Lehre mich thun nach deinem Wohlgefallen; denn du bist mein Gott, dein guter Geist führe mich auf ebener Bahn. Ps. 143, 10.

24. Nicht mein, sondern dein Wille geschehe. Luc. 22, 42.

Habt nicht lieb die Welt, noch was in der Welt ist; so jemand die Welt lieb hat, in dem ist nicht die Liebe des Vaters. 1. Joh. 2, 15.

Will mir jemand nachfolgen, der verleugne sich selbst und nehme sein Kreuz auf sich und folge mir. Mt. 16, 24.

25. Er läßt seine Sonne aufgehen über die Bösen und über die Guten und läßt regnen über Gerechte und Ungerechte. Mt. 5, 45.

Sorget nicht für den andern Morgen, denn der morgende Tag wird für das Seine sorgen. Es ist genug, daß ein jeglicher Tag seine eigne Plage habe. Mt. 6, 34.

26. Gott hat die Speise geschaffen, zu nehmen mit Danksagung den Gläubigen und denen, so die Wahrheit erkennen. Denn alle Kreatur Gottes ist gut, und nichts verwerflich, das mit Danksagung empfangen wird. Denn es wird geheiligt durch das Wort Gottes und Gebet. 1. Tim. 4, 3—5.

Ich bin das Brot des Lebens. Wer zu mir kommt, den wird nicht hungern, und wer an mich glaubt, den wird nimmermehr dürsten. Joh. 6, 35.

Trinken, Kleider, Schuh, Haus, Hof, Acker, Vieh, Geld, Gut, fromm Gemahl, fromme Kinder, fromm Gesinde, fromme und treue Oberherren, gut Regiment, gut Wetter, Friede, Gesundheit, Zucht, Ehre, gute Freunde, getreue Nachbarn, und desgleichen.

27. Die fünfte Bitte.

Und vergieb uns unsre Schuld, wie wir vergeben unsern Schuldigern.

Was ist das?

Wir bitten in diesem Gebet, daß der Vater im Himmel nicht ansehen wolle unsre Sünde, und um derselbigen willen uns solche Bitten nicht versagen: denn wir sind der keines wert, das wir bitten, habens auch nicht verdienet; sondern er wolle es uns alles aus Gnaden geben: denn wir täglich viel sündigen, und wohl eitel Strafe verdienen; so wollen wir zwar wiederum auch herzlich vergeben, und gerne wohlthun denen, die sich an uns versündigen.

28. Die sechste Bitte.

Und führe uns nicht in Versuchung.

Was ist das?

Gott versucht zwar niemand; aber wir bitten in diesem Gebet, daß uns Gott wolle behüten und erhalten, auf daß uns der Teufel, die Welt und unser Fleisch nicht betrüge und verführe in Mißglauben, Verzweiflung und andere große Schande und Laster; und ob wir damit angefochten würden, daß wir doch endlich gewinnen und den Sieg behalten.

---

27. So wir unsere Sünde bekennen, so ist er treu und gerecht, daß er uns die Sünde vergiebt und reiniget uns von aller Untugend. 1. Joh. 1, 9.

So ihr den Menschen ihre Fehle vergebet, so wird euch euer himmlischer Vater auch vergeben. Wo ihr aber den Menschen ihre Fehle nicht vergebet, so wird euch euer Vater eure Fehle auch nicht vergeben. Mt. 6, 14—15.

Liebet eure Feinde; segnet die euch fluchen; thut wohl denen, die euch hassen, bittet für die, so euch beleidigen und verfolgen, auf daß ihr Kinder seid eures Vaters im Himmel. Mt. 5, 44.

28. Gott ist getreu, der euch nicht läßt versuchen über euer Vermögen, sondern macht, daß die Versuchung so ein Ende gewinne, daß ihr es könnet ertragen. 1. Cor. 10, 13.

Wir wissen aber, daß denen, die Gott lieben, alle Dinge zum besten dienen. Röm. 8, 28.

Alles, was von Gott geboren ist, überwindet die Welt, und unser Glaube ist der Sieg, der die Welt überwunden hat. 1. Joh. 5, 4.

29. Die siebente Bitte.

Sondern erlöse uns von dem Übel.

Was ist das?

Wir bitten in diesem Gebet als in der Summa, daß uns der Vater im Himmel von allerlei Übel Leibes und der Seele, Gutes und Ehre erlöse, und zuletzt, wenn unser Stündlein kommt, ein seliges Ende beschere, und mit Gnaden von diesem Jammerthal zu sich nehme in den Himmel.

30. Amen.

Was ist das?

Daß ich soll gewiß sein, solche Bitten sind dem Vater im Himmel angenehm und erhöret; denn er selbst hat uns geboten, also zu beten, und verheißen, daß er uns will erhören. Amen, Amen, das heißt: Ja, ja, es soll also geschehen.

(Das vierte Hauptstück.)

Das Sakrament der heiligen Taufe.

Zum Ersten.

31. Was ist die Taufe?

Die Taufe ist nicht allein schlecht Wasser, sondern sie ist das Wasser in Gottes Gebot gefasset, und mit Gottes Wort verbunden.

---

29. Laß dir an meiner Gnade genügen, denn meine Kraft ist in den Schwachen mächtig. 2. Cor. 12, 9.

Der letzte Feind, der aufgehoben wird, ist der Tod. 1. Cor. 15, 26.

Selig ist der Mann, der die Anfechtung erduldet, denn nachdem er bewähret ist, wird er die Krone des Lebens empfangen, welche Gott verheißen hat denen, die ihn lieb haben. Jac. 1, 12.

30. Des Herrn Wort ist wahrhaftig, und was er zusagt, das hält er gewiß. Ps. 33, 4.

Bittet, so wird euch gegeben, suchet, so werdet ihr finden, klopfet an, so wird euch aufgethan. Mt. 7, 7.

31. Die nun sein Wort gern annahmen, ließen sich taufen. Sie blieben aber beständig in der Apostel Lehre und in der Gemeinschaft und im Brotbrechen und im Gebet. Apostelgesch. 2, 41—42.

Wie viele euer getauft sind, die haben Christum angezogen. Gal. 3, 27.

Oder wisset ihr nicht, daß alle, die wir in Jesum Christ getauft sind, die sind in seinen Tod getauft? Röm 6, 3.

Welches ist denn solch ein Wort Gottes?

Da unser Herr Christus spricht, Matthäi am letzten:

Gehet hin in alle Welt, lehret alle Heiden, und taufet sie im Namen des Vaters und des Sohnes und des heiligen Geistes.

Zum Andern.

32. Was giebt oder nützet die Taufe?

Sie wirkt Vergebung der Sünden, erlöset vom Tode und Teufel, und giebt die ewige Seligkeit allen, die es glauben, wie die Worte und Verheißungen Gottes lauten.

Welches sind denn solche Worte und Verheißungen Gottes?

Da unser Herr Christus spricht, Marci am letzten:

Wer da glaubet und getauft wird, der wird selig; wer aber nicht glaubet, der wird verdammt.

Zum Dritten.

33. Wie kann Wasser solche große Dinge thun?

Wasser thuts freilich nicht, sondern das Wort Gottes, so mit und bei dem Wasser ist, und der Glaube, so solchem Worte Gottes im Wasser trauet; denn ohne Gottes Wort ist das Wasser schlecht Wasser und keine Taufe; aber mit dem Worte Gottes ists eine Taufe, das ist ein gnadenreich Wasser des Lebens und ein Bad der neuen Geburt im heiligen Geiste; wie St. Paulus sagt zu Tito am dritten Kapitel:

Durch das Bad der Wiedergeburt und Erneuerung des heiligen Geistes, welchen er ausgegossen hat über uns reichlich durch Jesum Christum unsern Heiland, auf daß wir durch desselben Gnade gerecht und Erben seien des ewigen Lebens nach der Hoffnung; das ist je gewißlich wahr.

Zum Vierten.

34. Was bedeutet denn solch ein Wassertaufen?

Es bedeutet, daß der alte Adam in uns durch tägliche Reue und Buße soll ersäufet werden, und sterben mit allen Sünden und bösen Lüsten; und

---

32. Thut Buße und lasse sich ein jeglicher taufen auf den Namen Jesu Christi zur Vergebung der Sünden, so werdet ihr empfangen die Gabe des heiligen Geistes. Apostelgesch. 2, 38.

33. Ich taufe euch mit Wasser zur Buße, der aber nach mir kommt, ist stärker denn ich, dem ich auch nicht genugsam bin seine Schuhe zu tragen; der wird euch mit dem heiligen Geist und mit Feuer taufen. Mt. 3, 11.

34. Wir wissen, daß unser alter Mensch samt Christo gekreuzigt ist, auf daß der sündliche Leib aufhöre, daß wir hinfort der Sünde nicht dienen. Röm 6, 6.

wiederum täglich herauskommen und auferstehen ein neuer Mensch, der in Gerechtigkeit und Reinigkeit vor Gott ewiglich lebe.

35. Wo stehet das geschrieben?

St. Paulus zu den Römern am sechsten spricht:

Wir sind samt Christo durch die Taufe begraben in den Tod, daß, gleichwie Christus ist von den Toten auferwecket durch die Herrlichkeit des Vaters, also sollen auch wir in einem neuen Leben wandeln.

(Das fünfte Hauptstück.)

Das Sakrament des Altars.

36. Was ist das Sakrament des Altars?

Es ist der wahre Leib und Blut unsers Herrn Jesu Christi, unter dem Brote und Weine, uns Christen zu essen und zu trinken von Christo selbst eingesetzt.

37. Wo stehet das geschrieben?

So schreiben die heiligen Evangelisten, Matthäus, Marcus, Lucas und Sanct Paulus:

Unser Herr Jesus Christus, in der Nacht, da er verraten ward, nahm er das Brot, dankte und brachs, und gabs seinen Jüngern, und sprach: Nehmet hin, esset; das ist mein Leib, der für euch gegeben wird; solches thut zu meinem Gedächtnis.

---

35. Ziehet den neuen Menschen an, der nach Gott geschaffen ist in rechtschaffener Gerechtigkeit und Heiligkeit. Ephes. 4, 24.

36. Wer mein Fleisch isset und trinket mein Blut, der hat das ewige Leben, und ich werde ihn am jüngsten Tage auferwecken. Denn mein Fleisch ist eine rechte Speise und mein Blut ist ein rechter Trank. Joh. 6, 54—55.

37. Der gesegnete Kelch, welchen wir segnen, ist er nicht eine Gemeinschaft des Blutes Christi? Das Brot, das wir brechen, ist es nicht eine Gemeinschaft des Leibes Christi? denn ein Brot ist es; so sind wir viele ein Leib, dieweil wir alle des einen Brotes teilhaftig sind. 1. Cor. 10, 16.

Desselbigen gleichen nahm er auch den Kelch nach dem Abendmahl, dankte und gab ihnen den und sprach: Nehmet hin und trinket
alle daraus; dieser Kelch ist das neue Testament in meinem Blute,
das für euch vergossen wird zur Vergebung der Sünden; solches
thut, so oft ihrs trinket, zu meinem Gedächtnis.

38. Was nützet denn solch Essen und Trinken?

Das zeigen uns diese Worte:

Für euch gegeben und vergossen zur Vergebung der Sünden;
nämlich, daß uns im Sakrament Vergebung der Sünden, Leben und Seligkeit durch solche Worte gegeben wird; denn wo Vergebung der Sünden
ist, da ist auch Leben und Seligkeit.

39. Wie kann leiblich Essen und Trinken solche große Dinge thun?

Essen und Trinken thuts freilich nicht, sondern die Worte, so da stehen:

Für euch gegeben und vergossen zur Vergebung der Sünden,

welche Worte sind neben dem leiblichen Essen und Trinken als das
Hauptstück im Sakrament; und wer denselbigen Worten glaubt, der hat,
was sie sagen und wie sie lauten, nämlich Vergebung der Sünden.

40. Wer empfähet denn solch Sakrament würdiglich?

Fasten und leiblich sich bereiten ist wohl eine feine äußerliche Zucht;
aber der ist recht würdig und wohl geschickt, wer den Glauben hat an
diese Worte:

Für euch gegeben und vergossen zur Vergebung der Sünden.

Wer aber diesen Worten nicht glaubt, oder zweifelt, der ist unwürdig und
ungeschickt; denn das Wort: Für euch fordert eitel gläubige Herzen.

---

40. Der Mensch aber prüfe sich selbst, und also esse er von diesem Brot und
trinke von diesem Kelche. Denn welcher unwürdig isset und trinket, der
isset und trinket ihm selber das Gericht. 1. Cor. 11, 28—29.

Anhang.

Das christliche Kirchenjahr.

Das (christliche) Kirchenjahr beginnt, wie das bürgerliche Jahr, im Winter, nämlich mit dem vierten Sonntage vor Weihnachten. Die vier ersten Sonntage des Kirchenjahres umfassen die Adventszeit (adventus), in der die Christenheit sich vorbereitet, den Heiland zu empfangen, der nun bald das Dunkel der Erde erhellen soll.

Das Weihnachtsfest verkündet die Ankunft des ewigen Lichtes selbst. Es fällt in die dunkelste Zeit des Jahres, auf den 25. Dezember. Acht Tage darauf, am 1. Januar, ist das Fest der Beschneidung Christi und am 6. Januar das Fest der Erscheinung (Epiphanias) oder der heiligen drei Könige; Mt. 2, 1—12.

Die nächsten Sonntage nach Neujahr werden nach Epiphanias gezählt. Die Zahl der Epiphaniassonntage liegt zwischen eins und sechs und hängt davon ab, ob Ostern früh oder spät fällt. Kommt Ostern früh, so muß auch der 9. Sonntag vor Ostern: Septuagesimae (runde Zahl für 63), die Reihe der Epiphaniassonntage bald zu Ende bringen. Der dann folgende Sonntag heißt Sexagesimae, der 8. vor Ostern; der 7. ist Quinquagesimae oder Esto mihi (Anfangsworte der lateinischen Vorlesung, (Messe) Ps. 31, 3). Der Dienstag nachher heißt Fastnacht (Karneval), weil am Abend des Dienstages in der katholischen Kirche die vierzigtägigen (denn die 6 Sonntage sind keine Fasttage, also von 46 abzuziehen) Fasten anfangen. Der Mittwoch darauf heißt Aschermittwoch, von der Sitte in der ältern Kirche, Asche als Zeichen der Buße und Betrübnis zu streuen. Wir nennen diese ernste Zeit die Passionszeit und bedenken darin die Leiden unsers Herrn, die er erlitten von Anfang bis zu seinem Tode am Kreuz. Die sechs Sonntage in den Fasten heißen:

Invocavit. Reminiscere. Oculi. Laetare. Judica. Palmarum (Palmsonntag).

Mit dem Palmsonntag beginnt die Karwoche (stille Woche, Leidenswoche), in der die Christenheit die letzten Tage des Herrn noch einmal innerlich miterlebt. Der Donnerstag dieser Woche heißt nach Ps. 23, 2. Gründonnerstag (dies viridium); es folgt der Karfreitag, der Todestag des Herrn, und der Tag der Grabesruhe, der Sonnabend.

Am Osterfest feiern wir das Gedächtnis des Auferstandenen. Ostern ist ein bewegliches Fest; es fällt auf den ersten Sonntag nach dem ersten

4*

Vollmond des Frühlings (daher Ostergrenze 22. März und 25. April). Nach vierzig Tagen fuhr der Herr gen Himmel, daher ist der 40. Tag nach Ostern, ein Donnerstag, der Feier der Himmelfahrt gewidmet. Auf den 50. Tag nach Ostern, also auf einen Sonntag, fällt das Pfingstfest, das Fest der Ausgießung des heiligen Geistes (Apostelgesch. 2). Die 6 Sonntage zwischen Ostern und Pfingsten heißen:

Quasimodogeniti.   Misericordias Domini.   Jubilate.   Cantate. Rogate.   Exaudi.

Auch fällt in Preußen der allgemeine Buß- und Bettag in diese Zeit und zwar auf den Mittwoch nach Jubilate, mitten zwischen Ostern und Pfingsten.

Der Sonntag nach Pfingsten heißt der Sonntag Trinitatis, das Fest der Dreieinigkeit.

Damit ist die festliche Zeit des Kirchenjahres vollendet und es folgt nun die festlose Hälfte. Der erste Sonntag in ihr ist der erste Sonntag nach Trinitatis genannt worden, und von da an wird weiter fortgezählt, bis zum Ende des Kirchenjahres: es giebt also 22 bis 27 Sonntage nach Trinitatis. Am letzten dieser Sonntage des Jahres feiern wir das Totenfest.

Außerdem begehen wir noch das Erntefest am ersten Sonntage nach Michaelis (29. September) und das Reformationsfest am 31. October.

III. Das Alte Testament.

§. 1. (vgl. §. 164.)

Die Urzeit.

Genes. 1, 1—31.

Im Anfang schuf Gott Himmel und Erde. Die Erde war wüst und leer, aber der Geist Gottes schwebte auf dem Wasser. Durch Gottes Wort wurde nun in sechs Tagen: das Licht, die Feste, das Trockne und die Pflanzenwelt; die Himmelslichter, die Tiere in Meer und Luft, die Tiere des Feldes und zuletzt der Mensch. Gott schuf den Menschen ihm zum Bilde und hauchte ihm seinen lebendigen Odem ein. So ist denn der Mensch göttlichen Geschlechts (Apostg. 17, 28. 29), bestimmt, immer mehr zu werden wie Gott. Und Gott sah an alles, was er gemacht hatte, und siehe, es war sehr gut. Am siebenten Tage aber ruhte er von seinen Werken und segnete und heiligte ihn. Vgl. zu der Schöpfungsgeschichte noch die Psalmen 8, 19, 33, 104. Hiob 38.

Zusatz 1. So enthält die biblische Schöpfungsgeschichte die klare Überzeugung, die allen andern Völkern fehlte, daß ein mächtiger, über der Welt stehender Gott aus nichts durch sein Wort alles, auch den Stoff der Dinge geschaffen, in der Zeit und mit der Zeit. (Als Gegensatz vgl. die „Metamorphosen" der Heiden, Ovid met. I., 1—7., überhaupt die Voraussetzung einer ewigen Materie, $\ddot{v}\lambda\eta$ $\ddot{\alpha}\mu o\rho\varphi o\varsigma$, zu der sich Gott nur als ein umbildender Künstler verhalten habe.) Gott schuf die Welt durch sein Wort, d. h. durch seinen (liebevollen) Willen, nicht als Ausfluß einer Fülle, die sich nicht mehr halten konnte (Emanation), auch nicht, um darin eine Ergänzung seines (allgenugsamen) Wesens zu haben. Er schuf sie gut, daher liebte er sie.

Eine weitere Entwickelung der Welt war damit nicht ausgeschlossen; vielmehr sollte gerade durch sie der Zweck der Kreatur, die Ehre Gottes, erreicht werden. Diese Entwickelung konnte sich nur in und mit einem gewissen Selbstleben der Kreatur vollziehen. Der Mittelpunkt der irdischen Schöpfung ist der Mensch, die persönliche selbstbewußte Kreatur, das Bild des Schöpfers.

Zusatz 2. Gott der Schöpfer ist auch der Erhalter und Regierer der Welt. Denn ungeachtet ihres Selbstlebens ist doch die Kreatur an sich sterblich und unselbständig. Pf. 104, 29: „Verbirgst du dein Angesicht, so erschrecken sie; du nimmst weg ihren Odem, so vergehen sie und werden wieder zu Staub." Gott hat sich nicht von ihr zurückgezogen; er schafft fort und fort das Einzelne in der gesetzten Ordnung. Pf. 139, 13 ff. Hebr. 1, 3 φέρων τὰ πάντα κτλ. und leitet alles zu seinem Endzweck, auch gegen das Widerstreben der Kreatur, Gen. 50, 20: Ihr gedachtet es böse mit mir zu machen, aber u. f. w. Daher hat der Gläubige Zuversicht in der Not; Pf. 42 u. 43.: Was betrübest du dich, meine Seele, und bist so unruhig in mir? Harre auf Gott, denn u. f. w. und alle Verwirrung in der Welt, abgesehen von der Sünde, ist nur scheinbar.

§. 2.
Gen. 2, 1—25; 3, 1—24.

Und Gott setzte den Menschen in den Garten Eden (das Paradies), daß er ihn bebaue und bewahre. In dem Garten sollte der Mensch durch freien Gehorsam sich an einem Gebote üben und in Freiheit und Festigkeit auf dem Wege zu Gott fortschreiten. Gott verbot ihm, vom Baume der Erkenntnis des Guten und Bösen mitten im Garten zu essen. Aber die Schlange versuchte Eva: Sollte Gott gesagt haben u. f. w. Nein, ihr werdet sein wie Gott und wissen, was gut und böse ist. Und das Weib zweifelte, die Lust erwachte, sie aß und gab ihrem Manne auch davon, und er ward ungehorsam wie sie. Da wurden ihre Augen aufgethan; sie erkannten sich selbst als böse und unselig, und sie schämten sich. Und Gott sprach zur Schlange: Ich will Feindschaft setzen zwischen dir und dem Weibe, zwischen deinem Samen und ihrem

Samen; derselbe soll dir den Kopf zertreten und du wirst ihn in die Ferse stechen. Gen. 3, 14—15. So folgte dem ersten Fall die erste Verheißung (das Protevangelium.) Das ganze Menschengeschlecht (der Weibessame) sollte gegen die Macht der Sünde kämpfen und endlich siegen. In der Folge zeigte es sich erst recht, wer unter den Menschen besonders ausgerüstet war, daß er die Werke des Teufels zerstöre (1. Joh. 3, 8; vgl. Lied 3, 8).

Dann wandte sich Gott strafend gegen Eva und Adam und vertrieb die Menschen aus dem Paradiese. So ist nun durch einen Menschen die Sünde in die (Menschen=) Welt gekommen und der Tod durch die Sünde (Röm. 5, 12). Aber Gott ließ nicht ab, den sündigen Menschen das Heil in der Ferne zu zeigen, sowohl in klaren Worten, als in dem Geschick und den Erfahrungen der Menschen, auf daß die Menschen zubereitet würden für das Heil in Christo.

Zusatz. Die Entstehung des Bösen in den Menschen wird in der Schrift nicht erklärt, sondern erzählt. Die dem Menschen von Gott gegebene gute Ausrüstung war eine kindliche Hinneigung zu Gott und allem Guten, welche wachsen, sich befestigen und durch die freie Selbstbestimmung des Menschen reifen sollte.

§. 3.
Gen. 4, 1—35; 5, 1—32.

In der Familie Adams zeigte sich die Sünde in sehr verschiedener Entwickelung. In Kain kam das Böse bald zur völligen Herrschaft. Abel dagegen war Gott angenehm. Beide opfern dem Herrn; aber der Herr sieht nur Abels Opfer gnädig an. Da treibt der Neid Kain zum Brudermord. 1. Joh. 3, 12. Er muß von bannen, wohnt im Lande Nod (Flucht). Von ihm ging ein zahlreiches Geschlecht aus: Hanoch, Lamech, der die Vielweiberei einführte, vgl. auch sein trotziges Schwertlied Gen. 4, 23. 24. Jabal, Jubal, Thubalkain. Sie gründen ein Reich der Welt und verschönern es durch allerlei Erfindungen und Künste. Von Seth aber, dem Ersatz für Abel, ging eine Reihe frommer Familien aus, welche die Erkenntnis des wahren Gottes fortpflanzten. Unter ihnen war Enos, Gen. 4, 26; Henoch, Gen. 5, 24: bieweil er ein göttlich Leben führte.

nahm ihn Gott hinweg und ward nicht mehr gesehn. Hebr. 11, 5;
Methusalah, der älteste der Menschen, Lamech. Dieser nannte
seinen Sohn Noah (Ruhe) Gen. 5, 29.

§. 4.

Die große Flut, Sin= oder Sindflut, später Sündflut
genannt. Gen. 6, 1—8, 9—22, 7, 1—24, 8, 1--22, 9, 1—17.

Es reuete Gott, daß er die Menschen gemacht hatte, denn ihre
Bosheit war groß auf Erden, und er sprach: Ich will sie verderben
mit der Erde. Noah aber war fromm und fand Gnade vor dem
Herrn. Er baute auf des Herrn Befehl die Arche, Hebr. 11, 7;
aber die Menschen ließen sich dadurch nicht warnen, Mt. 24, 37;
Noah ging in die Arche mit seinem Weibe, seinen drei Söhnen:
Sem, Japhet, Ham und deren Weibern, mit allerlei Tieren und
Nahrung. Da brachen die Schleusen der Flut auf, und die Fenster
des Himmels öffneten sich, es regnete 40 Tage und Nächte. Da
nähm das Wasser überhand, und alles, was im Trocknen sein Leben
hatte, starb. Die Flut dauerte im ganzen ein Jahr und einige
Tage.

Darnach ging Noah aus der Arche und opferte, und Gott sprach:
(8, 21.) Ich will hinfort nicht mehr die Erde verfluchen um der Menschen
willen; denn das Dichten (Gebilde) des menschlichen Herzens ist böse von
Jugend auf. — Es soll forthin, so lange die Erde steht, nicht aufhören Saat
und Ernte, Frost und Hitze, Sommer und Winter, Tag und Nacht. — Der
Regenbogen ward ein Zeichen des Bundes.

Damit beginnt also eine Zeit der Geduld und Langmut
Gottes mit der Sünde des Geschlechts (Röm. 3, 25). Denn die
Verschonung des Noah setzte der Sünde kein Ziel, wenn auch die
geschwächte Natur des Menschen und seine kürzere Lebenszeit (120
Jahre 1. Mos. 6, 3) es zu einer so gewaltigen Entwickelung des
Bösen nicht kommen ließen.

§. 5.
Gen. 9, 18—20.

Die fromme Scheu der beiden älteren Söhne Noahs, Sem und
Japhet und der Frevel Hams gab dem Vater Anlaß, das Geschick
der drei Stämme zu verkünden: Gelobet sei der Herr, der

Gott Sems, und Kanaan (der Sohn Hams) sei sein Knecht. Gott breite Japhet aus u. s. w.

Zusatz. Der Segen ruht zunächst auf Sem, doch erhielt Japhet an demselben teil (Apostelgesch. 16, 6—10). Von Hams Zukunft schaut Noah nur die traurige Seite; aber einst soll auch seinen Nachkommen Heil widerfahren, Ps. 68, 32: Die Fürsten aus Ägypten werden kommen; Mohrenland wird seine Hände ausstrecken zu Gott.

§. 6.
Gen. 11, 1—9.

Als die Menschen bei ihrer wachsenden Verbreitung ahnen, daß sie vielleicht zerstreut werden in alle Länder, nehmen sie sich trotzig vor, eine Stadt und einen Turm zu bauen, der bis an den Himmel reiche, auf daß sie sich einen Namen machen. Der Herr zerstört ihr Beginnen durch die babylonische Sprachverwirrung. So trennen sich die Menschen, gruppieren sich zu Einzelvölkern und gehen ihre eigenen Wege. Das Heidentum entwickelt sich in seinen mannigfaltigen Weisen (vgl. §. 46).

Anmerk. 1. Wie eine innere Zerfallenheit der Grund der äußeren Trennung ward, so wird eine innere Einigung einst die Grenzscheide der Nationalitäten überwinden. Dem Wesen nach ist uns diese Einigung schon in dem Pfingstfest gezeigt. Das Werk der Bibelverbreitung gehört hierhin.

Anmerk. 2. Sems Geschlecht blieb in den ursprünglichen Wohnsitzen und breitete sich nur wenig nach Osten und Westen aus. Vergl. die Völkertafel Gen. 10: Elam, Assur, Aram u. A. — Japhets Geschlecht zog nach Nordwestasien und Europa. — Hams Geschlecht ging nach Südasien und Afrika.

§. 7.
Die Erzväter.
Gen. 11, 27—32; 12, 1—20; 13, 1—18; 14, 1—3, 10—24.

Während Gott die Heiden ihre eigenen Wege gehen läßt (Apostg. 14, 16; 17, 27), erwählt er sich aus dem semitischen Geschlecht ein Volk, das er auf besondere Weise erziehen und zum Träger des Heils machen will. Der Stammvater desselben ist Abraham. Er stammte aus Ur in Chaldäa, wo sein Vater den Götzen diente; Josua 24, 2. 14. Gott befahl dem Abraham daher:

Gehe aus deinem Vaterlande und von deiner Freundschaft und aus deines Vaters Hause in ein Land, das ich dir zeigen will. Und ich will dich zum großen Volk machen und will dich segnen und dir einen großen Namen machen und sollst ein Segen sein. — In dir sollen gesegnet werden alle Geschlechter auf Erden. Abraham gehorchte und zog mit Lot nach More bei Sichem, später nach Bethel. Eine Teuerung bringt ihn nach Ägypten, wo ihn die Furcht veranlaßt, die Sarah für seine Schwester auszugeben (vgl. Gen. 20, 12). Nach der Rückkehr trennt sich Lot von ihm und zieht in die Jordanau, nach Sodom. Doch bald kommt er dort in Not, denn Kedorlaomer von Elam und 3 verbündete Könige schlugen den König von Sodom mit seinen Verbündeten, und unter den Bewohnern Sodoms ward auch Lot fortgeführt. Abraham bewaffnete seine 318 Knechte und brachte auch Lot zurück. Auf der Heimkehr kam dem Siegreichen Melchisedek, König von Salem und Priester Gottes des Höchsten, entgegen. Vgl. Ps. 110, 4; Hebr. 7, 1 u. ff. Er segnet Abraham und empfängt von ihm den Zehnten von allem.

Zusatz. So pflegt Gott zu erziehen, daß er einzelne Menschen begabt und beruft, auf daß sie für ganze Kreise, Völker rc. Führer seien, Träger neuer Entwickelungen. Darin liegt für diese Auserwählten kein Grund zum Hochmut, sondern zur Wachsamkeit: „Wem viel gegeben ist, von dem wird man viel fordern." (Luk. 12, 48).

Eine ähnliche Auswahl wie die eines einzelnen Menschen ist die eines Volkes. Jedes Volk hat seine Mission, seinen Beruf für die andern Völker. So kommt von den Juden das Heil, Joh. 4, 22, während die Entwickelung von Kunst und Wissenschaft andern Völkern zugefallen ist. (§. 170.)

Anmerk. Das heilige Land (Palästina), der Wohnplatz des auserwählten Volks und der Schauplatz der großen Thaten Gottes ist auch in geographischer Beziehung merkwürdig. Vermöge der Art seiner Begrenzung (mittelländisches Meer, Libanon, syrische Wüste, arabische Wüste) und der gebirgigen Natur des Landes selbst hat es etwas Abgeschlossenes, Inselartiges; aber es hat doch nicht einsam bleiben können, denn je mehr der Handel zwischen den großen asiatischen Reichen Phönizien, Ägypten rc. betrieben wurde, desto mehr

mußte Paläſtina, das zwiſchen dieſen Reichen lag, in Berührung mit den Hei-
benvölkern kommen. Auch dies war eine weiſe Veranſtaltung Gottes.

Kein Land vereint ſolche Gegenſätze in ſich als Paläſtina, die herrlichſten
Gegenden wechſeln mit ſchauerlichen Öben, die blühenden Gärten bei Jericho
mit der Felſenwüſte (der Verſuchung), die Alpenwelt des Libanon und Antilibanon (Hermon) mit tropiſchen heißen Niederungen, wo die herrliche Palme
prangt.

Der **Jordan** entſpringt am Antilibanon, fließt durch den See Merom;
bann durch den See Genezareth oder das galiläiſche Meer (See Tibe-
rias), an beſſen ſchönen Ufern viele Städte lagen, gelangt endlich in das tote
Meer, eine Erbſenkung (mehr als tauſend Fuß unter dem mittelländiſchen
Meere) mit ſchauerlichem Charakter. — In den Jordan fließen der Jarmuk
(Hieromax) und der Jabbok, in das tote Meer der Arnon und Sereb im
Oſten, der Bach Kibron im Weſten. Die ſchmale Ebene am mittelländi-
ſchen Meere wird vom Vorgebirge Karmel unterbrochen, in deſſen Nähe der
Kiſon mündet. Der Kiſon entſpringt auf einem Hochlande, deſſen Züge den
Jordan entlang ſich erſtrecken, und fließt durch die Ebene Jeſreel. Nördlich
von dieſer Ebene liegt das Hochland von Galiläa (Sunem, Nain, Nazareth,
Kana, Kapernaum, Bethſaiba); ſüdlich das Gebirge Ephraim (Samaria) und
das Gebirge Juba (Judäa). In Samaria: Sichem (Berge Ebal und Garizim), Silo, Megibbo; in Judäa: Jeruſalem (Jebus), Bethlehem, Hebron, Jericho, Bethel, Gilgal. Grenzpunkte: Dan, beim Hermon im Norden, Ber-
ſaba im Süden. Die Südgrenze bewohnten die Amalekiter und Amoriter;
ihnen ſchloſſen ſich an (gegen Norboſten) die Edomiter, Moabiter und Ammo-
niter. Das Land im Oſten des Jordan, Peräa, bietet wenig Abwechſelung,
es heißt im Norden Baſan; ſüdlich vom Jarmuk liegt das Gebirge Gileab,
nahe am toten Meere das Gebirge Pisga, Nebo und die Bergfeſte Machärus.

§. 8.
Gen. 15, 1—6; 16, 1—16; 17, 1—22; 18, 1—33.

Abraham ging noch immer dahin ohne Kinder: der Herr verhieß ihm eine Nachkommenſchaft, zahllos wie die Sterne am Himmel; und Abraham glaubte dem Herrn und das ward ihm zur
Gerechtigkeit gerechnet (Röm. 4, 3, 18 ff.). Das Weib Abrahams aber war ſchwach im Glauben und gab Abraham ihre Magd
Hagar zum Weibe; welche den Ismael gebar. Als nun Abraham
99 Jahr alt war, erſchien ihm der Herr wieder, erneuerte die Verheißung, wobei auch die Namensänderung geordnet ward, und als
Bundeszeichen ward die Beſchneidung eingeſetzt (Röm. 4, 11 ff.).

Abraham wünscht, daß Ismael leben möchte vor Gott, aber der Herr verheißt ihm nun bestimmt den Isaak von der Sarah.

Darnach erscheinen dem Abraham im Hain Mamre drei Män-ner, unter denen einer als der Engel des Herrn (vergl. V. 13, 17) kenntlich ist. Er wiederholt die Verheißung besonders für Sarah und fragt zu ihrer Beschämung: Sollte dem Herrn etwas unmöglich sein? Dann wenden sich die beiden Begleiter nach Sodom und ver-derben die ruchlosen Städte, in denen auch nicht zehn Gerechte waren. Lot wurde allein gerettet mit seinen Töchtern.

Zusatz. Die Beschneidung sollte stets am achten Tage statt-finden, ohne Rücksicht auf einen etwaigen Sabbath. Joh. 7, 21 ff. §. 68. Der achte Tag beginnt eine neue Woche, so sollte das Kind durch die Beschneidung in eine neue Zeit eintreten, Gotte geweiht werden.

§. 9.
Gen. 21, 1—21; 22, 1—19.

Isaak wird endlich geboren, der Spötter Ismael aber ver-trieben. Danach prüfte Gott Abraham und sprach: Nimm deinen Sohn, den einzigen, ihn, den du lieb hast, den Isaak, gehe ins Land Moria und opfere ihn daselbst zum Brandopfer auf einem der Berge, den ich dir sagen werde. Am dritten Tage sieht er die Stätte von ferne. Isaak ist gehorsam und trägt selbst das Holz. Als Abraham das Opfer äußerlich vollziehen will, nachdem er seinen Sohn schon innerlich geopfert, wehrt ihm der Engel des Herrn. Der Ewige erkennt an, daß Abraham seinen Sohn dahingegeben hat. Das Opfer ist nun ein Widder, der an der Stelle Isaaks fällt. 2. Kön. 16, 3. Gott erneut die Verheißung.

§. 10.
Gen. 23, 1—20; 24, 1—67.

Sarah stirbt und Abraham bestattet sie in seinem Erb-Begräb-nis bei Hebron. Darnach sendet er seinen Hausvogt Elieser nach Haran in Mesopotamien, um für Isaak dort ein Weib zu suchen. Rebekka ist willig, mit ihm zu ziehen und wird Isaaks Weib Abraham stirbt 175 Jahre alt.

Gen. 25, 27—34: 27, 1—46; 28, 1—22.

Isaaks Leben ging stiller dahin. Als er alt war, wollte er gegen das Wort des Herrn: „der Größere muß dem Kleinen dienen," (Röm. 9, 10 ff.) seinen Lieblingssohn Esau (Edom) segnen. Rebekka und Jakob kommen dem Worte Gottes und dem Recht (Verkauf der Erstgeburt, 25, 29) durch eigenmächtige List zu Hülfe, so daß Isaak doch den rechten segnet. Esau aber zürnt seinem Bruder, und Jakob muß eine Zeitlang viel Mühsal und Widerwärtigkeit erdulden, damit er sich reinige von Eigenwilligkeit und dem Vertrauen auf seine Klugheit. Auf seiner Flucht kommt er zunächst nach Bethel, wo ihm die Himmelsleiter im Traum gezeigt wird. Gen. 28, 17: Wie heilig ist diese Stätte! Hier ist nichts Anders, denn Gottes Haus, und hier ist die Pforte des Himmels.

Laban in Haran betrügt ihn manchmal, ändert immer seinen Lohn und kann ihm doch nicht schaden. Endlich schickt sich Jakob zur Heimkehr an, mit seinen beiden Frauen Lea und Rahel und seinen Kindern, seinem Gesinde und seinen großen Herden. Laban ereilt ihn, darf aber nur freundlich mit ihm reden.

§. 11.
Gen. 32, 3—32; 33, 1—16.

In großer Furcht erwartet Jakob nun das Zusammentreffen mit Esau. Neben mehreren Klugheitsmaßregeln findet doch auch das Gebet zu Gott bei ihm raum: Ich bin zu geringe aller Barmherzigkeit und Treue u. s. w. An der Furt Jabbok bleibt er in der Nacht allein. Da rang ein Mann mit ihm, und seine Hüfte ward über dem Ringen verrenkt. Aber er sprach dennoch: Ich lasse dich nicht, du segnest mich denn. Und der Herr segnete ihn und nannte ihn Israel (Gotteskämpfer), vgl. Hosea 12, 5: Er kämpfte mit dem Engel und siegte, denn er weinete und flehete zu ihm. Und er sprach: Pniel, d. h. ich habe Gott von Angesicht zu Angesicht gesehen und meine Seele ist genesen.

§. 12.
Gen. 37, 1—36, 40, 1—23, 41, 1—49, Kap. 42—45, Kap. 46, 1—7, 26—34, 47, 1—12, 27—31, 50, 2—26.

Josephs Geschichte. Als Sohn der Rahel war er, wie Ben-

jamin, ein Liebling des Vaters. Seine Träume. Die Brüder ver=
kaufen ihn, und er kommt zu Potiphar, dem Kämmerer Pharaos.
Gott ist mit ihm in allem, auch in der Versuchung. Das Elend
des Kerkers, zwei Jahre lang. Der Mundschenk und der Bäcker
des Königs. Pharaos dunkle Träume kann Joseph deuten. Er
wird erhöht. „Beuget die Kniee!" Gen. 41, 43. Nach den sieben
reichen Jahren treten die teuern ein. Auch die Brüder Josephs
kommen, um Getreide zu kaufen; zuerst ohne Benjamin, dann mit
demselben. In der Prüfung bekennen sie ihre Schuld, und Jo=
seph giebt sich zu erkennen. Auch Jakob wird nach Ägypten geführt
mit siebenzig Seelen. Pharao weist ihm das fruchtbare Weideland
Gosen an.

Anmerkung. In Ägypten war es dem Volke eher möglich, sich vor Vermi=
schung und Verderben zu bewahren; denn die Ägypter waren durch Sprache,
Sitten und Kastenbegriffe von ihnen getrennt. Auch der nachfolgende Druck
durch die Ägypter gehörte mit zu dem Erziehungsplane Gottes.

Jakob nahm Ephraim und Manasse, die Söhne Josephs, unter
seine Söhne mit auf. Darnach versammelte er sie alle um sich
und verkündete ihnen ihr Geschick. Juda empfing einen besonderen
Segen: Es soll das Scepter von Juda nicht entwendet
werden u. s. w.

§. 13.
Exodus 1, 1—14, 2, 1—21.

Moses und die Gesetzgebung. Israel hatte sich in Ägypten
sehr vermehrt, man zählte 600,000 streitbare Männer. Der neue
ägyptische König, der von Joseph nichts wußte, wollte sie mit List
dämpfen und so seinem Volke die Furcht vor den Israeliten nehmen.
Aber je mehr er das Volk drückte, desto mehr nahm es zu. Da be=
fahl er, alle hebräischen Knaben ins Wasser zu werfen. Moses
wird durch wunderbare Fügung gerettet und aus dem Wasser ge=
zogen. Unberufen eifert er im 40. Jahre für sein geknechtetes
Volk, muß fliehen und 40 andere Jahre in der Wüste bleiben.

Exodus 3, 1—14; 4, 1—18; 5, 1—23; 7, 8—24; 10, 21—29; 11, 1—10;
12, 1—40.

Dann beruft ihn im 80. Jahre Jehova, der Seiende, Ewige,
im brennenden Busch, trotz seines Widerstrebens, und beglaubigt

ihn durch drei Wunder; aber Pharao will das Volk nicht ziehen lassen. Er verstockt sein Herz, dafür verstockt Gott auch Pharaos Herz. Durch eine Reihe von zehn Plagen, die in sich zusammen-hangen und sich der Natur des Landes anschließen, befreite Gott sein Volk aus der Macht des Heidentums. Die letzte Plage, der Tod aller Erstgeburt, gab den Ausschlag. Gott verschonte die Israe-liten auch diesmal.

Am 14. Nisan sollte jeder Hausvater ein Lamm ohne Fehl schlachten und mit dem Blut die Thürpfosten bestreichen zur Ver-schonung. Dies Passahlamm sollte von allem im Reiseanzug und ohne gesäuertes Brot gegessen werden.

Dann zogen sie aus, gedrängt von den entsetzten Ägyptern und nahmen auch noch allerlei goldene und silberne Geräte mit, die sie von den Ägyptern gefordert und erhalten hatten.

§. 14.

Exodus 13, 17—22; 14, 1—31, 15, 1—10, 20—26, 16, 1—32, 17, 1—16.

Der Herr zog vor den Kindern Israel her in der Wolken- und Feuersäule. Sie sollten nicht den nächsten Weg ziehen; sondern erst noch mancherlei erfahren, überhaupt zum Besitz des gelobten Landes erzogen werden. Pharao denkt schon, sie haben sich verirrt und es fällt ihm nicht schwer, sie einzuholen. Aber der Herr trocknet das Meer vor ihnen aus und führt sie hindurch. Da sangen Moses und die Kinder Israel dem Herrn einen Lobgesang:

Ich will dem Herrn singen, denn er hat eine herrliche That gethan: Rosse und Wagen hat er ins Meer gestürzt. Der Herr ist meine Stärke, mein Lob-gesang und mein Heil u. s. w.

Auf der Reise nach dem Sinai macht Moses in Mara bitteres Wasser süß. In der Wüste Sin giebt der Herr dem murrenden Volk Wachteln und Manna. In dem Kampf mit den Amalekitern geben die betenden Hände Mosis dem Volk eine kräftige Lehre.

§. 15.

Exodus 19, 1—8, 16—25, 20, 1—21.

Am Berge Sinai kamen die Israeliten im dritten Monat nach dem Auszuge an. Der Herr ließ das Volk an die kräftige Hülfe erinnern, die sie kürzlich erfahren hatten, und sprach: Werdet ihr nun meinen Bund halten, so sollt ihr mein Eigentum sein vor allen Völkern und ihr sollt mir ein Königreich von Priestern und ein heiliges Volk sein. Und das Volk sprach: Alles, was der Herr geredet hat, wollen wir thun.

Da gab der Herr am dritten Tag unter Donnern und Blitzen die zehn Worte (den Dekalog). Das Volk floh vor der überwältigenden Nähe Gottes.

Zusatz 1. Die Offenbarung des göttlichen Willens in klaren Worten (a. als Regel) war um so nötiger als das Gewissen durch die Sünde mehr und mehr abgestumpft und unsicher geworden war. — Wer den Willen Gottes erfüllt, dem verheißt das Gesetz Segen, vergl. Lev. 18, 5; Luk. 10, 28: „Thue das, so wirst du leben;" aber es verflucht den, welcher nicht alle Worte desselben erfüllt. Deuter. 27, 26; Jak. 2, 10; Denn so jemand das ganze Gesetz hält und sündigt an einem, der ist des Ganzen schuldig worden; Gal. 3, 10—11. Da wir nun allzumal Sünder sind (Röm. 3, 23), wie uns eben das Gesetz zeigt (b. als Spiegel, Röm. 3, 20 „denn durch das Gesetz kommt Erkenntnis der Sünde"), so bleiben wir unter dem Fluch, so lange wir auf uns selbst und unsre eigne Kraft angewiesen sind. Auch dann hat das Gesetz noch immer c. als Riegel und Zügel bewahrende Kraft; aber vor allem soll es die Sehnsucht der Menschen nach einer andern Genugthuung wecken, dann ist es „ein Zuchtmeister (Erzieher) auf Christum," παιδαγωγὸς εἰς Χριστόν Gal. 3, 24. Besonders ist diese pädagogische Bedeutung in den Symbolen und Typen des Ceremonialgesetzes zu erkennen.

„Durch dasselbe wurde der Israelit in allen seinen Verhältnissen bis in die geringfügigsten und äußerlichsten hinein an Gott erinnert, Gott recht in die Mitte des Volkslebens eingeführt. — Es beförderte die Erkenntnis der Sünde und rief somit die erste Bedingung der Annahme der Erlösung, die Erlösungsbedürftigkeit hervor. Das Volk mußte mühselig und beladen werden, damit der Herr zu ihm sprechen konnte: „Kommt her zu mir alle, die ihr mühselig und beladen seid, denn ich will euch erquicken." Hengstenberg.

Darin liegt aber auch, daß das Ceremonialgesetz aufgehoben werden konnte. Das Gesetz hat den Schatten der zukünftigen

Güter, nicht das Wesen der Güter selbst. Hebr. 10, 1. Vergl. Kol. 2, 16 und 17.

Zusatz 2. Die Abteilung und Zählung der zehn Gebote ist verschieden. Luther folgt darin Augustinus und der Überlieferung der abendländischen Kirche, Calvin dagegen Origenes, mit dessen Anordnung auch die bei den Juden übliche im ganzen stimmt. Als zweites Gebot wird nämlich von den Reformirten der Satz (Vers 4—5) angesehen: Du sollst dir kein Bildnis noch irgend ein Gleichnis machen, weder des u. s. w. Dann wird weiter gezählt, so daß das 10. Gebot das 9. und 10. nach Luthers Zählung umfaßt, Vers 17 des betreffenden Kapitels. — Es läßt sich das Gesetz nach seinem Inhalt (vergl. Mt. 22, 37 ff.; Marc. 12, 30; Luc. 10, 27) in zwei Forderungen zusammenfassen: Du sollst lieben Gott deinen Herrn von ganzem Herzen u. s. w. und: Du sollst deinen Nächsten lieben als dich selbst. Das 4, (5.) Gebot bildet einen Übergang von der 1. zur 2. Tafel. Man wird also die Gebote, die 5 der pietas und die 5 der probitas so am ursprünglichsten aufzählen: I. 1. Du sollst keine andern Götter neben mir haben. 2. Du sollst dir kein Bildnis noch irgend ein Gleichnis machen, weder des, das oben im Himmel, noch des, das unten auf Erden, oder des, das im Wasser unter der Erde ist. Bete sie nicht an und diene ihnen nicht. 3. Du sollst den Namen des Herrn, deines Gottes nicht mißbrauchen. 4. Gedenke des Sabbathtages, daß du ihn heiligest. 5. Du sollst deinen Vater und deine Mutter ehren. II. 6. Du sollst nicht töten. 7. Du sollst nicht ehebrechen. 8. Du sollst nicht stehlen. 9. Du sollst kein falsches Zeugnis reden wider deinen Nächsten. 10. Laß dich nicht gelüsten deines Nächsten Hauses. — In der 2. Reihe handelt es sich zuerst um Sicherstellung des Lebens (vergl. Genes. 9, 4; Exod. 21, 12—36; 4. Mos. 35, 16 ff.), dem steht am nächsten das wertvollste Eigentumsverhältnis, die Ehe. Dann folgt das Eigentum überhaupt, das man nicht bloß durch eigne That und Gewalt nicht antasten soll (8. Gebot), sondern auch nicht durch falsches Zeugnis (9. Gebot) und ebenso wenig durch Pläne und Unternehmungen, deren Zweck es sein würde, sich des Eigentums des

Nächsten mit einem Schein des Rechtes zu bemächtigen (10. Gebot). Siehe H. Schultz. I. 431 ff.

§. 16.
Exodus 32, 1—35.

Da Moses lange auf dem Berge vor Gott verweilt, drängt
das abgöttische Volk Aaron dazu, daß er ein goldenes Kalb
macht. Moses Zorn. Strafe des Volks durch die Kinder Levi, die
Stammesgenossen Moses. Moses Fürbitte: „Nun vergieb ihnen
ihre Sünde; wo nicht, so tilge mich auch aus deinem Buch.‟

Die Stiftshütte, deren Einrichtung hier (Ex. 25—30) beschrieben wird, ist dem Wohnzelt des Hirten nachgebildet. Ein Vorhang
teilt den innern Raum in das Allerheiligste — worin die
Bundeslade mit den Gesetztafeln und dem Kruge Manna war; der
goldene Deckel der Bundeslade hieß Kapporeth, Versöhnungsdeckel — und in das Heilige mit dem Räucheraltar, dem Leuchter
und den Schaubroten. Ringsumher war der Vorhof mit dem
Brandopferaltar und dem kupfernen Waschbecken. In dieser Stiftshütte, der Wohnung, dem Zelt der Zusammenkunft, des
Zeugnisses, wollte Gott sich dem Volke nahe beweisen in seiner
Herrlichkeit und Gnade. (1. Kön. 8, 27.)

Anmerkung. Im Allerheiligsten (sanctum sanctorum) wohnt der Ewige
im feierlichen Dunkel. Das Gesetz wohnt bei ihm, aber auch die Gnade. Im
Heiligen (sanctum) wohnt das auserwählte heilige Volk, aber nur in seinen
Vertretern, den Priestern, denn die Menge entsprach dem allgemeinen priester-
lichen Beruf noch nicht. Im Vorhof (atrium) wohnt das sündige Volk, das
sich durch Brandopfer Versöhnung verschafft. —
Die Priester wurden aus dem Stamme Levi, und zwar aus Aarons Geschlecht gewählt. An ihrer Spitze stand der Priester schlechthin, auch der gesalbte Priester, später der Hohepriester genannt. Das Amt der Priester war,
das Volk mit Gott (durch Opfer) zu versöhnen, für dasselbe zu bitten (Räuchern)
und es zu segnen. Numeri 6, 23 ff. „Der Herr segne dich‟ ꝛc.

§. 17.

Von den mosaischen Opfern Lev. 1—7. Der Opfernde mußte
das Tier zur Stiftshütte bringen, durch Auflegen der Hände es
weihen als Gabe für Gott, insbesondere beim Sündopfer als Träger

seiner Buße, und es selbst schlachten. Denn „des Fleisches Seele ist im Blute und ich (der Herr) habe es euch auf den Altar gege= ben, daß eure Seelen damit versöhnt (zugedeckt) werden. Denn das Blut ist die Versöhnung als die Seele. Lev. 17, 11." Das Tier stirbt anstatt des Menschen. Gott will nur die geringere Gabe, das Tier, ja er nimmt auch wohl Vegetabilisches (Mehl) als Opfergabe an. Das Unvollkommene des mosaischen Opfers. Hebr. 10, 1—4; „es ist unmöglich, daß Ochsen= und Bocksblut Sünden wegnehme;" 9, 11—14. Die Leistung des Menschen thut es ja nicht. Pf. 50, 10 ff.; Jef. 1, 11 ff.; Micha 6, 6—8.

§. 18.

Die heiligen Zeiten waren hauptsächlich folgende: der Sab= bath, „der 7. Tag auf Grundlage des viergeteilten Mondumlaufs, ist der am einfachsten sich ergebende Ruhepunkt in der Zeitrechnung." Die ganze civilisierte Welt ist in der Ruhe des 7. Tages einig. Das Sabbathsjahr, Lev. 25, 1 ff., ein Ruhejahr für die Erde. Das große Hall= oder Jobeljahr, Lev. 25, 8 ff., das je 49. (50.) Jahr. Die Sklaven wurden dann frei, und die veräußerten Grundstücke fielen dem früheren Besitzer wieder anheim. Das Passahfest, ver= bunden mit dem Feste der ungesäuerten Brote, dauerte acht Tage, am Vorabend (14. Nisan) wurde das Passahlamm geschlachtet; das Pfingst= fest, das Fest der Erstlinge (und der Gesetzgebung), wurde am 50. Tage nach Ostern beim Beschluß der Ernte gefeiert; der Versöhnungs= tag war ein Fast= und Bußtag; der Hohepriester besprengte mit dem Blut des einen Bockes den Versöhnungsdeckel; den andern Bock schickte man mit den gesühnten Sünden beladen dem bösen Dämon Asasel in der Wüste zu, Lev. 16. Das Laubhüttenfest, einige Tage später, war ein frohes volkstümliches Fest, ursprünglich ein Fest der Obst= und Weinernte, und dauerte 7 (8) Tage (im Sep= tember); zur Erinnerung an die Wüstenreise wohnte man 7 Tage lang in Laubhütten. Lev. 23. Ex. 23. Damit war später verbunden ein Kannen= oder Wasserfest und ein Lichterfest. Vergl. §. 68.

Anmerkung. Besonders durch die Speisegesetze (Lev. 11; 20, 24—26; Deut. 14) wurde das Leben des Volkes in stete Beziehung zu Gottes Willen gestellt. Das Prinzip für die Unterscheidung der Tiere in reine und unreine ist ein geistiges:

wie Gott sein Volk abgesondert hat zum heiligen Volke, so soll Israel absondern die reinen von den unreinen Tieren (Verbot des Blutessens, Lev. 17, 12—14, denn Blut ist das Organ der Seele).

§. 19.
Numeri 10, 33—36; 11, 1—35, 13, 1—4, 18—34, 14, 1—38.

Bei der weitern Reise durch schlechte, unwegsame Wildnisse sehnten sich die Israeliten nach den Fleischtöpfen Ägyptens. Sogar Aaron und Mirjam murren wider Moses (Num. 12, 1—3 „der sanftmütigste").

Schon bald kommt man an die Südgrenze Kanaans. Moses sendet 12 Kundschafter aus, unter ihnen Josua und Kaleb. Die übertriebenen Schilderungen von den festen Städten und den Enaks= Kindern schrecken das Volk; vergebens ermahnen die beiden frommen Kundschafter zum Vertrauen auf den Herrn. Die Strafe bleibt nicht aus. Vierzig Jahre sollen sie in der Wüste bleiben; ein neues Geschlecht soll es sein, das einst in das gelobte Land kommt. Nur Josua und Kaleb sollen verschont bleiben. Der Aufruhr der Rotte Korah; Num. 16 und 17.

§. 20.
Psalm 90; Num. 20, 1—29; 21, 4—9.

Aus den 38 Jahren, die Israel noch in der Wüste umherziehen mußte, wissen wir nur wenig. Das Volk war verblendet, es betete fremde Götzen an und entheiligte den Sabbath. Selbst das allmäh= liche Dahinsterben der Genossen machte keinen Eindruck mehr. In dieser Zeit sang Moses wohl den 90. Psalm:

Herr Gott, du bist unsre Zuflucht für und für ꝛc.

Im ersten Monat des 40. Jahres steht das Volk zum zweiten= mal an der Südgrenze Kanaans, zu Kades. Da versündigt sich auch Moses am Haderwasser (Pf. 106, 33), und Gott straft ihn damit, daß auch er vor dem Eintritt in das gelobte Land sterben soll. Das Volk muß einen großen Umweg machen, und wird ver= drossen. Da sendet ihnen Gott giftige Schlangen. Vgl. Ev. Joh. 3, 14: Gleichwie Moses in der Wüste u. s. w.

Die Eroberung des Ostjordanlandes beginnt. Sihon und Og werden geschlagen. Balak will die magischen Kräfte Bileams zu Hülfe nehmen, Num. 22 ff. Umsonst: er erfährt nur: Es wird ein Stern aus Jakob aufgehen und ein Scepter aus Israel aufkommen und wird zerschmettern die Schläfen Moabs.

§. 21.

Leseſtücke aus dem Deuteronomium:

Kap. 4, 1—40. Ermahnungen zum Halten der Gebote.
Kap. 6, 1—25. Zum ersten Gebot.
Kap. 11, 11—32. Segen und Fluch.
Kap. 18, 9—22. Gegen Abgötterei. Der echte Prophet.

Vers 18: Ich will ihnen einen Propheten, wie du biſt, erwecken aus ihren Brüdern und meine Worte in seinen Mund geben; der soll zu ihnen reden alles, was ich ihm gebieten werde. Und wer auf meine Worte nicht hören wird, die er in meinem Namen reden wird, von dem will ichs fordern. Vgl. Joh. 1, 21 u. 25: ὁ προφήτης. Die apoſtoliſche Deutung siehe Apostg. 3, 22 ff.

Kap. 34, 1—12. Moses Tod.

Zusatz: „Gott, welcher in Israel das Volk seiner Offenbarung erzog, erweckte ihm in Moses einen Retter, den eigentlichen Gründer der wahren Religion dessen Wirkungen bis zu Jesu die ganze religiöse Entwickelung Israels bedingten und in Jesu geläutert noch jetzt den Grund der Religion und Bildung der Christenheit ausmachen, wie sie andrerseits das Beste im Islam sind." Das Werk Moses schloß an geschichtliche, nationale Verhältnisse an, an die Religion der Väter, von den Ägyptern hatte er mancherlei Weisheit gelernt, aber in religiöser Beziehung stand er im Kampf mit ihnen. Die nationale Grundlage seines Religionswerkes und seine Bekanntschaft mit der damaligen höchsten Bildung, beides erklärt doch noch nicht, was Moses geworden und wie er es geworden. „Auch hier bleibt das eigentlich Entscheidende die Offenbarung Gottes. Gott, der ihn zu seinem Werkzeug ausersehen, hat eine religiöse und sittliche Anlage einzigartiger Kraft in ihm gewirkt, er hat ihn durch besondere Schicksale innerlich

und äußerlich besonders vorbereitet, er hat in diesem so zube-
reiteten Geiste zur gegebenen Zeit die Gewißheit des göttlichen
Willens mit ihm, der göttlichen Gedanken und Wege aufleuchten
lassen." H. Schulz. S. 125 ff.

§. 22.

Jos. 1, 1—9, 3, 1—17, 4, 1—9, 7, 1—26, 9, 1—21, 10, 1—15, 24, 1—30.

Josua war berufen, das Volk nun endlich in das verheißene
Land zu bringen und Gottes Gerichte an den bisherigen Bewohnern
desselben zu vollziehen. Deut. 7, 1—10; 12, 29–31. Vgl. noch
Gen. 15, 13 u. 16. Vom menschlichen Rechte auf das Land ist
keine Rede. Zuerst schickte Josua Kundschafter nach Jericho. Dann
führte er das Volk durch den Jordan, die Mauern Jerichos fallen,
Jos. 6. Achans Diebstahl. Die List der Gibeoniten, Schlacht gegen
Adonizedek; „Sonne stehe still zu Gibeon und Mond im Thale
Ajalon" 10, 12—14. (Citat aus dem „Buche des Frommen".)
Nach sieben Jahren war das Land fast ganz erobert, und konnte
schon unter die 12 Stämme verlost werden. In Silo wird die
Stiftshütte aufgerichtet.

Anmerkung. In der letzten Versammlung des Volkes zu Sichem hatte Josua
gesagt: „Gefällt es euch nicht, dem Herrn zu dienen, so erwählt euch heute,
welchem ihr dienen wollt, dem Gott eurer Väter oder den Göttern der Amoriter. Ich aber und mein Haus wollen dem Herrn dienen." Da antwortete
alles Volk: „Das sei ferne von uns, daß wir den Herrn verlassen und andern
Göttern dienen."

§. 23.

Richter 2, 8—19. Kap. 6, Kap. 7, Kap. 8, 22—27. Buch Ruth.

Die Zeit der Richter (1400—1100 v. Chr.). Es kam
bald ein Geschlecht auf, „das den Herrn nicht kannte, noch die Werke,
die er an Israel gethan hatte," und das sich von den verschonten
Einwohnern des Landes verführen ließ zur Abgötterei, zum Dienst
der Natur, des Baal (Sonne) und der Astarte (Mond) u. s. w.
Daher gab sie der Herr in die Hand der Feinde. Wenn sie sich
aber in der großen Not wieder zu ihm kehrten, so erweckte er ihnen
Richter (Schoftim), die durch ihren Heldenmut für eine Zeit Ret-

tung schafften. Ihre Namen sind Athniel, Ehub: Samgar; Debo=
rah, eine Heldin und Sängerin (Richter 4—5); Gideon (K. 6—8);
Abimelech; Jephtha, K. 11—12. Ebzan; Elon; Abdon; Simson;
Eli, 1. Sam. 1 ff. seine Söhne Hophni und Pinchas.

In die Richterzeit gehört auch die Geschichte der Ruth.

§. 24.

1. Sam. 1, 1—28. 2, 1—8. 3, 1—21. 4, 1—18. 8, 1—8. 10, 17—27.
Kap. 11, 12. 15. 16.

Einen Übergang zu einer neuen Zeit bildet die Zeit Samuels.
Er gründete Prophetenschulen, (1. Sam. 7, 16. 17. 8, 1. 2. 4;
10, 5. 13. 19, 18 ff.) und bildete so einen eigenen Propheten=
stand, der auch im Staate von Wichtigkeit war. Außerdem wurde
auf das Drängen des Volkes hin unter Samuel das Königtum
eingeführt. Der Wunsch eines Königs knüpfte sich an den Umstand,
daß Samuels Söhne nicht in ihres Vaters Wegen wandelten, und
daß der König Nahas das Land bedrängte. Saul aus dem Stamm
Benjamin wird gesalbt und besiegt den Nahas; von seiner an=
fänglich guten Gesinnung fällt er in Ungehorsam (K. 15) und wird
verworfen.

Samuel muß nun den kleinsten der Söhne Isais, David,
zum Könige salben. Auf denselben kam der Geist Gottes, auf Saul
ein böser Geist, den Davids Harfenspiel nur auf kurze Zeit ver=
scheuchen konnte.

§. 25.

1. Sam. 17, 1—11, 17—54. 18, 1—16. 19, 18—24. 20, 1—43. 21, 1—15.
Kap. 24, 26, 28 u. 31. 2. Sam. 1, 1—27.

Bekannt wurde David durch seinen Sieg über Goliath. K. 17.
Das Lied der Weiber erregt Sauls Neid; doch wird Jonathan, der
Königssohn, Davids treuer Freund. David muß vor Saul flüchten
und kommt zu Samuel nach Rama. Dann kommt er nach Nob,
wo ihn der Priester Ahimelech freundlich aufnimmt, und gelangt
nach Gath zum Philisterkönige Achis (Wahnsinn). David verschont
den Saul in der Wüste Engedi, „Ich will meine Hand nicht an
meinen Herrn legen, denn er ist der Gesalbte des Herrn.“ Und

später noch einmal in der Wüste Siph. Saul fürchtet sich vor den Philistern, die wider ihn rüsten, und fragt die Zauberin zu Endor. In der Schlacht wirft er sich in sein Schwert; auch Jonathan fällt. David singt eine Klage 2. Sam. 1, 18—27, „der Bogen" genannt nach Vers 22.

§. 26.

2. Sam. 2, 1—7; 5, 1—10; 6, 1—23; Pf. 24; 2. Sam. 7, 1—16.

David wird 1019 König, zuerst zu Hebron vom Stamme Juda erwählt, nach mehreren Jahren auch von den übrigen Stämmen anerkannt, 2. Sam. 5. Er entreißt den Jebusitern die Bergfeste Zion zu Jerusalem und holt dahin die Bundeslade. (Man sang dabei Pf. 24, von den Thoren, geöffnet dem König der Ehren.) Jerusalem wird nun Mittelpunkt des Reiches.

David will (2. Sam. 7) dem Herrn einen Tempel bauen. Aber der Herr spricht durch den Propheten Nathan zu ihm: Solltest du mir ein Haus bauen? ... Der Herr verkündiget dir, daß er dir ein Haus bauen will. Wenn nun deine Zeit hin ist und du mit deinen Vätern schlafen liegest, will ich deinen Samen nach dir erwecken, der von deinem Leibe kommen soll; dem will ich sein Reich bestätigen. · Der soll meinem Namen ein Haus bauen, und ich will den Stuhl seines Königreichs bestätigen ewiglich. Ich will sein Vater sein, und er soll mein Sohn sein.

Zusatz: „So klingt aus der Davidischen Zeit selbst das Voll- gefühl heraus von der herrlichen, siegreichen Zukunft des gott- erwählten Volkes, wie sie in der unzerstörbaren Gnadenstellung seines Königshauses zu Gott ihren Grund und ihre Bürgschaft hat. .... Die Würde, Gottes Sohn zu sein, Siegesgewißheit, Sicherheit göttlichen Beistandes, unwiderstehliche Herrschaft, Leben für ewig, das sind die Gedanken, welche in begeisterten Liedern (Psalm 20. 21. 45. 110.) den Königen aus diesem Stamm ent- gegenklingen. Wir sehen daraus, daß die ganze nachdavidische Zeit die feste Überzeugung hat, daß sich an dieses Königshaus die besonderen Ziele göttlicher Gnade und Liebe mit seinem Volke eng anschließen." H. Schultz I. 465.

§. 27.

2. Sam. 9, 1—13; 12, 1—10, 13—24. Pf. 51.

David besiegt die Philister, Moabiter und andere Feinde, wird sicher und sündigt an Uria und Bathseba. Er thut Buße und betet Pf. 51:

3. Gott sei mir gnädig nach deiner Güte,
und tilge meine Sünden nach deiner großen Barmherzigkeit.

4. Wasche mich wohl von meiner Missethat,
und reinige mich von meiner Sünde.

5. Denn ich erkenne meine Missethat,
und meine Sünde ist immer vor mir.

6. An dir allein hab ich gesündiget
und übel vor dir gethan.

12. Schaffe in mir, Gott, ein reines Herz
und gieb mir einen neuen, gewissen Geist.

13. Verwirf mich nicht von deinem Angesicht
und nimm deinen heiligen Geist nicht von mir.

2. Sam. 15, 1—37. 16, 5—15. 17, 1—14. 18, 1—18, 29—33. 24, 1—25.

David wird ferner in dem Aufruhr Absaloms bestraft, und eben weil David diese Empörung richtig auslegt, so ist er nicht voll Zorn über den ruchlosen Sohn, sondern noch besorgt seinetwegen. Doch ermordet Joab aus alter Feindschaft den Empörer in der Waldschlacht. David kehrt zurück nach Jerusalem.

Aufs neue versündigt sich David durch die Zählung der streitbaren Mannschaft. Von drei Strafen, welche alle nicht bloß ihn, sondern auch das Volk treffen müssen, wählt er die dreitägige Pestilenz. Er hält Gott vor: Ich bin es, der gesündigt hat; diese Schafe aber, was haben sie gethan? er opfert auf der Tenne des Jebusiters Arauna (dem Berge Morija, Gen. 22) und spricht: Hier soll das Haus des Herrn sein. Darnach läßt David seinen Sohn Salomo salben, übergiebt ihm die Zeichnungen und Vorbilder zum Tempelbau und stirbt 979 v. Chr.

Anmerkung 1. Von den Psalmen: Dieselben bestehen aus 5 Büchern, 1. 1—41. 2. 42—72. 3. 73—89. 4. 90—106. 5. 107—150, vgl. den jedesmaligen Schluß. Der Inhalt der Psalmen ist sehr mannigfaltig. Luther sagt in seiner Vorrede zum Psalter: „Wo findet man feiner Wort von Freu-

ben, denn die Lobpsalmen oder Dankpsalmen haben? Da siehest du allen Heiligen ins Herz, wie in schöne lustige Gärten, ja wie in den Himmel, wie seine,
herzliche, lustige Blumen darin aufgehen von allerlei schönen, fröhlichen Gedanken gegen Gott und seine Wohlthat. Wiederum wo findest du tiefere, kläglichere,
jämmerlichere Worte von Traurigkeit, denn die Klagepsalmen haben? Da siehest
du abermal allen Heiligen ins Herz, wie in den Tod, ja wie in die Hölle;
wie finster und dunkel ists da von allerlei betrübtem Anblick des Zornes Gottes.
Also auch wo sie von Furcht oder Hoffnung reden, brauchen sie solcher Worte,
daß dir kein Maler könnte also die Furcht oder Hoffnung abmalen und kein
Cicero oder Redekunbiger also vorbilden .... Daher kommt es auch, daß der
Psalter aller Heiligen Büchlein ist und ein jeglicher, in waserlei Sachen er ist,
Psalmen und Worte darin findet, die sich auf seine Sachen reimen und ihm
so eben sind, als wären sie allein um seinetwillen also gesetzet, daß er sie auch
selbst nicht besser setzen noch finden kann, noch wünschen mag."

Vgl. noch ein Wort Leo's: — — „Wie in diesen Werken (der Propheten)
und in einer Reihe von Psalmen alle Töne des Schmerzes und des Trostes,
so sind in anderen Psalmen die Urbilder des freudigen Bewußtseins von Gott
und von seiner Macht und Gerechtigkeit in einer Innigkeit, Einfachheit und
Majestät ausgeprägt, die von keinem Volke der Welt und in keiner Litteratur
erreicht worden sind. Das Herrlichste, was die deutsche, gerade im geistlichen
Liede so gesegnete, Dichtkunst hat, ist doch nur schwaches Nachbild, und Lieder
wie der 73., der 103., der 139. Psalm und so viel andere werden die Herzen
erheben und die Menschen zu Gott führen, wenn längst die schönsten Dichtungen Griechenlands dem Strome der Vergessenheit anheim gegeben sein werden.
Denn diese werden gelesen und ihr Verständnis wird gepflegt nur in glück-
lichen, an äußerer Bildung reichen Zeiten; jene aber sind in unwandelbarer
Schönheit dem edleren Menschen nahe und wert in allen Zeiten, und in
Unglück, Trübsal und umgebender Barbarei am wertesten."

Anmerkung 2. In ähnlicher Art, wie sie bei den Propheten beschrieben wird, sind auch die Lieder des Psalmbuchs reich an Zügen, die, wenn
auch der gegenwärtigen Empfindung entnommen, doch auf die messianische
Zukunft hinweisen. Dahin gehört z. B. Ps. 2: Warum toben die Heiden;
Ps. 22: Mein Gott, mein Gott, warum hast du mich verlassen, Ps. 40, 45,
72, 110 u. a.

Hier stehe noch eine Auswahl von Psalmen, die sich zu wiederholter Lesung vorzüglich eignen:

Ps. 90. Die Ewigkeit Gottes und der vergängliche Mensch.
24. Der heilige Schöpfer und der Herr der Welt zieht in sein Heiligtum.
15. Wer darf weilen vor Gott?
19. Die Herrlichkeit Gottes am Himmel und die Herrlichkeit des Gesetzes.
8. Preis der Größe Gottes und seiner Gnade an den Menschen.
23. Der Herr mein Hirt und Wirt.

13. Verlangen nach der Gnade des Herrn.
46. Eine feste Burg ist unser Gott (Lied 22).
65. Danklied für die Güte Gottes und den Segen des Jahres.
60. Vom rechten Gottesdienst.
1. Segen des Gerechten, Verderben des Gottlosen.
84. Sehnsucht nach dem Hause Gottes.
42 u. 43. Verlangen nach Gott und Gottes Haus in fremdem Lande.
51. Gebet um Vergebung und Heiligung.
121. Pilgerlied von dem Hüter Israels.
126. Dank für die Rückkehr von Babylon und fernere Bitte.
(Als der Herr die Gefangenen Zions erlösete ꝛc.)
130. Ein Gebet zu Gott aus tiefer Not (Lied 32.)
139. Allwissenheit und Allgegenwart Gottes.
73. Das Glück der Frevler ist vergänglich, ihr Ende schrecklich.
103. Gottes väterliche Gnade und Barmherzigkeit.
104. Lob Gottes aus dem Buche der Natur.
93. Der Herr ist ein erhabner König.

§. 28.

Lesestücke: 1. Könige 3, 1 — 15. Salomos Traum.
3, 16—28. Weises Urteil.
4, 29—34. Macht und Weisheit.
5, 1 — 14. Bund mit Hiram, Vorbereitung
zum Tempelbau.

Im 4. Jahre seiner Regierung beginnt Salomo, unterstützt von Hiram, den Tempelbau, der in 7 Jahren vollendet wird. Bei der Einweihung des Tempels sprach Salomo ein schönes Gebet (1. Kön. 8, 22—53), in welchem es heißt:

Siehe, der Himmel und aller Himmel Himmel mögen dich nicht fassen; wie sollte es denn dies Haus thun, das ich gebaut habe? Wende dich aber zum Gebete deines Knechtes, ... daß deine Augen offen stehen über dies Haus Nacht und Tag. Wenn dein Volk Israel vor dem Feinde geschlagen wird, weil sie an dir gesündigt haben und bekehren sich zu dir und beten und flehen zu dir in diesem Hause, so wollest du hören im Himmel ... Wenn auch ein Fremder, der nicht deines Volkes Israel ist, kommt aus fernem Lande um deines Namens willen, so wollest du hören im Himmel und thun alles, darum der Fremde dich anruft, auf daß alle Völker auf Erden deinen Namen erkennen.

Und Salomo hatte Frieden umher, daß Juda und Israel sicher wohnten und Gott gab Salomo sehr große Weisheit.

§. 29.

1. Kön. 12, 1—20, 26—33; 13, 1—33; 14, 1—8, 11—18.

Die schon lange vorhandene Eifersucht unter den Stämmen des
Nordens und Südens kam bei Rehabeams übermütiger Antwort
zum Ausbruch (938). Der aus Ägypten zurückgekehrte Jero=
beam stellte sich an die Spitze seines Stammes Ephraim und
der übrigen 9 Stämme. Sichem machte er zur Residenz. In eigen-
mächtiger Klugheit wollte er die Wiedervereinigung Israels mit Juda
durch einen besonderen Kultus in Israel verhintern; so setzte er zwei
goldene Kälber zu Dan und Bethel, und das geriet zur Sünde.
Ein Prophet aus Juda kündigt ihm in Josia die einstige Strafe an,
wird aber selbst von dem falschen Propheten zu Bethel betrogen und
verführt. Der blinde Prophet Ahia zu Silo verkündet dem Hause
Jerobeams den baldigen Untergang.

Auch Rehabeam that nicht, was dem Herrn wohlgefiel.

Anmerkung. Das Reich Juda bestand bis 588; es herrschten in demselben
Nachkommen Davids, unter denen mehrere dem Herrn dienten. Das Reich
Israel bestand bis 722, unter Königen aus verschiedenen Häusern,
von denen keiner von ganzem Herzeu den Herrn suchte. Die Reihenfolgen
sind diese:

Rehabeam	938	Jerobeam
Abia		
Asa		Nabab
		Baesa
		Ela
		Simri, Omri
Josaphat		Ahab
Joram		Ahasja
Ahasja		Joram
Athalja		Jehu
Joas		Joahas

Amazia
Usia

Jotham
Ahas
Hiskia
Manasse
Amon
Josia
Joahas
Jojakim
Jejachim
Zedekia
(Zerstörung) 588

Joas
Jerobeam II.
Sacharja
Sallum
Menahem
Pekajah, Pekah

Hosea
(Zerstörung) 722

§. 30.

1. Kön. 16, 29—33; 17, 1—24; 18, 1—2, 17—46; 19, 1—21.

Unter Ahab, der Isebel, die Tochter des sidonischen Königs Ethbaal, zum Weibe nahm und den Baalsdienst beförderte, trat der gewaltige Prophet Elias aus Thisbe auf. Er verkündet eine dreijährige Dürre. Der Bach Krith; die Witwe zu Zarpath (Sarepta Luk. 4). Die Entscheidung auf dem Berge Karmel. „Der Herr ist Gott, der Herr ist Gott." — Aber nun muß Elias vor Isebel in die Wüste fliehen und kommt an den Berg Gottes Horeb in Unmut. Er vernimmt im stillen Flüstern den Herrn und erhält den Bescheid, daß noch 7000 in Israel übrig seien, welche die Kniee nicht vor Baal gebeuget.

1. Kön. 21, 1—19. Ahab versündigt sich weiter an Naboth. Er stirbt in der Schlacht, und die Hunde lecken sein Blut zu Samaria. Sein Geschlecht wird von Jehu ausgerottet.

2. Kön. 1, 2—17. Elias und Ahasja.

2. Kön. 2, 1—18. Elias Himmelfahrt.

§. 31.

2. Kön. 4, 1—37; 5, 1—27; 6, 8—23.

Elisa geht durch den Jordan nach Jericho (2. Kön. 2), straft

42 Knaben zu Bethel, hilft einer Prophetenwitwe in Not, dem
Sohne der reichen Sunamitin im Tod; den Naeman aus Syrien
heilt er vom Aussatz und bestraft den lügenhaften Diener Gehasi.
Der König von Syrien schickt Mannschaft nach Dothan,
um den ihm so sehr schädlichen, seinem Vaterlande treuen Elija
aufzuheben. Der Diener verzagt, aber Elijas Gebet: „Herr,
öffne ihm die Augen, daß er sehe", macht, daß er die feurigen Rosse
und Wagen Gottes um Elisa her erblickt. Die mit Blindheit ge-
schlagenen Syrer führt er nach Samaria. Elisa stirbt unter Joas
in Israel.

§. 32.

Zur Zeit Jerobeams II. beginnt eine neue Entwickelung der
Prophetie. Je schlechter die Gegenwart wurde, desto mehr richtete
sich der Blick auf die Zukunft. Die sollte neben vielen Gottesge-
richten auch Heil bringen, nicht bloß Errettung von den Feinden,
die das Volk immer mehr bedrängten, sondern auch das wesentliche
Heil durch den Messias, den rechten Propheten, Priester und König.

Anmerkung. Die mächtigen Feinde waren außer den Syrern 1) die Assyrer
an den Flüssen Euphrat und Tigris. Die Hauptstadt war Ninive. Phul
machte sich dem Reiche Israel zuerst furchtbar (770), Tiglath-Pilesar führte
schon viele aus Israel weg.

Salmanasser zerstört das Reich 722 vollends, und während er Israel
nach Halah und in die Städte Mediens bringt, kolonisiert er das öde Land
durch Heiden. 2. Könige 17, 25.

Sanherib hat mit Hiskia zu thun, und Assarhaddon bringt den
König Manasse nach Babel.

2. Babylon, früher geringer als Assyrien, wurde seit Nabonassar (747)
immer mächtiger. Nabopolassar (625) stiftete eine neue Dynastie (Chaldäer).
Sein Sohn Nebukadnezar erhob Babylon zur ersten Weltmacht. Er war
es auch, der 588 dem Reiche Juda ein Ende machte. Aber kaum 20 Jahre
nach seinem Tode ging sein Reich zu grunde. Die Weltmacht kam an das
medisch-persische Reich.

3. Weniger kam Ägypten in Berührung mit Israel.

§. 33.

Schon vor der Zerstörung Israels und ungefähr gleichzeitig
traten in Israel: Hosea, Amos, Jonas; in Juda: Joel,
Jesaias, Micha auf.

Hosea stellt im Anfang seines Buches das Verhältnis zwischen Gott und dem Volke unter dem Bilde einer Ehe dar. Wie das ehebrecherische Weib treulos ist gegen ihren Mann, so lief Israel andern Göttern nach.

„Einst aber," spricht der Herr, „will ich mich mit dir verloben in Ewigkeit, ich will mich mit dir vertrauen in Gerechtigkeit und in Gericht, in Gnade und Barmherzigkeit. Ja im Glauben will ich mich mit dir verloben; und du wirst den Herrn erkennen." 2, 21. 22.

Freilich muß das Volk vorher lange Zeiten der Not durchmachen: K. 3, 4 u. 5. „Die Kinder Israel werden lange Zeit ohne König, ohne Fürsten, ohne Opfer, ohne Säule, ohne (hohenpriesterliches) Schulterkleid, ohne Teraphim (Hausgötzen) bleiben. Darnach werden sich die Kinder Israel bekehren und den Herrn ihren Gott und ihren König David suchen, und werden zum Herrn und seiner Gnade eilen in der letzten Zeit."

§. 34.

Joel 3, 1. (Nach einer Heuschreckenverwüstung wird ein großer Segen im Leiblichen kommen):

Und nach diesen Tagen will ich meinen Geist ausgießen über alles Fleisch, und eure Söhne und eure Töchter sollen weissagen, eure Ältesten sollen Träume haben, und eure Jünglinge sollen Gesichte sehen. (Apgsch. 2, 16.)

Amos, ein Hirte aus Thekoa in Juda, aber für Israel als Prophet thätig und dort lebend, vergl. 7, 10—15. Sein Wort enthält vorzugsweise Strafe und Drohung, besonders gegen die Reichen. Das in Kap. 1 und 2 verkündete Erdbeben traf noch unter Usia ein.

K. 8, 11. Siehe, es kommt die Zeit, daß ich einen Hunger in das Land schicken werde, nicht einen Hunger nach Brot oder Durst nach Wasser, sondern das Wort des Herrn zu hören, daß sie hin und her, von einem Meer zum andern und von Mitternacht gegen Morgen umlaufen und des Herrn Wort suchen und doch nicht finden werden.

K. 9, 11. Zur selbigen Zeit will ich die zerfallne Hütte Davids wieder aufrichten und ihre Lücken vermauern, und was abgebrochen ist, wieder aufrichten, und will sie bauen, wie sie vor Zeiten gewesen ist.

§. 35.

Jonas soll der großen Stadt Ninive Buße predigen, flieht aber auf einem Tarsisschiffe vor dem Herrn. Er wird zurecht ge-

bracht, und auf seine Predigt thut Ninive Buße. Ihn erzürnt die
Verschonung Ninives; aber an dem Ricinusbaum, dem Sohn einer
Nacht, zeigt ihm Gott seine Thorheit.

Micha verkündete den Geburtsort des Messias und sprach
K. 5, 1:

> Und du Bethlehem Ephrata, die du zu klein bist zu sein unter den Tau-
> senden in Juda, aus dir soll mir der kommen, der in Israel Herr sei, des
> Ausgang von Anfang und von Ewigkeit her gewesen ist. Vgl. Mt. 2, 5. 6.

Also aus niedrigen Anfängen und kleinem Ort wird er
wie der erste David hervorgehen, aber eben, weil er auf diesen
David zurückgeht, reicht sein Geschlecht in die graue Vergangenheit
zurück.

§. 36.

Jesaias, Sohn des Amoz, in Juda, der königliche Prophet,
der Evangelist des A. T., trat im Todesjahr des Usia (759) auf
(vergl. Kap. 6), lebte unter Jotham, Ahas, Hiskia und Manasse;
vergl. 2. Kön. 16—21; 2. Chron. 27—33; Jes. 36—39.

Das Buch Jesaias zerfällt in 2 Hauptteile, K. 1—39 und
40—66.

Aus dem ersten Teil:

K. 1, 11. Was soll mir die Menge eurer Opfer? spricht der Herr.
14. Meine Seele ist feind euren Neumonden und Festen. 15. Ob ihr schon
viel betet, höre ich euch doch nicht, eure Hände sind voll Bluts. 16. Waschet,
reiniget euch, thut euer böses Wesen von meinen Augen, laßt ab vom Übel-
thun. 18. So kommt denn und laßt uns mit einander rechten: Wenn eure
Sünde gleich blutrot ist, soll sie doch schneeweiß werden u. s. w.

K. 9, 6. Uns ist ein Kind geboren, ein Sohn ist uns gegeben, dessen
Herrschaft ist auf seiner Schulter, und er heißt Wunder-Rat, Gott-Held,
Ewig-Vater (ewiger Versorger, Jes. 22, 21.), Friedefürst, auf daß seine
Herrschaft groß werde und des Friedens kein Ende auf dem Stuhl Davids
und in seinem Königreich.

K. 11, 1. (Wohl wird der dicke Wald Assur umgehauen, aber) Es wird
ein Reis (Rute) aufgehen vom Stamme Isai und ein Zweig aus seiner
Wurzel Frucht bringen, auf welchem wird ruhen der Geist des Herrn, der
Geist der Weisheit und des Verstandes, der Geist des Rats und der Stärke,
der Geist der Erkenntnis und der Furcht des Herrn.

K. 35. Die blühende Wüste. Vgl. 11, 6—9.

§. 37.

Aus dem zweiten Teil:

K. 40, 1. Tröstet, tröstet mein Volk, spricht euer Gott; redet mit Jerusalem freundlich. Es ist eine Stimme eines Predigers in der Wüste: Bereitet dem Herrn den Weg, machet auf dem Gefilde eine ebene Bahn unserm Gott. Alle Thale sollen erhöhet werden, und alle Berge und Hügel sollen niedrig werden. 10. Der Herr kommt gewaltiglich. Er wird seine Herde weiden wie ein Hirte, er wird die Lämmer in seine Arme sammeln und die Schafmütter führen. Vergl. Joh. 1, 23. Lied 1.

K. 42, 1—3. **Der Knecht des Herrn.**

Siehe, da ist mein Knecht, den ich erhalte, und mein Auserwählter, an welchem meine Seele Wohlgefallen hat, ich habe meinen Geist auf ihn gelegt. Er wird nicht schreien noch rufen, und seine Stimme nicht hören lassen auf den Gassen. Das zerstoßene Rohr wird er nicht zerbrechen und den glimmenden Docht nicht auslöschen. (Mt. 12, 18 ff.)

K. 44, 28. Ich spreche zu Kores: Er ist mein Hirte und soll allen meinen Willen vollenden, daß man sage von Jerusalem: sie wird gebauet, und der Tempel wird gegründet.

Der Knecht des Herrn in Leid und Erhöhung.

K. 52, 13—15. Siehe, weise handelt mein Knecht, steigt empor und erhebt sich und wird sehr erhöhet. Gleichwie sich viele über dich entsetzt haben — so entstellt ist sein Antlitz, nicht menschlich, und sein Aussehen nicht wie das der Menschenkinder — also wird er vieler Völker Staunen erregen, daß auch Könige werden ihren Mund gegen ihn zuhalten. Denn was ihnen nie erzählt worden, sehen sie, und was sie nie gehört haben, merken sie.

K. 53, 1—3. Aber wer glaubt unsrer Predigt, und wem wird der Arm des Herrn geoffenbaret? Er schoß auf vor dem Herrn wie ein Reis, und wie eine Wurzel aus dürrem Erdreich. Er hatte keine Gestalt noch Schöne, daß wir ihn ansehen mochten, und kein Aussehen, daß wir sein begehrten. Verachtet und verlassen von Menschen war er, ein Mann der Schmerzen und mit Leiden vertraut. Wie einer, vor dem man das Angesicht verhüllt, so verachtet, daß wir ihn für nichts rechneten.

4—6. Fürwahr, er trug unsre Krankheit und lud auf sich unsre Schmerzen. Wir aber hielten ihn für einen, der von Gott geschlagen und geplagt und gemartert wäre. Er aber ist um unsrer Missethat willen verwundet, und um unsrer Sünde willen zerschlagen. Die Strafe liegt auf ihm, auf daß wir Frieden hätten, und durch seine Wunden sind wir geheilet. Wir gingen alle in der Irre, wie Schafe: ein jeglicher sah auf seinen Weg, aber der Herr warf unser aller Sünde auf ihn.

7—9. Er ward gemißhandelt, und obwohl gequält, that er doch seinen Mund nicht auf, wie ein Lamm, das zur Schlachtbank geführt wird; und wie ein Schaf, das verstummt vor seinen Scherern, öffnet er nicht seinen Mund. Aus Verhaft und Gericht ward er hinweg geholt, und wer bei seinen Zeitgenossen bedenkt es, daß er hinweggerafft ward aus dem Lande der Lebendigen, um meines Volkes Missethat willen geschlagen? Man gab ihm bei den Gottlosen sein Grab und bei Üppigen ist er in seinem Tode, wiewohl er niemandem Unrecht gethan, noch Betrug in seinem Munde gewesen ist.

10—12. Aber dem Herrn gefiel es, ihn zu zerschlagen, krank zu machen. Wenn seine Seele darbringt ein Schuldopfer, so soll er Samen schauen und in die Länge leben. Und des Herrn Vornehmen wird durch seine Hand fortgehen. Frei von Trübsal seiner Seele wird er seine Lust sehen; durch seine Erkenntnis wird er, mein Knecht, der Gerechte, viele gerecht machen, denn er trägt ihre Sünden. Darum will ich ihm sein Teil geben in großer Schar, und Starke soll er als Beute verteilen, darum daß er sein Leben in den Tod gegeben hat und den Übelthätern gleichgerechnet ist, und er vieler Sünden getragen hat und für die Übelthäter gebeten.

K. 60, 1—3. Mache dich auf, werde licht! denn dein Licht kommt, und die Herrlichkeit des Herrn geht auf über dir. Denn siehe, Finsternis bedecket das Erdreich und Dunkel die Völker, aber über dir gehet auf der Herr und seine Herrlichkeit erscheinet über dir. Und die Heiden werden zu deinem Lichte wandeln und die Könige zum Glanze, in dem du aufgehst.

K. 61, 1. Der Geist des Herrn ist auf mir; darum daß mich der Herr gesalbet hat; er hat mich gesandt, den Elenden Freude zu predigen, die zerbrochenen Herzen zu verbinden, zu predigen den Gefangenen eine Erledigung, den Gebundenen eine Öffnung; zu predigen ein gnädiges Jahr des Herrn. (Vgl. Luk. 4, 18 ff. Jesus zu Nazareth).

Zusatz. Der Knecht des Herrn ist nach alttestamentlicher Anschauung: 1. das Volk Israel selbst (Jes. 41, 8 und 44, 1), weil es berufen ist, vor allen Völkern Gottes Willen zu thun und auch die andern herbeizurufen. Aber viele im Volke Israel sind fleischlich und taugen nicht zu Gottes Dienst (Jes. 42, 19—20), darum ist 2. der Prophet Gottes Knecht in engerem Sinn, der im Namen des Prophetentums dem Volke strafend entgegentreten kann (Jes. 49, 3—6). Um dieser Knechte willen schont Gott des Volkes (Jes. 65, 8—22). Hier und da heißt auch außerhalb Israels ein Mann, durch den Gott große Thaten vollbringt, Knecht Gottes, so Nebukadnezar (Jerem. 25, 9; 27, 6). In beiden Beziehungen kommt über den Knecht Gottes Leiden

(Pf. 129, 3), über das Volk Israel, nicht wegen seiner besondern Schuld (Pf. 44, 23), sondern wegen seiner höhern Aufgabe, und über das Prophetentum, trotzdem, daß die Propheten alles gethan haben, was das Volk von Schuld und Strafe hätte bewahren können. Der Prophet fühlt früher und tiefer als das Volk den Zorn Gottes, welcher über Israel ruht (Pf. 22, 2 ff.; Pf. 38; Pf. 40; Pf. 41). Es ist ein geheimnisvoller Gottesrat, daß gerade die Besten die Übel der Zeit tragen müssen (2. Kön. 23, 29; Jerem. 9, 1 (11, 19). Um so leichter kann der Christ in dem leidenden Erlöser die wahre Erfüllung von Jef. 53, den rechten Knecht Gottes erblicken. (Schulz II. 81.)

§. 38.

Der Untergang des Reiches Israel hatte auf Juda keinen nachhaltigen Eindruck gemacht. In Josia indes schien sich das Volk noch einmal aus dem Verfall erheben zu wollen. 2. Kön. 22 und 23. Er tilgte den Götzendienst. Auf Grundlage des im Tempel aufgefundenen Gesetzbuches begann er eine Reform. (Die Prophetin Hulda.) Schon 609 fiel er in der Schlacht bei Megiddo, die er dem Pharao Necho lieferte. Derselbe Necho wurde 605 von Nebukadnezar besiegt, der nun zum ersten Mal vor Jerusalem erschien. (Der Anfang der 70jährigen Gefangenschaft.)

Zum zweiten Mal kam Nebukadnezar (600) und führte den Jojachin fort. Auch Hesekiel war diesmal unter den Gefangenen. Der neueingesetzte König Zedekia verbündete sich trotz der Warnung des Jeremias mit dem ägyptischen Pharao Hophra; da kam Nebukadnezar zum dritten Mal, belagerte Jerusalem zwei Jahre lang und zerstörte es bis auf den Grund. Zedekia wurde geblendet und nach Babel gebracht. Nur geringes Volk blieb im Lande. 2. Kön. 24 u. 25.

§. 39.

Jeremias erlebte das Ende Judas, das er geweissagt hatte. In seinen Klageliedern ruft er aus: Wie liegt die Stadt so wüste, die voll Volks war? Sie ist wie eine Witwe. Die so groß unter den Heiden und eine Fürstin in den Ländern war, muß nun zinsen.

6*

Zugleich aber tröstete er sein Volk, in dessen Mitte er geblieben war, durch die Aussicht, daß nach 70 Jahren (K. 25, 11. 12.) Gott das Gefängnis seines Volkes wenden werde. Ja, einen neuen Bund werde Gott einst mit ihnen machen:

Jer. 31, 31 ff.: Siehe, es kommt die Zeit, spricht der Herr, da ich mit dem Hause Israel und mit dem Hause Juda einen neuen Bund machen will. Nicht wie der Bund gewesen, den ich mit ihren Vätern machte, da ich sie bei der Hand nahm, daß ich sie aus Ägyptenland führte; welchen Bund sie nicht gehalten haben, spricht der Herr. Sondern das soll der Bund sein, den ich mit dem Hause Israel machen will nach dieser Zeit, spricht der Herr: Ich will mein Gesetz in ihr Herz geben und in ihren Sinn schreiben; und ich will ihr Gott sein und sie sollen mein Volk sein. Und wird keiner den andern lehren und sagen: Erkennet den Herrn; sondern sie sollen mich alle kennen, beide klein und groß, denn ich will ihnen ihre Missethat vergeben und ihrer Sünde nicht mehr gedenken.

Daneben spricht er von dem Davidssohn K. 33, 15, durch den dies Heil kommen sollte:

Ich will dem David einen gerechten Sproß aufgehen lassen, der soll Recht und Gerechtigkeit anrichten auf Erden. Zu derselben Zeit soll Juda geholfen werden und Jerusalem sicher wohnen und man wird sie nennen: Der Herr ist unsre Gerechtigkeit.

Ungefähr gleichzeitig waren die Propheten Nahum (aus Elkosch in Galiläa), Habakuk, Zephanja.

Von Habakuk stammt das Wort: Der Gerechte aus seinem Glauben wird leben (2, 4 der Gerechte wird durch seine gänzliche Hingebung an Gott leben, vergl. Röm. 1, 17 und §. 125, 1).

§. 40.

Unter den Weggeführten trat Hesekiel auf. Er hatte dort einen harten Stand. Viele zwar sehnten sich nach dem Lande ihrer Väter, trotz ihrer erträglichen Lage, und sangen Trauerlieder, von denen der 137. Psalm erzählt:

1. An den Wassern zu Babel, da saßen wir und weinten,
   wenn wir an Zion gedachten.

2. An die Weiden, die darinnen sind,
   hingen wir unsere Harfen.

3. Denn daselbst verlangten von uns unsre Sieger Gesang
   und unsre Unterdrücker Freudenlieder:
   Singet uns eins von Zions Liedern!

4. Wie sollten wir ein Lied des Herrn singen
    im fremden Lande!
5. Vergesse ich dein, Jerusalem,
    so vergesse meine Rechte (des Saitenspiels) u. s. w.

Manche wollten jedoch nicht glauben, daß sie nach dem Worte
des Herrn 70 Jahre harren sollten (Hesek. 4). Aber ein Bote aus
der zerstörten Stadt Jerusalem (K. 24, 26 f.) zeigte ihnen schon
bald, wie wahr Hesekiels Wort und vorbildliche That gewesen.
Auch Ezechiel ist reich an Verheißungen.

Vgl. K. 34, 23. Ich will ihnen einen einigen Hirten erwecken, der
sie weiden soll, meinen Knecht David, der wird sie weiden und soll ihr
Hirte sein.

K. 36, 26—27. Ich will euch ein neues Herz und einen neuen Geist
in euch geben und will das steinerne Herz aus eurem Fleische wegnehmen und
euch ein fleischernes Herz geben. Ich will meinen Geist in euch geben und
will solche Leute aus euch machen, die in meinen Geboten wandeln; meine
Rechte halten und darnach thun. Vgl. Jer. 31, 31.

K. 37, 1—14. Das Gesicht von dem Feld voller Totengebeine.
V. 10. Da kam Odem in sie, und sie wurden wieder lebendig und richteten
sich auf ihre Füße, und ihrer war ein sehr groß Heer. Und er sprach zu mir:
Du Menschenkind, diese Gebeine sind das ganze Haus Israel. So spricht
der Herr: Siehe, ich will eure Gräber aufthun, und will euch, mein Volk,
aus denselben herausholen und euch in das Land Israel bringen. Vgl. auch
V. 24—28.

In die Zeit des Exils gehört auch wahrscheinlich das Kapitel
des Propheten Obadja, gerichtet wider Edom; vgl. Pf. 137, 7 ff.

§. 41.

Daniel war in Babel mit seinen drei Freunden in aller Weisheit der Chaldäer unterwiesen worden. (Daniel 1.) Einen Traum
Nebukadnezars wußte er allein zu sagen und zu deuten. Der König
hatte aber ein großes und schreckliches Bild gesehen, des Haupt war
golden, die Brust silbern, der Leib von Kupfer, die Schenkel von
Eisen, die Füße von Thon und Eisen. Ein Stein, ohne Hände
herabgerissen, zermalmte das Bild und ward ein Berg, daß er die
ganze Welt füllete. Daniel deutete das Gesicht auf vier Weltreiche,
und sprach zuletzt:

Zu der Zeit solcher Könige wird Gott vom Himmel ein Königreich aufrichten, das nimmermehr zerstört wird; und sein Königreich wird auf kein anderes Volk kommen. Es wird alle diese Königreiche zermalmen und verstören, aber es wird ewiglich bleiben.

Die drei Freunde Daniels im Feuerofen, Dan. 3. — Ein anderer Traum Nebukadnezars und sein Wahnsinn, Dan. 4. — Belsazer, der Sohn Nebukadnezars und die Schrift auf der Wand, K. 5.

Darius der Meder nimmt das Reich ein. Daniel in der Löwengrube, Kap. 6.

Die 70 Jahrwochen. K. 9, 24 ff.

§. 42.

Die Zeit der Rückkehr war nun gekommen (536). Kores (Cyrus) gab den Befehl dazu, und 50,000 Juden zogen unter Serubabel und Josua in ihr Land. Sofort begannen sie den Tempelbau, mit Abweisung der Samariter. Die Verleumbungen der Samariter waren schuld, daß die persischen Könige den Tempelbau untersagten; Darius Hystaspis jedoch erlaubte ihn wieder, und die Propheten Haggai und Sacharja ermunterten beständig zum Eifer. Es kam auch eine zweite Kolonie (458) unter Esra, welcher in dem zunehmenden Verfall vor allem einen Grund zur Buße sah. Vgl. Buch Esra 10, 1—12.

Dreizehn Jahre später langte Nehemia an, der unter den Angriffen der Samariter die Mauern der Stadt vollendete. Die Samariter bauten auf dem Berge Garizim einen eigenen Tempel.

Das Buch Esther und die Entstehung des Purimfestes (die Umkehr der Lose) gehört in diese Zeit.

§. 43.

Die drei letzten Propheten: Haggai, Sacharja, Maleachi.

Haggai (520) knüpft an die traurige Wahrnehmung vieler Juden, daß doch der zweite Tempel nicht an die Herrlichkeit des Salomonischen heranreiche, den Trost des Messias. K. 2, 6 ff.

Es ist noch ein Kleines dahin, so will ich Himmel und Erde, das Meer und das Trockene bewegen. Ja alle Heiden will ich bewegen; da soll dann kommen aller Heiden Köstliches und ich will dies Haus voll Herrlichkeit machen.

Sacharja iſt reich an meſſianiſchen Schilderungen.

K. 9, 9. (Vom friedlichen Einzuge des Herrn): Du Tochter Zion, freue dich ſehr, und du Tochter Jeruſalem, jauchze; ſiehe dein König kommt zu dir, ein Gerechter und ein Helfer, arm und reitet auf einem Eſel und auf einem jungen Füllen der Eſelin. Vgl. Mt. 21, 1 ff.

K. 11, 12—14. Dreißig Silberlinge für den guten Hirten. Mt. 27, 9. 10.

K. 13, 1. Zu der Zeit wird das Haus Davids und die Bürger zu Jeruſalem einen offenen Born haben wider die Sünde und Unreinigkeit. Vgl. V. 4—7.

Maleachi (um 400) K. 3, 1:

Siehe, ich will meinen Engel ſenden, der vor mir her den Weg bereiten ſoll; und plötzlich (bald) wird kommen zu ſeinem Tempel der Herr, den ihr ſuchet und der Engel des Bundes, des ihr begehret. Siehe er kommt, ſpricht der Herr Zebaoth. Vgl. Jeſ. 40.

Er ſchließt das alte Teſtament mit den Worten (4, 5—6):

Siehe, ich will euch ſenden den Propheten Elia, ehe denn da komme der große und ſchreckliche Tag des Herrn. Der ſoll das Herz der Väter bekehren zu ihren Kindern und das Herz der Kinder zu den Vätern, daß ich nicht komme und das Erdreich mit dem Bann ſchlage. (Vgl. Luk. 1, 17.)

Zuſatz. Die Prophetie des alten Bundes hat damit ihren Abſchluß gefunden, und das neue Teſtament beginnt mit dieſem Vorläufer Chriſti, Johannes.

Die nun folgenden 400 Jahre entbehren der Propheten; doch iſt das göttliche Leben im Volk damit nicht erſtorben. Es wird vielmehr, wie es ſcheint, immer mehr zu einem Gemeingut des Volkes. Die Apokryphen enthalten davon manche Belege, vgl. insbeſondere die Makkabäer-Zeit.

§. 44.
Ein Blick auf das Alte Teſtament als Ganzes.

Schon früh hatte man bei den Juden angefangen, kleinere heilige Schriften, geſchichtliche Aufzeichnungen, Lieder, Geſetze zu ſammeln und aufzubewahren. Nach der Rückkehr aus der Gefangenſchaft wurde man darin noch eifriger. Esra und Nehemia ſollen den größten Teil unſeres A. Teſt. zuſammengeſtellt haben. (2. Makkab. 2, 13.) Alle 24 Bücher zuſammen, die mit großer Sorgfalt abgeſchrieben zu werden pflegten, bilden den Kanon (καυών geraber Stab, Richtschnur) des A. Bundes; in Verbindung mit dem N. Test., das ihre weitere Entwickelung, Erfüllung enthält, haben wir in ihnen die ganze Geschichte des Heiles, gottmenschliche Thatsachen, an denen sich unser religiöses Erkennen und unser Glaube auf unfehlbare Weise normieren kann. Der Wert der heiligen Schrift wird durch hingebende, zusammenhängende Lesung derselben noch stets erfahren. S. §. 91 Zusätze.

Mit Ausnahme einiger chaldäischen Stellen in Jerem., Esra und Daniel ist das A. Test. hebräisch geschrieben und zwar ohne Vokale, Vers- und Kapitel-Einteilung Die wichtigsten Übersetzungen: a) die griechische Septuaginta, oder Alexandrinische, nach einer Fabel unter Ptolemäus Philadelphus (gegen 280) von 70 oder 72 jüdischen Gelehrten in Alexandria gefertigt, unabhängig von einander und doch wörtlich übereinstimmend. Man wollte durch diese Erzählung der griechischen Übersetzung den Wert des Originals geben. In der That ist die Alexandrina von Verschiedenen nach und nach (bis gegen 130 v. Chr.) in Ägypten geschrieben worden.

b) Die lateinische Übersetzung des Hieronymus (gegen 400), Bulgata genannt. Sie wurde von der katholischen Kirche ebenfalls für maßgebend erklärt. §. 133, 1.

c) Die deutsche von Luther (N. Test. 1522, das Ganze 1534), der bei seinem damals schwierigen Unternehmen von Melanchthon, Bugenhagen, Jonas, Cruziger u. a. unterstützt worden war. §. 125, 6.

d) Die englische von 1611, die noch jetzt in England und Amerika gebraucht wird, ist genauer als die vorher genannten.

Die geschichtlichen Bücher sind: 1. der Pentateuch (5 Bücher Mosis, Thora) umfassend die Anfänge der Welt bis zum Tode Mosis. 2. Buch Josua, bis zu Josuas Tode. 3. Buch der Richter, bis zum Tode Simsons. 4. Zwei Bücher Samuelis, von der Geburt Samuels bis auf die letzte Zeit des Königs David. 5. Zwei Bücher der Könige, die Fortsetzung der Königsgeschichte bis zur Auflösung der beiden Reiche Israel und Juda. 6. Zwei Bücher der Chronik gehen den vorigen parallel, und beschreiben mehr den Staat Juda von David bis zum Ende des Exils. 7. Esra und Nehemia; Rückkehr aus dem Exil und Neugestaltung des Staats. 8. Esther, eine merkwürdige Bewahrung eines jüdischen Stammes aus der Zeit des Königs Xerxes, Anlaß des Purimfestes. 9. Buch Ruth.

Außer diesen Büchern gab es ehemals noch andere. 4. Mos. 21, 14—15 (Buch der Kriege Jehovas); Josua 10, 13; 1. Kön. 11, 41 u. s. w.

Die poetischen Bücher sind:

1. Hiob, ein Lehrgedicht in dialogischer Form. Prolog, Reden zwischen Hiob und den 3 Freunden: Eliphas, Bildad und Zophar. Die Freunde führen aus, daß kein Unschuldiger so wie Hiob leiden würde; Hiob beteuerte seine Unschuld und hofft, daß Gott ihn noch rechtfertigen werde (Kap. 19, 23—29). Der Herr redet mit Hiob und bringt ihn zu demütigem Schweigen. Die drei Freunde werden zurechtgewiesen, Hiob wieder in das alte Glück einsgesetzt. Vgl. §. 168. 2. Die Psalmen (§. 27), eine Sammlung von 150 Liedern, unsern Gesangbüchern ähnlich, denen ja der Psalter Vorbild gewesen ist. 3. Die Sprüche Salomos. Salomo war als Spruchdichter berühmt. (1. Kön. 5, 12 ff.) Die „Sprüche" sind eine Sammlung von Sprüchen verschiedener Verfasser. In dem ältesten Teile Kap. 10, 1—22, 16 ist der Kern von Salomo selbst. Kap. 1—9 ist ein zusammenhängendes Ganzes. Kap. 31, 10—31 ist ein alphabetisch geordnetes Lehrgedicht über das Lob des tugendsamen Weibes. 4. Das Hohelied (Lied der Lieder). 5. Prediger (Koheleth): Selbstgespräch eines Weisen über die Eitelkeit der menschlichen Dinge.

Die prophetischen Bücher umfassen Jesaias, Jeremias, Ezechiel und Daniel, sowie 12 kleine Propheten §. 33—43. Ein Prophet ist nicht ein bloßer Verkünder der Zukunft, sondern ein Vertrauter Gottes, dem Gott Offenbarungen an das Volk mitteilt, mögen sie Vorzeit, oder die Gegenwart oder die Zukunft betreffen.

---

§. 45.

In den letzten 400 Jahren blieb das Volk frei von heidnischem Wesen; ja auch die in der Zerstreuung lebenden Juden hielten im ganzen fest an ihrem Gesetz, zum Teil bloß an dem Buchstaben desselben. Die Erwartung des Messias nahm bei einem Teil des Volkes einen fleischlichen Charakter an.

Nach dem Tode Alexanders, der selbst auch einmal in Jerusalem war, war Palästina hundert Jahre lang unter der Herrschaft der Ptolemäer. Vom Jahre 198 an war es unter der sy-

rischen Herrschaft. Antiochus der Große war ein milder Herrscher,
sehr feindselig aber war Antiochus Epiphanes. Der heldenmü-
tige Priester Mattathias und seine fünf Söhne — der tapferste
Judas Makkabi (der Hammer) — entzündeten die Begeisterung
der Nation und es gelang (165) die Syrer zu vertreiben. Die
Tempelreinigung gab zu einem neuen Jahresfest (vergl. Joh. 10, 22
τὰ ἐγκαίνια, im Dezember gefeiert) Veranlassung. Nachdem aber
die Makkabäer mit den Römern ein Bündnis eingegangen waren,
kamen sie immer mehr herunter, obwohl Johannes Hyrkanus
die Idumäer unterjochen konnte und Aristobul sogar (106) die
Königswürde annahm.

Nach Hyrkan II. war es gerade ein Idumäer: Antipater,
der von Cäsar als Procurator an die Spitze der Verwaltung des
Landes gestellt wurde. Diesem folgte im Jahre 38 (nach kurzer
Zwischenherrschaft) sein Sohn Herodes als König von Judäa, ein
blutdürstiger Thrann. In seinen letzten Lebensjahren wurde der
Herr geboren. (Der Bethlehemitische Kindermord.) Bald darauf
starb Herodes an einer grauenvollen Krankheit. Sein Sohn Ar-
chelaos bekam den Titel Ethnarch, (Herodes) Antipas erhielt die
Tetrarchie von Galiläa und Peräa, Philippus die Tetrarchie Gau-
lonitis, Trachonitis ꝛc. Ein Enkel des Herodes war König Agrippa I.,
ein Günstling des Caligula und Claudius. Apostelgesch. 12. Über
dessen Sohn Agrippa II. siehe Apostelgesch. 26.

Zusatz. Was man aus dieser Zeit vom Volke Israel weiß,
steht meist in dem jüdischen Geschichtschreiber Josephus und in
einer Anzahl von Schriften, welche unter dem Namen Apokryphen von Alters her unsern Bibeln beigebunden sind. Luther
nennt sie „Bücher, so der heiligen Schrift nicht gleichgeachtet,
und doch nützlich und gut zu lesen sind."
Lesestücke aus den Apokryphen:
Weisheit Salomonis K. 3, 1—10; 6, 1—25.
Buch Tobiä K. 4, 1—22; 13, 1—22.
Jesus Sirach K. 1, 2, 3, 44, 47, 48.
1. Buch der Makkabäer K. 2, 3, 4, 8.
2. Buch der Makkabäer K. 6, 7, 9, 10.

§. 46.
Das Harren der Völker.

Während Gott von Anfang an sich des Volkes Israel angenommen und ihm seine Rechte und Gebote kund gegeben hatte, war
die übrige Menge der Völker ihre eigenen Wege gegangen. Doch
hatte sich Gott ihnen nicht unbezeugt gelassen (Apostelg. 14, 14—
17), hatte ihnen viel Gutes gethan und ihnen sowohl durch die
Natur (Röm. 1, 19—20) sein unsichtbares Wesen, seine Kraft
und Gottheit, zu erkennen gegeben, als auch ihnen ein stellver-
tretendes Gesetz in der Stimme des Gewissens geschenkt (Röm. 2,
14—15).

Aber je mehr die Sünde sich mehrte, desto weniger konnten
diese beiden Offenbarungsweisen Gottes hinreichen. Weil die Menschen den Gott, den sie kannten, nicht priesen und ihm nicht dankten
(Röm. 1, 21), verloren sie auch nach und nach die Kunde von ihm,
verwandelten die Wahrheit Gottes in die Lüge und ehrten und
dienten dem Geschöpfe mehr als dem Schöpfer. Sie fanden in
höheren und niederen Wesen und in allerlei Naturkräften das Göttliche.

So glaubten die heidnischen Völker an viele Götter, die denn
manchmal in Streit geriethen. Die Weisern und Frömmern unter
den Heiden, namentlich unter den Griechen und Römern hatten
noch wohl eine Ahnung von der einen Gottheit und wiesen die
thörichten Fabeln von den Göttern zurück. Aber sie konnten das
Verderben nicht aufhalten. Viele, die bei ihren Göttern keine Hülfe
fanden, wandten sich fremden, unbekannten Gottheiten zu, auch dem
Judentum. (Proselyten des Thores, der Gerechtigkeit, „Juden-
genossen." Apostelg. 2, 11.) Unbewußt regte sich das Verlangen
nach Erlösung und nach Erneuerung des Lebens (sibyllinische Sprüche,
Zahlenspielereien), und im Zeitalter des Augustus erwartete man
den Ablauf eines Weltalters und den Anbruch einer bessern Zeit.
Virgil. Ecl. IV. 4 sq. (36 vor Chr. G.)
Vom Orient erwartete man einen neuen König Suet. Vesp.
4: Percrebuerat oriente toto vetus et constans opinio, esse in
fatis, ut eo tempore Judaea profecti rerum potirentur. Tac.

hist. V., 13: ut valesceret Oriens, profectique Judaea rerum potirentur.

Dazu kam, daß durch die allgemeine Verbreitung der griechischen Sprache das ganze römische Reich ein Ganzes darstellte und so neuen Heilsgedanken eine weite Wirksamkeit eröffnet war.

Als nun die Fülle der Zeiten gekommen war, die Juden auf den Messias, den Trost Israels, warteten, die Heiden einen Helfer aus allerlei Elend und Irrtum herbeisehnten, da kam er, der aller Welt Tröster ist; ein Licht zu erleuchten die Heiden und zum Preis des Volkes Israel, wie der alte Simeon ausrief: Luk. 2, 32.

Anhang für Prima.

§. 46 a.

Während das Volk der Juden als das religiöse Volk von Gott durch Thatsachen und durch seine geistige Einwirkung in der beschriebenen Weise geleitet wurde, gingen die andern Völker andere Wege, aber in allen zeigten sich Spuren des Gottesbewußtseins (Apostelg. 14, 14—17; Röm. 1, 19—20; 2, 14—15).

Die Ägypter kannten einen Herrscher Osiris, den Richter jeder einzelnen Seele, den Richter der Menschen, der das Gute belohnt, das Böse bestraft. Alle Schuld muß gesühnt werden, die unsterbliche Seele wird erst selig, wenn sie durch Seelenwanderungen hindurch geprüft und geläutert wird. Dann wird sie als vollendete selbst zu Osiris. Die Gottesfurcht zeigt sich in der Ehrfurcht vor der heiligen Ordnung des Landes Ägypten, seiner Sitten und Gesetze.

Die Chinesen sprechen von Alters her von einem Geschicke, das als oberster Herrscher die Welt lenkt. Es handelt im allgemeinen so, daß das Gute gedeiht, aber nicht immer: „Unschuldige sieht es schuldenvoll, um sie zu strafen gleich den sündigen Knechten. Wir sind nur besser als die schlechten, doch ist nicht einer, was er soll, und keiner darf mit seinem Unglück rechten." Das ist die Lehre von Hoffnungslosen. Von der Unsterblichkeit lehrte selbst Confucius (600 v. Chr.) nichts. „Ich kenne noch nicht das Leben, sagte er, wie sollte ich denn den Tod kennen?" Weil der Chinese nur den Menschen zum Ziel hat, bleibt er unterhalb des Erhebenden im Menschen; indem er auf den Himmel verzichtet, wird er der Erde verlustig, weil er nicht strebt nach dem ewigen Leben, bleibt er haften am Nichts. (cf. Deismus.)

Die iranischen Arier (Perser) kennen wir aus den Gathas des (Zoroaster) Zarathustra (2500 v. Chr.). Er lehrte in dem Leben der Natur, das schon längst mythologisch gedeutet wurde, einen geistigen Dualismus erkennen.

„Es giebt von Anbeginn ein Zwillingspaar,
Zwei Geister sind's, von eigner Thätigkeit;
Das Gute und das Böse heißen sie
Und bringen in Gedanken, Wort und That.
Zu wählen habt ihr zwischen beiden Geistern.
Folget dem Guten!"

Der gute Geist heißt Ahura-Mazda, später Ormazd, der böse Geist Ahriman, ihr Gegensatz wird dem zwischen Licht und Finsternis ähnlich gedacht. Ormazd kennt als Allwissender die Kraft seines Gegners, sein Sieg war ungewiß. Aber er pflegt erst zu denken und darnach zu handeln, Ahriman aber ist unbesonnen und geht einen Vertrag mit Ormazd ein, erst nach 12,000 Jahren, am Ende der Welt, mit dem Guten zu kämpfen. In der Zwischenzeit schafft Ormazd den Himmel, das Wasser, die Bäume, das Vieh und die Menschen. Als endlich Ahriman doch kämpft, bleiben die Menschen dem Ormazd nicht ganz treu, es gelingt dem Ahriman sie zu verführen, wodurch Hunger, Schlaf, Alter, Krankheit und Tod über sie kommt und forterbt. Aber die Kraft des Bösen nimmt ab und wird endlich aufhören. (Parsis giebt es jetzt noch etwa 50,000 im westlichen Indien.)

Die indischen Arier (Hindus) gehen auch von dem Dienste der Naturmächte, namentlich der Gewitterwolke aus (Varuna, Agni — Feuer — Indra, Vagra), aber sie verwandeln das Geschehene in ein geistiges Handeln. Durch Opfer halten sie das Band mit ihren Vorfahren und mit der Gottheit fest. Sie verkommen mehr und mehr zum Pantheismus, das Brahma, das Göttliche, nicht der

Gott beherrscht sie. In dies Göttliche sich zu versenken, das Sinnenleben aufzugeben, ist ein Ziel des Brahmanen, aber er verzweifelt damit an der Wirklichkeit des Guten auf der Erde. Auch der Geist ist dem Brahmanen einseitig nur die Erkenntnis, nicht zugleich die sittliche Gesinnung mit Glauben und Gewissen. Darum konnte sich auch im Laufe der Zeit das Übergewicht der wissenden Kaste, der Brahminen, so entsetzlich drückend gestalten. Es fehlt aber bei einzelnen Weisen und Reformatoren, wie Buddha, dem jetzt noch 300 Millionen Menschen anhangen, nicht an schönen, auch sittlich wertvollen Gedanken:

Sich selber zu besiegen ist ein schönrer Sieg als Schlachtensieg,
  Der Sieg des, der sich selbst bezähmt, der stets sich zu beherrschen weiß.

Wer hundert Jahre zuchtlos lebt, unruhig stets in seinem Sinn,
  Viel besser ist ein einzger Tag des züchtig, sinnend Lebenden.

Nichts Übles thun, nichts Gutes unterlassen, der Gedanken Gang
  Rein halten unabläßig, sieh, Gebot den Buddhen dieses ist.

Die beste Andacht ist Geduld, die milde stets,
  Nirvana (Auslöschen) heißt den Buddhen das, was gut allein.

Der beide Ufer hat erkannt, das Diesseits und das Jenseits auch,
  Dem fallen ab die Bande all, die seinen Geist gefesselt einst.

Dem beides ist nicht Diesseits dies, nicht Jenseits das,
  Den nichts erschreckt, der frei von allem, diesen nenn ich Brahmana.

Wer schuldlos leidet Schmach und Schläg und duldet still die Fesselung,
  Im Dulden stark und kraftgeübt, ja diesen nenn ich Brahmana.

Wer strafet nicht ein schwaches Vieh, wer starkes nicht
  Selbst schläget oder schlagen läßet, diesen nenn ich Brahmana.

Wer hinter sich wirft alle Lust und ziehet ohne Haus umher,
  Wer ausgelöscht die Lüste hat, nur diesen nenn ich Brahmana.

§. 46 b.

Die griechische Religion ist kleinasiatischen Ursprungs. (Thyrer, Karier.) Naturkräfte werden durch mythologische Deutung ihrer Repräsentanten (Sonne, Mond, Wolken, Regen, Blitz) zu Göttern, welche eine Geschichte bekommen, die geglaubt wird, Uranos, Gäa, Kronos, Poseidon, Helios 2c. Auch die Götterbilder der kleinasiatischen Semiten (Astarte, Moloch 2c.) gingen auf die Griechen über. Als das semitische Naturelement sich mehr vergeistigte (die Periode

des Zeus und Apollon), blieb doch die Vielheit der Götter ein Hin=
dernis, das nur bei einigen Denkern überwunden wurde. So war
schon bei Homer die Götterwelt zum Teil unverständlich geworden
und voll von Widersprüchen. Es wird den Göttern manchmal ab=
solutes Erkennen und Vermögen zugeschrieben Odyss. 4, 237. 379,
aber die überlieferten alten Erzählungen, die das Gegenteil voraus=
setzen, konnten darum nicht aufgegeben werden; bald spricht sich ein
Bewußtsein aus, die Götter müßten sittlich gut sein (Od. 14, 83.),
bald werden unsittliche Sagen von den Göttern mitgeteilt. Manche
mochten dadurch in ihrer Schlechtigkeit bestärkt werden. (Eurip.
Hipp. 451 ff., Jon. 449, Plat. Legg. l. p. 656 E. Terent. Eunuch.
III. 5, 36, August. de civit. Dei II. 7.)

Die Wirkung der großen Dichtungen war es, daß die religiösen
Vorstellungen der Griechen auch später ziemlich gleichmäßig blieben,
dazu kamen die Sprüche von Delphi, die für alle Geltung behielten.
Die Verschiedenheiten in Glaube und Kultus waren trotzdem groß
genug je nach dem Ort. Xenoph. Symp. 8, 9. Anab. VII, 8,
4; IV, 8, 25. Die Kritik erwachte, Euhemerus hielt die Götter für
vergötterte Könige und Helden. Der Kultus, in roher Zeit als ein
Vertrag zwischen Menschen und Göttern entstanden, wurde nicht im=
mer als eine bloß legale Leistung aufgefaßt, wenigstens die Bessern
strebten nach einer δικαιοσύνη der Gesinnung (wie Matth. 5, 20),
die Götter werden auch geliebt, und Neid (Herod. I. 32) wird
ihnen später nicht mehr zugeschrieben, indem an die Stelle der δεισι-
δαιμονία die εὐσέβεια von den Einsichtigern gesetzt wird. Die
große Mehrzahl des Volkes blieb indes bei dem Aberglauben oder
geriet in Unglauben. (Plato de leg. X. 885). Der Ausdruck θεοί
stand dem nicht im Wege, denn er bedeutet allgemein übermensch=
liche Wesen (Skylla, Chimära, Pan), wie auch auf sittlichem Gebiet
Wörter wie ἀρετή zweideutig sind. Die wahre Religion kann die
Gottheit nicht von Heiligkeit gesondert denken, selbst Euripides sagt:
εἰ θεοί τι δρῶσιν αἰσχρόν, οὐκ εἰσὶν θεοί, aber der Volksglaube
hatte kein Bedürfnis, die homerischen Götter zu reinigen.

Lange erhielt sich bei den Griechen überhaupt eine ehrfurchts=
volle Scheu vor den Göttern, und lange blieb man dabei, ihnen in
gewissen Angelegenheiten, (Ehe, Eid, Ζεὺς ὅρκιος, ἐφέστιος, ἑρκεῖος

eine ernste, sittliche Haltung beizumessen. Aber immer weniger übte der Rest religiöser Wahrheit auf die Sitte Einfluß aus; der Kultus wurde zu einem vielfach verspotteten Außenwerk (cf. Cic. de div. II. 24 von den haruspices); selbst **Gebet** und **Opfer**, die allgemeinsten Erweisungen der Religion wurden mechanisch vollzogen. Mit dem Unglauben nahm der Aberglaube zu, wie ihn selbst Männer wie Augustus und Plinius an den Tag legten. Die Unterscheidung zwischen esoterischer (Priester=) Religion und exoterischer (Volks)= Religion, eine allem Heidentum eigene Unterscheidung, half auch nicht. Gerade von den Gebildeten (den Sophisten 2c.) ging die Auflösung aus, die dann nach und nach in die Massen einbrang.

Freilich gab es auch eine Philosophie, in der sich tiefe sittliche und religiöse Einsichten offenbarten, aber wie flach reden doch nicht selbst Plato und Aristoteles über gewisse sittliche Fragen? Der Begriff des Humanen fehlt oder ist kraftlos, das Wort Barbar zeigt den Dünkel der Nation, das Weib ist die Magd, der Sklave ist tief herabgewürdigt. Dem Staate will man aufhelfen durch den Ruin der Familie und des Eigentums. Und auch die tiefern Einsichten jener Männer blieben einsam und vermochten nicht mehr das Volksleben umzugestalten. Es ging einem allseitigen Verfall entgegen, der immer hoffnungsloser wurde. Nur selten wenigstens findet sich der Ausdruck der Hoffnung auf eine bessere Zeit (Virgil. ecl. IV.), häufig der einer trotzigen Resignation. Über das Sittenleben der späteren Zeit vgl. die Worte Seneca's: de ira, II, 9: Omnia sceleribus ac vitiis plena sunt; plus committitur quam quod possit coercitione sanari. Nec furtiva iam scelera sunt, praeter oculos eunt, innocentia non rara, sed nulla.

IV. Das Neue Testament.

§. 47.

Die ewige Herrlichkeit des Herrn. Joh. 1, 1—14.

Im Anfang war das Wort (ὁ λόγος) und das Wort war bei Gott, und das Wort war Gott. Dasselbe war im Anfang bei Gott. Alle Dinge sind durch dasselbige geworden und ohne dasselbige ward nichts. Und das Wort ward Fleisch und wohnte unter uns, und wir sahen seine Herrlichkeit, eine Herrlichkeit als des eingebornen Sohnes vom Vater, voller Gnade und Wahrheit.

Zusatz. Der Herr spricht bei Johannes von einer Klarheit, die er beim Vater hatte, ehe die Welt war; Joh. 17, 5, vgl. V. 24: „vor Grundlegung der Welt." Vgl. noch Col. 1, 15 ff.: Welcher ist das Ebenbild (εἰκών) des unsichtbaren Gottes, der Erstgeborne aller Creatur (πρωτότοκος πάσης κτίσεως). Denn in ihm ist alles geschaffen, was im Himmel und auf Erden ist, das Sichtbare und das Unsichtbare, es seien Throne oder Herrschaften, oder Fürstentümer oder Gewalten (verschiedene Engelklassen); es ist alles durch ihn und zu ihm geschaffen, und er ist vor allem und es besteht alles in ihm. Vergl. den Anfang des Hebräerbriefes V. 1—3; und zu dem Satze ὁ λόγος σάρξ ἐγένετο besonders Philipper 2, 6 ff.: Da er in Gottes Gestalt war (ἐν μορφῇ θεοῦ ὑπάρχων), hielt er das Gott gleich sein nicht für einen Raub, sondern entäußerte sich selbst, nahm Knechtsgestalt an, indem er in Menschen-Ähnlichkeit erschien und in seinem Verhalten wie ein Mensch erfunden ward. Er erniedrigte sich selbst, indem er gehorsam ward bis zum Tode, ja bis zum Tode am Kreuz. (Vgl. §. 174.)

§. 48.

Luc. 1, 1—25, 26—38, 39—56, 57—80.

Der Vorläufer Christi (vgl. Jes. 40, 3; Mal. 3, 1; 4, 5 und 6). Dem Priester Zacharias und der Elisabeth wurde noch im Alter ein Sohn zu teil als eine Gnadengabe: Johannes. Der Unglaube des Vaters wird bestraft.

Im sechsten Monat wird derselbe Engel zu der Jungfrau Maria in Nazareth gesandt, die Joseph verlobet war. „Du sollst seinen Namen Jesus nennen, und Gott der Herr wird ihm den Stuhl seines Vaters David geben und seines Königreichs wird kein Ende sein." „Der heilige Geist wird über dich kommen." Maria ahnte die Leiden und die Verkennung, die sie damit treffen würden, aber sie sprach: Siehe, ich bin des Herrn Magd, mir geschehe, wie du gesagt hast. — Maria und Elisabeth. Der Lobgesang Mariä: Meine Seele erhebet den Herrn, und mein Geist freuet sich Gottes meines Heilandes. Denn er hat die Niedrigkeit seiner Magd angesehen. Siehe, von nun an werden mich selig preisen alle Geschlechter u. s. w.

Bald darauf ward Johannes geboren, und gegen die Meinung der Nachbarn nach den Worten des Engels benannt. Zacharias redete wieder und lobte Gott, des heiligen Geistes voll. Und das Kindlein wuchs und ward stark im Geist und blieb in der Wüste, bis daß er sollte hervortreten vor das Volk Israel.

I. Die Kindheit Jesu.

§. 49.

Die Geburt Jesu, Mt. 1, 18—25: Luk. 2, 1—21. Der vom Kaiser Augustus für die Provinzen angeordnete Census wurde in Palästina nach jüdischer Weise ausgeführt, daher die Reise nach Bethlehem. Die arme Krippe. Lied 4. Die Engel sangen: Ehre sei Gott in der Höhe und Friede auf Erden und den Menschen ein Wohlgefallen. *Δόξα ἐν ὑψίστοις θεῷ, καὶ ἐπὶ γῆς εἰρήνη ἐν ἀνθρώποις εὐδοκίας.* Lied 20, 1.

Luc. 2, 22—39.

Am 8. Tage ward das Kind beschnitten und sein Name Jesus genannt.

Am 40. Tage fand die Darstellung im Tempel statt (wobei man das für die Loskaufung der Erstgeburt bestimmte Opfer darbrachte). Daselbst wartete der alte Simeon auf den Trost Israels und sah ihn. „Herr, nun lässest du deinen Diener in Frieden fahren u. s. w." Er erkannte auch, daß das Heil vielen zum Fall gereichen werde, und daß es mit dem Herrn durch Leid hindurchgehen müsse, bei dem die Mutter mitleiden werde. Vgl. Joh. 9, 39 und §. 124: Stabat mater dolorosa. — Die Prophetin Hanna.

Mt. 2, 1—12, 13—23.

Die Weisen aus dem Morgenlande, die Erstlinge der Heiden. Die Sage setzt ihre Anzahl auf drei und macht sie zu Königen. Epiphanias=Fest und Mission.

Anmerkung. Die Hoffnung auf das Licht der Heiden, auf den Stern aus Jakob (Num. 24, 17) war im Morgenlande nicht ausgestorben. Gott lehrte die Weisen durch Dinge, mit denen sie auch sonst umgingen; die Schriftgelehrten aber machten sich gerade aus dem „eine Decke vors Herz und Auge," was sie hätte erleuchten können.

Die Flucht der heiligen Familie nach Ägypten ist von der Sage vielfach ausgeschmückt. Nach der Rückkehr ließen sich die Eltern in Nazareth nieder. Aus der Jugend des Herrn hat uns die evangelische Geschichte nur Luc. 2, 40—52 aufbewahrt. Die Rabbinen freuen sich über die sinnigen Fragen des Zwölfjährigen. Die Antwort: Wisset ihr nicht, daß ich sein muß in dem, was meines Vaters ist? zeigt, wie dem Herrn schon damals klar genug seine einzige Beziehung zu Gott seinem Vater vorschwebte.

Jesus war seinen Eltern unterthan, nahm zu an Weisheit, an Gestalt und Gnade bei Gott und den Menschen.

II. Das Auftreten Jesu wird vorbereitet.

§. 50.

Mt. 3, 1—17; Marc. 1, 1—11; Luc. 3, 1—22.

In Folge der Predigt des Johannes: μετανοεῖτε, ἤγγικεν γὰρ ἡ βασιλεία τῶν οὐρανῶν kamen viele zu ihm an den Jordan und ließen sich taufen zur Buße, εἰς μετάνοιαν. Dabei redete Johannes selbst von dem, der mit dem heiligen Geist und mit Feuer taufen werde. Denn die Taufe Johannis war ja nur eine vorbereitende, symbolische Handlung und nicht ausreichend.

Doch wurde auch der Herr von ihm getauft, Mt. 3, 13 ff., obwohl der Täufer das Unangemessene erkannte, den Reinen als Unreinen zu behandeln. „Laß es jetzt also sein; also gebührt es uns alle Gerechtigkeit zu erfüllen." Der Himmel that sich auf über ihm: Dies ist mein lieber Sohn, an dem ich Wohlgefallen habe. Jesus ging damals in sein 30. Jahr.

§. 51.

Mt. 4, 1—11; Marc. 1, 12—13; Luc. 4, 1—13.

Jesus wurde vom Geist in die Wüste geführt, auf daß er von dem Teufel versucht würde. Nach 40 Tagen des Fastens versucht ihn derselbe, die Wüste in eigenmächtigem Walten zum blühenden Gefilde zu machen (Jes. 35); aber der Herr hält ihm Deuter. 8, 3 vor. Sodann soll er sich in mirakulöser Weise Ansehen verschaffen; endlich durch Ergebung an das Nichtige, Böse, eine leichte, unmittelbare Eroberung der Welt genießen. Der Herr setzte dem falsch gebrauchten Schriftwort das recht gebrauchte entgegen, überwand den Versucher und die Engel dienten ihm.

Anmerkung. Die 3 Versuchungen können mit den 3 Bitten: Geheiliget werde Dein Name, Dein Wille geschehe, Dein Reich komme, in Übereinstimmung gebracht werden. „Was sah Christus von dem Berge? Menschliche Freude und menschliches Elend, alle Herzen bewegt von Furcht, Hoffnung und Leidenschaft, Gottes Gesetz verderbt, seine Liebe mißbraucht ꝛc. Und nun sagte der Teufel: Ist das alles nicht Wirkung meiner Macht? Bin ich nicht Herr dieser Welt? Erkenne das an und dann sollst du über sie herrschen. Du könntest dann mit meiner Macht die Menschen glücklich machen, bessern was schlecht ist, wie du es ja gern willst." Aber wenn je ein Gedanke in uns aufsteigt, es sei nicht die Liebe Gottes, die die Welt beherrsche, sondern die Selbstsucht und das Böse; wir könnten wohl die sittlichen Anforderungen an uns und andere verringern, um in einer solchen Welt Liebe ausüben zu können, wir hätten ja gute Absichten ꝛc., so sollen wir überzeugt sein, der Satan versuche uns, so wie er Christum versuchte. (Bunsens Leben II. p. 50.)

III. Die Wirksamkeit Jesu bis zum Purimfeste.

§. 52.
Joh. 1, 11—28, 29—34, 35—51.

Um diese Zeit sandten die Pharisäer zu Johannes und ließen ihn fragen, wer er sei. Er antwortete: er sei weder Christus, noch Elias, noch der Prophet (Deut. 18. 18, §. 21), er sei eine Stimme eines Predigers in der Wüste u. s. w.

Auch seinen Jüngern legte er Zeugnis über Jesum ab; denn als er ihn sah wandeln, sprach er: Siehe, das ist Gottes Lamm, welches der Welt Sünde trägt. So wies er seine Jünger zu Christo hin. Johannes und Andreas verstanden diesen Wink zuerst und wurden Jesu erste Jünger. Bald tritt Simon (Petrus, Kephas), Jonas Sohn, Bruder des Andreas dazu, darnach Philippus und Nathanael, wahrscheinlich derselbe mit Bartholomäus. Joh. 1, 50: „Rabbi, du bist Gottes Sohn, du bist der König von Israel."

Anmerkung. Zu diesen 5 Jüngern kamen noch 7, so daß sie die bedeutsame Zahl 12 darstellten. Ihre Namen erscheinen immer in einer gewissen Ordnung: Simon Petrus, Andreas, Jakobus, Johannes — Philippus, Bartholomäus, Thomas, Matthäus — Jakobus, Alphäi Sohn, Judas Jakobi, zubenannt Thaddäus oder Lebbäus, Simon Zelotes, Judas Ischarioth. Unter diesen Zwölfen standen Petrus, Jakobus und Johannes dem Herrn wieder besonders nahe, und Johannes ist insonderheit „der Jünger, den der Herr lieb hatte."

§. 53.
Joh. 2, 1—11, 13—25; Joh. 3, 1—21.

Am dritten Tage (nach dem Aufbruch Jesu vom Jordan) war eine Hochzeit zu Kana in Galiläa. Die Mutter Jesu klagt ihm die Not des Hochzeitspaares, aber sie muß warten, bis seine Stunde (der Hülfe) gekommen. Die Verwandlung des Wassers in Wein. Es war das erste Zeichen, das Jesus that und offenbarte seine Herrlichkeit, und seine Jünger glaubten an ihn.

Darnach sehen wir Jesus auf dem Osterfest zu Jerusalem, wie er in heiligem Eifer sein Amt mit der Tempelreinigung beginnt und sich durch Zeichen beglaubigt. „Brechet diesen Tempel ab," ꝛc.

Es kam auch Nikodemus, ein Oberster der Juden in der Nacht
zu Jesu. „Wir wissen, daß du bist ein Lehrer, von Gott gekommen,
denn niemand kann die Zeichen thun, die du thust, es sei denn Gott
mit ihm." Der Herzenskündiger weiß, daß er mit dem Manne entschieden und scheinbar hart reden kann und muß: Wer nicht von
oben (aus Gott) geboren wird, kann das Reich Gottes nicht sehen
(die Geburt aus Wasser und Geist). Vergebens sträubt sich Niko-
bemus gegen das rechte Verständnis dieser Wiedergeburt.

Im Verlauf redet der Herr noch schwierige Worte von himmlischen Dingen, von denen er allein anschauliche Kunde hat; vgl.
V. 12. 13: er redet besonders von der Erlösung. (Also hat Gott
die Welt geliebet u. s. w. V. 16; vergl. V. 14 von der Schlange
Mosis) und vom Gericht 17—21; hofft auch, Nikodemus werde
noch einst zum Licht kommen durch den Zug des Vaters. „Auf
schnellen Beifall hat der Herr nicht gedrungen, sondern Nikodemus
Stille und die sanftmütige Aufnahme eines solchen Samens war
ihm genug. Zum Wurzeln unter sich und Frucht bringen über sich
ließ er ihm Zeit." Rieger. Vgl. Joh. 7, 50 ff. 19, 39.

§. 54.
Joh. 3, 22—36; 4, 1—42.

Bei seiner Abreise von Jerusalem hält sich der Herr noch eine
Zeit lang am Jordan auf, — wo seine Jünger taufen — und Johannes der Täufer legt das letzte Zeugnis über ihn ab. „Er muß
wachsen, ich aber muß abnehmen. Der von oben kommt, ist über
alle. — Gott giebt den Geist nicht nach dem Maß."

Darnach reist der Herr durch Samaria und hat ein Gespräch
mit der Frau zu Sychar. Er sucht das Verlorne, weckt das Heilsbedürfnis, wie sehr auch die Frau von der Selbstbeurteilung ab-
springt. Das Interesse der Samariterin für religiöse Streitfragen.
Die Anbetung Gottes im Geist und in der Wahrheit. Das Heil
aber kommt doch von den Juden. §. 170.

Die Seelenernte, welche dem Herrn in den Samaritern zu
teil wird, braucht nicht wie die natürliche 4 Monate, sondern erscheint sogleich.

§. 55.
Luc. 4, 16—30; Joh. 4, 43—54.

Da nun Jesus weiterhin nach Nazareth kam (Mt. 13, 54 ff. Mark. 6, 1—6), wunderten sich die Leute einen Augenblick über seine holdseligen Worte (vgl. seine Anwendung von Jes. 61, 1 auf sich selbst), dann aber fragten sie: Ist das nicht Josephs Sohn? und Jesus mußte erfahren, daß kein Prophet angenehm (δεκτός) ist in seinem Vaterlande. Die alttestamentlichen Parallelen weckten ihren Zorn, aber er ging mitten durch sie hinweg.

Auf seinem weitern Zuge nach dem nördlichen, eigentlichen Galiläa nahm man ihn besser auf. Zu Kana heilt er den Sohn des Königischen, unter Umständen, die mit den Luk. 7, 1. ff. (Hauptmann zu Kapernaum) erwähnten nicht verwechselt werden können.

Mt. 4, 13—25; Marc. 1, 14—30; Luc. 4, 31—37, 5, 1—11.

In Kapernaum nun nahm er seinen Aufenthalt für längere Zeit und machte von hier aus Wanderungen in die umliegenden Gegenden. Überall fand er empfängliche Gemüter und heilte unter vielen den Besessenen in der Synagoge, Luk. 4, 33, der in krankhafter Ahnung ihn laut als Heiligen Gottes bezeichnete, und die Schwiegermutter Petri Mt. 8, 4. Hier fand auch der gesegnete Fischzug Petri statt und die Berufung der Apostel zu Menschenfischern. Seine Predigt aber war gewaltig und nicht wie die der Schriftgelehrten.

§. 56.

Die Bergpredigt hielt er auf einer dieser Wanderungen. Am vollständigsten ist sie bei Mt. K. 5—7 erzählt, vgl. Luk. 6; 11; 12; 14. Sie vergleicht das Himmelreich mit dem schlechten Abbild desselben, das sich bei den Juden durch fleischlichen Sinn und langjährige Gesetzesverdrehung festgesetzt hatte.

Mt. 5, 1—16.

Die 7 Seligpreisungen — denn die beiden letzten sind wiederholend und erläuternd — beziehen sich alle auf das Leben im Geist, in dem der Mensch sich mit Gott einigt. Die Armut im Geiste (πτωχοὶ τῷ πνεύματι), das Bewußtsein der geistigen und geistlichen

Armut, dem reichen Gott gegenüber, ist die Bedingung zur Teilnahme am Messiasreiche. Dieses Gefühl wird nun weiter entwickelt
und zwar einerseits wie es sich gegen Gott, andererseits wie es sich
gegen die Mitmenschen kund giebt.

So erscheinen die Armen zunächst als πενθοῦντες, die ein
heiliges Leid über ihre Armut empfinden, insbesondere über die
Trennung von Gott, wenn auch dieses Gefühl noch nicht klar ist.
In diesem Gefühl wird sich im Verhalten zu dem Nächsten Sanft-
mut kund geben, die mehr bei ihm erreicht, als jedes andere
Verhalten.

Bestimmter ist das Gefühl der Leidtragenden in dem Hunger
und Durst nach Gerechtigkeit geworden, ein intensives Gefühl und
durch den Gegenstand genauer bestimmt. Die Gerechtigkeit ist der
befriedigende Zustand des innern Lebens. Ein solcher Mensch wird
als ein Barmherziger sich der Not der Nächsten annehmen und
selbst vom Erbarmen getragen werden. Mt. 7, 2.

Die Reinen nach dem Herzen, d. h. deren entschiedene Richtung
auf das Reine geht, auf den Wandel im Geiste, werden mehr
und mehr Gott schauen, wie er sich im Reiche Christi herrlich kund-
giebt. Vgl. §. 118 die Predigt Bertholds. Solche Menschen sind
auch Friedensstifter, εἰρηνοποιοί, Friedensboten. Mt. 10, 13 ff.

An die Erwähnung der um Christi willen Verfolgten schließen
sich 2 Vergleichungen. Die Jünger sind 1. das Salz der Erde;
wenn Salz seinen Geschmack verliert, fade wird, wodurch kann es
die Salzkraft wieder erhalten? „Wer wird dann eure Stelle er-
setzen, wenn ihr untreu würdet?" 2. Sie sind das Licht der
Welt, sollen sich nicht zurückziehen, sondern ihren Beruf mutig
üben. Manche, die das Licht anfangs verfolgten, würden doch noch
Gott preisen.

Erfüllung von Gesetz und Propheten. 5, 17—48.

Der Herr hat das ganze Gesetz erfüllt (vollendet), er hat auch
nicht die kleinste Bestimmung ihrer Idee nach aufgelöst, sondern
die alten Elemente fortgebildet, wie ein Maler eine Skizze nicht
auflöst (οὐ καταλύει), sondern ἀναπληροῖ. Dieses Erfüllen kann
wohl ein Zerbrechen der alten Form sein. Mt. 9, 16—17.

Es folgen nun 5 Beispiele von dem Erfüllen des Gesetzes, ge= gen die pharisäische äußerliche Auffassung des Gesetzes gerichtet.

1. Nicht das Töten als äußerliche That, sondern als Wir= kung einer bösen Gesinnung (Haß 1. Joh. 3, 15) kommt in be= tracht. Der Mord selbst darf in seinem Reiche nicht erst zur Sprache kommen. Der Zorn ist ihm schon so strafbar, wie den Alten die That des Mordes, noch mehr der Mensch, der ihn auch in einem Worte wie Raka (leerer Kopf), oder gar in einem Worte wie heil= loser Bösewicht ausspricht. Die Gehenna ist der Ort der alten Molochsgreuel und der Strafort der Verderbtesten. — Im Hei= ligtum kommen die ungesühnten Beleidigungen mehr zum Bewußt= sein, als im Geräusch des Tages. Die Sitte in christlichen Fa= milien, sich vor der Feier des heiligen Abendmahls gegenseitig zu vergeben.

2. Der Ehebruch. Unbedingtes Aufgeben auch des Schönen (rechtes Auge) und Erfreuenden (Freundschaft) ist geboten, wenn da= durch böse Lust in uns entstand. Der Scheidebrief sollte den Ju= ben die Entlassung des Weibes erschweren, aber die Spätern (Hillel) machten das Gegenteil daraus. Nur Ehebruch, πορνεία, berech= tigt zur Trennung der Ehe.

3. Die Pharisäer machten keine Unterschiede zwischen verbinb= lichen Eiden (bei Jehova) und nicht verbindenden; der Herr ver= bietet alles Schwören. Die Christenheit soll gar keinen Eid kennen; aber durch das Verhältnis der Christen zur übrigen Welt ist der Eid notwendig geworden und Christus hat selbst geschworen. Mt. 26, 63. Vgl. Röm. 9, 1; 2. Kor. 11, 10; Hebr. 6, 13, 16. Jak. 5, 12.

4. Auge um Auge (2. Mos. 21, 24; 3. Mos. 24, 19. 22, 20) ist ein Ausdruck für das Recht der Vergeltung seitens der Obrigkeit. — Vgl. das römische si membrum rupit, ni cum eo pacit, talio esto. — Die Pharisäer wollten dies Recht dem Ein= zelnen zusprechen. Der Christ soll dem Beleidiger die Ruhe und Kraft des Dulbens entgegensetzen, so daß er von demselben noch mehr leiden könnte (ἀγγαρεύειν ist: zu einer Frohnfahrt zwingen, nach persischer Einrichtung).

5. Feindesliebe. Dem Pharisäer war der Nichtjube ein

Feind. Vgl. Cic. de officiis I. 12, 37. Der Herr fordert die ganze Liebe in Gesinnung, Wort, That, Fürbitte, wenigstens das ἀγαπᾶν (werthalten), wenn auch nicht das φιλεῖν (amare).

Die Werke ohne den Geist. 6, 1—18.

1. Almosengeben. 6, 2—4.
2. Beten. 6, 5—15. Die Pharisäer richteten es wohl so ein, daß sie sich zur Gebetsstunde gerade an einer Straßenecke befanden. Mit dem Beten im obern Gemach ist der Beter nach innen gewiesen von dem Scheinen weg (κλείσας τὴν θύραν). Übrigens: ὁ τόπος οὐ βλάπτει, ἀλλ' ὁ τρόπος καὶ ὁ σκοπός (Theophylakt).

Das Unservater (siehe den Katech.) Die Anrede. Die 7 Bitten, von denen die 3 ersten sich auf Gottes Reichssache beziehen (Name Gottes, Reich Gottes, Wille Gottes), die 4 andern auf die menschlichen Anliegen (Nahrung, ἐπιούσιος, wohl von ἡ ἐπιοῦσα, dies crastinus, Vergebung der Schulden, wobei das „wie auch wir" weder Maß noch Grund von Gottes Vergebung bedeutet, Behütung vor Versuchung, d. i. versuchlicher äußerer Lage (Mt. 26, 41; 1. Kor. 7, 5; 10, 13), Erlösung von dem Bösen, wahrscheinlich als masc. zu verstehen). — Die Doxologie.

Πάτερ ἡμῶν ὁ ἐν τοῖς οὐρανοῖς, ἁγιασθήτω τὸ ὄνομά σου, ἐλθέτω ἡ βασιλεία σου, γενηθήτω τὸ θέλημά σου ὡς ἐν οὐρανῷ καὶ ἐπὶ τῆς γῆς — τὸν ἄρτον ἡμῶν τὸν ἐπιούσιον δὸς ἡμῖν σήμερον, καὶ ἄφες ἡμῖν τὰ ὀφειλήματα ἡμῶν ὡς καὶ ἡμεῖς ἀφίεμεν τοῖς ὀφειλέταις ἡμῶν, καὶ μὴ εἰσενέγκῃς ἡμᾶς εἰς πειρασμόν, ἀλλὰ ῥῦσαι ἡμᾶς ἀπὸ τοῦ πονηροῦ. [ὅτι σοῦ ἐστιν ἡ βασιλεία καὶ ἡ δύναμις καὶ ἡ δόξα εἰς τοὺς αἰῶνας, ἀμήν.]

3. Fasten. Anstatt zu scheinen mit Trauerkleidern, soll man sich lieber bereiten, wie wenn man zu einem Mahl gehe; natürlich uneigentlich zu nehmen.

Die Sorge ums Irdische. 6, 19—34.

Der Herr rät, unvergängliche Schätze zu sammeln; um das zu können, sollen die Christen ihr inneres Licht gesund erhalten. Die Doppelsichtigkeit des Auges findet im Herzen, das Gott und dem Mammon dienen will, ein Gegenbild. Sorget darum nicht, wie der heidnische Unglaube es thut.

Die Bergrede warnt vor dem Richten, wenn in lieblosem Sinn, mit Übersehen der eigenen größeren Fehler, ein Mensch über den andern urteilt, warnt auch vor dem Profanieren des Heiligen. 7, 1—6.

Der rechte Weg. 7, 7—29.

Bitten, suchen, anklopfen, als Ausdruck des Gebets, das immer bringender und bestimmter wird, Beschränkung des Gebets durch das ἀγαϑά im V. 11; „Arg" seid, πονηροὶ ὄντες, ist Gott gegenüber zu verstehen. Alles, was ihr wollet, nicht jedes Wollen ist gemeint, und es heißt nicht: Das thut, sondern so thut ihr ihnen. Die Regel ist schon vorher als eine sittliche Maxime bekannt gewesen, aber in negativer Form: was du nicht willst ꝛc.

Eng und weit (Erinnerung an bildliche Darstellungen der Reise durch das Leben, Bunyan ꝛc.). Die falschen Lehrer V. 15. Dann spricht er von denen, die bloß bekennen ohne die rechte Ge= sinnung. Die bleiben dem Herrn unbekannt, wenn sie auch selbst in seinem Namen gewirkt hätten. Der kluge und thörichte Mann.

----

§. 57.
Mt. 8, 1—4, 5—13; Luc. 7, 1—10.

Bei der Rückkehr vom Berge heilte Jesus einen Aussätzigen und den Knecht des Hauptmanns zu Kapernaum. Dieser heid= nische Mann traute ihm eine hohe Gewalt im Reiche der wunder= baren Lebensmächte zu, und der Herr verwunderte sich über seinen Glauben, den er im Volke Israel nicht gefunden. Darum sollten viele Heiden einst in das Reich eingehen, während die Kinder des Reichs ausgestoßen würden. Das Volk Israel begann schon, den von Gott ihm gesetzten Beruf zu vergessen und untreu zu werden.

Mt. 8, 16—27; Luc. 9, 57—62; Marc. 4, 35—41; Luc. 8, 22—26.

Der Herr wandte sich nun nach einem Landstriche, in welchem Judentum mit Heidentum sehr gemischt war, nach dem nördlichen Peräa (der Dekapolis). Einige wollen ihm nachfolgen. Dem

ersten von ihnen sagt er: Die Füchse haben ihre Gruben u. s. w.;
dem zweiten: Laß die Toten u. s. w. Einen dritten, der erst einen
Abschied machen will, mahnt er zur sofortigen Nachfolge und fährt
dann über den See. Auf dem See erhebt sich ein Sturm. Der
Herr bedroht und beschwichtigt die kleingläubigen Jünger und das
ungestüme Meer. Sie landen im Lande der Gadarener (Gergesener).

Zusatz. Die Wunder der heiligen Geschichte finden
im allgemeinen ihre Erklärung in dem Verhältnis Gottes zur
Natur, vgl. §. 1. Gott waltet in und über der Natur, und die
Natur hat nur ein bedingtes Selbstleben. Ihre Bestimmung ist,
das Reich Gottes zu fördern, welches Gott in den Führungen
der Menschen verwirklicht. Zu diesem Ende muß die Natur noch
fortwährend Bestimmungen erleiden können.

Die Vermittelung der Wunder liegt in dem Verlangen und
Glauben der Menschenherzen. Darum konnte er in Nazareth nur
wenige Zeichen thun, Mt. 13, 58; Mark. 6, 5, um ihres Unglaubens willen. Zuweilen sehen wir den Herrn auch natürliche
Mittel zuziehen: Handauflegung Mark. 6, 5; Speichel mit Erde
vermengt Joh. 9 und Ähnliches. — Neben dem oben angeführten
Grund und Zweck der Wunder ist in zweiter Stelle der apologetische Zweck derselben zu nennen; vgl. Joh. 20, 31; 14, 29;
13, 19. Siehe auch noch die Stellen über das Selbstzeugnis
Christi in §. 61.

Anmerkung. Die Wunder der apokryphischen christlichen Litteratur
(vom 3. Jahrhundert an) unterscheidet man leicht von den biblischen, wie denn
jene Schriften noch tief unter den Apokryphen des Alten Test. stehen. Nach
dem Evang. Thomä und Pseudo-Matthäus trat das Kind Jesus schon bei der
Flucht nach Ägypten auf Drachen, die vor ihm anbeteten; similiter leones et
pardi adorabant eum. Ein Palmbaum neigt seine reichbeladenen Äste zu ihm
herab und hebt sie nicht eher wieder empor, als bis Jesus es erlaubt. Dafür
läßt dieser einen Palmenzweig von einem Engel ins Paradies tragen. Bei
Jesu Eintritt in einen ägyptischen Tempel stürzen alle Götzen zu Boden et sio
se nihil esse evidenter docuerunt. Als ihn später ein Knabe in seinem
Spiel störte, tötete er den Frevler durch ein Wort. An einem Sabbath bildete er aus Lehm 12 Sperlinge und ließ sie dann in alle Welt fliegen. Einem
Knaben, der ihm aus Mutwillen auf den Rücken sprang, sagte er: non re-
vertaris sanus de via tua, qua vadis; et statim corruit et mortuus est.
Zu seinem Lehrer sprach er, als er die Buchstaben lernen sollte: εἰπέ μοι τοῦ

α τὴν δύναμιν, κἀγώ σοι ἐρῶ τὴν τοῦ β. Πικρανθεὶς δὲ ὁ διδάσκαλος ἔκρουσεν αὐτοῦ εἰς τὴν κεφαλήν. Da verfluchte ihn das Kind Jesus und er fiel tot· zur Erde.

§. 58.

Mt. 8, 28—34; Marc. 5, 1—19; Luc. 8, 26—39.

Dort im Lande der Gadarener heilt er zwei Dämonische; die Heilung des einen wird ausführlich erzählt und ist eins der größten Wunderzeichen des Herrn. Man hatte den Besessenen öfters zu bändigen gesucht, aber er zerriß Ketten und Fesseln. In der Tobsucht wütete er auch gegen sich selbst. Sein Verhalten spiegelt den Widerspruch seines ganzen Wesens ab, er fällt in seinem dämonischen Ahnungsvermögen vor· dem Herrn nieder und will in seinem Trotz doch mit ihm nichts zu schaffen haben. Der Geheilte will dem Herrn folgen, aber er läßt ihn zurück als Zeugen für seine Landsleute.

§. 59.

Mt. 9, 1—38; Marc. 2, 1—22; Luc. 5, 17—39.

Als er nach Kapernaum zurückgekehrt war, brachte man mit großer Anstrengung einen Gichtbrüchigen vor ihn. Da er ihren Glauben sah, sprach er: Dir sind deine Sünden vergeben. Die Pharisäer und Schriftgelehrten murren. Da beweist er ihnen durch die Heilung der Glieder des Armen, daß er ihm vorab sein Herz geheilt habe.

Darauf fand die förmliche Berufung des Matthäus (Levi) statt, der sich selbst demütig „Zöllner" nennt. Mt. 9, 9; 10, 3. Derselbe macht ihm ein Mahl, an dem noch andere seiner verachteten Genossen teil nehmen. Die Pharisäer ärgern sich an dieser Liebe zu Zöllnern und Sündern. Aber „die Starken bedürfen des Arztes nicht, sondern die Kranken." Die Johannisjünger auf der andern Seite stoßen sich an der frischen Heiterkeit des Lebens Jesu und seiner Jünger.

Unterdessen bittet ihn der Oberste Jairus, zu seiner sterbenden Tochter zu kommen. Auf dem Wege dahin wird das blutflüssige Weib durch die Berührung seines Kleides geheilt, und ihre

Heilung vollendete sich in dem freien Geständnis ihrer Lage. Das Mägdlein des Jairus war schon im Tode entschlafen, aber der Herr weckte es auf, heilte auch noch zwei Blinde und einen Stummen, der besessen war.

Anmerkung. Die Zöllner τελῶναι, exactores, portitores forderten allerlei Zölle (vectigalia) ein, im Auftrage der römischen Zollpächter. Bei ihrem ohnehin widerwärtigen Amt machten sie sich durch Habsucht und Betrug noch vielfach verächtlich, daher wurden sie mit den Heiden (Mt. 18, 15) ꝛc. zusammengestellt. In dem Handelsplatz Jericho treffen wir einen Oberzöllner Zachäus, Luc. 19, 1.

§. 60.
Mt. 10, 1—42.

Der Herr bereitet sich zu einer neuen Wanderung vor; ihn jammert des Volkes (Mt. 9, 36), das verschmachtet und ohne Hirten ist. Daher sondert er, nach einer Nacht des Gebetes, die Zwölfe aus (§. 55), stärkt sie mit Kraft und Trost und giebt ihnen ihre Verhaltungsmaßregeln, Mt. 10. ganz; Luc. 6, 12 ff.; 9, 1—6. Er sendet sie zu zweien, und vorerst nur zu den Juden (§. 69. Anmerk.) Sie sollen umsonst arbeiten und ohne sorgliche Zurüstung für ihren Unterhalt oder für das, was sie reden würden, zu treffen; sie sollen zunächst den Empfänglichen nachgehen; denn die große Menge sei unempfänglich und feindselig. Und die Apostel gingen aus und predigten, man solle Buße thun. Marc. 6, 12.

Luc. 7, 11—16, 36—50.

Der Herr ging durch die Städte und kam nach Magdala. Hier suchte ihn die große Sünderin auf, als er zu Tische saß im Hause des Pharisäers Simon. „Wem wenig vergeben ist, der liebet wenig." Um dieselbe Zeit kam er nach Nain, wo er den Jüngling auferweckte. Das Volk erkannte: Es ist ein großer Prophet unter uns aufgestanden, und Gott hat sein Volk heimgesucht.

Mt. 11, 1—19; Luc. 7, 18—35; Marc. 6, 14—30; Mt. 14, 1—12.

Aber Johannes der Täufer, der unterdes von dem Vierfürsten Herodes Antipas in das Gefängnis (zu Machärus) geworfen worden, ward irre an dem Herrn in einer Stunde der Anfechtung, sandte

zu Jesu und ließ fragen: Bist du, der da kommen soll, oder sollen
wir eines andern warten? Der Herr weist ihn auf seine Werke
hin, verteidigt den Täufer vor dem Volk, sagt aber auch, daß der
Kleinste im Himmelreich größer sei als er. Mt. 11, 11. Das
Ende des Täufers siehe oben. Marc. 6.

IV. Fortsetzung. Beginn der Verfolgungen.

§. 61.

Joh. 5, 1—47.

Darnach war ein Fest der Juden — wahrscheinlich das Purim-
fest — und Jesus zog hinauf gen Jerusalem. Er heilte einen
Kranken am Teiche Bethesda (Gnadenhaus) und zwar am
Sabbath. Das machten ihm die Juden zum Hauptvorwurf, und
seit dieser Zeit benahmen sich die Pharisäer und Schriftgelehrten
entschieden feindselig gegen ihn, während das Volk ihm noch eine
Zeit lang geneigt blieb. Die Pharisäer warfen ihm außerdem noch
vor, daß er sagte, Gott sei sein Vater, und sich selbst Gott gleich
machte. Aber der Herr beschrieb dem Volke noch näher, daß der
Vater dem Sohne auch das Gericht und die Belebung der sittlich
Toten (B. 21—27), wie die Auferweckung der Gestorbenen übergeben
habe, auf daß sie alle den Sohn ehrten, wie sie den Vater ehrten.

Daß dies Selbstzeugnis wahr sei, könne das Volk schon
aus dem Zeugnis Johannis entnehmen, besonders aber aus den
Werken, die ihm der Vater gegeben. Sie könnten es auch aus
dem A.T. ersehen, (ἐρευνᾶτε: ihr suchet in der Schrift), aber der
Kern desselben, die messianische Prophetie, sei ihnen verborgen.
Darum werde Moses sie einst verklagen, auf den sie hofften.

Anmerkung. Während der Herr hier dem Volke gegenüber spricht: So ich von
mir selbst zeuge, so ist mein Zeugnis nicht wahr (B. 31), sagt er Joh.
8, 14: κἂν ἐγὼ μαρτυρῶ περὶ ἐμαυτοῦ, ἀληθής ἐστιν ἡ μαρτυρία μου, im Gegensatz
zu der von den Pharisäern ihm B. 13 vorgehaltenen Rechtsregel. Eine dritte
Stelle Joh. 14, 11: „Glaubet mir, daß ich im Vater und der Vater in mir
ist; wo nicht, so glaubet mir doch um der Werke willen," dient als Erklärung.
Wir Christen sollten so weit sein, ihm selbst schon zu vertrauen.

§. 62.

Mt. 14, 13—36; Marc. 6, 30—56; Luc. 9, 10—21; Joh. 6, 1—69.

Auf der Rückkehr nach Galiläa vereinigten sich die Jünger wieder mit ihm. Mark. 6, 31. Damals wurde auch der Tod Johannis bekannt. Jesus fuhr über den See und suchte die Einöde; aber bald umringte ihn wieder das Volk, welches ihn jammerte. Die wunderbare Speisung der fünftausend — denn das nahe Osterfest (Joh. 6, 4) brachte viele Pilger in diese Gegend — regte in manchen doch nur fleischliche Gedanken an. Der Herr entzieht sich dem Volk und erreicht seine Jünger auf dem Meere, heißt auch den Petrus zu sich kommen. Am andern Tage findet ihn das erstaunte Volk zu Kapernaum, und der Herr hält ihnen eine harte Rede über das Brot des Lebens, Joh. 6, 25 ff., so daß ihn viele verlassen. Petrus aber spricht: Herr, wohin sollen wir gehen? u. f. w.

Auf das Osterfest ging der Herr diesmal nicht; vielleicht aber waren seine Jünger dort; vgl. Mt. 15, 1 ff. Bald darauf sind sie wieder bei ihm, und die überall lauernden Feinde tadeln, daß sie am Sabbath Ähren rauften: Mt. 12, 1; Mark. 2, 23; Luk. 6, 1. Der Menschensohn ist aber ein Herr auch des Sabbaths. Am folgenden Sabbath heilt er einen Mann mit einer dürren Hand. Die Feinde beraten sich, ihn umzubringen.

§. 63.

Mt. 12, 22—50; Marc. 3, 20—35; Luc. 11, 14—28.

In dämonischer Ruchlosigkeit beschuldigten ihn die Pharisäer, als er einen Besessenen heilte, der blind und stumm war, er treibe die Teufel aus durch Beelzebub, den obersten der Teufel. Sie hätten in ihrer Stellung am wenigsten die Wirkungen des heiligen Geistes in Christo verkennen und als Teufelswirkungen bezeichnen dürfen. Damit waren sie auf dem Wege, die Sünde der Lästerung des heiligen Geistes, die nicht vergeben wird, zu begehen. Der Herr steht dem ganzen Satansreich kämpfend gegenüber und spricht: Wer nicht mit mir ist, der ist wider mich, §. 183.

Anmerkung. „Die Lästerung des heiligen Geistes ist die einzige Sünde, welche die heilsame Wirkung des Geistes zur Erweckung der Reue und vernichtet. Wer des Geistes Werk als Teufels Werk von sich weist, der ist und bleibt ein Kind des Teufels. Daraus folgt aber nicht, daß, wer solches einmal gethan, hierin verharren müsse." Harleß, Ethik S. 131.

Alle Zeichen genügen den Pharisäern nicht, sie wollen etwas Absonderliches. Der Herr spricht von Zeichen des Jonas, und erkennt, daß der unreine Geist, nachdem er ausgetrieben, mit sieben andern wiedergekehrt ist. Jesu Mutter und Brüder kommen und wollen ihn der Gefahr entziehen. Das Mahl im Pharisäerhause; Luk. 11, 27 ff. „Wehe euch Pharisäern!" Warnung vor Habsucht; Gleichnis vom thörichten Landmann, dessen Feld wohl getragen. Luk. 12, 16—21. Das Gericht übereilt ihn. Darum wachet!

§. 64.

Mt. 13, 1—53; Marc. 4, 1—34; Luc. 8, 4—18.

Jesus redet zum Volk durch mancherlei Gleichnisse.

1. Der Säemann. Mt. 13, 1—23. Das vierfache Ackerfeld. Herzenshärtigkeit, Oberflächlichkeit und Geteiltheit sinds, die den Samen verderben. Die Deutung wird den Jüngern auf ihr Begehren zu teil.

„Der Anfang und Fortgang unseres geistlichen Lebens hängt von der Empfänglichkeit unseres Herzens ab. Es ist nicht genug, die Kraft des göttlichen Wortes zu verspüren; was hilft es, wenn es nicht den Felsen durchbricht und über die Dornen hinauswächst? Es wird zuletzt gar von uns genommen."

2. Das Unkraut unter dem Weizen. V. 23—30, die Deutung V. 36—43. Das Unkraut ist hier Lolch, schwer vom Weizen zu unterscheiden. Vrgl. V. 47—50 das Netz mit den Fischen.

3. Das Senfkorn und 4. der Sauerteig. V. 31—33. Das Reich Gottes in seiner Ausdehnung über die Erde. §. 154—156. Das Reich Gottes soll aber auch alle Lebensverhältnisse beherrschen (Staat, Familie ꝛc.) und in jedem Einzelnen alles Denken, Wollen, Reden und Handeln durchbringen.

•5. Der Schatz im Acker und 6. die köstliche Perle. V. 44—50.

Anmerkung. Der Herr sprach in Parabelform, weil auch in dem Volke eine gemischte Stimmung hervortrat, die ihn veranlaßte, die einschneidende Gotteswahrheit einzukleiden und für die Feindseligen leicht zu verhüllen in Formen der Darstellung und Bildern, die sich nicht so bald vergessen lassen. Alle diese Gleichnisse beziehen sich zunächst auf das Reich Gottes; das zweite ist insbesondere für die Grenzbestimmungen christlicher Gemeinde- und Kirchenzucht von großer Wichtigkeit. Vgl. Mt. 18, 15—17; Tit. 3. 10; 2. Thess. 3, 14—15.

§. 65.
Luc. 13, 1—9.

Die Erzählung heimkehrender Galiläer von den Lands-leuten, welche Pilatus beim Opfern hatte erschlagen lassen, veranlaßt den Herrn, noch an einem zweiten Beispiel (Turm zu Siloah) zu zeigen, daß das üble Geschick des Einzelnen nicht bemessen werde nach seiner Sündenschuld, vgl. §. 44. (Hiob). §. 168. Er mahnt zur gemeinsamen Buße und fügt das Gleichnis vom unfrucht-baren Feigenbaum hinzu.

Mt. 15, 1—20; Marc. 7, 1—23.

Noch eine andere Botschaft kommt zu ihm von Jerusalem, näm-lich eine Deputation der Schriftgelehrten und Pharisäer, welche sich beklagen, daß die Jünger Jesu das Waschungsgebot (der spätern Gesetzeslehrer) übertreten. Der Herr zeigt, wie die Phari-säer bei all ihrer Frömmigkeit doch nicht etwa bloß die Satzungen der Menschen, sondern das Gebot Gottes, das 4. (5.) Gebot über-traten.

§. 66.
Mt. 15, 21—39; Marc. 7, 24—37.

Der Herr entwich in die Grenzen Phöniziens, um verborgen zu sein; aber eine heidnische Frau suchte ihn dort auf und schrie ihm nach; sie bestand in harter Prüfung, und ihre dämonisch kranke Tochter wurde gesund.

Von dort geht Jesus in das Gebiet der Dekapolis. Speisung der viertausend. In Magdala empfindet er wieder den Haß der Pharisäer, welche nochmals ein Zeichen von ihm fordern. Er wendet sich nun wieder nach Norden, nach Cäsarea Philippi.

Mt. 16, 1—20; Marc. 8, 1—30.

Hier fragt er seine Jünger, wer die Menschen sagten, daß er sei. Petrus legt ein gutes Bekenntnis ab. Der Herr nennt ihn einen Stein, auf den er seine Kirche bauen werde und giebt ihm die Verheißung, daß er in Zukunft die Schlüssel des Himmelreichs bekommen solle. Das Binden und Lösen der Unbußfertigen und Bußfertigen.

Anmerkung. Die Schlüsselgewalt wird einige Zeit nachher (Mt. 18, 18) allen Jüngern verheißen, vgl. Joh. 20, 21—23. Das Amt der Schlüssel. Petrus ist nach dieser Stelle der Grundstein der Kirche, ihr bedeutsamer Anfang, und die Apostelgeschichte legt dafür Zeugnis ab, daß Petrus diese Bedeutung gehabt hat. Für eine (katholische) Fortsetzung und Nachfolge Petri im Papste ist aus dieser Stelle nichts zu entnehmen.

§. 67.
Mt. 16, 21—28; Marc. 8, 31—38; Luc. 9, 21—27.

Nach einem solchen Bekenntnis konnte der Herr sein bevorstehendes Todesleiden den Jüngern ankündigen. Aber die Kreuzesscheu Petri stellte sich ihm hemmend entgegen. Nachdem er ihn mit harten Worten zurechtgebracht, spricht er zu allen Jüngern: „Wer mir nachfolgen will, der verleugne sich selbst und nehme sein Kreuz auf sich täglich und folge mir." Nach sechs trüben Tagen fand die Verklärung Christi statt. Mt. 17, 1—13; Mark. 9, 2—13; Luk. 9, 21—36. Die innere Herrlichkeit Christi brach hervor in Licht und Glanz. Moses und Elias erscheinen und reden mit ihm von seinem Leiden. Eine Stimme aus der Wolke spricht: Dies ist mein lieber Sohn, an dem ich Wohlgefallen habe, den sollt ihr hören. Jesus verbot den Jüngern, dies Gesicht mitzuteilen, bevor er auferstanden sei.

Das Gespräch beim Herabsteigen vom Berge blieb bei Elias, der ja wiederkommen sollte. Der Herr sagte, er sei schon gekommen, und wie er, der Täufer, verworfen worden, so werde es auch dem Menschensohn ergehen.

Anmerkung. Die Verklärung weist rückwärts auf die Taufe und vorwärts auf die Leidenstaufe des Herrn. Für die Jünger lag in der Herrlichkeit ihres Meisters und in seiner Gemeinschaft mit dem alten Bunde — Gesetz und Prophetie — ein großer Trost. Aber das rechte Verständnis der Verklärung war ihnen noch nicht möglich, daher die weitere Verbreitung sogar ihnen selbst schädlich. Der Herr hat bei seinem Wirken die weitere Verbreitung bald verboten, bald hinwieder dieselbe gern gesehen; vgl. Mt. 9, 30 mit Marc. 5, 19.

Mt. 17, 14—21; Marc. 9, 14—37; Luc. 9, 37—43.

Die zurückgebliebenen neun Jünger haben unterdes am Fuße des Verklärungsberges einen Dämonischen vergebens zu heilen gesucht. Ihr Glaube war schwach geworden. Der Herr schilt sie, und regt vor allem den Glauben des halb zweifelnden Vaters an: Alle Dinge sind möglich dem, der da glaubet. Der Vater ruft in Thränen: Ich glaube, Herr, hilf meinem Unglauben.

§. 68.
Joh. 7, 1—52, 8, 12—59.

Jesus geht zum Laubhüttenfest nach Jerusalem. Er tritt plötzlich mitten im Feste auf; in der Volksmenge war er noch am sichersten. Sie fragen (B. 15.), woher er die rabbinische Gelehrsamkeit, seine Schriftauslegung habe. Er ist von Gott gelehrt (Theodidact) und sucht nicht eigene Ehre. Wer den Willen Gottes, der ihn gesandt hat, thun will, der wird inne werden, ob seine Lehre von Gott sei. Sie sind ihm feind, besonders wegen des Sabbaths, und doch brechen auch sie den Sabbath, wenn nach alter, vormosaischer Bestimmung eine Beschneidung auf ihn fällt. Vgl. §. 8. Zus. Wie viel mehr darf der Herr am Sabbath den ganzen Menschen heilen! Die Stimmung des Volkes schwankt hin und her (B. 31.) Die Pharisäer schicken aus dem nahen Synedriumsgebäude Knechte zur Ergreifung Jesu ab, aber dieselben wagen nichts.

Am letzten, dem herrlichsten Tage, sprach Christus mit Beziehung auf die Festhoffnungen des Volkes (s. d. Anmerk.): „Wen da dürstet, der komme zu mir. Wer an mich glaubt, wie die Schrift sagt, von dessen Leibe [χοιλία] werden Ströme lebendigen Wassers fließen." — Der Bericht der Knechte; des Nikodemus Rechtsbedenken. Die Leidenschaft kennt nicht mehr die galiläischen Propheten, wie Jonas, Nahum, Hosea.

Ich bin das Licht der Welt, sagt der Herr Joh. 8, 12—20 wohl mit Beziehung auf die zwei Leuchter der Festfeier. Darnach nimmt der Herr gleichsam Abschied vom Volke. V. 21—30. Ich gehe hinweg, ihr werdet mich suchen, aber umsonst. Die Juden spotten: Will er sich etwa selbst   töten? Dann käme er allerdings in den untersten Höllenraum, vor dem wir sicher sind. — Aber solche Verzweiflung kann den nicht treffen, der von oben her ist. Die Erhöhung des Menschensohnes verstanden die Juden falsch, wollten ihm schon zufallen, V. 30; aber der Herr will ihnen nicht Freiheit von den Römern, sondern von der Sünde geben. Das enttäuscht sie. — Wer Abrahams Kind ist, kann dem Herrn nicht feindlich gegenüberstehen. Vielmehr sind diese seine Feinde vom Teufel, er aber ist aus der Wahrheit; und niemand kann ihn einer Sünde (V. 46) zeihen.

Sie wollten ihn steinigen, aber er entzog sich ihnen.

Anmerkung. Zum Laubhüttenfest vgl. §. 18. Noch einiges Einzelne über die Feier. Ein Priester holte aus dem Teiche Siloah zur Erinnerung an die Wasserspenden in der Wüste jeden Morgen in einem goldenen Kruge Wasser herauf und goß es im Tempel in eine silberne Schale, von wo es abfloß. Am Abend wurden auf Zion zwei große Leuchter angezündet, zur Erinnerung an die Feuersäule in der Wüste. — Der letzte (8.) Tag erinnerte an den endlichen Einzug in das gelobte Land, man kehrte in die Häuser zurück, Joh. 7, 53. Vergebens harrte man darauf, daß eine von den Propheten verheißene Quelle aus dem Tempel (-Berge) hervorbrechen und ihren Segen verbreiten werde. Vgl. Ezech. 47; Joel 4, 23; Sacharja 14, 8.

§. 69.
Joh. 9, 1—41. 10, 1—21.

Die Jünger wollten den Herrn an dem Blindgebornen vorbeiführen, aus Furcht vor dem Haß und der Verfolgung der Juden; sie suchten ihn durch Fragen über die Sünden des Blinden oder seiner Ältern zu beschäftigen und abzuziehen, aber der Herr geht nicht vorüber, sondern heilt den Unglücklichen. Die Verhandlungen zwischen diesem und den Pharisäern.

Die Pharisäer sollten des Volkes Hirten sein und waren so verworfen. Jesus aber ist der gute Hirt, und eben so auch die Thür zu den Schafen. Schon im jüdischen Volke hat er seine ihm besonders anhänglichen Schafe (τὰ ἴδια πρόβατα V. 3 und 4). Aber auch die Heidenvölker will er einst herzubringen, daß ein Hirt und eine Herde werde (V. 16). Vgl. §. 186.

Anmerkung. Der Herr beschränkte seine Wirksamkeit auf sein Volk (Mt. 10, 6: „Gehet nicht auf der Heiden Straße und ziehet nicht in der Samariter Städte" u. s. w.; 15, 24: „Ich bin nicht gesandt, denn nur zu den verlornen Schafen vom Hause Israel"); aber öfters sprach er es aus, wie in der obigen Stelle, daß diese Schranke nur vorläufig sei. Ja die Juden würden, sagte er, wegen ihrer Verstocktheit den Heiden einst nachstehen. Mt. 21, 43; 19, 30; 8, 12: Aber die Kinder des Reichs werden u. f. w. In einigen Fällen dehnte er auch seine Hülfe auf die Heiden aus, wie ja schon in der Heilsordnung des A. Bundes solche Ausnahmen vorkommen. Vgl. §§. 31. 35. So half er dem Hauptmann zu Kapernaum, dem kananäischen Weibe (Mt. 15) und trat in Beziehung zu den Samaritern. Kurz vor seiner Himmelfahrt gab er seinen Jüngern geradezu den Auftrag: Gehet hin in alle Welt und machet alle Völker zu Jüngern. Mt. 28, 19; Apostelgesch. 1, 8; 13, 46; Paulus und Barnabas sprachen frei öffentlich: Euch mußte zuerst das Wort Gottes gesagt werden, nun ihr es aber von euch stoßet und achtet euch selbst nicht wert des ewigen Lebens, siehe, so wenden wir uns zu den Heiden.

§. 70.

Mt. 18, 1—12; Marc. 9, 33—48; Luc. 13, 22—35, 14, 1—24.

Die Jünger fragen: Wer ist der größte im Himmelreich? Der Herr stellt ein Kind mitten unter sie: Werdet wie die Kinder! Weiterhin beklagt sich Johannes über einen unberufenen Wunderthäter. Der Herr aber will ihn nicht hindern. „Wer nicht wider euch ist, der ist für euch." Er warnt sodann überhaupt vor Ärgernis. Das eigenwillige Handeln (Hand) und Wandeln (Fuß), wie das berufswidrige Erkennen (Auge) wird krankhaft und verderblich.

Darnach wendet sich der Herr wieder nach Jerusalem, und der letzte Winter naht. Luk. 13, 22. Anfangs folgen ihm nur wenige und die Jünger fragen: Herr, sind ihrer so wenige, die da selig werden? Der Herr bemerkt, daß sogar die äußere Nachfolge ohne innere Beziehung zu ihm nicht helfe.

Die Pharisäer Galiläas wollen seine Abreise, im Auftrage Herodes, durch eine List beschleunigen, indem sie ihn warnen, Luk. 13, 31: „Saget dem Fuchs u. f. w." Dennoch finden wir ihn um diese Zeit in dem Hause eines Obersten der Pharisäer (in Galiläa) am Sabbath; man lauert auf ihn. Luk. 14, 1 ff. Er heilt einen Wassersüchtigen und sie schweigen. Darnach redete er drei Gleichnisse:

1. Vom Obenansitzen 7—11.
2. Von der Wahl der Gäste 12—15.
3. Vom großen Abendmahl 16—24.

V. 21 geht auf die Zöllner und Sünder, V. 23 auf die Heiden. Das Nötigen (compelle intrare) erfahren nicht die aus Feindse- ligkeit, sondern die aus Überraschung Widerstrebenden.

§. 71.
Luc. 14, 25—35, 15, 1—32.

Allmählich haben sich seinem Zuge viele angeschlossen, die sich über den Ernst desselben wenig Gedanken gemacht. Der Herr sichtet diese Menge und warnt die Unentschiedenen. Denn es ist ja eine große Forderung, seine Lieben und sein Leben zu hassen.

Das Gleichnis vom Turmbau und vom Kriegszuge warnt uns, Aufgaben im Reiche Gottes anzugreifen, bevor wir im Stande sind, die damit verbun- denen Schwierigkeiten und Anfechtungen zu besiegen; lieber sollen wir, wie Ni- kodemus, in der Stille wachsen.

Daran reihen sich drei schöne Gleichnisse über das Suchen des Verlorenen: sie richten sich zunächst gegen die Pharisäer, welche in den Zöllnern und Sündern, die Jesu folgten, eine elende Erwer- bung sahen.

1. Das verlorene Schaf. V. 1—7.
2. Der verlorne Groschen. V. 8—10.
3. Der verlorne Sohn. V. 11—32.

Die Vollzähligkeit ist auch ein Gut, die Lücke ist betrübend, besonders wenn der eine Sohn fehlt. Das Wiederfinden ist eine Freude für sich, welche nicht berechnet wird nach dem Werte des Gefundenen. So ist der Jammer über das unglückliche eine Schaf so unverhältnismäßig groß, daß der Hirt die 99 verläßt. — Wenn wir Freiheit und Glück nicht anders suchen, als der verlorne Sohn, so müssen wir stets Sklaverei und Elend finden. Wie müssen uns doch unsre eigenwilligen Wege mit Dornen vermacht werden, bis wir auf den Gedanken gebracht werden: Ich will mich aufmachen und zu meinem Vater gehen! Und wie vielen thut das, was zum Ruhm der freien Gnade gesagt wird, noch so weh, als der Gesang dem ältern Bruder. Aber der Vater bittet auch diesen trotzigen, in Tugendstolz verhärteten Sohn, teil zu nehmen an seiner Freude. — In anderer Anwendung ist der verlorne Sohn ein Bild der Heidenvölker, welche Gott ihre eigenen Wege gehen ließ (Apostelg. 14, 16), und der älteste Sohn ein Bild der Juden.

Mt. 18, 12—35; Luc. 17, 1—10.

Bei einer solchen Liebe zu dem Verlornen, an der auch die Engel teil nehmen, soll aber auch die Strenge nicht fehlen. So folgt bei Mt. 18, 15—22 eine Anweisung in den Grundzügen der christlichen Gemeinbezucht, wie sie von der privaten Ermahnung bis zur Ausschließung aus der kirchlichen Gemeinschaft geht. Darnach fragt Petrus: „Wie oft muß ich meinem Bruder, der an mir sündigt, vergeben?" Die Antwort des Herrn enthält eine so schwierige Bewährung der Milde, daß die Jünger bitten: Herr, stärke uns den Glauben! Luf. 17, 5. Der Herr sagt ihnen durch das nachfolgende Gleichnis vom Knecht, daß der nicht fanatisch gegen andere sein könne, welcher bedenke, daß er selbst Gott unendlichen Dienst schuldig sei.

§. 72.

Luc. 16, 1—18.

In dem Gleichnis vom ungerechten Haushalter ist der reiche Mann der Mammon; an dem Haushalter sollen die Jünger lernen. Der Haushalter, das Kind der Welt, wird vom Geldgott (B. 9) in Hinsicht der Klugheit anerkannt. Die Kinder der Welt sind klug im Verkehr mit ihresgleichen, B. 8. Das Kind des Lichts ist treu im Mammon, wenn es denselben gegen die Wünsche des Geldgötzen verwendet, nämlich im Dienste des Rechten, in Milde und Wohlthun, und müßte es auch darüber arm werden.

Den Pharisäern, die das hörten und geizig waren, sagt der Herr: Eure Zeit ist vorbei, seit Johannes ist jedermann in einem gewaltigen Drängen nach dem Reiche Gottes. In diesem wird freilich das Gesetz nicht aufgelöst, sondern vertieft, wie das Wort von der Ehe zeigt.

Luc. 16, 20—31.

Der reiche Mann und der arme Lazarus. Der Arme begehrte sich zu sättigen u. s. w., aber man achtete sein nicht. — Der reiche Mann will auch drüben (§. 192) noch den Lazarus als

geringen Diener benutzen; aber es ist alles anders geworden. —
Er weiß, daß er sein Geschick durch Buße hätte vermeiden können;
ein Rest von Liebe ist in ihm, aber er lästert Moses und die Propheten, indem er sie für ungenügend hält. —

§. 73.
Luc. 9, 51—56, 10, 1—24.

Die Reise muß eine andere Richtung nehmen, als die feindseligen Samariter ihn nicht aufnehmen. Jakobus und Johannes
müssen hören: Wisset ihr nicht, welches Geistes Kinder ihr seid? Er
zieht nach Osten, zwischen Samaria und Galiläa. Doch läßt er die
Samariter nicht aus den Augen, sendet vielmehr die 70 Jünger zu
ihnen, Luk. 10, 1—24. Dieselben kehren später (B. 17 ff.) freudig
zurück; auch Dämonische haben sie heilen können. Jesus sagt, er
habe früher den Satan überwunden in dem Hauptkampfe; die Hauptsache sei, daß sie selbst erlöst seien. Doch freut er sich über diese
Jünger:

Ich preise dich, Vater, Herr Himmels und der Erde, daß du solches verborgen hast den Weisen und Klugen und hast es geoffenbaret den Unmün-
digen. B. 21.

Luc. 10, 25—37.

Auf der weitern Reise fragt ihn ein Schriftgelehrter ver-
sucherisch, was er thun müsse, das ewige Leben zu ererben. Die
Gegenfrage macht klar, daß der Mann im Gesetze bescheid weiß.
Aber das „Thun" gefiel ihm weniger als eine Untersuchung des Be-
griffs „Nächster." Der Herr redet vom barmherzigen Samariter.

„Die am häufigsten mit dem Buchstaben des Gesetzes umgehen, sind oft
weiter vom Thun entfernt, als einer der nicht so viel im Wissen hat, aber
wachsamer auf sein Gewissen ist. — Unter dem Hingehen und Üben hat der
Schriftgelehrte kleiner und mürber werden können, so daß, wenn er ein anderes
Mal wieder zu Jesu gekommen ist, er sich besser in seine Himmelslehren wird
haben schicken können.

Luc. 17, 11—19, 20—37, 18, 1—8, 9—14.

Auch die Geschichte von den zehn Aussätzigen, unter denen
ein Samariter war, gehört in diese Zeit.

Auf die Frage: Wann kommt das Reich Gottes? Luk. 17, 20, erwidert er, es komme nicht mit Schaugepränge, nach Art der heidnischen Vogelzeichen. Die Zukunft des Reiches Gottes mit ihren Schrecken. Der ungerechte Richter lehrt, daß man allezeit, ohne Unterlaß, beten müsse. Der Pharisäer und der Zöllner.

§. 74.
Joh. 10, 22—39.

Jesus erscheint am Feste der Tempelweihe (§. 45) zu Jerusalem. Die Juden umringen ihn plötzlich und fragen: Wie lange hältst du unsere Seelen gespannt? Bist du der Messias, so sage es doch frei heraus. Aber der Herr antwortet: Ich habe es euch gesagt; ihr glaubt es nicht, weil ihr nicht zu meinen Schafen gehört, wie ich euch schon neulich zu verstehen gegeben. Meine wahre Schafe raubt mir keiner, denn alle Feinde sind geringer als der Vater, der sie mir gegeben, und ich und der Vater sind eins.

Sie wollen ihn wieder steinigen, weil er sich zu Gott mache. Er weist auf Ps. 82, 6 hin, wo schon gewöhnliche Richter Götter heißen. Um wie viel eher darf er sich einen Sohn Gottes nennen? So entzog er sich ihnen diesmal noch.

§. 75.
Joh. 10, 39—42, 11, 1—54.

Jesus ging nun wieder nach Peräa zurück, und viele glaubten an ihn. Bald aber rief ihn die Botschaft der beiden Schwestern Maria und Martha ab. Zwei Tage nach dem Empfang der Nachricht von Lazarus Krankheit ging er nach Bethanien, um den Freund zu erwecken. Die verschiedene Gemütsart der Schwestern, vgl. Luk. 10, 38—42. Die besuchenden Juden aus dem nahen Jerusalem. Der Herr wehrt der Verzagtheit der Schwestern: Ich bin die Auferstehung und das Leben u. s. w. Das laute Gebet um des Volkes willen.

Die Hohenpriester und Pharisäer halten einen Rat; in der Verlegenheit sagt Kaiphas, Joh. 11, 49, der Hohepriester des Jahres — von den Römern ernannt —. es ist besser, ein Mensch sterbe für das Volk, als daß das ganze Volk verderbe. Der Herr ging nach Ephraim in die Verborgenheit.

§. 76.

Mt. 20, 1—34; Marc. 10, 32—52; Luc. 18, 18—43, 19, 1—27.

Kurz vor Ostern geht der Herr mit seinen Jüngern nach Jericho, um sich dort dem Zuge der Osterpilger anzuschließen. Er kündigt noch einmal sein Leiden an. Die Zebedäiden wollen zu seiner Rechten und zu seiner Linken sitzen. In Jericho heilt er einen Blinden, den Bartimäus (nach Matthäus zwei, siehe K. 20, 29—34); bei dem Zöllner Zachäus kehrt er ein. Auf dem Wege von Jericho nach Bethanien erzählt er das Gleichnis von den zehn Knechten und den zehn Pfunden. An einem Freitag trifft er in Bethanien ein.

Den Sabbath brachte man in der Stille zu; Mt. 26, 6—16, Marf. 14, 1—11, Luf. 22, 1—6, Joh. 12, 1—11; nach Ablauf desselben, am Abend, fand ein Mahl im Hause Simons des Aussätzigen statt, wobei Lazarus, Martha und Maria zugegen waren. Die Letztere salbte ihn im Vorgefühl und Mitgefühl seines Todes. Die Meinung der Jünger bei dieser Handlung, veranlaßt durch Judas Ischarioth, und die Verteidigung des Herrn. Judas ging wahrscheinlich bald darauf zu den Hohenpriestern und verriet den Herrn um 30 Silberlinge.

V. Die große Woche.

§. 77.

Am Sonntag (Mt. 21; Marf. 11; Luf. 19, 29; Joh. 12) geschah der feierliche Einzug Jesu in Jerusalem unter dem Willkomm des Volkes. Die Palmzweige und der Ruf: Hosianna! Gelobet sei, der da kommt im Namen des Herrn, ein König von Israel. Die Pharisäer fordern, daß der Herr dem Jubel wehre, aber der Herr sagt: Wo diese schweigen, werden die Steine schreien. Luf. 19, 41—44. Der Herr weint über Jerusalem. — Am Abend kehrt er nach Bethanien zurück.

Montag früh geht er wieder nach Jerusalem. Mt. 21, 12—22. Der blätterreiche, aber unfruchtbare Feigenbaum wird verflucht, ein

Symbol des Volkes und seines Schicksals. Im Tempel muß er eine
zweite Reinigung vornehmen; er heilt noch manche, der Jubel steigt,
selbst die Kinder rufen ihr Hosianna, Ps. 8, 3: Aus dem Munde ꝛc.
Es kommen griechische Proselyten und wollen Jesum gern sehen.
Joh. 12, 20 ff. Das versetzt den Herrn in eine ähnliche Stim=
mung, wie die in Gethsemane war. Er spricht vom Weizenkorn,
das in die Erde fallen und sterben muß, um Frucht zu bringen.
In der Betrübnis ruft er: Vater, hilf mir aus dieser Stunde —
verkläre deinen Namen! Da kam eine Stimme vom Himmel: Ich
habe ihn verkläret und will ihn abermal verklären.

§. 78.

Am **Dienstag** sehen die Jünger morgens den Feigenbaum schon
verdorrt. Mt. 21, 20—24, 2; Mark. 11, 12—23; Luk. 19, 17—
21, 6; (Joh. 8, 1—11). Im Tempel fragen die Hohenpriester: In
welcher Vollmacht thust du das alles? Mt. 21, 23—27. Die
Gegenfrage beantworten sie nicht. Es folgen 3 Gleichnisse: 1. von
den beiden Söhnen, 2. von den bösen Weingärtnern, 3. von
der Hochzeit des Königssohnes, Mt. 22. 1. (Das hochzeit=
liche Kleid.) Sie suchen ihn in Reden zu fangen: Was denkst du
über die römischen Kaiser? „Gebet dem Kaiser u. s. w.“ In gleichem
Sinne bringen sie die Ehebrecherin vor ihn (Joh. 8, 1): „Wer
unter euch ohne Sünde ist, werfe den ersten Stein auf sie.“ Da=
mit hängt zusammen die Frage der Sadducäer, durch welche
die Auferstehung lächerlich gemacht werden soll, Mt. 22, 23. Der
Herr sagt, in der Auferstehung würden sie sein wie die Engel. Aber
die Auferstehung ist so gewiß, als Gott ein Gott der Lebendigen ist.

Ein Pharisäer fragt, Mt. 22, 34—40: Welches ist das
größte Gebot? Der Herr antwortet: Du sollst lieben Gott deinen
Herrn von ganzem Herzen u. s. w. Das zweite ist dem gleich:
Du sollst deinen Nächsten lieben als dich selbst. (Also die 2 Tafeln,
vgl. §. 15.)

Wes Sohn ist Christus? fragt nun der Herr seine Feinde.
Ps. 110, Mt. 22, 41.

Dann redet er über und gegen die Pharisäer, ruft ein Wehe
aus über sie und über Jerusalem. Siehe, euer Haus (Tempel) wird

euch wüste gelassen! Er geht fort und im Vorhof der Weiber sieht
er eine Witwe, die ihr Scherflein in den Schatzkasten legt. Mark.
12, 41. Von dem Ölberg her wirft er noch einen Blick auf den
Tempel, und spricht zu seinen Jüngern über die zukünftigen Gerichte, die Zerstörung Jerusalems und das Ende der Welt,
Mt. 24, 1—25, 46; Mark. 14; Luk. 21. In diesem kleinern
Kreise spricht er noch mehrere Gleichnisse: 1. von dem untreuen
und dem treuen Knecht, Mt. 24, 45 ff., 2. von den zehn
Jungfrauen, 3. von den anvertrauten Pfunden, Mt. 25,
14—30, 4. von der Wiederkunft des Menschensohnes in
seiner Herrlichkeit. Der Grundgedanke dieser Rede ist: Wachet!

Der Herr wußte, daß nun seine Tempelwirksamkeit zu ende
war; die Obern hatten ihn verworfen; das Volk war ein charakter-
loser Haufe. Er zog sich zurück, Joh. 12, 26. Johannes spricht
über den Erfolg der messianischen Thätigkeit Jesu in schweren Worten.
V. 37 ff.

Die Glieder des hohen Rats halten noch eine Sitzung über
die Art, wie sie Jesum zum Tode bringen sollen. List schien ihnen
bei den noch lebhaften Erinnerungen des Volkes immer ratsam:
„Ja nicht auf das Fest."

§. 79.

Am **Donnerstag**, bem 14. Nisan, erinnern ihn die Jünger:
Wo willst du, daß wir dir das Paschalamm bereiten? Er sendet
Petrus und Johannes in die Stadt. Vgl. Mt. 26; Mark. 14; Luk.
21; Joh. 13 ff. Vor dem eigentlichen Mahle, als man schon zu
Tische saß, fand die Fußwaschung statt;

> Wer auf alle Vorrechte seines Standes, Amtes 2c. so hoch hinaufsitzt,
> kommt nicht zum Fußwaschen. — Über seine Unwürdigkeit erschrecken, war
> schon ehemals bei Petro ein Anfang zum Glauben, da er sprach: Herr, gehe
> von mir hinaus, ich bin ein sündiger Mensch. — Liebe unter einander haben
> und aus Liebe es auch nicht an den niedrigsten Diensten bei Kranken 2c. fehlen
> lassen, ist der Sinn der Handlung: so müssen es auch die Jünger verstanden
> haben.

beim Mahle selbst die Einsetzung des heiligen Abendmahls.
Vgl. §. 190. Nachdem Judas endlich hinausgegangen, fängt der

Herr an, von seinen Jüngern Abschied zu nehmen. Er warnt den Petrus.

Sie gehen nun mit einander an den Ölberg. Das ernste Gespräch wird nicht unterbrochen. „Ich bin der Weg, die Wahrheit und das Leben." Joh. 14. Bald werden sie ihn nicht mehr sehen, aber er wird ihnen einen ἄλλον παράκλητον senden in des Vaters Namen. In der Nähe der (Wein=) Gärten spricht er sodann: Ich bin der rechte Weinstock u. s. w., Joh. 15; die Welt werde sie hassen, Joh. 15, 19; in ihrer Verlassenheit werde ihnen bange werden, und doch sei es gut, daß er hingehe, sonst komme der Paraklet (advocatus, Fürsprecher, Luther: Tröster) nicht. Derselbe werde die Welt überführen in Betreff der Sünde (der Welt), der Gerechtigkeit (Christi), des Gerichts (über den Teufel). Noch vieles, was die Jünger jetzt noch nicht tragen könnten, werde jener, der Geist der Wahrheit sie lehren, ja in alle Wahrheit werde er sie leiten.

Das hohepriesterliche Gebet. Joh. 17.

Der Herr betet: 1. für sich, V. 1—8, 2. für seine Jünger, 9—19, 3. für alle künftigen Gläubigen, 20—24.

Jesus in Gethsemane. Mt. 26, Mark. 14, Luk. 22, Joh. 18.

Er nahm zu sich Petrus, Jakobus und Johannes, fing an zu trauern und zu zagen und sprach: Meine Seele ist betrübt bis in den Tod. Er betete: Mein Vater, ist's möglich, so gehe dieser Kelch von mir, doch nicht wie ich will, sondern wie du willst. Die Jünger fand er schlafend. Und er betete heftiger, daß sein Schweiß wie Blutstropfen ward, die fielen auf die Erde. Es erschien ihm aber ein Engel vom Himmel und stärkte ihn.

§. 80.

Judas, der Verräter, kommt nun an der Spitze der Schar. Mt. 26, Mark. 14, Luk. 22, Joh. 18. „Wen suchet ihr?" Das Zeichen des Verräters. Petrus und Malchus. Die Jünger fliehen. Man führt Jesus vor das jüdische Gericht, zu Hannas und dann zu Kaiphas. Die falschen Zeugen. Die eidliche Frage des Hohenpriesters. Die Antwort soll als Gotteslästerung und Ursache des Todes gelten. Die Knechte mißhandeln den Herrn. Und Pe-

trus hat ihn unterbes dreimal verleugnet. Da blickt ihn der Herr
an, und Petrus geht hinaus und weint bitterlich.

Am Freitag fand nach Luk. 22, 66 bei Tagesanbruch noch ein
zweites Verhör statt, dem ersten ähnlich. Dann führt man den
Herrn vor Pilatus. (Judas bereuet seinen Verrat, Mt. 27, 3 f.,
aber er findet bei den Ältesten kein Gehör, für sich keinen Raum
zur Buße, er erhängt sich selbst; der Blutacker.)

Vor Pilatus wenden sie die Beschuldigungen gegen Jesus aufs
Politische. Pilatus fragt: Bist du der Juden König? Der Herr
nennt sich allerdings einen König, wiewohl sein Reich nicht von
dieser Welt ist, sondern aus der Wahrheit. §. 175, 3. Pilatus
hat den Begriff einer Wahrheit schon aufgegeben, doch findet er
Jesum nicht schuldig. Der Ausweg, Jesum vor Herodes zu stellen,
hilft zu nichts, als zu einer Freundschaft der Gottlosen. Eben so
wenig gelingt es, den Angeklagten durch Zusammenstellung mit dem
Barrabas zu retten. Sie schrien: Kreuzige ihn! Kreuzige ihn! Er
gab endlich nach, obwohl ihm auch von seiner Gemahlin eine Warnung zugekommen war, und sagte doch: „Ich bin unschuldig an dem
Blute dieses Gerechten.“ Die Juden sprachen: „Sein Blut komme
über uns und unsre Kinder.“ Pilatus ließ Jesum zunächst geißeln:
die Kriegsknechte flochten eine Dornenkrone und setzten sie auf sein
Haupt; also ging Jesus heraus und trug eine Dornenkrone und
Purpurkleid. Ecce homo! (Lied 12 und 10.)

§. 81.

Golgatha. Mt. 27; Mark. 15; Luk. 23; Joh. 19. Und er
trug sein Kreuz. Simon von Cyrene. Die Frauen klagen um
ihn. Er spricht: Weinet nicht über mich, sondern weinet über euch
selbst und über eure Kinder u. s. w. Die Inschrift des Kreuzes
I. N. R. I. in drei Sprachen. Zwei Schächer wurden neben ihm
gekreuzigt. Die Kriegsknechte teilen seine Kleider (Ps. 22, 19) und
werfen das Los um sein Gewand. Die Vorübergehenden spotten
und höhnen, ja auch der eine Schächer stimmt ein. Die sieben
Worte des sterbenden Erlösers:

Vater, vergieb ihnen, denn sie wissen nicht, was sie thun. —
Weib, siehe, das ist dein Sohn. Siehe, das ist deine Mutter. —

Wahrlich, ich sage dir, heute wirst du mit mir im Paradiese sein. — Mein Gott, mein Gott, warum hast du mich verlassen? — Mich dürstet. — Es ist vollbracht. — Vater, in deine Hände befehle ich meinen Geist.

Und Jesus schrie laut und verschied. Lied 12, V. 8: Wenn ich einmal soll scheiden, so scheide nicht von mir u. s. w. Die Zeichen der Natur. Das Zeugnis des römischen Hauptmanns.

Als der Sabbath nahte, zerschlug man die Gebeine der beiden Schächer; dem Herrn, der schon gestorben war, öffnete ein Kriegsknecht die Seite mit einem Speer, da ging Blut und Wasser heraus. Joseph von Arimathia und Nikodemus erbitten den Leichnam Jesu von Pilatus und legen ihn in ein neues Felsengrab. Die Frauen folgen ihnen und beschauen sein Grab. Am Sonnabend kamen die Priester, trotz des Sabbaths, zu Pilatus und verlangten Grabeswächter von ihm. Mt. 27, 62 ff. Die Weiber aber waren stille nach dem Gesetz.

VI. Die Zeit der vierzig Tage.

§. 82.

Die Auferstehung des Herrn, Mt. 28; Mark. 16; Luk. 24; Joh. 20. An dem ersten Wochentage τῇ μιᾷ τῶν σαββάτων, sehr früh, als die Sonne aufgehen wollte, gingen die Frauen zum Grabe. Der Engel sprach: Er ist auferstanden, wie er gesagt hat, sehet da die Stätte, wo der Herr gelegen. Johannes, Petrus und Maria Magdalena kommen darnach zum Grabe. Die letztere blieb allein beim Grabe und weinte. Da sah sie zwei Engel in weißen Kleidern sitzen. Und als sie denselben klagt: Sie haben meinen Herrn weggenommen und ich weiß nicht, wo sie ihn hingelegt haben, da steht der Herr selbst vor ihr. Sie erkennt ihn bald, will ihn festhalten, aber der Herr wehrt ihr: μή μου ἅπτου· οὔπω γὰρ ἀναβέβηκα πρὸς τὸν πατέρα μου κτλ. Joh. 20, 17.

Darnach erschien der Herr auch den andern Frauen, welche seine Füße faßten. Er sprach: Fürchtet euch nicht; auch wies er die Jünger nach Galiläa. Mt. 28, 9 und 10.

Den zwei Emmausjüngern (Mark. 16; Luk. 24) öffnete

der Herr die Schrift und dann die Augen, daß sie ihn erkannten. Als sie am Abend desselben Sonntages den andern Jüngern noch davon erzählen, tritt Jesus in den Kreis seiner versammelten Jünger. Luk. 24, 36. Eine Woche später, als Thomas bei ihnen zugegen war, noch einmal, Joh. 20, 26—31: „Mein Herr und mein Gott.‟

In Galiläa erscheint der Herr den Jüngern am See Tiberias beim Fischzuge, Joh. 21. (Ähnlichkeit mit jenem frühern Fischzuge). Petrus wird dreimal gefragt: Hast du mich lieb? und aufs ʼneue beruft ihn der Herr, seine Schafe zu weiden. Hinweisung auf den Tod Petri.

Noch einmal erschien der Herr in jenen 40 Tagen einer großen Versammlung von 500 Brüdern (1. Kor. 15, 6) auf einem Berge, nahm Abschied von ihnen, und setzte die Taufe ein. Mt. 28, 19.

Zuletzt versammelte er die Elfe auf dem Ölberge bei Bethanien, segnete sie und ward aufgehoben zusehends, und eine Wolke nahm ihn vor ihren Augen weg. Die Engel verkündeten ihnen des Herrn Wiederkunft.

---

§. 83.

Die Apostelgeschichte (acta apostolorum). In der Mitte der Jünger, welche in Jerusalem versammelt blieben, trat Petrus auf und veranlaßte eine Ergänzung der Apostel. Das Los entschied für Matthias. 1, 26.

Als sie am Pfingsttage beisammen saßen, geschah die ihnen verheißene Ausgießung des heiligen Geistes, 2, 1 ff. Ein Brausen wie eines Sturmwindes erfüllte das Haus καὶ ὤφϑησαν αὐτοῖς διαμεριζόμεναι γλῶσσαι ὡσεὶ πυρός, ἐκάϑισέν τε ἐφ᾽ ἕνα ἕκαστον αὐτῶν. Joel 3, 1 ff. Und sie wurden alle des heiligen Geistes voll und fingen an, je nach dem Antrieb desselben in andern Zungen zu dem Volke zu reden. Das erfüllte die Menge mit Bestürzung; etliche aber spotteten. Die Rede Petri schloß: Thut Buße und lasse sich ein jeglicher taufen auf den Namen Jesu Christi, zur Vergebung der Sünden, so werdet ihr empfangen die Gabe des heiligen Geistes. Die neuen Christen (3000 Seelen) blieben

beständig in der Apostel Lehre, in der Gemeinschaft, im Brotbrechen
und im Gebet. Sie waren ein Herz und eine Seele; auch sagte
keiner von seinen Gütern, daß sie sein wären, sondern es war ihnen
alles gemein, κοινά, omnia communia. Ihre Güter und Habe
verkauften sie und teilten sie aus unter alle, nach dem jedermann
not war. Sie thaten dies nicht in gesetzlicher Anordnung, vgl. 5, 4,
sondern in freier Liebe. Die Liebesmahle, Agapen.

Zusatz. Das Zungenreden γλώσσαις λαλεῖν (καιναῖς) war
schon vom Herrn verheißen worden, siehe Mark. 16, 17; vgl.
noch zu der Glossolalie Apostelg. 10, 46; 19, 6; 1. Kor. 12,
7—10; 1. Kor. 14. Es war ein Reden aus einem durch Einwirkung des heiligen Geistes gesteigerten Geistesleben heraus, und
gab sich verschiedenartig kund. Zuweilen war es den Zuhörern, ja
den Redenden selbst unverständlich und bedurfte der Auslegung;
Paulus warnt daher vor der Überschätzung dieser Gabe, die nicht
sowohl zur Erbauung, als zur Verwunderung gereiche. Am Pfingstfest aber, wo die Glossolalie zuerst hervortrat, war die Rede des
Geistes wenigstens für die herbeigeeilten gottesfürchtigen Männer
klar und verständlich. Sie hörten die großen Thaten Gottes in
ihrer heimischen Sprache von den Jüngern verkündigen.

§. 84.

Auch geschahen viele Wunder und Zeichen durch die Apostel.
Petrus und Johannes erregten besonders durch die Heilung eines
Lahmen (K. 3) die Aufmerksamkeit des Volkes. Sie erklärten sich
vor demselben über ihre That, lenkten die Gedanken von sich auf
den gekreuzigten Herrn hin, durch dessen Kraft und Verdienst das
Wunder geschehen sei. Erfolg dieser Predigt. Der hohe Rat zog
sie zur Verantwortung (K. 4), aber Petrus sprach mit Freudigkeit:
Es ist in keinem andern das Heil, ist auch kein anderer Name unter
dem Himmel dem Menschen gegeben, darinnen wir sollen selig werden.
Und als man sie mit der Weisung entließ, fortan von Jesu zu
schweigen, sprach Petrus: Richtet ihr selbst, ob es vor Gott recht
sei, daß wir euch mehr gehorchen denn Gott! Wir könnens ja
nicht lassen, zu reden von dem, was wir gesehen und gehöret
haben. Bald darauf ließ der hohe Rat wirklich die Apostel ins

Gefängnis werfen (Kap. 5), aber ein Engel befreite dieselben. So verlor das Synedrium seine Fassung etwas und nahm Gamaliels weisen Rat an.

§. 85.

Ananias und Sapphira stehen mit ihrer Scheinheiligkeit und Selbstsucht in einem starken Gegensatz zu der apostolischen Gemeinde, K. 5, 1—11. Die erste Untreue wird durch plötzlichen Tod bestraft.

Mit der wachsenden Zahl der Gläubigen wurde die gerechte Unterstützung ihrer Armen immer schwieriger. Insonderheit klagten die ehemaligen Heiden, daß ihre Witwen zurückgesetzt würden. Da erkannten die Apostel, daß sie andere für diesen Dienst gewinnen müßten; es wurden 7 Armenpfleger (Diakonen) gewählt und geweiht, unter ihnen Stephanus, K. 6. Dieser war voll Glaubens und Kräfte, that Wunder und große Zeichen unter dem Volk und überwand die ausländischen hochgebildeten Juden in Disputationen. Man haßte ihn und brachte ihn durch ein ganz ungesetzliches Gerichtsverfahren zum Tode. So wurde er der erste Blutzeuge, Märtyrer, K. 7.

§. 86.

Bei dem Tode des Stephanus zeigte es sich zum erstenmal, daß das Blut der Märtyrer die Saat der Kirche ist. (Semen est sanguis Christianorum. Tert.) Die Gemeinde zu Jerusalem wurde namentlich durch Saulus (Paulus war sein griechischer Name) zersprengt, aber die Zerstreuten waren eben so viele Boten des Evangeliums. Nach Samaria kam Philippus, einer der 7 Diakonen (vgl. Joh. 4, 37). Simon Magus 8, 9—24. (Simonie §. 110.) Derselbe Philippus gewinnt den Kämmerer der Königin Kandace von Meroë (K. 8, 26 ff.) für den Glauben an Jesum.

Ja auch der schlimmste Feind der Gemeinde wurde zum Freunde. Paulus mußte gerade, als er im Begriff war, die Gläubigen in Damaskus aufzusuchen, erkennen, wen er in seinem pharisäischen Eifer eigentlich verfolge. K. 9, 2 ff. Vgl. 22, 3 ff.; 26, 9 ff.

Der Herr erſchien ihm ſelbſt, worauf Paulus für ſeine Amtswürde
großen Wert legt: 1. Kor. 15, 5—9; 9, 1 ff.; Paulus war beſonders zum Heidenapoſtel beſtimmt, Gal. 1, 16. — Bald wurde
er nun ſelbſt von den Juden verfolgt; doch entkam er aus Damaskus nach Jeruſalem, drei Jahre nach ſeiner Bekehrung; von da ging
er nach Cäſarea und weiter nach ſeinem Geburtsort Tarſus in
Cilicien.

§. 87.

Unterbeſſen hatte Petrus durch eine beſondere Fügung ſelbſt
erfahren, daß auch auf die Heiden, ohne Vermittlung des
Judentums, die Gabe des heiligen Geiſtes ausgegoſſen wurde.
Es war wichtig, daß gerade Petrus dieſe Erfahrung (an Cornelius) machte. K. 10. Er erkannte, daß Gott die Perſon nicht
anſieht, ἀλλ' ἐν παντὶ ἔϑνει ὁ φοβούμενος αὐτὸν καὶ ἐργαζόμενος
δικαιοσύνην δεκτὸς αὐτῷ ἐστίν (vgl. Joh. 3, 21). In der That,
wer Gott von Herzen ſucht, der iſt damit noch nicht wie er ſein
ſoll, aber Gott ſendet ihm zur rechten Zeit einen Petrus, um ihn
weiter zu führen.

Um jene Zeit bildete ſich in Antiochia eine Gemeinde aus
Heidenchriſten (der Name Chriſten entſtand eben dort). Von
Jeruſalem aus wurde Barnabas hingeſandt, und dieſer holte
Paulus von Tarſus nach Antiochia, damit er mit ihm in der neuen
Gemeinde wirke. K. 11, 13 ff. Dies geſchah im Jahre 44. Auch
erhob ſich eine neue Verfolgung durch Herodes Agrippa I., K. 12,
in der Jakobus der Ältere, der Bruder Johannis, enthauptet
wurde. Petrus aber wurde durch einen Engel errettet.

§. 88.

Nach einjähriger Wirkſamkeit in Antiochia machten Paulus
und Barnabas ihre erſte Miſſionsreiſe (45); Kap. 13 und 14.
Markus begleitete ſie. Sie kamen nach Salamis und Paphos auf
Cypern (der Zauberer Bar Jehu; Sergius Paulus). Von Cypern
wandten ſie ſich nach Perge in Pamphylien, dann nach Antiochia
in Piſidien, wo die Juden widerſprachen und läſterten, vgl. 13, 46;
Ikonien, Lyſtra (die Heilung eines Lahmen und der Götterglaube

rer Heiden, 14, 6 ff.) und Derbe. Darauf kehrten sie zurück, ordneten in den neuen Gemeinden Presbyter und kamen etwa 48 wieder nach ihrem Ausgangspunkte Antiochia zurück. Bericht über ihre Reise.

Nach einiger Zeit beriet man auf dem Apostelkonvent zu Jerusalem (gegen 50) über etwas, was schon durch die That entschieden war: ob die Heiden durch das Judentum hindurch zum Christentum kommen müßten. Die Reden des Petrus und Jakobus K. 15. Man forderte schließlich nur die Beobachtung der Noachischen Gebote, namentlich Enthaltung vom Götzendienst, von Unzucht, Ersticktem und Blut.

§. 89.

Zweite Missionsreise des Apostels Paulus, mit Silas und Lukas (im Jahre 50) K. 15, 36 ff., durch Syrien und Kleinasien, wo er die Gemeinden förderte. In Lystra nahm er noch den Timotheus mit. (Vergl. über diesen 2. Tim. 1, 5; 3, 15). In Troas rief den Paulus eine Vision nach Europa (K. 16, 12 ff. „Komm hernieder in Macedonien und hilf uns.“) In Philippi treibt er einen Wahrsagergeist (πνεῦμα Πύθωνος) aus und wird ins Gefängnis geworfen. Der Kerkermeister wird gläubig und mit allen Familiengliedern getauft. Darnach kommt Paulus (17, 1 ff.) nach Thessalonich und Beröa. Von dannen geht er nach Athen (17, 16). Er hält eine Rede vor dem Areopag knüpft dabei an die Inschrift ἀγνώστῳ θεῷ an und predigt ihnen den einen Gott über alle Götter, der, wiewohl ihn die weite Welt nicht faßt, doch nicht fern ist von einem jeglichen unter uns, denn schon Aratus zeugt durch sein τοῦ γὰρ καὶ γένος ἐσμέν dafür, daß wir in ihm leben, weben und sind. — Die Erlösungsthat dieses Gottes fand jedoch nur bei etlichen Athenern Eingang. Von Athen kommt Paulus nach Korinth und wohnt bei Aquila und Priscilla (18, 1 ff.). Da die Juden widerstreben, spricht er: „Von nun an gehe ich rein (καθαρός) zu den Heiden.“ Von Korinth aus schrieb er auch zwei Briefe an die Thessalonicher.

Im 1. Briefe dankt Paulus für den Zustand der Gemeinde, ermahnt sie aber auch (K. 4) immer völliger zu werden in der

Heiligung, vornehmlich in der Keuschheit, Gerechtigkeit, Bruderliebe und Arbeit. „Ringet darnach, daß ihr stille seid und arbeitet mit u. s. w." (4, 11—12). Endlich belehrt er sie, daß bei der Auferstehung einst die Lebenden mit den auferstehenden Toten dem Herrn entgegenrücken werden in der Luft (Vergl. Lied 51, Vers 9). „Von den Zeiten aber und Stunden, lieben Brüder, ist nicht not, euch zu schreiben, denn . . !" (5, 1—2). „So lasset uns nun nicht schlafen, wie die andern, sondern lasset uns wachen und nüchtern sein." (5, 6). „Betet ohne Unterlaß, seid dankbar in allen Dingen, denn das ist der Wille Gottes in Christo Jesu an euch. Den Geist dämpfet nicht, die Weissagung verachtet nicht; prüfet aber alles und das Gute behaltet; meidet allen bösen Schein. Er aber, der Gott des Friedens, heilige euch durch und durch . . , wirds auch thun." 5, 23—24.

Der 2. Thessalonicherbrief. Die Gemeinde war durch den ersten Brief getröstet worden. Aber einige grübelten noch über die Stunde des Wiederkommens Christi und zeigten einen un= echten Brief Pauli vor, in welchem die Wiederkunft Christi als nahe geschildert wurde. Aber Paulus sagt ihnen jetzt, sie sollten nicht glauben, daß jener Tag so nahe sei: „Er kommt nicht, es sei denn, daß zuvor der Abfall komme und geoffenbaret werde der Mensch der Sünde, das Kind des Verderbens, der da ist ein Widerwärtiger . . . . er sei Gott." (2, 3—4). Noch zwar wird das antichristliche Verderben aufgehalten, aber einst „wird Gott ihnen kräftige Irrtümer senden, daß sie glauben der Lüge . . . . Ungerechtigkeit." (2, 11—12).

Nach einem 1 ¼ jährigen Aufenthalt in Korinth kehrte er über Ephesus um 54 nach Jerusalem zurück (Gelübde).

§. 90.

Schon nach kurzer Zeit trat Paulus seine **dritte Reise** an (19, 1 ff.). Lukas, Titus und Timotheus gingen mit ihm. In Ephesus blieb er über zwei Jahre, zum reichen Segen für die ganze Gegend. Der Goldschmied Demetrius.

In der langen Zeit dieses Aufenthalts schrieb Paulus den Brief an die Galater und den ersten Brief an die Korinther.

Galaterbrief. Bald hatten die Galater das Heil angenommen, aber eben so bald waren sie durch falsche Lehre irre gemacht. Judaistische Lehrer hatten die Beschneidung und allerlei Gesetzeswerk hoch gepriesen und das Ansehen Pauli herabgesetzt.

1. Paulus nennt sich im Eingang einen Apostel, „nicht von Menschen, noch durch (einen) Menschen, sondern durch Jesum Christ und Gott den Vater." „Er hat das Evangelium von keinem Menschen empfangen noch gelernt, sondern durch die Offenbarung Jesu Christi" (auf dem Wege nach Damaskus). Auch von den Säulenaposteln wurde er als Heidenapostel anerkannt und scheute sich nicht, offen gegen Petrus zu reden, als dieser in jüdische Satzungen zurückgefallen war. (2, 11 ff.) Zum Thema übergehend, sagt er: „Durch des Gesetzes Werke wird kein Fleisch gerecht." (2, 16). „Ich bin aber durchs Gesetz dem Gesetz gestorben, auf daß ich Gott lebe, ich bin mit Christo gekreuziget. Ich lebe aber, doch nun nicht ich, sondern Christus lebet in mir, denn . . . . . dargegebenen. Ich werfe nicht weg die Gnade Gottes, denn so durch das Gesetz . . . . gestorben. 2, 19—21.

2. Die Schrift legt schon bei Abraham allen Nachdruck auf den Glauben. Und was das Gesetz betrifft, welches sagt: „Verflucht sei jedermann, der . . . . thue," so wird durch dasselbe kein Mensch gerecht; „der Gerechte aus seinem Glauben wird leben." (3, 11. Habak. 2, 4). Es kann die Verheißung nicht aufheben und ist nur dazugekommen als Erziehungsanstalt. „Das Gesetz ist unser Zuchtmeister gewesen auf Christum, daß wir durch den Glauben gerecht würden." (3, 24). „Nun aber der Glaube gekommen ist, sind wir nicht mehr unter dem Zuchtmeister." Denn ihr seid alle Gottes Kinder durch . . . . denn wie viele euer getauft sind, die haben Christum angezogen. Hier ist kein Jude noch Grieche . . . . allzumal einer in Christo Jesu." 3, 25—28.

3. Die Gläubigen des A. B. waren wie unmündige Kinder, den Knechten gleich, dienstbar den Anfangsgründen der Welt. „Da aber die Zeit erfüllet war, sandte Gott . . . . . Kindschaft empfingen (4, 4—5). So besteht nun in der Freiheit, damit uns Christus befreit hat" (5, 1). „Ihr seid zur Freiheit berufen, allein sehet zu, daß ihr durch die Freiheit dem Fleisch nicht

Raum gebet, sondern durch die Liebe diene einer dem andern."
(5, 13.) „Ich sage aber: Wandelt im Geist, so . . . ." (5, 16—17).
„Die Frucht aber des Geistes ist Liebe, Freude, Friede, Geduld
. . . . die kreuzigen ihr Fleisch samt den Lüsten und Begierden."
(5, 22—24).

Der 1. Korintherbrief. Das Sittenverderben im heidnischen Korinth war sehr groß. Doch gewannen Paulus und Apollos
viele dem Christentum. Allein unter den Christen brachen bald
Spaltungen aus; es entstanden vier Parteien, welche sich nach
Paulus, Apollos, Petrus und Christus benannten. Darüber
schwand die Liebe der Gläubigen unter einander, auch die christliche Sitte verlor an Strenge. Man brachte Rechtshändel vor
die heidnischen Gerichte. In der Feier des heiligen Abendmahls
und im Gebrauche der Geistesgaben fehlte es an der guten Ordnung. Einige hatten sich von den Zweifeln an der Auferstehung
der Toten noch nicht freimachen können.

Nach dem Eingange (1, 1—9), redet der Apostel zuerst von
dem Hochmut der Parteien (1, 10 bis 4, 21). Das Evangelium fordert vielmehr Demut, denn es ist selbst gering, und
seine Bekenner sind gering vor der Welt, obwohl reich in Gott
(1, 20—31) auch wird es in unscheinbarer Form verkündigt
(2, 1—16), und seine Herrlichkeit ist verborgen. — Die Spaltung
je nach den Lehrern beweist die Unreife der Christen. Alle jene
Lehrer haben den gleichen Grund gelegt. „Einen andern Grund
kann niemand . . . . 3, 11. Was aber darauf gebaut ist,
muß die Feuerprobe bestehen. Darum rühme sich niemand
eines Menschen, verachte aber auch keiner die Lehrer, „denn
sie sind Christi Diener und Haushalter über Gottes Geheimnisse." (4, 1.)

— Vom christlichen Leben. Der Blutschänder wird aus
der Gemeinde ausgeschlossen, 5, 1—5. Die Rechtshändel sollen
von den Christen geschlichtet werden. (6, 1 ff.) Warnung vor
Unkeuschheit. „Wisset ihr nicht, daß euer Leib ein Tempel . . ."
(6, 19). Von der Ehe lehrt P., daß das Weib sich nicht scheide
vom Manne; so sie sich aber scheide, solle sie ohne Ehe bleiben.
Wenn ein Heide sich von seinem christlichen Weibe scheiden wolle,

so möge man ihn gehen lassen, er solle weder abgestoßen, noch
zurückgehalten werden. Überhaupt bleibe jeder in dem Berufe,
darin er (zum Glauben) berufen ist (7, 20). Vom Götzen-
opfer und Tragen der Schwachen. 8, 4—6; 13. Von der
Einsetzung und Feier des Abendmahls, vom unwürdigen
Genuß desselben. 11, 17—34. — Die Gnadengaben, Cha-
rismen, sind verschieden, ebenso die Ämter, aber sie kommen von
dem einem Herrn und sind bestimmt zum gemeinen Nutzen. Die
Gläubigen sind der Leib Christi und untereinander Glieder (K. 12).
Die Liebe ist das beste Charisma. „Wenn ich mit Menschen-
und Engelzungen redete . . . ." (13, 1—18). Von den übrigen
Gaben ist die Weissagung, die begeisterte Verkündigung der Geheimnisse Gottes vorzüglicher zur Erbauung, als das Zungenreden,
welches erst durch Auslegung allen nützlich wird. Alles aber soll
in Ordnung geschehen, „denn Gott ist nicht ein Gott der Unord-
nung, sondern des Friedens." — Die Auferstehung der Toten ist gewiß, weil Christus auferstanden ist. 15, 1—8. „Ist
Christus aber nicht auferstanden, so ist euer Glaube eitel, so seid
ihr noch in euern Sünden. So sind auch die, so . . . . elende-
sten unter allen Menschen." (15, 17—19.) Nun aber, „wie
sie in Adam alle sterben, also werden sie in Christo alle lebendig
gemacht." (15, 22.) Diese endliche Vollendung geschieht in bestimmter Ordnung und in verschiedener Art und Klarheit. „Der
Tod ist verschlungen in den Sieg. Tod, wo ist dein Stachel?
Hölle, wo ist dein Sieg? (15, 55.) — Schluß: Kollekte

Von Ephesus sandte er den Titus nach Korinth, ging dann
selbst nach Macedonien und Griechenland. In Macedonien traf
ihn Titus, und seine Mitteilungen aus Korinth veranlaßten Paulus,
den 2. Brief an die Korinther zu schreiben. Später kam er
selbst wieder nach Korinth und schrieb dort den Brief an die
Römer.

Der 2. Korintherbrief. Er ist aus vielen Trübsalen
heraus geschrieben. Paulus verteidigt sich gegen den Vorwurf
der Unzuverlässigkeit, 1, 17 und wegen des harten Tones des
1. Briefes (2, 4; 7, 8); spricht auch von der Wiederaufnahme
des reuigen Sünders. Darnach beschreibt er I. Kap. 3—4: die

Herrlichkeit seines Amtes. Es ist ein Amt des Geistes und nicht des Buchstabens (3, 6: der Buchstabe tötet u. s. w.); es ist ein Amt der Klarheit und Freiheit (3, 17). Die Diener des Evangeliums „haben aber solchen Schatz in irdischen Gefäßen, auf daß . . ." 4, 7. Wir haben allenthalben Trübsal . . . aber wir verzagen nicht. Wir leiden Verfolgung . . . . . 4, 8—10. Aber der Apostel wird nicht müde, „sondern, ob unser äußerlicher Mensch verweset, so . . ." Denn unsre Trübsal, die zeitlich und leicht ist, schaffet eine ewige und über alle Maßen wichtige Herrlichkeit uns, die wir nicht sehen auf das Sichtbare, sondern auf das Unsicht-bare. Denn was sichtbar ist . . . 4, 16—18. II. Wohl sehnet sich der Apostel nach der Behausung, die vom Himmel ist, aber er weiß doch, daß er auch im irdischen Leibe dem Herrn lebt. Und unterdessen, spricht er, fleißigen wir uns auch, wir sind da-heim oder wallen, daß wir ihm wohlgefallen. Darum ermahnt er denn weiter, in Christo eine neue Kreatur zu werden (5, 17) und das Amt der Versöhnung anzunehmen (5, 20), im Apostel ein Vorbild in Kämpfen und Leiden zu sehen (6, 1—10), sich loszu-sagen von den Ungläubigen in Heiligkeit und Gerechtigkeit (6, 14 ff. 7, 1—16), in Wohlthun an den Brüdern. 8, 1—25; 9, 1—15. Im III. Teil kommt er wieder auf die Vorwürfe der Feinde in Korinth zurück und gründet seine Zuversicht auf seine Thaten und Leiden, 11, 21 ff., „so ich mich je rühmen will, will ich mich meiner Schwachheit rühmen," und auf die ihm zu teil gewor-benen Offenbarungen Christi. 12, 1—10.

Römerbrief.

Die römische Gemeinde, wahrscheinlich ohne bestimmte Mit-wirkung eines Apostels entstanden, bestand aus Juden- und Hei-denchristen. Das Thema des Briefes Pauli an sie ist (1, 16), daß „das Evangelium eine Kraft Gottes (ist), selig zu machen alle, die daran glauben, die Juden (zuerst) und auch die Griechen.

I. Abhandelnder Teil. Kap. 1—11. Die Glaubens-gerechtigkeit ist notwendig a) für die Heiden (1, 18—32). Obwohl sie aus der Schöpfung Gott erkennen konnten (1, 19—20), sind sie doch in Eitelkeit, Abgötterei und Schande geraten. b) Für die Juden. Diese haben zwar das mosaische Gesetz, aber manche Heiden (2, 14) haben auch ein Gesetz, das des Gewissens, als Stellvertretung; so daß das Gesetz nichts hilft, wenn es nicht befolgt oder nur äußerlich beobachtet wird (2, 17 ff. 28—29). Allerdings haben die Juden den Vorteil, Träger der göttlichen Offenbarung zu sein (3, 2), und daß nicht alle ihr mit Glauben entgegenkommen, hebt Gottes Gnade nicht auf. Aber schließlich sind doch alle, Juden und Heiden, Sünder vor Gott. „Sie mangeln des Ruhms, den wir . . . (3, 23) und werden ohne Verdienst gerecht aus seiner Gnade durch die Erlösung, so durch Christum Jesum geschehen ist."

Hiermit geht Paulus zum Wesen der Glaubensgerechtigkeit über. 3, 22—5, 21. Diese in der Erlösung geschenkte Gerechtigkeit stimmt auch mit dem A. T.; wie ja auch dem Abraham sein Glaube als Gerechtigkeit gerechnet wurde. Der Friede mit Gott (5, 1) ist ein wesentliches Stück der Rechtfertigung aus dem Glauben; er besteht auch in der Trübsal. Wie nun Unfriede und Tod durch einen Menschen in die Welt gekommen ist, so ist durch den einen Christus die Rechtfertigung des Lebens über alle Menschen gekommen. 5, 12—19.

Die Wirkungen der Glaubensgerechtigkeit zeigen sich (Kap. 6—8), 1, in der Heiligung. 6, 4. So sind wir je mit ihm begraben durch die Taufe in den Tod, auf daß, gleichwie Christus ist auferweckt . . . . in einem neuen Leben wandeln. Dies neue Leben ist nicht das Leben unter dem Gesetz, sondern unter der Gnade. 6, 14—7, 6. Freilich „das Gesetz ist ja heilig und das Gebot heilig, recht und gut." 7, 12. Aber am Gesetz hat die Sünde, die im Menschen wohnt, einen Anlaß. Der Mensch tritt in einen Zustand des Kampfes ein. Selbst der, welcher den Anfang eines neuen Lebens gemacht hat, empfindet den Widerstreit in sich. Sein inwendiger Mensch hat Lust am Gesetz, aber das Gesetz in seinen Gliedern nimmt ihn gefangen in der Sünde Gesetz, so daß er ausruft: Ich elender Mensch, wer wird mich erlösen vom Leibe dieses Todes. Und doch, wenn ihn Christus erlöset hat, ist nichts Verdammliches mehr in ihm, das geistige Wesen wird in ihm mächtig, und so empfindet er 2. die Seligkeit des neuen Lebens (8, 12—39), die Kindschaft Gottes, freilich eine Seligkeit in Hoffnung, 8, 24. „Wir wissen aber, daß denen, die Gott lieben, alle Dinge zum Besten dienen, die nach dem Vorsatz berufen sind. Denn welche er zuvor versehen hat, die hat er auch verordnet, ... die hat er auch herrlich gemacht. 8, 28—30. Ist Gott für uns, wer mag wider uns sein? welcher auch seines eigenen Sohnes nicht hat verschonet ... alles schenken? 8, 31—32. Ich bin gewiß, daß weder Tod noch Leben, weder Engel noch Fürstentum noch Gewalt, weder Gegenwärtiges noch Zukünftiges, weder Hohes noch Tiefes, noch keine andre Kreatur mag uns scheiden von der Liebe Gottes, die in Christo Jesu ist, unserm Herrn." 8, 38—39.

Ihren Grund hat die Glaubensgerechtigkeit allein im Willen Gottes und in den Gesetzen seiner Offenbarung. Schon im A. T. band sich Gott nicht an Rücksichten, wie z. B. Erstgeburt, und wenn nun die Juden so zurückgestellt werden, so ist die Schuld doch bei diesen selbst. Denn sie haben die gesetzliche Gerechtigkeit gewollt, aber Christus ist des Gesetzes Ende. 10, 1—4. Indes giebt es noch einen Trost für Israel. Wenn die Fülle der Heiden eingegangen, wird Israel selig. 11, 25—26.

II. Der ermahnende (paränetische) Teil. K. 12—15, 14. Der Glaube führt: zu einem christlichen Wandel, 12, 1. 2, namentlich zur Demut 3—8, zur Liebe 9—16, auch der Feinde, 12, 17—21, zum Gehorsam gegen die Obrigkeit 13, 1—10, zur Wachsamkeit und Mäßigkeit 13, 11—14; dann besonders zum Tragen der Schwachen 14, 1—23. 15, 1—13.

Darnach finden wir Paulus wieder in Troas (Eutyches), in Milet, wo er von den Ältesten der ephesinischen Gemeinde mit rührenden Worten Abschied nimmt, Kap. 20; dann in Cäsarea (Agabus). In Jerusalem will ihn der aufgeregte Pöbel töten (K. 21), es bildet sich eine Verschwörung gegen ihn; der römische Tribun läßt ihn nach Cäsarea bringen. Die Procuratoren Felix und Festus, sowie Agrippa II. finden ihn nicht schuldig. Da aber Paulus an den Kaiser appelliert hatte, so schickte Festus den Apostel nach Rom (K. 27), wo er um 61 anlangte. Man verstattete ihm anfangs viele Freiheit. Er schrieb in dieser Zeit die Briefe an die

Ephefer und die Kolosser, an die Philipper und an den Philemon. Wahrscheinlich wurde er im Jahre 64 hingerichtet.

§. 91.

Von Petri Thätigkeit in der Diaspora ist wenig bekannt. In Antiochia wurde er einmal (Gal. 2, 12) aus Menschenfurcht ver- leitet, seine christliche Freiheit an Menschensatzungen preiszugeben, von Paulus ermahnt und bald zurecht gebracht. Später wirkte er nach 1. Petri 5, 13 in Parthien (Babylon). Ob er in Rom ge- wesen sei, steht dahin; jedenfalls ist die Meinung von seinem Mär- tyrertode in Rom (unter Nero) stark verbreitet gewesen und hat nichts Widersprechendes. Die beiden Briefe Petri sind nicht an einzelne Gemeinden, aber doch vorzugsweise an kleinasiatische gerichtet. Sie heißen, wie der des Jakobus, Judas (und die drei des Johannes) katholische.

Jakobus der Jüngere beobachtete besonders gewissenhaft die jüdischen Gesetze (daher ὁ δίκαιος), ohne daß seine christliche Predigt wesentlich von der paulinischen abgewichen wäre. Der Grundgedanke seines Briefes ist die Warnung vor dem toten Glauben. Weil Jakobus seinem Herrn Christo nicht fluchen wollte, stürzten ihn die Ju- den am Osterfest (62) von der Zinne des Tempels und steinigten ihn.

Johannes ging, wahrscheinlich nachdem Paulus diese Gegen- den schon verlassen hatte, nach Kleinasien (Ephesus). Nach der Überlieferung wurde er auf die Insel Patmos im Archipelagos ver- bannt. Nach seiner Rückkehr soll er noch gegen 30 Jahre in Ephesus und Kleinasien gelehrt haben. In diese Zeit fällt dann die Abfassung seines Evangeliums und seiner Briefe. Er starb in hohem Alter, Liebe predigend bis an sein Ende.

Zusatz 1. Die neutestamentlichen Schriften. Wäh- rend der Herr selbst nur mündlich lehrte, fingen die Apostel schon bald an, auch durch Schrift für das Reich Gottes zu wirken; zunächst in der (natürlichsten) Form des Briefes, dann aber auch durch die historische Darstellung des Lebens Jesu und der Ent- wicklung der Kirche (von Jerusalem bis Rom). Aus der Menge von Schriften, welche nach und nach auf diesem Gebiet entstanden, bezeichnete man mit immer größerer Klarheit und Einstimmigkeit eine Anzahl als maßgebende, durch apostolischen Ursprung und Reinheit der Lehre hervorragende Urkunden und nannte diese Sammlung Kanon (im Gegensatz zu den Apokryphen sowohl als zu den Schriften der sogenannten apostolischen Väter 2c.) Der neutestamentliche Kanon bildet mit dem alttestamentlichen, dessen Erklärung, Erfüllung und Verklärung er enthält, die heilige Schrift, das Wort Gottes. Die heiligen Männer Gottes haben geredet, getrieben von dem heiligen Geist, 2. Petri 1, 21; vgl. Mt. 10, 20; Joh. 14, 26: derselbe wird es euch alles lehren" u. s. w.; Joh. 16, 13; „in alle Wahrheit leiten." 1. Kor. 2, 10—13. Die Inspiration vernichtet nicht die menschliche Eigentümlichkeit . des Schreibenden — so daß dieser bloß Werkzeug, calamus Dei wäre — sondern durchleuchtet, bewahrt und veredelt dieselbe. Auf diesem Umstande beruht es, daß man von jeher in der christlichen Kirche bald von diesem, bald von jenem Buche der heiligen Schrift mehr angezogen wurde; vgl. Luthers öfters einseitig ausgesprochene Würdigung der einzelnen Schriften des N. T. z. B. des Briefs Jacobi und der Offenbarung Johannis. Es muß aber gefordert werden, daß wir uns in die ganze heilige Schrift mit Treue und Wahrhaftigkeit hineinleben und so die verschiedenen Individualitäten, welche sich eben ergänzen sollen, auf uns wirken lassen. Auch kommen die Eigenschaften der (religiösen) Genugsamkeit und Vollkommenheit im strengsten Sinn nur dem Ganzen als solchem zu.

Zusatz 2. Die Sprache des N. T. ist die griechische, dem Ev. Mt. indes liegt wohl ein (verlornes) aramäisches Original zu grunde. In dem Griechischen des N. T. ist natürlich zu den altgriechischen Elementen das sogenannte Macedonische und anderes Mundartliche getreten, in welchem auch die Septuaginta geschrieben war. Manche sprachliche Eigentümlichkeit mußte auch durch den neuen Inhalt hervorgerufen werden ($\tau\alpha\pi\epsilon\iota\nu\acute{o}\varsigma$). Die ältesten Handschriften (Alexandrinus, Vaticanus und Sinaiticus) gehen bis zum 5. und 4. Jahrhundert zurück. Die älteste syrische Übersetzung, die Peschito, entstand um 200, die gotische des Ulfilas um 350, die lateinische Vulgata des Hieronymus um 400.

Die älteste Schrift des N. T. ist der erste Brief Pauli an die
Thessalonicher, §. 89. Die 3 Briefe an Timotheus und Titus
heißen Pastoralbriefe. Die Reihenfolge der Paulinischen Briefe
nach der Zeit ist im allgemeinen wohl zu bestimmen, siehe §§. 99 ff.,
im einzelnen ist mehreres doch nicht sicher, weil die Apostelgeschichte das Leben Pauli nicht so genau erzählt, daß man die Chro-
nologie überall feststellen könnte.

Von den nicht Paulinischen Briefen, welche, den Hebräerbrief
nicht mitgerechnet, seit alten Zeiten „katholische" heißen, ist der
des Jacobus der früheste, ein judenchristliches einfaches Zeugnis,
von aller tiefen Spekulation abgewandt. Die Worte Jesu werden
oft herbeigezogen, so 1, 17 (vgl. Mt. 7, 11), 1, 22. 25; 2, 8;
2, 13; 3, 12; 5, 2, 3, 12. 15. Reuß, Geschichte §. 143.

Der erste Brief Petri, noch wohl vor der Zerstörung Jerusalems geschrieben, berührt sich mit einigen Briefen Pauli; er ist
reich an mächtigen Ermahnungen.

Die 3 Briefe Johannis. Der erste und reichste ist eine wunderbare Verbindung von Lehre und Ermahnung, auf die Zustände
der Wirklichkeit überall Rücksicht nehmend, auch Irrtümer be-
kämpfend (Doketismus 4, 1 ff.). Der Verf. nennt seinen Namen
nicht, ist aber mit dem des Evang. Johannis wohl ein und derselbe.
(Bei Euseb. 7, 25 sagt Dionys. Alex. συνᾴδουσιν ἀλλήλοις τὸ
εὐαγγέλιον καὶ ἡ ἐπιστολή, vgl. die charakteristischen Ausdrücke
ἀλήθεια, ζωή, φῶς, μένειν ἐν, εἶναι ἐκ, ὁρᾶν, γιγνώσκειν, τιθέ-
ναι ψυχήν.) Der zweite Brief Johannis ist ein Handschreiben an
eine Christin Kyria, auch der 3. ist ein Gelegenheitsschreiben an
einen Gajus über Gastfreundschaft.

Der Brief Judä (ein Kapitel) ist eine Warnung vor Verführ-
rern, die sonst nicht bekannt sind. Es findet sich ein Citat aus
einem apokryphischen jüdischen Buche Henoch und eine Stelle über
den Fall von Engeln.

Der Brief an die Hebräer, (d. h. die Juden überhaupt, ohne
Rücksicht auf ihren Wohnort) wurde ohne Grund dem Apostel Paulus zugeschrieben. In dem Brief wird das Christliche mit dem
Mosaischen verglichen, Christus ist ein besserer Hoherpriester, als
die alten. (7, 26 ff.) Die dem Volke diesseits nie zu teil ge-

worbene Sabbathruhe winkt dem Volke Gottes von der Höhe eines
neuen Zion (4, 9 ff.), wo der Hohepriester schon jetzt sein ewiges
Opfer ins Heiligtum bringt. Die Zeit war voll drohender Ge=
richte, wie es scheint.

Die **Apokalypse** entstand unter dem Eindruck der Verfol=
gungen, welche Nero über die Christen verhängte. Die meisten
Judenchristen sahen einer Krisis entgegen, welche mit der Läuterung
Jerusalems und Roms Untergang beginnen, mit Christi Wieder=
kunft, der Auferstehung der Toten und dem Weltgerichte endigen
sollte. Die Apokalypse ist der Spiegel der Zukunft des Herrn;
Gottes Gnade läßt den Seher einen Blick in das Buch der Zu=
kunft thun, die Siegel fallen und jedes bringt eine schmerzliche
Prüfung der Gläubigen für die nächste Zeit. Nach dem 6. Sie=
gel werden sie selber besiegelt mit dem Namen Gottes zum Schutze
gegen jede weitere Gefährde. Rom fällt endlich durch seinen
wiederkehrenden antichristlichen Imperator, dieser durch den Mes=
sias; der Teufel wird im Abgrunde gefesselt auf tausend Jahre,
während welcher Zeit die im Tode bewährten Gläubigen den Vor=
schmack der Seligkeit genießen. Dann kommt der Satan noch
einmal auf kurze Zeit los und wird in den Feuerpfuhl gestürzt.
Es folgt Auferstehung, Gericht und die Herrlichkeit im obern Je=
rusalem.

Die **historischen Bücher des N. T.**
Die 4 Evangelien. Die 3 ersten Evangelisten stehen sich näher
in Bezug auf Inhalt und Folge der Erzählungen, daher Synopti=
ker genannt. Die Übereinstimmung der Evangelien zugleich mit
ihrer merklichen Verschiedenheit zu erklären, hat man viele Versuche
gemacht, um aus einem „Urevangelium" und unter Annahme der
Benutzung des einen Evangelisten durch den andern, von Separat=Er=
zählungen re. eine Geschichte des Evangelientextes zu gewinnen. Es
ist nötig, eine mündliche Überlieferung von den großen Thaten und
Reden Jesu an die Spitze zu stellen. Die öftere Wiederholung die=
ser Erzählungen mußte (bei der Natur der Orientalen besonders)
eine stereotype Form derselben erzeugen. Bis diese mündliche Dar=

stellung durch die Schrift fixiert wurde, mußte sie schon vieles von
ihrer ursprünglichen Genauigkeit verlieren. Aber die Aufzeichnung
der noch in der Erinnerung lebenden Erzählungen war desto mehr
Bedürfnis Sie begann schon vor der Zerstörung Jerusalems, ohne
daß diese Anfänge der Evangelienlitteratur einen officiellen Charakter
gehabt hätten. Allmählich zog man die vollständigeren unter den
etwa umlaufenden Aufzeichnungen vor. So verdrängten zunächst die
3 synoptischen Evangelien die kleineren Aufzeichnungen; daß übrigens
von jenen das Markus-Evangelium das älteste gewesen, läßt sich
kaum bezweifeln.

Matthäus berücksichtigt besonders die Bedürfnisse der Judenchristen und
citiert das A. T. am meisten (75 mal), Christus erscheint in vollem Zusammen-
hange mit dem Volke Israel (Mt. 1. Stammbaum bis Abraham). Markus
(Apgsch. 12, 12, mit Barnabas verwandt, ein Begleiter des Paulus, darnach
ein ἑρμηνευτὴς Πέτρου) schrieb sein Evangelium unter Mitwirkung des Petrus.
Er erzählt meist nur die Thatsachen, oft in großer Anschaulichkeit (1, 13. 20;
3, 5. 17). Wahrscheinlich schrieb er in Rom, vgl. σπεκουλάτωρ 6, 27; κεν-
τυρίων, 15, 39; κῆνσος (12, 14), τῷ ὄχλῳ τὸ ἱκανὸν ποιῆσαι (15, 15). —
Lukas, Kol. 4, 14; 2. Tim. 4, 11; ein Arzt griechischer Herkunft, ein Freund
Pauli (vgl. die Wirpartieen der Apgsch. 16, 10—17; 20, 5—15 ꝛc.). Sein
Evangelium hat etwas Paulinisches und preist besonders die freie Sünderliebe
Jesu, K. 15.

Johannes (13, 23; 19, 26) war anfänglich ein Eiferer (Marc. 3, 17;
Luc. 9, 54), aber das Evangelium wandelte ihn um. Er hebt besonders das
hervor, was die Person Jesu angeht, alle längeren Reden über die Natur des
Herrn, die den Mitjüngern nicht so zum Verständnis gekommen waren (das
pneumatische Evangelium). Das 4. Evangelium wurde in der neueren Zeit
von einigen Kritikern als ein untergeschobenes, viel späteres Werk angesehen.

Die Apostelgeschichte giebt im ersten Teil eine Darstellung der Wirksamkeit Petri und im zweiten eine Darstellung der Missionswirksamkeit Pauli.
1. Reise mit Barnabas durch Cypern nach Antiochien in Pisidien, Lystra, Derbe,
und zurück, K. 13—14. Dann Apostel-Konvent, K. 15. 2. Reise durch Kleinasien nach Troas, dann nach Europa (Macedonien, Philippi, Thessalonich,
Beröa, Athen, Korinth. Rückweg über Ephesus nach Jerusalem, K. 16—18.
3. Reise nach Ephesus, Macedonien, Griechenland, wieder nach Macedonien,
Troas, Milet (Abschied von den ephesinischen Presbytern), K. 20. Reise nach
Jerusalem und Gefangennehmung. Reise nach Rom, 27—28.

V. Die Kirchengeschichte.

---

§. 92.

Alte Kirchengeschichte.

A. Aus der Zeit vom Tode der Apostel bis zu Constantin.

Die apostolischen Väter. So heißen als Zeitgenossen der Apostel eine Anzahl kirchlicher Schriftsteller, welche bis gegen 150 lebten. Ihre Schriften sind meist praktisch und einbringlich, ohne viele Gelehrsamkeit, zum Teil durch allegorische Umdeutungen der heiligen Schrift entstellt.

1. Das Letztere gilt insonderheit von dem Briefe des Barnabas, der uns erkennen läßt, wie weit eine solche Auslegung abirren kann, wenn sie weder von der Erleuchtung des heiligen Geistes, noch von historischer Einsicht geleitet wird. Als Beispiel die 318 (I. H. T. 2 Zahlzeichen und Kreuz) Knechte des Abraham (Genes. 14, 14).

2. Hermas. Unter seinem Namen besitzen wir den ehemals sehr geschätzten ποιμήν (pastor). Das Buch ist ein Sittenspiegel, nicht ohne Verirrungen der Lehre; so heißt es III. 5, 3: si practer ea, quae mandavit dominus, aliquid boni adieceris, ·maiorem dignitatem tibi conquires et honoratior apud dominum eris, quam eras futurus.

3. Clemens (Romanus), wohl derselbe, den Paulus Phil. 4, 3 συνεργὸς ἐν κυρίῳ nennt: er war einer der frühesten Bischöfe von Rom, starb nach Eusebius im J. 101. Wir haben von ihm einen schönen Brief an die Korinther, in dem er sie zur Eintracht und zum Gehorsam gegen ihre Vorsteher (ἐπίσκοποι) ermahnt.

§. 93.

4. Ignatius ($\Theta\epsilon o\varphi\acute{o}\varrho o\varsigma$), der edelste unter den apostolischen Vätern, ein Schüler des Apostels Johannes, starb um 106 als Märtyrer in Rom. Der römische Kaiser Trajan[1]) kam einst nach Antiochien und ließ Ignatius vor sich kommen; nach einem kurzen Gespräch befahl er, ihn gebunden nach Rom zu bringen, damit er den wilden Tieren vorgeworfen würde. Auf dieser letzten Reise hatte Ignatius in Smyrna eine Unterredung mit Polykarp und schrieb Briefe an die Ephesèr, Römer u. A. Bald nach seiner Ankunft in Rom wurde er den wilden Tieren vorgeworfen. — Die Briefe des Ignatius haben hauptsächlich den Zweck, zur Abwehr falscher Lehrer den Gemeinden die völlige, gehorsame Vereinigung mit ihren Bischöfen zu empfehlen.

Aus dem Briefe an die Epheser:

Es ziemt euch, in aller Weise Jesum Christum zu verherrlichen, der euch herrlich gemacht hat, daß ihr im einigen Gehorsam feststeht und, dem Bischof und dem Presbyterium unterworfen, in allen Stücken geheiligt seid. Ich befehle euch nicht, als wäre ich etwas, sondern die Liebe drängt mich, euch zu ermahnen, daß ihr euch einigt mit den Bischöfen, wie sie eins sind in Christo

---

[1]) Trajan (98—117) war so erfüllt von der Herrlichkeit und politischen Notwendigkeit der heidnischen Staatsreligion, daß er in den christlichen Gemeinschaften nur verbotene Verbindungen sah. Doch suchte er die Christen, da von ihnen im Übrigen nur Gutes ausgesagt werden konnte, nicht gerade auf und schrieb in diesem Sinne an seinen Statthalter Plinius in Bithynien. Plinius schreibt u. A.: Affirmabant hanc fuisse summam vel culpae suae vel erroris, quod essent soliti stato die ante lucem convenire carmenque Christo quasi deo dicere secum invicem, seque sacramento non in scelus aliquod obstringere, sed ne furta, ne latrocinia, ne adulteria committerent, ne fidem fallerent, ne depositum appellati abnegarent, quibus peractis morem sibi discedendi fuisse rursusque coeundi ad capiendum cibum, promiscuum tamen et innoxium; quod ipsum facere desisse post edictum meum, quo secundum mandata tua hetaerias esse vetueram... Nihil aliud inveni quam superstitionem pravam immodicam. Neque civitates tantum, sed vicos etiam atque agros superstitionis istius contagio pervagata est etc. cf Plin. epp. 96. 97. Siehe auch Sueton. vita Claudii 25, Tacit. ann. 15, 44. Die erste Christenverfolgung hatte unter Nero stattgefunden. 64. (Feuersbrunst.) Domitian (81—96) war den Christen auch feind. Nerva schützte die Christen gegen das heidnische abergläubische Volk, doch blieb das Christentum eine religio illicita, während das Judentum geduldet war.

und Christus mit Gott. Wenn ein Vater jemand schickt, seine Familie zu regieren, so muß derselbe gerade so aufgenommen werden, als der, der ihn schickt; es ist also klar, daß ihr den Bischof ansehen müßt, als den Herrn selbst u. s. w.

Aus dem Briefe an die Römer:

Lange habe ich von Gott erfleht, euer würdiges Angesicht zu sehen, nun habe ich außerdem noch dies von Gott erhalten, daß ich euch als ein Gebundener Christi sehe. Eins nur fürchte ich, daß nämlich eure Liebe mir Schaden thue, indem sie mich retten will. Laßt mich nur der wilden Tiere Speise sein, σῖτός εἰμι θεοῦ, καὶ δι ὀδόντων θηρίων ἀλήθωμαι, ἵνα καθαρὸς ἄρτος εὑρεθῶ τοῦ χριστοῦ. Von Syrien bis Rom kämpfe ich schon mit wilden Tieren, an zehn Leoparden gefesselt (die Soldaten meine ich), die durch Wohlthun nur noch schlimmer werden. Ich lerne durch ihre Bosheit, aber dadurch bin ich nicht gerechtfertigt (1. Cor. 4, 4). Wenn mich die Tiere in Rom nur bald töten, und nicht, wie es zuweilen vorgekommen, mich scheuen. Ich will sie dann selbst reizen und sie zwingen. Denn Sterben ist mein Gewinn, meine Sehnsucht nach der Welt ist erstorben, meine Liebe hängt am Kreuz u. s. w.

§. 94.

5. **Polykarp,** Bischof von Smyrna, starb 155 unter Antoninus zu Smyrna auf dem Scheiterhaufen. Wir haben einen schönen Brief an die Philipper von ihm.

Aus dem Bericht der Gemeinde zu Smyrna über den Tod Polykarps und seiner Genossen stehe hier folgendes:

Ein alter Mann Germanicus wurde vom Proconsul ermahnt, den Herrn zu verleugnen, aber er reizte das wilde Tier vielmehr, um desto schneller aus dem ungerechten Leben hier unten befreit zu werden. Der Pöbel wurde wütend und forderte den Tod Polykarps, der solche hartnäckige Schwärmer erzogen habe. Der Statthalter sprach: Bedenke dein hohes Alter, schwöre beim Kaiser und fluche Christo, so lasse ich dich los. Aber P. sprach: „Ich diene ihm nun 86 Jahre, und er hat mir nie etwas zu Leibe gethan; wie kann ich meinem Könige fluchen, der mich selig gemacht hat!" Der Statthalter rief nach einigen vergeblichen Versuchen, ihn zu beugen: Ich habe wilde Tiere, denen ich dich vorwerfen will, wenn du nicht andern Sinnes wirst. P. erwiderte: Laß sie kommen, denn es ist ein Glück, vom Bösen zum Gerechten überzugehen. Und als der Statthalter mit dem Feuer drohte, erinnerte der Märtyrer an das ewige Feuer. Der Heide wunderte sich über den standhaften Mann. Aber die Schar der Heiden und Juden rief wütend, man solle ihn lebendig verbrennen. Freudig zog der Märtyrer seine Kleider aus. Als man ihn annageln wollte, sprach er: Laßt mich nur so, denn der mir Kraft giebt, das Feuer zu ertragen, wird mir auch verleihen, unbeweglich auf dem Scheiterhaufen zu steben, ohne eure Nägel. So wurde er nur an den Pfahl gebunden. Nachdem er ein kurzes Gebet gesprochen, zündete man den Holzstoß an, aber das Feuer schien ihn verschonen zu wollen. Da durchbohrte man den edlen Greis mit einem Dolche. Die Gemeinde sammelte die irdischen Überreste ihres Bischofs und beging seinen Todestag als seinen Geburtstag für das wahrhafte Leben.

6. **Papias**, Bischof von Hierapolis in Phrygien: es sind von ihm nur noch Fragmente von Reden des Herrn übrig, die er nach mündlicher Überlieferung aufgeschrieben hatte.

§. 95.

Die ersten Apologeten. Die Heiden suchten das Christen= tum nicht bloß mit Gewalt zu vernichten, sondern es auch durch Schriften als Thorheit und Schwärmerei darzustellen. Gegen beide Verfahrungsweisen richtete sich die apologetische Thätigkeit der Kirche.

Justin der Philosoph und Märtyrer (geb. um 89, gest. 165) aus Sichem in Samarien, wurde zuerst einem stoischen Phi= losophen zugeführt; derselbe wußte ihm von Gott nichts zu sagen und legte auf diese Erkenntnis keinen Wert; ein Peripatetiker stieß ihn durch Geiz ab; ein berühmter Pythagoreer forderte eine weitläufige Vorbildung von ihm. Erst ein Neu=Platoniker fesselte ihn durch die Ideenlehre. Spaziergang am Meer; ein ehrwürdiger Greis redete ihm zu: φιλόλογος τις εἶ σύ, φιλεργὸς δὲ οὐδαμῶς οὐδὲ φιλαλήθης, οὐδὲ πειρᾷ πρακτικὸς εἶναι μᾶλλον ἢ σοφιστής. Der Greis zeigt, wie wenig die bloße Philosophie zur Seligkeit führe; sie lehre wohl, daß ein Gott sei, aber sie könne keine anschauliche Erkenntnis von ihm gewähren. Erschüttert ruft Justin: τίνι οὖν ἔτι τις χρήσαιτο διδασκάλῳ, εἰ μηδὲ ἐν τούτοις τὸ ἀληθές ἐστιν. Der Greis weist ihn hin auf die schlechtweg so genannten (hebräischen) Propheten und ermahnt ihn zu beten, daß ihm die Pforten des Lichts aufgethan würden. Justin begann von da an ein neues Leben und eine neue Wirksamkeit als Wanderprediger im Philosophenmantel. In Ephesus hatte er ein Gespräch mit den Juden Tryphon, der die Philosophie liebte und von Jüngern der Weisheit umgeben wurde.

Justin zeigt ihm, warum die Christen das mosaische Gesetz nicht mehr hielten. Das A. T. sage nämlich selbst, daß das Gesetz aufhören müsse, und daß die Vergebung nicht durch Opfer und Ceremonien, sondern durch Hingabe

des Messias bewirkt werde, der des Gesetzes Ende und Erfüllung sei. —
Dann zeigt Justin, daß Jesus der verheißene Messias sei. Tryphon nimmt
besonders am Kreuze Anstoß: „Verflucht ist, wer am Holze hängt." Da
erinnert Justin, wie vielfach die Kreuzesgestalt im A. T. und sonst symbolisiert
werde: Stab Mosis, eherne Schlange, der betende Mensch, das Schiff mit den
Segeln u. s. w.

Von Ephesus ging Justin nach Rom. Hier verfaßte er zwei
Apologien des Christentums, eine größere und eine kleinere.

In dem 1. Teile der größern Apologie zeigt er, daß den Christen mit
Unrecht so viele Laster Schuld gegeben würden. Im 2. Teile spricht er über
die Wahrheit der christlichen Lehre, die die Christen gern mit ihrem Blut be-
siegelten. Den Glauben an Christum rechtfertigt er aus der Verheißung im
A. T. Öfters spricht er aus, daß es in so alten Zeiten allein das Wahre
gesagt habe, und daß Plato und andere heidnische Weisen ihre richtigen Anschauungen einesteils aus dem A. T., andernteils aus der Eingebung des
λόγος σπερματικός (μέρος τοῦ λόγου) hätten (vgl. Joh. 1, 5 u. 9), der auch
in den Heiden wirksam gewesen. Bei den meisten Heiden aber hätten die Dämonen die richtigen Anschauungen verdorben; den Sokrates hätten sie gar, weil
er ihre Nichtigkeit aufgedeckt, zum Tode gebracht. Sie hätten auch die ganze
griechische Mythologie erfunden.

Justin starb unter Mark Aurel den Märtyrertod.

Unter demselben Mark Aurel fand auch die grausame Christenverfolgung zu Lyon und Vienne statt. Der 90jährige Bischof
Pothinus starb im Kerker an den erlittenen Mißhandlungen. Ein
Diakon Sanctus wurde gefoltert und gequält, bis sein Leib gleichsam nur eine Wunde war und seine natürliche Form verloren hatte,
aber er blieb dabei: Ich bin ein Christ. An der zarten Sklavin
Blandina erschöpften die Heiden alle ihre Peinigungsmittel und
wunderten sich, daß sie noch lebe. Zuletzt wurde sie in ein Netz gethan und einem wilden Stiere vorgeworfen, der ihre Leiden vollendete. Alle diese so hart geprüften Christen hielten sich frei von
Schwärmerei und von geistlichem Hochmut. Sie wollten nicht einmal Märtyrer genannt sein. Für die schwachen Brüder, welche abfielen, ja sogar für ihre Peiniger beteten sie.

In der nachfolgenden Zeit verfolgte Septimius Severus
(193—211) die Christen besonders in Ägypten: Potamiäna,
Speratus und in Karthago: Perpetua, Felicitas. Die nächste
größere Verfolgung ging von Decius aus, s. §. 98.

§. 96.

Von den Häreſien der alten Zeit. Manche Juden und Heiden waren von dem Chriſtentum zwar gewonnen, aber nicht ſo umgewandelt worden, daß nicht ein Teil ihres alten Denkens und Fühlens übrig geblieben wäre. Das gab denn Anlaß zu häretiſchen Erſcheinungen der verſchiedenſten Art.

So lehrten judaiſirende Sekten, es ſei eigentlich kein Unterſchied zwiſchen dem A. und N. T., zwiſchen Moſes und Chriſtus; das Chriſtentum ſei nur ein gereinigtes Judentum. Das Ceremonialgeſetz ſei abſolut zur Seligkeit notwendig. Paulus ſei kein wahrhafter Apoſtel, denn er habe geſagt, das moſaiſche Geſetz ſei abgeſchafft. Das habe er nur behauptet, um Chriſto eine göttliche Würde beizulegen; aber Chriſtus ſei ein bloßer Menſch geweſen, der Sohn Joſephs. — Die Ebioniten.

Die Gnoſtiker dagegen ſtellten das Chriſtentum höher als Heidentum und Judentum, es ſei die abſolute Religion. Aber ſie ſetzten es faſt ausſchließlich in die Erkenntnis, γνῶσις; die ungebildeten Chriſten ſchienen ihnen σάρξ zu ſein; ſie ſelbſt aber waren die πνευματικοί, νοητοί. Die Erkenntnis nun verlange, daß man das Chriſtentum, ſein Eintreten und ſeinen Gehalt, einreihe in die ganze Geſchichte der Menſchen und der überirdiſchen Mächte. Dazu gehöre nicht bloß die Erkenntnis des Judentums, ſondern auch die anderweitige Spekulation. Die Grundgedanken der Gnoſis ſind: eine ungöttliche Materie und ein jenſeits der Welt liegender Gott. Die beiden haben keine Gemeinſchaft mit einander. Dieſe entſteht erſt, indem Gott verſchiedene Mittelweſen, Äonen genannt, aus ſich, dem Urquell, ausfließen, emanieren läßt, je weiter von ihm, deſto geringer. Der unterſte Äon iſt der Weltbildner, δημιουργός, denn er kam zuerſt mit der ſchlechten Materie in Berührung und machte eine Welt aus ihr, freilich ſehr unvollkommen. Sie wartet auf den erlöſenden Äon. Denn daß das Chriſtentum dazu beſtimmt ſei, die erlöſungsbedürftigen Menſchenſeelen aus dem Schwanken zwiſchen Materie und Geiſt zu befreien und dem Geiſtigen die Herrſchaft zu ſichern, nahmen die Gnoſtiker alle an. Die meiſten verlangten auch von dem Willen des Menſchen einen Kampf gegen das Sinnliche (μάχεσθαι ταῖς τῶν προσαρτημάτων βίαις).

Den meisten Gnostikern stand das Christentum, wenn auch nicht in direktem Gegensatz, doch in starkem Kontrast zum Judentum und Heidentum. So lehrten Basilides in Alexandrien (120; Symbol ἀβραξάς) und Valentinus, † 160 in Cypern. In der Tiefe des Urgrundes (des βυϑός) war die ἔννοια und die συγή. Aus diesem Urgrunde entspringen die Äonen, paarweise, σύζυγοι, und stellen die Fülle göttlichen Lebens dar, das πλήρωμα, dem κένωμα des Chaos gegenüber. Der ὅρος im πλήρωμα hielt Maß und Ordnung. Aber die σοφία, (der entferntefte Äon) fiel in unordentliche Sehnsucht nach ihrem Urgrunde, geriet aus dem πλήρωμα heraus in die Materie hinein und gebar den Demiurg, der die Welt bildete; ein neuer Äon, Jesus, σωτήρ, gab dem Demiurg ein, seine Welt immer mehr zu bessern; der Demiurg erstaunte daher oft selbst über seine Geschöpfe. Er verhieß und gab ihnen einen Messias, bei der Taufe vereinigte sich der σωτήρ mit ihm. Einst wird der σωτήρ auch die σοφία (Achamoth) wieder in das πλήρωμα einführen.

Eine vielfach verwandte Häresie ist der etwas später auftretende Manichäismus, von dem Perser Mani (Manes, Manichäus) benannt. Dieser Mann lebte gegen 270 am neupersischen Hofe. Von Christentum ist bei ihm kaum noch die Rede. Licht und Finsternis, Gott und Dämon kämpfen nach ihm mit einander. Das Böse reißt einen Teil des Guten an sich; aus dieser Vermischung bildet Gott die sichtbare Welt in der Absicht, das in der Welt enthaltene, aber gefangene Licht aus den Fesseln der Materie zu befreien. Die Befreiung dieser gefangenen Seele (Jesus patibilis) geschieht von der hellen Sonne und dem Monde aus durch den über Leib erhabenen Jesus, Jesus impatibilis, in allmählicher Loslösung von der bösen Materie, und wird vom Menschen besonders durch das Genießen lichterfüllter Pflanzen befördert. Der menschgewordene Sonnengeist konnte nur in einem Scheinleib (also Doketismus) in die Menschheit kommen. Die Lehre desselben wurde von den Galiläern verfälscht. Mani ist der verheißene Paraklet.

§. 97.

Tertullianus. Er war geb. um 160 zu Karthago, erhielt eine juristische Bildung, trat etwa 30 Jahre alt zum Christentum über, schloß sich 202 dem Montanismus an und starb 230

Er war der erste bedeutende Kirchenlehrer des Abendlandes, der Begründer der lateinischen Kirchensprache, ein feuriger, gewaltiger Charakter.

Sein liber apologeticus adversus gentes.

1. Während man sonst im Rechtsverfahren sogar mit Hülfe der Folter das Leugnen verhindere, suche man die Christen zur Verleugnung ihres Glaubens zu zwingen. Der Name bloß sei Gegenstand des Hasses.

2. Daß die Christen nicht ihre Kinder schlachteten 2c., wisse jeder, der sich erinnere, daß die Christen noch Menschen seien.

3. Religionsverletzer seien sie nicht, weil sie nichtige Götter preisgäben, um den wahren Gott anzubeten.

4. Jedenfalls verbiete die Idee der Religionsfreiheit, sie zu zwingen; ein jeder müsse anbeten dürfen, was ihm anbetungswürdig erscheine.

5. Die Christen verachteten den Kaiser nicht, sondern besöhlen ihn dem Schutze des Allmächtigen; für einen Gott hielten sie ihn allerdings nicht. Die Christen seien so zahlreich, daß sie den römischen Staat wohl sprengen könnten, ihre Auswanderung schon würde das Reich veröden. „Aber ihr wollt uns zu Feinden haben. So soll alles Übel von uns herkommen: Si Tiberis ascendit in moenia, si Nilus non ascendit in arva, si coelum stetit, si terra movit, si fames, si lues, statim: Christianos ad leonem. Aber waren denn vor der christlichen Zeit keine solchen Übel?"

Tertullians Streben war vor allem, die Christen von allem Heidnischen ganz und gar zu entfernen; sie sollten nicht Astrologie treiben, kein Staatsamt annehmen, keinen Kriegseid leisten, das heidnische Schauspiel nicht besuchen (de spectaculis) u. dgl.

Die Christen sind eine Gemeinschaft für sich. Ihre Glieder sind 1. wahrhaft frei, auch im Kerker (ad martyres: habet carcer tenebras, sed lumen estis ipsi: habet vincula, sed vos soluti deo estis). 2. sittlich; denn während die Heiden hier dieses, anderswo anderes gut oder böse nennen, ist den Christen überall und immer das gut, was Gott will. 3. fröhlich und herrlich, aber durch Entsagung und Leiden muß es hindurch. Vgl. noch apologet. 39. Vide, inquiunt (die Römer nämlich) ut invicem se diligant (ipsi enim invicem oderunt); et ut pro alterutro mori sint parati (ipsi enim ad occidendum alterutrum paratiores erunt). — Omnia indiscreta sunt apud nos, praeter uxores; in isto loco consortium solvimus, in quo solo ceteri homines consortium exercent.

Über die damaligen Riten vgl. Tert. de corona militis c. 3: Wenn wir zur Taufe gehen, so schwören wir öffentlich, dem Teufel, seinem Glanze und seinen Engeln zu entsagen. Dann werden wir dreimal untergetaucht. Das Abendmahl genießen wir vor Tagesanbruch und nur aus den Händen der Vorsteher. Oblationes pro defunctis, pro natalitiis, annua die facimus. Am Sonntag ist es verboten zu fasten oder knieend zu beten. Ängstlich sind wir besorgt, daß etwas vom Brot und Wein (des Sakraments) auf die Erde falle. Bei allem Gehen und Kommen, in allem Lebensverkehr weihen wir unsere Stirn mit dem Zeichen des Kreuzes (crucis signaculo).

Von Tertullians Lehre. Die noch nicht durch heidnische Schulweisheit befleckte Seele ist naturaliter christiana, nicht als ob sie bei dem vitium originis schon vollkommen christlich wäre: non es, quod sciam, christiana; fieri enim, non nasci soles christiana, aber sie ist in guter Vorbereitung. Höher als dieses natürliche testimonium animae steht die Offenbarung im Wort, dessen kurzgefaßte Regel (regula fidei) in der einen, großen Kirche bewahrt wird, der Kirche, die wiederum die apostolische Überlieferung (traditio) treu bewahrt hat. Dieser Glaube ist sicher und fest; wir dürfen nichts einfügen noch weglassen. Die Häretiker aber, besonders die Gnostiker, schwanken, haben nichts Gewisses. Wir forschen auch, aber innerhalb der Glaubensregel[1].)

Der Montanismus und Tertullian. Von dem „Propheten" Montanus aus Phrygien (170) wissen wir wenig. Nicht durch neue Lehre, sondern durch Strenge und ein schwärmerisches, überspanntes Wesen zeichnete er sich aus; er mahnte im Hinblick auf nahe Strafgerichte zur Askese, zum Märtyrertum, und redete viel von dem tausendjährigen Reich. Die kirchliche Lehre sei nicht zu verbessern, wohl aber Zucht und Sitte, durch fortgehende Erinnerung des Parakleten. Ebenso lehrt (der spätere) Tertullian: regula fidei manet, disciplina novitatem correctionis admittit. Die Kirche ist proprie et principaliter ipse spiritus. Was sollen die Priester mit ihrer höhern Würde? nonne et laici sacerdotes sumus? Ubi tres, ecclesia est, licet laici. Der Herr nennt sich die Wahrheit, nicht die Gewohnheit oder die Tradition. — Daneben zeigt Tertullian große Strenge; Verbot der 2. Ehe (de monogamia), Empfehlung der Ehelosigkeit und des Fastens, des Märtyrertums; er verdammt jede fuga in persecutione[2]).

---

[1] Adversus regulam nihil scire omnia scire est. Haeretici quum quaerant adhuc, nondum tenent, cum autem non teneant, nondum crediderunt, non sunt christiani. Tert. praescr. 14.

[2] So gingen Montanisten wie Gnostiker in Willkür über die Kirche hinaus. Auch die Kirche wollte sich die Möglichkeit der Weiterentwickelung wahren, aber sie band dieselbe an den besonderen Stand der Geistlichen. Der κλῆρος, ordo, insbesondere wenn er in Synoden erscheint, ist ihr ein authentischer Dolmetscher des heiligen Geistes.

§. 98.

Cyprianus von Karthago, geb. gegen 200, † 258. Er wurde 245 Christ, studierte besonders die heilige Schrift und Tertullians Bücher: „da magistrum". Im Jahre 248 wurde er Bischof trotz seines Widerstrebens.

Der lange Frieden hatte die Sitten der Christen verschlechtert; Pracht, Unzucht, Habgier war eingerissen, cf. „de habitu virginum."

Die Decische Verfolgung brach 250 aus[1]). Cyprian bewunderte die Standhaftigkeit einiger Märtyrer und Konfessoren, um so mehr, als manche abfielen (lapsi), indem sie ihren Glauben abschworen (sacrificati, turificati) oder ihre heiligen Bücher auslieferten (traditores). Er selbst entzog sich der Gefahr durch die Flucht, um sich für eine spätere Zeit aufzusparen. Doch schrieb er seiner Gemeinde, half den Armen, ermahnte alle zur Vorsicht und die Konfessoren zur Demut. Die lapsi wollten oft ohne Buße, wohlfeilen Kaufes wieder in die Kirche aufgenommen werden und wandten sich an geachtete Konfessoren (um libelli pacis zu erhalten, also libellatici). Aber Cyprian verlangte zuvor Buße, dann gestattete er die Aufnahme durch die bestellten Priester. Eine Ausnahme machte er bei Kranken und Sterbenden.

Nach 14 Monaten kehrte er zurück und drang auf einer Synode (251) gegen die laxe Partei des Felicissimus und Novatus durch.

Im Jahre 258 wurde Cyprian auf den Befehl des Kaisers Valerianus hingerichtet.

Cyprian und die Kirche; aus der Schrift de unitate ecclesiae (251): Die Kirche, die so innig mit Christo verbunden ist, wie im Kelche Wasser und Wein, ist eine, quomodo solis multi radii, sed lumen unum; sie ist eine nach ihrem Grunde, Christo, so wie nach ihrem Anfange, Petrus (nur eine sedes hat der Herr aufgestellt), und nach ihren Trägern, den Priestern und Bischöfen, denn der ist nicht in der Kirche, der nicht im Bi-

---

[1]) In die Decische Zeit versetzt die Sage das Einschlafen von 7 Jünglingen zu Ephesus, die unter Theodosius II. 447 erwachten und verwundert das Kreuz überall herrschen sahen. W. Wackernagel, Altdeutsches Lesebuch Sp. 977.

ſchof iſt. Habere iam non potest deum patrem, qui ecclesiam non habet matrem. — Extra Ecclesiam nulla spes salutis. Er dachte ſich alle Biſchöfe ſolidariſch als einen Mann (Episcopatus unus est, cuius a singulis in solidum pars tenetur), ohne dem römiſchen in praxi einen Vorrang zuzugeſtehen (Ariſtokratie der Verfaſſung).

§. 99.

Origenes, geb. 185 zu Alexandrien, † 254 zu Thrus. Der Vater Leonibas war Chriſt und konnte ſelbſt die Erziehung ſeines Sohnes leiten. Bibelleſen. Später beſuchte Origenes den Unter‑ richt des Clemens (Alexandrinus). Da geſchah eine Verfolgung der Chriſten durch Septimius Severus (202), in der Leonibas um‑ kam und das Vermögen der Familie eingezogen wurde. (Die Liſt der Mutter erhielt ihr den Sohn). Der Aufenthalt im Hauſe einer edlen, wohlthätigen Frau, in läſtigem Umgang mit einem Gnoſtiker. Eifrige Studien ($\chi\alpha\lambda\varkappa\acute{\epsilon}\nu\tau\epsilon\varrho o\varsigma$, Adamantius) ſetzten Origenes bald in den Stand, durch Stundengeben ſich ſelbſt zu ernähren. 203 bekam er die erledigte Katechetenſtelle des Clemens.

In dieſer erſten Periode ſeines Wirkens war er begeiſterter Aſket, ermunterte zum Märthrertum, begleitete ſeine Freunde ins Gefängnis, auch zum Tode und lud dadurch den Haß vieler Heiden auf ſich.

In der zweiten Periode tritt die wiſſenſchaftliche Richtung mehr hervor; der Anlaß dazu war, daß viele erfahrene Philoſophen und Häretiker ſeinen Unterricht begehrten. Studium des Plato bei Am‑ monius Salkas, Stifter der neuplatoniſchen Schule. Als Leitfaden für ſeine Vorträge ſchrieb er das Werk $\pi\epsilon\varrho\grave{\iota}$ $\grave{\alpha}\varrho\chi\tilde{\omega}\nu$, de principiis, die älteſte Dogmatik.

Im Jahre 215 trieb ihn die Verfolgung des Caracalla nach Paläſtina; die Biſchöfe daſelbſt ehrten ihn und erlaubten ihm, die Schrift in der Gemeinde auszulegen. Später machten ſie ihn gegen die Vorſchriften zum Presbhter und erregten den Zorn des alexan‑ briniſchen Biſchofs Demetrius, der ihn durch eine Synode wegen falſcher Lehre abſetzen ließ. Origenes ließ ſich dadurch nicht an‑ fechten. Er war thätig bis in ſein hohes Alter, predigte faſt täglich, führte einen außerordentlich großen Briefwechsel und schrieb viele Bücher, sowohl zur Verteidigung des Christentums (z. B. contra Celsum) als auch zur Erklärung der heiligen Schrift. (Seine allegorische Methode). In der Decischen Verfolgung marterte und folterte man ihn, er blieb standhaft und starb 254 infolge der vielen Qualen.

Von Origenes Lehre. Gott ist ein geistiges Wesen; alles, was dem zu widersprechen scheint, ist liebreiche Herablassung (Accommodation); er ist unbegrenzt, er ist nicht Teil und nicht Ganzes, sondern einfach; er ist das reine Sein und zwar das Gute, ja der Inbegriff alles Guten. Gott ist ferner Leben und thätig von Ewigkeit. Er offenbart sich in seinem Sohne von Ewigkeit, οὐκ ἔστιν ὅτε οὐκ ἦν ὁ υἱός. Der Sohn ist der Abglanz seiner Herrlichkeit und insofern eins mit ihm. Doch ist er auch ein anderer in persönlichem Unterschied, nicht ein anderer, aber anders. Insofern der Sohn das Sein vom Vater hat, ist er Geschöpf und untergeordnet. Der heilige Geist ist auch eine vollständige Persönlichkeit und beiden untergeordnet. Der Vater bezieht sich auf alles, der Sohn ἐπὶ τὰ λογικά, der Geist ἐπὶ μόνους τοὺς ἁγίους (drei concentrische Kreise). — Ewigkeit der Schöpfung. Als die freien, rein geistig geschaffenen Individuen (vor unserer Weltzeit) böse wurden, da schuf Gott unsre sinnliche Welt als Strafort. Der Heiland erlöst uns von ihrem Drucke, und in seiner Vereinigung göttlicher und menschlicher Natur führt er uns wieder zum Göttlichen empor. Sein Tod war ein Lösegeld an den Teufel, in dessen Knechtschaft wir rechtmäßig waren.

Dereinst stehen die Leiber auf, denn wir glauben an eine Auferstehung der Toten, und nur der Leib ist tot. Aber geistig und verklärt steht er auf, nicht mehr verweslich.

§. 100.

Der Held einer phantastischen Erzählung des Kirchenvaters Athanasius ist Antonius, der Einsiedler. Der angebliche Antonius war von Jugend auf still und in sich gekehrt. Die Bibel hörte er so oft vorlesen, daß er des Buchstabens entbehren konnte. Eine Predigt vom reichen Jüngling (Mt. 19) entschied. Er verließ sein Haus und lebte nicht weit davon, einsam und streng.

Kämpfe blieben ihm nicht aus; besonders zu Anfang seines asketischen Lebens versuchten ihn die bösen Dämonen, durch Vorspiegelungen von weltlicher Lust, durch unreine Gedanken; er betete und dachte an die Marter Christi. Immer mehr brachte er den Leib in die Gewalt des Geistes, aß oft 2—4 Tage nichts, seine Nahrung war Brot und Salz, sein Lager eine Binsenmatte. Die bösen Geister kamen wieder und verwundeten ihn nach dem märchenhaften Bericht des h. Athanasius sogar, so daß man ihn einmal für tot aufhob.[1] Als er 35 Jahre alt war, ging er tiefer in die Einsamkeit; jenseit des Nil in einem leeren Gebäude blieb er einsam 20 Jahre lang, zweimal im Jahre ließ man Brot zu ihm hernieder. Am Ende der 20 Jahre erbrachen seine Freunde die Thür mit Gewalt; er trat heraus zu ihnen ungeschwächt, in stiller Würde, als einer, sagt Athanasius, der sich im wahren Naturzustande befindet.

Ein solcher Mann that Wunder an Leib und Geist. Viele folgten ihm in die Einsamkeit. Sie lasen, sangen, beteten und arbeiteten, um andern wohlthun zu können. Antonius suchte noch größere Einsamkeit; er fürchtete, wegen der vielen Wunder, die der Herr durch ihn that, stolz zu werden. Er ging weiter in die Wüste, ließ sich Spaten, Axt und Saatkorn geben und sorgte nun für sich selbst und für die Pilger in der Einöde. Als er einige Mönche an der andern Seite des Berges zum letzten Male besuchte, ermahnte er sie noch, so zu leben, als ob sie täglich sterben müßten: ὡς καϑ᾽ ἡμέραν ἀποϑνήσκοντες ζήσατε.

§. 101.

B. Aus der Zeit von Constantin bis zu Karl dem Großen. 323—800.

Der christliche Glaube hatte nach und nach solche innere Macht erlangt, daß sich Constantin, nach der Besiegung des Licinius (323) vom Heidentum lossagte, obgleich er die Taufe bis 337 verschob. Das Christentum unterlag in ihm oft der Gewalt seiner Leidenschaften (Mord seines Sohnes Crispus); doch starb er im Glauben.

Seine drei Söhne, Constantius (341 Gesetz: sacrificiorum aboleatur insania), Constantin II., Constans verfuhren mit größerer

---

[1] Zuweilen, sagt Athanasius, kamen die Geister auch Psalmen singend und Worte der Bibel hersagend. Einmal klagte der Satan, daß ihn die Menschen so verabscheuten. „Warum quälst du sie?“ „„Ich quäle sie nicht, sie selbst sinds, die sich quälen.““ „Du bist ein Lügner von Anfang, aber eben hast du das erste Mal die Wahrheit gesprochen. Die Geister kommen und nehmen die Gestalt an, die unserm Gemütszustande entspricht, sie sind der Widerschein unserer Gedanken.“

Entschiedenheit und Gewaltthat gegen das Heidentum, das sich in den Dörfern (daher pagani) noch lange behauptete. Julian (361—363) konnte das Heidentum nicht wieder aufrichten (tandem vicisti, Galilaee!). Die folgenden Kaiser wollten es auch nicht. Theodosius der Große (379—395) verbot wiederholt allen Götzendienst. Die Einwirkung der weltlichen Macht des Staats auf die Kirche sollte sich anfangs nur auf äußere Angelegenheiten beziehen (ἐπίσκοπος τῶν ἔξω τῆς ἐκκλησίας), aber sie wurde auch oft auf die innern ausgedehnt; die verschiedenen kirchlichen Richtungen riefen meist selbst die Hülfe des Staates an.

§. 102.

Athanasius, geboren gegen 300, † 373. Schon 319 war er Diakonus zu Alexandrien und stand dem Bischof Alexander nahe. Er schrieb um diese Zeit über die Menschwerdung des Logos (ἐνσάρκωσις τοῦ λόγου). Der Presbyter Arius trat damals mit einer eigentümlichen Ansicht über die Person Christi auf, um derentwillen er nicht ohne Mitwirkung des Athanasius exkommuniciert wurde. Um die Sache öffentlich zu entscheiden, wurde 325 ein (ökumenisches) Konzil zu Nicäa gehalten; Arius blieb ausgeschlossen.

Arius war klug genug, sich am Hofe von Byzanz eine Partei zu verschaffen. Er wurde auch nebst seinem Freunde Eusebius von Nikomedien aus der Verbannung zurückberufen, und sollte wieder in Alexandrien eingesetzt werden, aber Athanasius litt es nicht. Die Arianer beschuldigten ihn vielfach (z. B. die Hand des Arsenius abgehauen zu haben), und hielten eine Synode zu Thyrus, die gestützt auf die kaiserlichen Soldaten den Athanasius absetzte. Der Kaiser verbannte ihn nach Trier.

Nun wollte man Arius endlich wieder einsetzen. Weil dies aber das Volk in Alexandrien nicht duldete, wählte man Constantinopel (336). Am Abend vor der Einführung starb Arius plötzlich (über 80 Jahre alt), nach der Meinung der Arianer durch die Zauberei der Feinde, nach der Meinung Athanasius durch ein Gottesgericht, über welches der Mensch nicht urteilen dürfe.

Athanasius wurde wieder eingesetzt; aber noch mehrmals mußte er weichen. Die letzte (5.) Verbannung ging von Valens (367) aus, wurde aber bald zurückgenommen, so daß Athanasius am Abend seines Lebens einige Ruhe fand.

Durch diese und ähnliche Zerwürfnisse der Christen unter einander setzten sie sich dem Gespött der Heiden aus, selbst in den heidnischen Theatern. Die Streitsucht hatte alle so ergriffen, daß in Läden und Werkstätten selbst von den einfältigsten Christen über Logos, Wesensgleichheit u. dgl. eifrig disputiert wurde.

§. 103.
Athanasius als Kirchenlehrer.

Anmerkung. Im symbolum apostolicum ist die Dreiheit in Gott einfach ausgesagt, in einer breifachen Reihe von göttlichen Offenbarungen. Nun richtete sich das Denken zunächst auf den Logos. Origenes hatte in etwas unbestimmter Weise über den Logos gelehrt, er sei selbständige Person, aber Gott untergeordnet. — Der Monarchianer Sabellius (Presbyter zu Ptolemais 250) leugnete die Persönlichkeit des Logos und des Geistes, um nicht, wie er sagte, mehrere Götter zu haben. Der eine Gott habe sich freilich nach drei Seiten offenbart, sei aber doch nur eine Hypostasis: Τὸν αὐτὸν θεὸν ἕνα τῇ ὑποστάσει ὄντα, πρὸς τὰς ἑκάστοτε παραπιπτούσας χρείας μεταμορφούμενον, νῦν μὲν ὡς πατέρα, νῦν δὲ ὡς υἱόν, νῦν δὲ ὡς πνεῦμα ἅγιον διαλέγεσθαι; ähnlich wie die Sonne mit ihren drei ἐνέργειαι, τὸ τῆς περιφερείας σχῆμα, τὸ φωτιστικόν und τὸ θάλπον.

Arius behauptete, aus der absoluten, unendlichen Natur Gottes folge, daß es unsinnig und frevelhaft sei, in ihm ein Schaffen eines ihm gleichen Wesens, ja nur einen Unterschied in Gott zu lehren. Der Sohn müßte ein nicht absolutes Wesen, eine nicht ewige Persönlichkeit sein. Οὐκ ἔστιν ἀληθινὸς θεὸς ὁ Χριστός, ἀλλ' ὀνόματι μόνον λέγεται λόγος καὶ σοφία. Er ist ein κτίσμα und ποίημα; er war einmal nicht, denn οὐκ ἦν πρὶν γεννηθῇ, οὐ γὰρ ἀίδιός ἐστιν, ἀλλ' ὕστερον ἐπιγέγονεν. Er ist nicht aus dem Wesen (οὐσία) des Vaters, sondern wie alles Andere aus dem Nichts erschaffen. Doch ist er höher als alle Geschöpfe gestellt. Er wurde zuerst geschaffen (πρὸ χρόνων καὶ αἰώνων. Col. 1, 18), denn durch ihn schuf Gott das Übrige, auch steht er Gott näher, als alle Geschöpfe, er ist insofern μονογενής, kann υἱὸς θεοῦ ja πλήρης θεός genannt werden. Aber er ist nicht Gott, weil man nicht Gott werden kann.

Athanasius lehrt, daß Gott der Vater den Sohn zeuge, nicht schaffe; denn er ist aus seiner Natur, nicht bloß aus seinem Willen; alles Willkürliche, Zufällige muß weggedacht werden. Der Sohn ist ein Wesen mit dem Vater und zugleich der selbständige, ewige Logos. Seine Ansicht spricht das Nicänische Glaubensbekenntnis (325) als Lehre der Kirche bestimmt aus. Siehe Abschnitt VII. 2.

Einige tadelten so haarscharfe Bezeichnungen, die in der heiligen Schrift nicht ständen (λέξις ἄγραφος). Athanasius fand sie berechtigt durch den Kampf, gab aber zu, daß auch das beste Wort der Sache nicht genug thue, so z. B. das Wort Zeugung.

Anmerkung. In der zunächst folgenden Zeit sind die bedeutendsten griechischen Kirchenväter: Gregor von Nazianz 330—390, Gregor von Nyssa † 394, Basilius der Große 330—379, die sogenannten 3 Kappadocier. Außerdem Johannes Chrysostomus (347—407), Patriarch zu Constantinopel, Theodoret, (420), ein besonders tüchtiger Ausleger der heiligen Schrift. Auch um die Kirchengeschichte erwarb sich Theodoret große Verdienste, denn er setzte in guter Weise das Werk fort, welches Eusebius, der Vater der Kirchengeschichte († 340) begonnen hatte. — Die Arbeit der morgenländischen Kirche in dieser Zeit, ihre nur theoretisch-theologischen Themata, der Mangel an Verständnis des Menschlichen, Sündhaften, Endlichen. Diese Lücke füllte erst die abendländische Kirche aus, namentlich Augustin.

§. 104.
Ambrosius.

Nachdem er sich als Statthalter von Mailand durch Gerechtigkeit und Milde die Achtung des Volkes erworben hatte, wurde er, als der bisherige arianische Bischof Auxentius starb, in stürmischer Zeit zum Bischof von Mailand, man sagt auf den Ruf eines Kindes hin, erwählt (374). Er wurde getauft und 8 Tage nachher zum Bischof ordiniert. Sofort verschenkte er seine Güter an die Armen. Keine Stunde entzog er seinem schweren Amte. Den Gefangenen und Notleidenden half er treulich und vertauschte auch wohl, um Lösegeld zu gewinnen, die kostbaren Kirchengeräte mit geringen.

Die Mutter des Kaisers, Justina, wollte auf alle Weise die Arianer in der Kirche zur Geltung bringen. Aber Ambrosius widerstand ihr als Bischof in Geduld und Festigkeit; wachte auch einmal, als Soldaten die Kirche umringt hatten, mit seiner Gemeinde mehrere Tage und Nächte lang, durch Gesang von Psalmen und Hymnen morgenländischer Art den Schlaf vertreibend. (Hoc in tempore primum antiphonae, hymni ac vigiliae in ecclesia Mediolanensi celebrari coeperunt.) Und als später (390) der Kaiser Theodosius bei einem Aufruhr in Thessalonich 7000 meist unschuldige Menschen im Zorn hinrichten ließ, weigerte er sich, ihm das heil. Abendmahl zu reichen, bevor er, nach Davids Exempel, rechtschaffene Buße gethan. Der Kaiser erkannte seine Sünde und demütigte sich. Ambrosius starb 397. Der Arianismus erhielt sich noch einige Zeit bei germanischen Völkerschaften und verschwand mit ihnen zugleich.

Anmerkung. Ambrosius gab der Kirchenpoesie einen neuen Aufschwung. Sein Vorläufer war Hilarius (Pictaviensis), 350, † 368, . der den Arianern die kirchliche Poesie nicht allein überlassen wollte. Er dichtete das Lied: Lucis largitor splendide, Cuius sereno lumine Post lapsa noctis tempora Dies refusus panditur. 2. Tu verus mundi Lucifer, Non is, qui parvi sideris Venturae lucis nuncius Angusto fulget lumine. 3. Sed toto sole clarior, Lux ipse totus et dies, Interna nostri pectoris Illuminans praecordia etc. Von Ambrosius ist das Adventslied; Veni redemptor gentium, Ostende partum virginis; Miretur omne saeculum: Talis partus decet deum. 2. Non ex virili semine, sed mystico spiramine Verbum dei factum est caro, Fructusque ventris floruit etc. Vergl. Luthers: Nun komm der Heiden Heiland. Ferner: O lux beata trinitas Et principalis unitas; Iam sol recedit igneus; Infunde lumen cordibus. 2. Te mane laudum carmine, Te deprecamur vesperi, Te nostra supplex gloria Per cuncta laudet saecula. Vergl. Luthers: Der du bist drei in Einigkeit, ein wahrer Gott von Ewigkeit: Die Sonn mit dem Tag von uns weicht; laß uns leuchten dein göttlich Licht. 2. Des Morgens, Gott, dich loben wir, des Abends auch beten vor dir; unser armes Lied rühmet dich Jetzund, immer und ewiglich. Aus dem Griechischen hat Ambrosius übersetzt den Lobgesang: Te deum laudamus: Herr Gott, dich loben wir.

Aus späterer Zeit sind berühmte Hymnendichter:

Cölius Sedulius, ein irischer Presbyter (460): Hostis Herodes impie; der Spanier Prudentius († 413):

Iam moesta quiesce querela,	Nun lasset die Klage verstummen,
Lacrymas suspendite matres;	Nun wehret, ihr Mütter, den Thränen,
Nullus sua pignora plangat,	Das Leben entblühet dem Tode;
Mors haec reparatio vitae est.	Warum sich denn härmen und sehnen?
Quid nam sibi saxa cavata,	Denn was künden uns diese Gewölbe,
Quid pulchra volunt monumenta,	Und das herrliche Mal, das ihr richtet?

Res qnod nisi creditur illis	Als daß sie nur Schlummernde decken,
Non mortua, sed data somno.	Die keine Verwesung vernichtet.
Nam quod requiescere corpus	Die nun von der Seele verlassen
Vacuum sine mente videmus,	Hier rastet, die sterbliche Hülle,
Spatium breve restat ut alti	Eine kurze Frist, so vermählt sie
Repetat collegia sensus etc.	Sich dem Geist in erneueter Fülle.

Während vor Ambrosius der Gesang in der Kirche mehr ein Recitieren war, brachte er eine feste rhythmische und melodische Bewegung zur Geltung, den Figuralgesang. Augustin bezeugt den tiefen Eindruck, den die Ambrosianischen Gesänge machten. Nach und nach wurde durch Einbringen weltlicher Elemente diese Gesangsweise der Reform bedürftig. Siehe §. 106.

§. 105.

Aurelius Augustinus. 354—430.

(Tu fecisti nos ad Te, et inquietum cor nostrum est donec requiescat in Te, Conf. I, 1.)

Er war zu Tagaste, unweit Hippo Regius in Numidien geboren. Seine Mutter Monica, eine fromme Christin, hatte in Geduld und Liebe auch ihren Mann für Christum gewonnen.

In der Schule zu Tagaste fand er wenig Vergnügen an den formalen Übungen der Grammatik und an der Mathematik, besto mehr zog ihn der Inhalt der Klassiker, insbesondere des Virgil an. Überall ging er vorzugsweise auf Aneignung des (realen) Stoffs aus; daß ihm aber kein anderer Stoff für seine verlangende Seele in der Schule geboten worden, als Virgil und ähnliche Bücher, das beklagte er als Mann oftmals.

Im 17. Jahre bereitete sich Augustin zu Hause auf die hohe Schule zu Karthago vor. Die Mutter erkannte bald, daß er schon weit fortgeschritten sei auf der Bahn des Lasters. Ihre treuen Ermahnungen schienen ihm monitus muliebres zu sein. In Karthago fiel er vollends in Ausschweifungen aller Art, besonders vermöge der schlechten Gesellschaften, in welchen er lebte. Da fiel ihm das Buch Ciceros Hortensius in die Hände. Er sagt: ille liber mutavit affectum meum, et ad te ipsum, domine, mutavit preces meas. ....Hoc tamen solo delectabar in illa exhortatione, quod non illam aut illam sectam, sed ipsam quaecumque esset sapientiam ut diligerem et quaererem et assequerer et tenerem atque

amplexarer, fortiter excitabar sermone illo, et hoc solum me
in tanta flagrantia refrangebat, quod nomen Christi non
erat ibi, quoniam hoc nomen secundum misericordiam tuam,
domine, in ipso adhuc lacte matris tenerum cor meum prae-
biberat et alte retinebat. — Darnach geriet er auf das
Studium der heiligen Schrift, aber er drang nicht ein in ihren tiefen
Sinn. Sein Leben war wüst, und Monica flehte in ihrem Gram
zu Gott Tag und Nacht für ihren verlornen Sohn. Ein Bischof
verkündete ihr: fieri non potest, ut filius istarum lacrimarum
pereat.

Gegen den Willen seiner Mutter fuhr er nach Rom und kam
von da nach Mailand, wo Ambrosius Bischof war. Sein innerer
Kampf wurde heftiger[1]) und kam endlich, als er im Garten betete,
durch eine Stimme: tolle, lege! zum Durchbruch. Er traf auf
Röm. 13, 13: Nicht in Fressen und Saufen, nicht in Kammern
und Unzucht 2c. Die treue Mutter, welche ihm in die Ferne nach-
geeilt war, pries den Herrn. Augustin zog sich auf einige Zeit in
die Stille zurück und arbeitete seine ersten Schriften gegen die Skep-
tiker (die neue Akademie) aus. Nicht das Suchen nach Wahrheit,
zeigte er, sondern der Besitz derselben mache glücklich; die Skepsis
hebe sich selbst auf. — Seine Taufe 387 Ostern. Die Mutter
trat nun mit ihm die Rückkehr nach Afrika an. „Warum ich noch
hier bin, weiß ich nicht. Eins nur ließ mich wünschen, hier zu
bleiben, das ist nun überschwenglich erfüllet. Was soll ich nun noch
hier?" Sie starb zu Ostia.

Augustin kam nach Tagaste, dann nach Hippo, wo er 395
Bischof wurde.

1. Der pelagianische Streit.

(Morgan) Pelagius, ein britischer Mönch von ehrbaren

---

[1]) Undique ostendenti vera te dicere, non erat omnino quod respon-
derem, veritate convictus, nisi tantum verba lenta et somnolenta: modo,
ecce modo, sine paullulum. Sed „modo et modo" non habebant modum
et „sine paullulum" in longum ibat. Frustra condelectabar legi tuae secundum interiorem hominem, cum lex alia in membris meis repugnaret
legi mentis meae et captivum me duceret in legem peccati (Röm. 7)
Conf. VIII, 5.

Sitten, führte (400) ein stilles unangefochtenes Leben und hatte es
so in der mönchischen Frömmigkeit schon ziemlich weit gebracht; aber
die Tiefe des Sündenelendes und die Macht der Gnade kannte er nicht.
Augustins Losung: da, quod iubes et iube, quod vis ärgerte ihn.
Mit ihm verband sich sein Landsmann Cölestius, der 412 in
Karthago exkommuniciert wurde.

Die von der Synode (412) verdammten Sätze des Cölestius sind diese:

1. Adam ist sterblich geschaffen und wäre gestorben, auch wenn er nicht
gesündigt hätte.

2. Die Sünde Adams hat ihn allein verletzt und nicht das menschliche
Geschlecht.

3. Die Kinder sind bei der Geburt in dem Zustande, in dem Adam vor
der Übertretung war.

4. Weder stirbt die Menschheit durch den Tod oder die Sünde Adams,
noch steht sie durch die Auferstehung Christi wieder auf.

5. Die Kinder haben auch nicht getauft das ewige Leben.

6. Das Gesetz führt eben so gut zur Seligkeit als das Evangelium.

7. Auch vor der Ankunft des Herrn gab es Menschen ohne Sünde.

Die Sünde schien dem Pelagius immer und überall des Menschen freie That zu sein, ohne Zusammenhang mit der Sünde anderer. Augustin sah in der Menschheit einen großen, sündenvollen
Zusammenhang mit dem gefallenen Adam. (vitium naturae originale
et hereditarium.)

Die Gnade unterstützt nach Pelagius den ohnehin streb-
samen freien, dieser Unterstützung aber bedürftigen Willen des Menschen; Augustin sieht in ihr die einzige Rettung des in Sünden toten
Willens, dessen Freiheit nur eine Freiheit zum Bösen sei. Liberum
arbitrium captivatum nonnisi ad peccandum valet: ad iustitiam
vero, nisi divinitus liberatum adiutumque non valet. Die rechte
Freiheit, die Freiheit zum Guten allein, haben nur die Kinder Gottes.
Die Gnade ist unverdient, zuvorkommend (praeveniens) aber frei
von Zwang. Durch den süßen und doch unwiderstehlichen (irresistibilis) Zug der Liebe wandelt Gott den Nichtwollenden in einen
Wollenden um, und diesem neuen Willen giebt er das donum per-
severantiae. Vgl. §. 179. Gott thut solches aber nicht an allen
Menschen, sondern nur eine Auswahl hat er von Ewigkeit her erlesen: elegit nos deus in Christo ante mundi constitutionem,

praedestinans nos in adoptionem filiorum, non quia per nos
sancti et immaculati futuri eramus, sed elegit praedestinavitque
ut essemus. Solche hebt er aus der massa perditionis heraus,
die andern bleiben vasa irae, sind nicht etwa zum Bösen prä-
destiniert, sondern bei ihnen findet eine reprobatio statt. Doch soll
man mit diesen Lehren vorsichtig umgehen. Auch weiß niemand, ob
er secundum propositum vocatus ist.

2. Die Donatistische Spaltung.

Donatus trat (313) an die Spitze einer Partei, welche den Bischof Cä-
cilianus deshalb nicht anerkennen wollte, weil er von einem traditor geweiht
und selbst zweideutig sei. Das führte sie weiter zur Forderung einer reinen,
unbefleckten Kirche schon hier auf Erden und der Ausstoßung aller
toten Christen. Als man sie nicht mehr verfolgte, zerfiel das Kirchlein in
mehrere.

3. Die Anmaßung des römischen Bischofs.

Der afrikanische Bischof Urbanus hatte 418 einen Presbyter Apiarius
ausgeschlossen. Dieser appellierte an den römischen Zosimus, der drei Legaten
nach Afrika sandte und befahl, den Apiarius wieder einzusetzen, widrigenfalls
Urbanus ausgeschlossen werden würde. In der That wurde Apiarius wieder
eingesetzt, aber anderswo. Nach sieben Jahren wieder exkommuniciert, appellierte
er, obwohl eine afrikanische Synode dies verboten hatte, noch einmal nach
Rom, und der nunmehrige Bischof wollte es wie Zosimus machen: da bekannte
Apiarius seine Schuld. Die afrikanischen Bischöfe, unter ihnen Augustin,
verbaten sich in Zukunft dergleichen Eingriffe, „auf daß nicht der Stolz weltlicher Herrschaft in die Kirche eingeführt werde." —

§. 106.
Gregor I. der Große (Papst von 590—604.)

Anmerkung. Unter den römischen Bischöfen des fünften Jahrhunderts hat keiner
so sehr das Ansehen der cathedra Petri gehoben als Leo I. der Große (440—461),
gleich tüchtig in theologischen Streitfragen wie in praktischen Dingen (wie bei
Attilas Einfall in Italien 452). Der Kaiser ermahnte alle sich vor den Rich-
terstuhl dieses ehrwürdigen Mannes, des Papstes der ewigen Stadt, zu stellen.

Im 6. Jahrhundert war Gregor der tüchtigste Papst. Auf
seine Jugend hatte das Mönchswesen des Benedict von Nursia
den bedeutendsten Einfluß. Vergleichung mit dem morgenländischen
Mönchstum.

Gregor stiftete selbst 6 Klöster; in dem zu Rom wurde er Abt, und 590 wurde er mit Widerstreben Papst.

Er war für seine Person bescheiden, nannte sich vilis homuncio, servus servorum; doch duldete er auch nicht, daß sich der Patriarch von Constantinopel des Titels papa universalis bediente; dergleichen störe die brüderliche Liebe. Er vermochte es nicht zu verhindern, daß man an ihn von Constantinopel als an den höchsten Richter appellierte.

Seine Mission unter den Angelsachsen war von glücklichem Erfolg, schon 597 finden wir einen Erzbischof Augustin zu Canterbury.

Seine kirchliche Gesetzgebung (epist. decretales) bezog sich auf den Cölibat, die Residenz der Geistlichen, das Klosterwesen. Er vereinfachte und dämpfte die Ambrosianische heitere und bewegliche Sangesweise der Kirche durch den gemessen in unisono und in gleich langen Tönen einherschreitenden cantus firmus, der einem geschulten kirchlichen Chor (daher Choral) übertragen wurde.

Dies letztere hängt mit Gregors hierarchischen Ansichten zusammen. Der Gregorianische Kirchengesang, auch cantus Romanus genannt, ist seitdem in der katholischen Kirche im ganzen in Geltung geblieben. Unter Gregors Hymnen ist das Passionslied Rex Christe, factor omnium, Redemptor et credentium, Placare votis supplicum Te laudibus colentium. Der Reim, welcher hier auftritt, war bald nach Ambrosius in die Kirchenpoesie eingeführt worden.

§. 107.

Muhammed. 571—632. Seine Reisen in Handels-Angelegenheiten brachten ihn in mannigfachen Verkehr, auch mit syrischen Mönchen. Seit 609 hing er religiösen Gedanken nach, er entdeckte in sich den Beruf zum Propheten und wollte den Glauben Abrahams (Monotheismus) herstellen: „Abraham war nicht Jude und nicht Christ, er folgte der wahren Religion, war nicht von denen, die Gotte Gefährten setzen." (Er meint die 3 Personen in Gott.) Bald erhielt er die erste Offenbarung in der Nacht der Herrlichkeit, nämlich eine der Suren (Stufen) des Korân, eine Offenbarung, die ihn aufregte und erschütterte. 615 trat er öffentlich auf, hatte aber in seiner Vaterstadt Mecca nur geringen Erfolg. Man schob sein Unternehmen auf Neuerungssucht und Unruhe des Herzens. In diese erste Zeit fiel auch seine fabelhafte Reise in die 7 Himmel, wobei ihm die wichtige zweite Sure eingegeben sein sollte; Fasten, Wallfahrt nach der Kaaba, Almosen, fünfmaliges Gebet war darin geboten. Mit der Zahl seiner Anhänger in Mecca mehrte sich der Haß seiner Feinde. Mordplan. Die Flucht (Hedschra 622) mit ihren Fabeln. Muhammed in Medina. Der glückliche Prophet wird lasterhaft, veranstaltet Raubzüge gegen Karawanen unter dem Titel: Kämpfe gegen die Ungläubigen. Zum Kriege ermuntert er durch neue Koransuren, die zugleich den Fatalismus einprägen:

„Wen sein Schicksal ereilt am Tage der Schlacht, der wäre ihm auch in des Weibes Armen nicht entgangen." „Saget nicht von denen, die für die Religion Gottes getötet werden, sie sind tot, sondern, sie sind lebendig; denn das versteht ihr nicht."

Eroberung Meccas 630 an einem Freitag, Zerstörung der dortigen Götterbilder. Abschaffung der Warenheirat. Duldung der Vielweiberei, der Blutrache. Die sinnliche Darstellung des Paradieses; die Werkheiligkeit: „Der Glaube führt auf halbem Wege dem Herrn entgegen, Fasten bis an die Thür seines Hauses, Almosen öffnet die Pforten."

Aus dem Koran: Es ist kein Gott, als er, der Allebendige und Allbeständige. Ihn befällt weder Schlummer noch Schlaf. Wer wagt es, bei ihm fürzusprechen, ohne mit seiner Erlaubnis? Er weiß, was vor ihnen und was hinter ihnen. Sie fassen nichts von seiner Wissenschaft, als was er will. Er ist der Höchste, der Größte.

„Die klopfende Stunde:" Die klopfende Stunde, und wer giebt dir Kunde, was da sei die klopfende Stunde? Der Tag, an welchem die Menschen wie Heuschrecken zerstreut vom Wind, die Berge gleich zerrissener Baumwolle sind; und wessen Schale sinkt, dem wirds im ewigen Leben gut, und wessen Schale steigt, sinkt in die Flammenwut. Was macht dir begreiflich, was da sei die Flammenwut? Es ist der Hölle brennendste Glut.

Die Ausbreitung des Islam geschah in durchaus weltlicher, gewaltsamer Weise. Der Prophet selbst hatte schon Arabien bezwungen und hochmütige Bekehrungsbriefe an den persischen König, wie an den griechischen Kaiser geschickt. Seine Nachfolger, die Kalifen (Omar besonders) setzten dies fort: Syrien, Palästina, Persien, Ägypten, Nordafrika, Spanien (711) wurden erobert. Der Sieg Karl Martells bei Poitiers (732) hemmte auf dieser Seite die Fortschritte des Islam.

§. 108.

Bonifacius, der Apostel der Deutschen. 680—755.

Anmerkung. Frühere Missionare bei den Deutschen und Franken: Goar 600, am Rhein (St. Goar), Columbanus (Vogesen, Schweiz), Gallus (Kloster St. Gallen 614), Kilian 660 (Würzburg), Willibrord 696 in Friesland (Utrecht), Suibbert in Westfalen (Kaiserswerth).

Bonifacius (Winfried, geb. zu Kirton in Wessex) wollte das Missionswerk nicht mehr so langsam und gründlich betreiben, daß er die Einzelnen durch das evangelische Wort zu gewinnen suchte. Es sollte vielmehr christliche Pracht und die imponierende Macht christlicher, einheitlich geordneter Gemeinschaft die Deutschen halb gewaltsam herbeiführen. Er wandte sich also zuerst (718) nach Rom an Gregor II., der ihn förmlich und eidlich in Pflicht nahm und ihm Empfehlungsschreiben mitgab; und als B. sich auch den mächtigen Karl Martell geneigt gemacht hatte, konnte er noch kräftiger auftreten. Er lenkte seine Missionsreise nach Hessen. Der Fall der Donnerseiche bei Geismar erschütterte den Glauben unsrer heidnischen Vorfahren. — Absetzung verheirateter Geistlichen. Ermahnung zur Unterwürfigkeit unter Rom. Die Bekehrungen mehrten sich (100,000). Auch wurden durch ihn und seine Mönche aus Wüsteneien blühende Fluren.

Bonifacius gründete im Laufe der Zeit viele Klöster, unter welchen besonders Fulda (742) berühmt geworden ist, und stiftete mehrere Bistümer: Salzburg, Freisingen, Regensburg, Passau u. a. Auch hielt er die ersten deutschen Kirchen-Versammlungen, auf welchen man unter anderm den Geistlichen Jagd und Krieg verbot und die Unveräußerlichkeit des Kirchengutes durchsetzte. Im Jahre 746 nahm er in Mainz seinen festen Sitz; doch erlaubte ihm der Papst bald, seine Missionsreisen wieder aufzunehmen. 755 wurde er bei Dokkum von heidnischen Friesen mit 52 Gefährten erschlagen.

Die größten Schwierigkeiten fand die Mission in der Folge bei den Sachsen; doch fand das Wort allmählich bei ihnen Eingang, trotz der Gewaltmaßregeln, mit denen Karl der Große gegen die Heiden verfuhr. Wie innig die Aneignung des Christentums gerade bei den Sachsen war, zeigt das alte alliterierende Epos Heliand, eine Evangelienharmonie aus dem 9. Jahrhundert.

Anmerkung. Wenn man diese Erscheinung erklären will, muß man vor allem die Thätigkeit jener Glaubensboten bedenken, welche sich als Apostel des Friedens neben die Kriegsheere Karls stellten. So war besonders Liudger, der Apostel Westfalens (Münster, Monasterium), ein Mann von rastloser Thätigkeit und seltener Geduld. Willehab wurde von Karl in die Gegend des nachherigen Bistums Bremen gesandt († 789). Später Anschar (831) in Schleswig und Schweden.

Die mittlere Kirchengeschichte.

§. 109.

Griechische und lateinische Kirche. Nicht bloß waren es andere Fragen (§. 103 am Ende), welche das christliche Denken in den beiden Abteilungen der Kirche vorzugsweise beschäftigen, sondern auch die Art der Behandlung war verschieden; die griechische Kirche war spekulativ, geistreich, beweglich; die lateinische praktisch, ernst, fest an den alten Überlieferungen hangend. Ein neues Leben kam in die lateinische Kirche durch die germanischen Völker; aber der Zustand des griechischen Staates wurde immer trostloser. Man sieht den Verfall des innern christlichen Lebens besonders in dem Fanatismus des Bilderstreits.

Doch finden sich auch wirkliche Lehrverschiedenheiten, insbesondere in der Lehre vom heiligen Geist. Daß er vom Vater ausgehe, war alte Lehre; die Griechen blieben dabei. Sie citierten (ohne Erfolg) den Spruch Joh. 15, 26: ὁ παράκλητος ὃν ἐγὼ πέμψω ὑμῖν παρὰ τοῦ πατρός, τὸ πνεῦμα τῆς ἀληθείας ὃ παρὰ τοῦ πατρὸς ἐκπορεύεται κτλ. (Vgl. Joh. 16, 14). Im Abendlande lehrte man besonders seit Augustin, ex patre filioque procedit. (Siehe VII, 2 B.)

Die Feindseligkeit zwischen beiden Kirchen kam 867 zum Ausbruch, mit noch größerer Heftigkeit entbrannte sie 1043. Der Patriarch Michael bezeichnete es als ketzerisch, daß die Abendländer (seit dem 9. Jahrhundert) beim Sakrament ungesäuertes Brot gebrauchten, und nannte sie daher Azymiten. Er wurde immer heftiger, so daß 1054 der römische Papst ihm in der Sophien-Kirche die Exkommunication aushändigen ließ.

§. 110.

Über die Entwickelung des Papsttums. Rückblick; vgl.
§§. 66; 93, 4; 97; 98; 105, 3; 106; 108; (133; 188). Erst
erstrebten die Päpste die Herrschaft über die ganze Kirche, sodann
seit Gregor VII. die Herrschaft der Kirche über den orbis ter-
rarum. Der Staat mußte in den Hintergrund treten. — Momente
des Wachstums waren besonders:

1. Die sog. Schenkung Constantins (seit 775 erwähnt).

2. Die Pseudo-Isidorischen Dekretalen, dazu bestimmt,
dem schon bestehenden Gebrauch eine Rechtsgrundlage zu geben. Dio-
nysius Exiguus (536) hatte eine Sammlung von alten Kirchenge-
setzen (decretales) veranstaltet und Isidor von Sevilla (630) dieselbe
noch einmal und mit Geschick herausgegeben. Zweihundert Jahre
später (845) wurden ihm neue Dekretalen untergeschoben.

Lehren der Pseudo-Isid. Dekretalen: die Priester sind Gottes
Augäpfel, die Laien aber sind carnales (cf. σάρξ §. 96). Wer
sich gegen Geistliche versündigt, versündigt sich an Gott, begeht ein
sacrilegium und sündigt mehr, als ein Ehebrecher, weil dieser sich
an Menschen versündigt. Schlechte Priester müssen als eine Schickung
Gottes ertragen werden; glücklicher Weise ist ihre amtliche Wirksamkeit von ihrer Person unabhängig. Der Papst, von Christo selbst
zur Regierung berufen, steht über allen Bischöfen; ohne seine Mitwirkung kann kein Konzil gehalten, auch kein Bischof irgendwie be-
langt werden.

Hildebrand hatte schon 24 Jahre den Päpsten seine kräftige
Unterstützung gewidmet (besonders bei der Einsetzung eines Kardinal-
Kollegiums durch Nicol. II. 1059), als er als Gregor VII. 1073
Papst wurde.

Hier und da, z. B. in Turin war die Ehe den Priestern erlaubt worden, Gregor schärfte 1074 die alten Cölibatsgesetze wieder
ein und verbot alle Simonie. Beides mit großer Strenge und
großem Erfolg. Viele erinnerten an 1. Kor. 7, 2 u. a. St. und
an frühere Canones, auch an die jüdischen Priester. Alles umsonst.
In Erfurt kam der päpstliche Legat in Lebensgefahr. Der Papst
regte das niedere Volk, die Mönche und die Fürsten gegen die ver-
heirateten Priester auf, so daß er zuletzt überall durchdrang. Dann

verbot er 1075 alle Investitur durch Laien und that sofort 5 un-
geistliche Räte des Kaisers in den Bann. Der Kaiser entließ sie
auch, weil er in Not war, nahm sie aber wieder an, ja er setzte
durch eine Synode zu Worms 1076 den Papst ab, worauf dieser
den Kaiser feierlich exkommunicierte und alle Unterthanen des Eides
der Treue entband. Die Deutschen erinnerten an die Heiligkeit des
Eides und sagten, auch der Fürst sei von Gott gesetzt, wie Römer 13
zu lesen sei. Aber andere entgegneten, der von Gott gegebenen
Leitung der ganzen Christenheit zu widerstreben, dazu könnte kein
Eid verpflichten. Die sonstige Unzufriedenheit mit dem ausschwei-
fenden, tyrannischen Heinrich gab den Ausschlag. Im Jahre 1077
lag Heinrich zu Canossa in tiefster Erniedrigung vor dem Papste.

Innocenz III. (1198—1216) brachte das Papsttum zum
Gipfel der Macht. Groß war sein Einfluß in Deutschland (Otto
IV. Philipp von Schwaben. Friedrich II. 1215—1250). Noch
gewaltiger herrschte er in England (Johann ohne Land). England
wurde ein päpstliches Lehen. Überall war er durch seine Legaten
gegenwärtig. Nach ihm sank das Papsttum mehr und mehr. Frankreich wurde allzu mächtig für die Freiheit des Kirchenstaats. Bonifaz
VIII. (1294—1303) wollte sich in alter Weise in einem Krieg Phi-
lipps des Schönen mit Eduard I. von England mischen. Philipp
wies ihn ab und besteuerte die Geistlichkeit zur Deckung der Kriegs-
kosten. Bonifaz bannte alle Laien, die den Klerus mit Steuern be-
lästigten. Philipp verbot dagegen alle Geldausfuhr, was dem Papste
bald drückend wurde. Bann und Interdikt, Lossprechung vom Un-
terthaneneide blieb nicht aus. Aber die französischen Stände klagten
den Papst an und appellierten an ein allgemeines Konzil.

Ein französischer Bischof, Clemens V., kam bald auf den
päpstlichen Stuhl; er blieb gleich lieber in Frankreich, und so ist gegen
70 Jahre zu Avignon der päpstliche Sitz geblieben, 1305—1377.
(Die babylonische Gefangenschaft.) Demnach Abhängigkeit von Frankreich und Anmaßung gegen die andern Mächte. Johann XXII.
und die beiden Fürsten: Ludwig der Baier und Friedrich der Schöne
von Östreich.

Von 1378—1409 waren zwei Päpste zugleich, die sich gegenseitig verfluchten. Das Konzil von Pisa (1409) konnte die beiden

Päpste nicht bewältigen, es wählte einen dritten Papst, Alexander V., der aber schon 1410 starb. Sein Nachfolger, Johann XXIII., mußte sich endlich auf Sigismunds Drängen das Konzil von Kostnitz (1414—1418) gefallen lassen. Man wollte eine Reform an Haupt und Gliedern. Abstimmung nach Nationen. Johann wurde der größten Laster bezichtigt und floh; man setzte ihn ab und nahm ihn gefangen, die beiden andern mußten auch weichen. Zu einer Reform kam es jedoch nicht.

§. 111.

Gottschalk, † 868. Als Kind dem Kloster Fulda übergeben, oblatus, sehnte er sich später wieder ins Leben zurück, aber Rabanus Maurus ließ nur das zu, daß er in ein anderes (französisches) Kloster geschickt wurde. Hier geriet Gottschalk auf das Studium Augustins und vertiefte sich nach seiner spekulativen Richtung in die Lehre von der vorweltlichen praedestinatio, die er nicht nur als eine zum Guten und zur Seligkeit auffaßte, sondern auch zur Unseligkeit, also praedestinatio gemina, duplex. Rabanus schalt ihn ob seiner Vermessenheit. Gottschalk suchte sich 848 auf einer Synode zu Mainz zu verteidigen (Nec est quisquam, quem deus salvari velit et non salvetur, quia deus noster omnia, quaecunque voluit, fecit), aber er wurde gegeißelt, seine Schrift verbrannt: nach 19jähriger Klosterhaft starb er ohne Absolution und ohne Hostie, aber in Ruhe.

§. 112.

Paschasius Radbertus. Als Abt des Klosters Corbie schrieb er 844 ein Buch de sacramento corporis et sanguinis Christi. Er lehrt, im Abendmahl finde nicht bloß eine geistige Gemeinschaft mit Christo statt (non anima sola hoc mysterio pascitur), sondern eine leiblich-geistige. Der Wille Gottes sei noch immer schöpferisch wirksam in der Veränderung der Dinge, was nicht contra naturam, sondern nur supra naturam sei. So wandele Gott nach·seiner Allmacht Brot und Wein um in den Leib und das Blut des Herrn, in denselben Leib, den der Herr auf Erden getragen und in dem er gelitten habe. Diese Wandelung verhülle sich, damit die Sinne nicht erschrecken und der Glaube Übung bekomme (zuweilen sei sie indes auch den Sinnen wahrnehmbar). Von den Elementen bleibe nur Gestalt und Geschmack.

Die folgende Zeit erlebte noch einen (2.) Abendmahlsstreit durch **Berengar von Tours. 1050.**

Ihm schienen die Lehren des Paschasius unbiblisch und unvernünftig zu sein. Sein Brief an den gelehrten Lanfrank mißfiel dem Papste, man verdammte ihn ungehört. Von dem bald darauf zu Vercelli stattfindenden Konzil hielt ihn der König durch Einkerkerung zurück: das Konzil aber warf seine Schrift ins Feuer. Berengar wurde freigelassen und trat immer heftiger auf, überzeugt er müsse der Wahrheit Bahn brechen. Erst 1054 konnte er, durch den Schutz des **Hildebrand** (Gregor VII.) auf einer Synode in Tours zu Worte kommen. Aber der Papst zwang ihn 1059 durch Todesfurcht zu einer Erklärung, daß es der wahre Leib Christi sei, der von den Priestern betastet, zerbrochen und von den Zähnen der Gläubigen zerkaut werde.

§. 113.

Anselmus, geb. 1033, † 1109. An der neuen Bildung durch die Philosophie des Aristoteles, welche seit dem saeculum obscurum in Aufnahme kam, nahm Anselmus teil durch den Unterricht Lanfranks zu Kloster Bec in der Normandie. Er war außerordentlich gewissenhaft und fleißig im Großen wie im Kleinen. Seit 1093 war er Erzbischof in Canterbury, hatte mehrere Zwistigkeiten mit den englischen Königen, in Verteidigung der Grundsätze Gregors VII., starb aber ausgesöhnt mit allen.

Auch seine innige Frömmigkeit machte ihn zu einem Vorbild der Scholastiker. Die Sünde erschien ihm so häßlich, daß er sagte, er wolle lieber rein von Sünden und unschuldig in die Hölle fahren, als mit Sünde befleckt in den Himmel. Gegen seinen Leib war er strenge.

Die Wahrheit ist ihm etwas Objektives, und der denkende Geist muß es sich erst aneignen, um es dann als Wissenschaft zu reproduzieren. Wenn der Mensch Gott, der die Wahrheit ist, erkennen will, so muß er sich ihm erst hingeben, ihm glauben: fides praecedit intellectum. Daß die christliche Lehre Wahrheit sei, kann kein Christ leugnen; kann er sich dieselbe nicht zu einer deutlichen, begründeten Erkenntnis erheben, so rennt er wenigstens nicht mit seinem Haupte dagegen an, sondern beugt sein Haupt und betet an. Aber die Aufgabe bleibt doch, das Christentum auch vor dem Denken als wahr zu rechtfertigen. Also: non intellego ut credam, sed credo ut intelligam.

Das ontologische Argument ist im proslogium vorgetragen in Form eines Gebetes; beständig ringt Anselm nach Heiligkeit in der schwierigen Untersuchung und endigt mit dem frohen Gefühl, ein Strahl der Wahrheit sei in seine Seele gefallen.

Der Thor, welcher (Psalm 14) sagt: es ist kein Gott, meint, Gott sei ein Inhalt, der bloß in intellectu, nicht in re existire. Aber die Vorstellung Gottes ist sofort unwahr, wenn sie als bloße Vorstellung auftritt, ohne die wirkliche Existenz Gottes zu behaupten. Gott soll das Höchste sein, aber ein bloß vorgestelltes Höchstes ist nicht das Höchste; ihm fehlt die Vollkommenheit des Seins. Si enim vel in solo intellectu est, potest cogitari esse et in re, quod maius est; si ergo id, quo maius cogitari non potest, est in solo intellecta, id ipsum quo maius cogitari non potest, est quo maius cogitari potest. Anselm wollte diesen Schluß nicht bei irgend einem willkürlichen Begriff anwenden, wie bei einer erträumten vollkommenen Insel der Seligen, sondern nur bei einem notwendigen Denkinhalt.

§. 114.

Während uns in Anselm eine harmonische Verbindung von Frömmigkeit und theologischer Durchbildung entgegentritt, sehen wir in dem heiligen Bernhard mehr die erste, in Abälard die zweite Richtung entwickelt.

Der heilige Bernhard von Clairvaux. 1091—1153. Er war zu Fontaines in Burgund geboren und von seiner frommen Mutter Aleth in fast klösterlicher Stille erzogen worden. Früh begab er sich in das Kloster Cistertium[1]), wo er der beschwerlichsten

---

[1]) Dies Kloster und der ganze Orden der Cistercienser wurde durch Bernhard gehoben (Bernhardiner). Überhaupt entstanden in dieser Zeit viele neue Mönchsorden, insbesondere Bettelorden mit reichen Einkünften. Die Kreuzzüge veranlaßten Ritterorden in Mönchsformen: Templer 1119, Johanniter 1113, deutsche Ritter 1190. Am wichtigsten aber wurden die Franciscaner (Franciscus von Assisi, † 1226, ein Ideal mittelalterlicher Frömmigkeit), auch fratres minores genannt, und die Dominicaner (Dominicus Gußman, ein

Feldarbeit oblag, während der Geist in frommen Betrachtungen sich in Gott versenkte. Das Absterben und Abtöten des alten Menschen bezog er auch auf den Leib, den er zu streng hielt und abschwächte. Der Ruf seiner Frömmigkeit zog ganze Scharen herbei und machte bald die Anlegung neuer Klöster notwendig; in einem derselben, Claravallis (Clairvaux), wurde Bernhard Abt. Außerdem aber begehrte eine Menge Menschen von Bernhard Rat und Zuspruch in den wichtigsten Angelegenheiten der Seele, ja auch in Sachen weltlicher Weisheit, so daß Päpste und Könige nichts Großes ohne seine Zustimmung unternahmen.

Am großartigsten tritt die Bedeutung Bernhards in der Rede hervor, durch welche er im Jahre 1147 den zweiten Kreuzzug veranlaßte. Daß derselbe einen unglücklichen Ausgang nahm, war eine der traurigsten Erfahrungen Bernhards; nur die Sünde der Kreuzfahrer machte es ihm erklärlich, daß eine so heilige Sache mißlingen konnte.

Nach seinem frommen Sinn kam ihm alles auf die Wiedervereinigung des Sünders mit Gott an, wie sich dieselbe im Gefühl der Begnadigung ausspricht. Das Erkennen Gottes und der himmlischen Dinge verachtete er nicht, aber er vermochte demselben nur einen verhältnismäßig geringen Wert beizulegen. Er hatte zudem bemerkt, daß der zu starke Erkenntnistrieb (z. B. bei Abälard) öfters auf Neuerungen und Abweichungen von der Kirchenlehre führe. Das Richtige schien ihm dagegen eine innere Kontemplation der himmlischen Dinge zu sein, ein Schauen des Herzens, in welchem zuletzt der Mensch in Gott und Gott im Menschen wohnt. So erzählt er von sich selbst:

„Durch keinen der äußeren Sinne empfand ich die Gegenwart des heiligen Geistes: nur an der Bewegung meines Herzens erkannte ich, daß er bei mir war, nur an der Ertötung meiner Neigungen erkannte ich seine Kraft. An der Aufdeckung der verborgensten Gedanken meines Herzens erkannte ich die Tiefe seiner Weisheit, an irgend einer kleinen Besserung meiner Gesinnung erfuhr ich die Süßigkeit seiner Gnade; an der Erneuerung meines inwendigen Menschen bemerkte ich den Glanz seiner Schönheit, und bei der vereinigten Betrachtung aller dieser Dinge erzitterte ich vor der Majestät seiner Größe."

Castilianer, † 1221), welche sich besonders der Predigt, der Ketzerbelehrung und darum auch den gelehrten Studien widmeten. Der Augustinerorden entstand 1256.

§. 115.

Abälard. Er war geboren 1079 zu Palatium in der Bretagne. Bei bedeutenden Anlagen leistete er in dialektischen Dingen so ausgezeichnetes, daß ihm das System seines Lehrers bald nicht mehr genügte. Er wurde eitel und hochmütig, meinte, er sei nunmehr auf der Welt der einzige Philosoph. Frena libidini coepi laxare, qui antea vixeram continentissime. Aus allen Ländern strömten ihm die Schüler zu, aus Rom, den Niederlanden, Deutschland u. s. w. Seine Liebe zu Heloise, die lieber ohne kirchliche Weihe mit ihm leben, als ihn aus der Reihe kirchlicher Würdenträger ausgeschlossen sehen wollte. Er warb ernster durch Spott und Leid und zog sich in das Kloster St. Denis bei Paris zurück. Bald fing er auf Bitten der Jugend wieder an zu lehren. Tanta scholarium multitudo confluxit, ut nec locus hospitiis nec terra sufficeret alimentis. Um diese Zeit schrieb er seine Introductio in theologiam. Er tadelt es darin, daß viele das Christentum nur als eine Sache des blinden Autoritätsglaubens ansähen, der eine Prüfung nicht zulasse. Vielmehr, sagt er, muß sich der Glaube durch Zweifel hindurch begründen. Freilich hat auch dann der Glaube immer noch kein meritum vor Gott; ja, er wird sogar oft irre an der Wahrheit des göttlichen Worts, wenn nicht die Liebe dazu kommt. Eine Synode zu Soissons verurteilt das Buch; er muß es selbst ins Feuer werfen. Nach kurzer Kerkerhaft und nachdem er mehrere Jahre zurückgezogen gelebt, wiederholt er in einem neuen Buche die Lehren des alten. Nun stellt er die alten griechischen Philosophen höher, als die üppigen, unwissenden Bischöfe seiner Zeit. Die Erkenntnis Gottes erschließe sich, sagt er, nur den Menschen reines Herzens. Das Talent habe bei Gott keinen Vorzug. Die Hauptsache sei, Gott zu lieben, nicht um Lohn, auch nicht um die Seligkeit, sondern um Gottes willen: auch nicht aus Furcht, die Furcht sei (nur) der Anfang der Weisheit.

Ein Beispiel der damaligen Schriftauslegung. Heloise legt als Äbtissin dem gelehrten Abälard folgende Schwierigkeit vor: Matthäus sagt: Wahrlich, ich sage dir, in dieser Nacht bevor der Hahn kräht, wirst du mich dreimal verleugnen. Marcus aber sagt: Wahrlich, heute (hodie), in dieser Nacht, bevor der Hahn zweimal krähet, wirst du mich dreimal verleugnen. Woher diese

Verschiedenheit in den Angaben vom Hahn? Und wie kann Marcus sagen: hodie in nocte hac, da doch im dies, im Tage, nicht die Nacht ist? Abälard antwortet auf das letztere zuerst. Die Schrift pflege unter Tag ebensowohl Tag und Nacht zusammenzufassen, als auch wir dies thun. Der Zusatz: „in dieser Nacht" bedeute daher nicht die Zeit der Nacht, sondern das Grausige der bevorstehenden Nacht. Und was das Krähen anbetreffe, so könnten wir uns vorstellen, zuerst habe der Herr so gesprochen, wie bei Marcus steht, dann aber, als Petrus seine thörichte Zuversichtlichkeit nicht aufgegeben, so geändert: bevor der Hahn auch nur einmal krähet. Aber er verbirgt sich nicht, daß diese Auskunft der evangelischen Erzählung bei Marcus widerstreitet. Darum kommt er auf eine andere Ausgleichung; vielleicht habe man bei Matthäus das Wort zweimal zu ergänzen nach dem Grundsatze, das Unbestimmtere durch das Bestimmtere zu erklären. Indes auch dies, meint er ferner, lasse sich sagen, nec fortassis absurde, das erste Krähen des Hahnes sei kein natürliches, kein cantus naturalis gewesen, sondern durch irgend eine Störung, ex aliquo strepitu vel Petri vel aliorum excitatus ante horam, vor der Zeit, also mit einer gewissen Gewaltsamkeit (vi quadam) zu wege gebracht. Was übrigens den Ausdruck dreimal angehe, so sei die Zahl bedeutsam, denn man könne überhaupt verleugnen aus Irrtum, aus Furcht oder aus begehrlicher Absicht (per errorem, timore aliquo, cupiditate), also nach jedem der drei Seelenvermögen.

§. 116.
Weiterer Verlauf der Scholastik.

Peter Lombardus († 1164) schrieb IV libri sententiarum, ein dogmatisches Lehrbuch, weitläuftig erklärt von fast allen folgenden Scholastikern. Das 1. Buch: über die Dreieinigkeit, das 2. über die Schöpfung der sinnlichen und geistigen Welt, das 3. über die Fleischwerdung des Sohnes, das 4. über die Sakramente.

Albertus Magnus, † 1280 zu Köln, der gelehrteste aller Scholastiker und ein frommer Mann. Von da an zeigt sich eine Spaltung unter den Scholastikern. Auf der einen Seite Thomas von Aquino († 1274), auf der andern Duns Scotus (Oxford, † 1308). Der erste war Dominicaner, der zweite Franciscaner; der erste legte besonders Wert auf das Wissen, der zweite auf das Wollen und die Praxis; der erste hielt den freien Willen des Menschen für ohnmächtig, der zweite schlug ihn zu hoch an. Von Scotus stammen die quidditates, haecceitates etc.

Zu den großen Scholastikern gehört auch **Bonaventura,** doctor seraphicus genannt, † 1274 als Karbinal, ein frommer Mann und unter die Heiligen aufgenommen. Es findet sich bei ihm auch mancher mystische Gedanke.

Nach Bonaventura sinkt die Scholastik rasch. Man hatte allmählich über die kirchlichen Lehren die widersprechendsten Ansichten durch die Philosophie zu begründen gewußt. Es fragte sich, was ist nun wahr? Die Kirchenlehre muß doch wahr sein. Man kam auf die Ansicht, es könne etwas in der Philosophie wahr sein, was in der Theologie disputabel, ja unwahr sei. So hatte die Scholastik Boden und Inhalt verloren. Man stellte frivole Fragen auf; num possibilis propositio: pater odit filium? num pater potuerit suppositare mulierem, num diabolum, num asinum, num cucurbitam, num silicem etc.

§. 117.
Die sieben Sakramente.

Die Lehre von den Sakramenten war fast die einzige, welche von den Scholastikern fortgebildet wurde. Erst Peter Lombardus nennt die gewöhnlich aufgeführten 7 Sakramente. (Andere kannten ihrer noch mehrere.) Bonaventura bezieht die Siebenzahl schön auf die Kardinaltugenden:

I. Glaube = Taufe
  Hoffnung = Firmelung
  Liebe = Abendmahl
II. Gerechtigkeit = Buße
  Beharrlichkeit = letzte Ölung
  Weisheit = Ordination
  Mäßigkeit = Ehe

Die Verwandlung der Elemente im Abendmahl galt als Kirchenlehre. Transsubstantiation.

Die Entziehung des Kelches. Motive und die Lehre von der concomitantia. Das „Trinket alle daraus" geht nach dem Lombarden nur auf die Priester.

Zur Buße gehörte 1) contritio cordis (Zerknirschung). 2) confessio oris. 3) satisfactio operis (das Bußwerk). Es wurde Gesetz, daß jeder wenigstens einmal im Jahre seinem eigenen Priester

alle Sünden privatim treu beichten müsse. Die iniuncta poenitentia wurde auch wohl in Selbstrafe verwandelt: Ablaß. Mit
dem Ablaß hängt die seit Gregor dem Großen aufgekommene Vorstellung des Fegefeuers zusammen. Est purgatorius ignis, quo
piorum animae ad definitum tempus cruciatae expiantur, ut eis
in aeternam patriam ingressus patere possit, in quam nihil
coinquinatum ingreditur. Catech. Rom. Die guten Werke der
Lebenden, Messen u. s. w. können die Zeit des Fegefeuers abkürzen.
Die letzte Ölung: sie wurde fälschlich zurückgeführt auf
Jac. 5, 14; Marc. 6, 13.

Die Ordination ist die Mitteilung geistlich=kirchlicher Gewalt durch den Bischof mittels Auflegung der Hände (Cheirothesie),
Salbung und Tonsur. Die Ordination ist indelebilis.

Ehe: die Ordination schloß im Abendlande die Ehe aus. Zum
Sakrament wurde die Ehe aus Mißverstand von Eph. 5, 32 τὸ
μυστήριον (sacramentum, Vulg.) τοῦτο μέγα ἐστίν, ἐγὼ δὲ λέγω
εἰς Χρ. καὶ εἰς τὴν ἐκκλησίαν. Die Ehe ist unauflöslich, doch
können die Eheleute getrennt werden. (Außerdem Nullitätserklä-
rungen und Dispensationen). Die Ehe darf wiederholt werden, ist
nicht indelebilis.

§. 118.
Die Mystik.

Allgemeine Erörterungen; Stellung zur Scholastik.

Bei dem heiligen Bernhard von Clairvaux, dem Gegner
Abälards, tritt die mystische Richtung schon deutlich hervor. So
sagt er: Orando facilius quam disputando et dignius deus quae-
ritur et invenitur.

Hundert Jahre nachher (1250) finden wir zu Regensburg den
ersten bedeutenden Mystiker, der deutsch redet, den Franciscaner-
Mönch Berthold.

Anmerkung. Aus einer Predigt über Mt. 5, 8 (W. Wackernagel, Altd. Lesebuch): Saelig sint, die reins herzen sint; die werdent got sehende . . . Und
wolte ich vil gerne, daz ich also ein guot Mensch wäre als daz war ist, daz
ich iezunt reden wil. Ob daz also wäre, daz man zuo einem Menschen spraeche,
der iezunt bi got ist „du hast zehen lint uf ertrich, und du solt in teufen allen

sampt, baz sie ere unb guot haben, unz an irn tot ba mit, baz bu einigen augenblik von gotes angesiht tuost, niuwen als lange als einz sin hant möht umb kern" . . . ber niensche entaete sin nit . . . Er lieze bistu zehen kint unz an irn tot e nach bem almuosen gen, e banne er sich bie kleine wile von got wolte wenben. Er schilbert auch weiterhin, was uns an bem Schauen Gottes, bem Schauen ber oberen Sonne, hinbere: Wie bie Erbe uns ben Anblick ber irbischen, niebern Sonne entzieht, so hinbert bie Weltgier, Habgier am Schauen Gottes. Nebel unb hohe Wolken entsprechen ber Hoffart. Wie enblich ber Monb oft am Schauen ber Sonne hinbert, so ber Unglaube (in seinen vielfachen Wechselgestalten) am Schauen Gottes. Das Spekulieren ist ihm be- benklich; wer zu sehr in bie Sonne schauet, wirb blinb, ebenso wer zu sehr in ben Christenglauben einbringen will unb barin rumpelt mit seinem Denken.

Meister Eckhart. Wie zuweilen bie Mystiker auch von bem rechten Glauben abirrten unb sich mehr ober weniger in Schwärmerei unb Pantheismus verloren, zeigt unter anbern ber Dominicaner Eckhart, (in Straßburg unb Köln wirksam), bessen Lehren (1329) von Johann XXII. verbammt wurden.

Meister Eckehart sprichet: ber in allen steten ist ba heime, ber ist gotes wirbic, unt ber in allen ziten blibet eine, bem ist got gegenwärtic, unb in beme sint geswigen alle creature, in beme gebirt got sinen einbornen sun.

Er wart ouch gefraget: ob ber mensche sin selbes uz wölti gan, ob ber ber nature iht sölti sorgen? Do sprach er: gotes bürbi bie ist lihte unbe sin joch baz ist süeze: er wil ez niht wan in bem willen, unbe baz bem ungetriebenen menschen ist ein griuse, baz ist bem getriebenen ein herzensfröibe. Ez ist nieman gotes riche wan ber ze grunbe tot ist.

Meister Eckehart sprach: ich wil got niemer gebiten, baz er sich mir gebe: ich wil in biten, baz er mich luter mache. Wan were ich luter, got müeste sich mir geben von siner eigener nature unb in mich fliezen.

Wa mite kumet man zuo luterkeit? Mit einem steten jamer na bem eini- gen guote, baz got ist. Unb wa mite kumet man in einen jamer? Mit ver- nihten sich selben unb mit missevallen aller Creaturen, unbe ba wiset bich hin eigen wizzen zuo, wan alle creature sint ein niht unbe werbent ze nihte mit jamer unb mit bitterkeit.

Von ihm angeregt ist ber ebelste ber beutschen Mystiker,

§. 119.

Joh. Tauler, geb. 1290 zu Straßburg, † 1361. Früh schon wurbe er Dominicaner, seine Stubien richtete er besonbers auf Pseubo-Dionysius unb Augustin. Mehrere Umstänbe trafen zusam- men, seine Zeit sehr ernst zu machen:

1. **Der traurige Streit** zwischen Ludwig dem Baier und Friedrich. Der Adel und die Geistlichkeit in Straßburg hielten sich mehr an den vom Papst begünstigten Friedrich, die Bürger an Ludwig. Bannflüche schreckten die meisten Geistlichen aus der widerspenstigen Stadt. Privatvereine von Laien und Priestern (Gottesfreunde) nahmen sich nun der geistlichen Not des Volks an. Zu ihnen gehörte **Tauler.**

2. **Der schwarze Tod** raffte Scharen hin (1347—48). Geißelfahrt: Nu hebent uf iuwer hende, daz got diz große sterben wende. Nu hebent uf iuwer arme, daz sich got über uns erbarme. Zu Straßburg allein starben 16,000 Menschen. (Judenverfolgungen.)

Taulers einfache, eindringliche Predigt war schon damals von großer Wirkung. Ein „gnadenreicher Laie" aber, Niklaus von Basel, ein Waldenser (später als Ketzer verbrannt), reiste nach Straßburg, um Tauler noch tiefer in die wahrhafte Frömmigkeit zu führen. Er forderte Tauler auf, einmal darüber zu predigen, „wie der Mensch zu dem Höchsten komme, wozu er in der Zeit kommen mag. Aber die Predigt genügte Niklaus nicht. „Ihr seid ein großer Pfaffe, aber ihr lebet nicht nach eurer Predigt; eure Predigten haben mich mehr gehindert, als gefördert; wenn der höchste Lehrer zu mir kommt, lehrt er mich mehr in einer Stunde, als ihr und alle Lehrer bis an den jüngsten Tag." Er sei noch ein Buchstabenmensch und Pharisäer. Tauler ist betroffen, demütigt sich aber und umarmt den Laien. Dieser weist ihn an, seinen Leib zu züchtigen, fünf Wochen lang vorerst nicht zu predigen, auch nicht zu stubieren. Man spottete sein, „er ist von Sinnen." Nach zwei Jahren wollte er wieder predigen: das erste Mal konnte er vor Weinen nicht und mußte das Volk gehen lassen. Durch einen lateinischen Vortrag im Kloster erlangte er wieder Erlaubnis zum Predigen. Seine Wirksamkeit war von nun an noch viel segensreicher als vorher. Um 1350 ging er nach Köln und predigte in der Kirche zu St. Gertrud. Mit Niklaus von Basel blieb er in steter Verbindung.

Von Taulers Lehre.

1. **Die Seligkeit der Entsagung.** Die Seligkeit des Menschen ist Gott zu erkennen und zu lieben; um das wahrhaft zu können, muß er allem natürlichen Erkennen und Lieben entsagen. Die vollkommene Erkenntnis Gottes ist nämlich zugleich Vereinigung mit Gott, ganz und gar; auch praktisch muß man sich abwenden von der Welt, man muß entsagen. Ir wellent got und

die creature mit einander han und das ist unmöglich; lust gotes und lust der creaturen: und weinbest du blut, es mag nit sin. Soll Gott eingehen, so muß der Mensch ausgehen. Wir müssen entwerden, in unser Nicht versinken. Die Seele muß stille sein und schweigen und Gott leiben, so wird man arm und kann Christo nachfolgen.

2. **Die Tugend.** Wenn der Mensch vergottet ist, so wird er kein Träumer und Nichtsthuer, sondern er ist liebevoll und barmherzig, übt sich in diesen einzelnen Tugenden, um zu der einen Tugend vorzubringen, zu der Gottesliebe. Die höchste Stufe derselben ist die leidende Gottesliebe, die grundlose Gelassenheit, in der man alles Leid und Kreuz ohne Murren trägt. Sie äußert sich aber in allgemeiner Menschenliebe, im Dienen bei Kranken, im Predigen u. dgl.

3. **Die Kirchensatzung.** Der Geist ist ihm allein wesentlich, daher sieht er die, welche nur die kirchlichen Bräuche befolgen, als unvollkommene Menschen an. Fasten, Beten, ist eben für den Anfänger gut. Der vollkommene Mensch hält diese Gesetze für gut, weil sie die Kirche gegeben hat, aber sie binden ihn nicht, und er scheint sie öfters zu brechen. Die Werke haben kein Verdienst. Die Buße ist etwas Innerliches, „töte die Untugend, nicht das arme Fleisch." Wenn man die Sünde nicht flieht, kann selbst der Papst mit allen seinen Karbinälen nicht absolvieren. Nichts hilft die Fürbitte der Heiligen und der Jungfrau Maria.

Es ist unrecht, das arme unwissende Volk im Bann sterben zu lassen. Die Priester sollen sich nicht an ihn kehren. Der Papst kann einem Menschen, der ohne seine Schuld im Banne stirbt, den Himmel nicht verschließen. Wer sonst den christlichen Glauben hat und sich nur gegen die Person des Papstes versündigt, ist darum noch lange kein Ketzer.

Solche Lehren ärgerten den Bischof von Straßburg, aber selbst Kaiser Karl IV. „war schier seiner Meinung."

Es folge noch eine Stelle aus Taulers Nachfolgung des armen Lebens Christi (S. 138 Constanzer Ausgabe von 1850):

„Nun mögte man sprechen: Seit nun des Menschen höchste Seligkeit liegt daran, daß er schweige, und allein das ewige Wort in ihm höre, und alle andere Worte lasse, was will man dann Predigen zuhören? Hierzu spreche ich: das Predigen ist nicht anders, denn ein Führen zu Gott, und zu hören das ewige Wort. So nun der Mensch gesterret ist von Gott, so mag er nicht gehören das ewige Wort nach seiner Bloßheit: wenn das ferre von dem andern ist, das mag nicht gehören das heimliche Wort, das jenes spricht; und davon muß man sagen in Bildern und in Formen dem Menschen, daß er herzu komme, und höre das verborgene Wort Gottes. Und die Menschen müssen das äußere Wort hören, und damit kommen sie zu dem innern Wort, das Gott spricht in dem Wesen der Seele. Und darum spricht Christus: „Ich habe andere Schäflein, die sind nicht von diesem Stall, und die muß ich herzu führen, daß ein

Stall werde und ein Hirte." Und darum so muß man predigen und sagen denen, die noch nicht sind kommen in den rechten Schafstall, da sie die Stimme des Hirten hören. Der Schafstall ist nicht anders, denn das Wesen der Seele, da der ewige Vater sein Wort inne spricht: und soll der Mensch darin kommen, daß er das ewige Wort in ihm höre, so muß er alle andere Worte lassen, und sich setzen in ein lauter Schweigen. Und das ist dann sein Bestes; und darum spricht Augustinus: „Der Mensch, der von unserm Herrn Jesu Christo gelernet hat mild seyn und demüthig von Herzen, dem ist nutzer, daß er bete, und gedenke nach Gott, denn daß er lese und höre predigen." Aber die anderen, die deß nicht sind, die sollen hören predigen, und sollen studiren, — und was sie hören oder lesen, dem sollen sie folgen: und also kommen sie zu der rechten Wahrheit, und zu dem Leben das Gott ist. Zu dem andern, so mag man Predigen hören. Ist nun ein Mensch dazu kommen, daß er das Wort in ihm hört, und darin mag er sich nicht allezeit kehren, wann die leibliche Natur mag es nicht erleiden, — und davon so muß sich der Mensch etwa auslehren in dem Sinne, und muß etwas Werkes darinne haben: und das sinnliche Werk soll er kehren in das Beste. Ist ihm nun Predigen nutz, er mag sie hören; ist ihm eine andere äußerliche Tugend nutz, er mag sie wirken; und was er dann für das Beste verstehet, darinne soll er sich üben. Und das ist ihm nicht ein Hinderniß das ewige Wort zu hören, sondern es fördert ihn zum Besten: und so er sich darinne ausgeübet, und der äußerliche Mensch gestärket wird und geordnet wird zu dem innern Menschen, so soll er sich wieder einkehren, und wahrnehmen des ewigen Wortes, und soll das hören: und das Hören giebt ihm ewig Leben."

Andere Mystiker der Zeit waren: Heinr. Suso (der Seuse) in Ulm, Amandus genannt, † 1365. — Joh. Ruysbroek zu Brüssel, † 1381. — Der Verfasser des Buches: Theologia deutsch (der Frankforter 1400)

Thomas a Kempis, 1380—1471: „de imitatione Christi;" nächst der Bibel am meisten übersetzt und verbreitet (über 3000 Ausgaben). Thomas gehörte der Brüderschaft des gemeinsamen Lebens (§. 123) an. In der Lehre zeigt er keine Abweichung von seiner Kirche. Gegen die Mannigfaltigkeit des weltlichen Lebens war er gleichgültig, der Himmel war seine Heimat; als ein Fremdling wandelte er durch die Natur, um sich nicht selbst entfremdet zu werden.

1. Qui sequitur me, non ambulat in tenebris, dicit Dominus. Haec sunt verba Christi quibus admonemur, quatenus vitam eius et mores imitemur, si velimus veraciter illuminari et ab omni caecitate cordis liberari Summum igitur studium nostrum sit, in vita Jesu Christi meditari.

Doctrina Christi omnes doctrinas sanctorum praecellit et qui spiritum

baberet, absconditum ibi manna inveniret. Sed contingit, quod multi ex
frequenti auditu evangelii parvum desiderium sentiunt, quia spiritum Ch.
non habent. Qui autem vult plene et sapide Ch. verba intellegere, oportet ut totam vitam suam illi studeat conformare. Quid prodest tibi alta
de trinitate disputare, si careas humilitate, unde displiceas trinitati? Vere,
alta verba non faciunt sanctum et justum, sed virtuosa vita efficit Deo
carum. Opto magis sentire compunctionem, quam scire eius definitionem.
Si scires totam bibliam exterius et omnium philosophorum dicta, quid
totum prodesset, sine caritate dei et gratia? Vanitas vanitatum et omnia
vanitas, praeter amare deum et illi soli servire. Ista est summa sapientia:
per contemptum mundi tendere ad regna coelestia.

2. Noli altum sapere sed ignorantiam tuam magis fatere. Si vis
utiliter aliquid scire et discere: ama nesciri et pro nihilo reputari.
De se ipso nihil tenere et de aliis semper bene et alte sentire, magna
sapientia est et perfectio.

§. 120.
Opposition gegen die katholische Kirche.

Neben mancherlei krankhaften Auswüchsen, welche das verderbte
Kirchenwesen hervorrief, findet sich auch eine gesunde Opposition im
Mittelalter, namentlich sind in dieser Beziehung die Walbenser
wichtig. Ein reicher Bürger Lyons, Peter Walbus wurde ihr
Stifter 1179, als er, erschüttert von dem jähen Tod eines Freundes,
und getroffen von dem Bibelwort (besonders Mt. 19, 21) den Verein der pauperes de Lugduno zur Prebigt des Evangeliums unter
dem Landvolk gründete (Bibelübersetzung ins Provençalische). Die
Walbenser wollten zur Reinheit der apostolischen Kirche zurück-
kehren, hoben auch den Unterschied zwischen Klerus und Laien auf.
Ihr Leben war untadelig. Innocenz III. wollte die Walbenser
1210 zu einem katholischen Verein der „pauperes catholici" gestalten, aber es war schon zu spät. Nun wurden sie verfolgt, aber
nicht vernichtet.

Jene häretischen Sekten hatten ihr Wesen am meisten in Südfrankreich,
wo sie an dem Grafen Raimund VI. von Toulouse einen Beschützer fanden.
Bekehren konnte sie Innocenz III. nicht; ein Legat, den er hinschickte, wurde
ermordet 1209. Ein Kreuzzug gegen sie kam zu stande, die Stadt Albi
machte besonders viel zu thun (Albigenser). Außerdem die Feste Beziers (Quid
faciemus, domine? non possumus discernere inter bonos viros et malos
Der Legat: Caedite eos, novit enim dominus, qui sunt eius). Nach einem

20jährigen, beispiellos mörderischen Kriege waren die Albigenser fast vernichtet.
— Die Inquisition sollte hinfort wachen, daß nicht wieder dergleichen Ketzereien aufkämen. Gregor IX. stiftete 1232 die Inquisitionstribunale (in-
quisitores haereticae pravitatis) mit unbeschränkten Vollmachten. Die, welche
widerriefen, wurden meist ihr Lebenlang eingekerkert; die Hartnäckigen aber der
weltlichen Macht zur Verbrennung übergeben.

§. 121.

Johann Wycliffe, geb. 1324 zu Wycliffe in Yorkshire, gebildet zu Oxford; er schrieb 1350 gegen die Kirche und gegen
die faulen Bäuche der Mönche ꝛc. Die weltliche Macht steht ihm
bei (Eduard III.). Der Peterspfennig. Seitdem er den Verfall
des kirchlichen Lebens und der Geistlichen auch auf dem Kontinente
aus eigener Anschauung kennen gelernt hat[1]), ist ihm der Papst der
abscheulichste Schafschcerer und Beutelschneider, ja der Antichrist.
Die Lehre vom päpstlichen Ablaß und von den Heiligen ist ihm lächerlich. Bullen forderten Einkerkerung dieses Ketzers, aber ohne
Erfolg. Krankheit und Trübsal reinigten seinen Sinn. Er unter-
nahm eine Übersetzung der Bibel aus dem Lateinischen ins Englische.
Denn die heilige Schrift war ihm die alleinige Erkenntnisquelle:
Omnis veritas est in scriptura sacra vel explicite vel impli-
cite. Eine auch der weltlichen Obrigkeit bedenkliche Abweichung von
der Kirchenlehre fand sich bei ihm inbetreff des Abendmahls. Er
lehrte darüber ungefähr wie Berengar: die göttliche Menschheit Christi
sei virtuell an jedem Punkte der Welt, also auch in der Hostie, nicht
realiter, sondern per similitudinem, figurative. Er wurde nunmehr von Oxford verwiesen, durfte aber ruhig auf seiner Pfarre zu
Lutterworth sterben (1384).

§. 122.

Johann Huß aus Hussinecz, geb. 1369, seit 1398 Professor
der Philosophie in Prag. 1402 wurde er dort Prediger an der
Bethlehems-Kapelle. Sein Freund Hieronymus (Faulfisch) von
Prag machte ihn genauer mit Wycliffes Lehren bekannt. Aufmerk-

---

[1]) Siehe auch Petrarca (1304—1374) epist 18: Futurae ibi vitae spes
inanis quaedam fabula. Veritas ibi dementia est, pudicitia probrum ingens,
denique peccandi licentia magnanimitas et libertas eximia.

samer wurde man auf diese Lehren durch die Bilderausstellung
zweier englischer Studenten in Prag, die das arme Leben Christi
dem üppigen Leben der Kirchenfürsten entgegensetzten. Der Univer-
sitätskampf und der Abzug von wenigstens 5000 Kommilitonen (nach
Leipzig 1409). Man verbot Huß zu predigen. Er appellierte an den
besser zu unterrichtenden Papst. Derselbe citierte ihn nach Rom,
aber vergeblich. Da Huß nun 1412 auch gegen den päpstlichen Ablaß sich erhob und Hieronymus die Ablaßbulle verbrannte, kam Bann
und Interdikt (1413). Huß appellierte an Jesum, den gerechten
Richter, was man ihm sehr übel nahm, zog sich dann eine Zeitlang
in sein einsames Dorf zurück und verfaßte hier mehrere Schriften.

Ihm ist die Kirche die Gesamtheit aller Praebestinierten, also der wirklichen Glieder des mystischen Körpers Christi. Die andern sind zwar in ecclesia, aber nicht de ecclesia. Das Haupt der Kirche ist Christus, nicht der
Papst. Alle Glaubenspflicht beschränkt sich auf die heilige Schrift, die untrüg-
lich ist. In der Abendmahlslehre blieb er der kirchlichen Ansicht treu.

Das Konzil zu Kostnitz citierte ihn (1414). Er ging hin mit
kaiserlichem Geleitsbrief versehen, aber voll von Todesgedanken. Bald
nach seiner Ankunft wurde er ins Gefängnis geworfen; der Kaiser
forderte aus der Ferne drohend seine Freilassung, aber als er ankam
lernte er einsehen, daß man einem Ketzer nicht Treu und Glauben
halten dürfe. Nach siebenmonatlichem Leiden wurde Huß der öffentliche Widerruf befohlen. Die Väter stürmten auf ihn ein und bezeichneten 39 Sätze aus seinen Schriften als ketzerisch; Huß antwortete mit Demut und Festigkeit auf alles und wurde wieder ins
Gefängnis zurückgebracht. Man suchte ihn auch durch Bitten und
Vorstellungen zum Widerruf zu bewegen. Am 6. Juli 1415, seinem
Geburtstage, führte man Huß zum Tode.

Ein Jahr später verbrannte dasselbe Konzil auch den Hieronymus von
Prag. Die Hussiten. Krieg von 1419—1434.

§. 123.

Johann Wessel, † 1489. Das Wiederaufleben der klassischen
Studien war in Italien von ganz andern Erscheinungen begleitet
als in Deutschland. In Italien traten die alten Schriftsteller öfters
an die Stelle des immer mehr entstellten Christentums — ein

Kardinal Bembo warnt die Briefe Pauli zu lesen, weil sie den
Stil verdürben, Plethon erwartet eine Zeit, wo Bibel und Koran in
eine höhere, dem Heidentum ähnlichere Religion aufgegangen seien,
in der Akademie zu Florenz redet Marsilio Ficino die Freunde als
„Brüder in Plato" an, Kardinal Bessarion freut sich darauf, nach
seinem Ableben mit den olympischen Göttern einen Reigentanz auszuführen. — Freilich giebt es daneben auch andere Männer, wie
Pico, Fürst von Mirandola, der es bekannte, die Philosophie suche
die Wahrheit, die Religion habe dieselbe schon; mit besonderem Ernst
aber wurde die neue erfreuliche Geistesbildung in das Interesse der
christlichen Bildung gezogen durch die Deutschen, so schon von Rudolf Agricola († 1485), Prof. in Heidelberg, von Johs Reuchlin
(1455 – 1522) aus Pforzheim, in Paris, Basel, Tübingen, Stutt-
gart den griechischen, hebräischen und andern Studien hingegeben
(1506 hebr. Grammatik), er war ein Lehrer von Melanchthon und
Ökolampadius

Ein Freund von Agricola und Reuchlin war Joh. Wessel
(Herzog R. E. 17, 731 ff.) geb. 1400 oder 1420 zu Gröningen
gebildet zu Zwoll, in einer Anstalt der „Brüder vom gemeinsamen
Leben," und noch mit Thomas a Kempis bekannt, dem er einmal
gesagt haben soll: Vater, warum führst du mich nicht lieber zu
Christus, der alle Beladenen so gütig zu sich ruft, als zu Maria?
— Dann studierte er zu Köln, besonders den griechischen Plato, kam
nach Paris, Rom, Heidelberg und starb 1489 zu Gröningen, nachdem er vielen jungen Männern (Alex. Hegius, Herm. Busch ꝛc.)
seine biblischen und kirchlich-reformatorischen Gedanken mitgeteilt
hatte.

1. Die Autorität der Scholastiker. „Thomas v. Aquino war ein Doktor;
nun gut, ich bin es auch. Thomas verstand kaum lateinisch; ich habe Kennt-
nis von drei Hauptsprachen. Thomas hat kaum den Schatten des Aristoteles
gesehen; ich habe den griechischen Aristoteles unter Griechen gesehen."

2. Die Liberalität des Papstes Sixtus IV., seines alten Freundes, benutzte
er (auffallend genug) nicht dazu, ein Bistum zu erbitten, wie es jener erwartet hatte, sondern eine griechische und hebräische Bibel aus der Vaticana.

3. Die heilige Schrift stellt er höher, als Papst und Kirchenlehre. „Du
sollst Gott deinen Herren anbeten und ihm allein dienen."

4. Die Rechtfertigung kommt nicht durch die Werke. Man hält den Kör-

per für tot, wenn er die Werke nicht mehr übt; er lebt aber nicht durch diese Werke, sondern durch die Quelle derselben lebt er. (Maria und Martha.)

Hieronymus Savonarola war von 1489—1498 zu Florenz thätig, nicht bloß die Kirche, sondern auch den Staat Florenz (der unter die Herrschaft der reichen Medici geraten war) zu reformieren. Er that es mit großer Beredsamkeit und Freimütigkeit. Ebensowenig als Lorenzo di Medici ihn mit seinen Schätzen vom rechten Wege abbringen konnte, vermochte es Papst Alexander VI. durch seine Anerbietungen (Kardinalshut). Endlich benutzte der Papst die schwankende Stimmung der Volksmenge dazu, ihn zum Tode zu bringen.

§. 124.

Das Kirchenlied. Die Sequenzen oder Prosen, eine neue Form lateinischer Kirchenlieder, kamen im Mittelalter auf. Besonders schön sind die Lieder des heiligen Bernhard, namentlich die sieben Passionssalven an die heiligen Gliedmaßen Jesu; vgl. zu der 7. Paul Gerhards: O Haupt voll Blut und Wunden.

1. Salve caput cruentatum,
totum spinis coronatum,
conquassatum, vulneratum,
arundine verberatum,
   facie sputis illita.

2. Salve, cuius dulcis vultus
immutatus et incultus
immutavit suum florem,
totus versûs in pallorem,
quem coeli tremit curia.

3 Omnis vigor atque viror
hinc recessit, non admiror,
mors apparet in aspectu,
totus pendens in defectu
attritus aegra macie.

4. Sic affectus, sic despectus,
propter me sic interfectus,
peccatori tam indigno
cum amoris intersigno
appare clara facie.

9. Dum me mori est necesse,
noli mihi tunc deesse,
in tremenda mortis hora
veni Jesu absque mora
tuere me et libera.

10. Cum me iubes emigrare,
Jesu care, tunc appare,
O amator amplectende,
Temet ipsum tunc ostende
In cruce salutifera.

Noch bekannter ist die Sequenz auf Allerseelen von Thomas von Celano († 1220).

1. Dies irae, dies illa
solvet seclum in favilla,
teste David cum Sybilla.

2. Quantus tremor est futurus,
quando iudex est venturus
cuncta stricte discussurus

3. Tuba, mirum spargens souum
per sepulcra regionum,
coget omnes ante thronum.

4. Mors stupebit et natura,
quum resurget creatura
iudicanti responsura.

5 Liber scriptus proferetur
in quo totum continetur,
unde mundus iudicetur.

6. Iudex ergo cum sedebit,
quidquid latet apparebit,
nil inultum remanebit.

7. Quid sum miser tunc dicturus,
quem patronum rogaturus,
quum vix iustus sit securus.

8. Rex tremendae maiestatis,
qui salvandos salvas gratis,
salva me fons pietatis.

9. Recordare, Jesu pie,
quod sum causa tuae viae,
ne me perdas illa die.

10. Quaerens me sedisti lassus,
redemisti crucem passus,
tantus labor non sit cassus.

15. Inter oves locum praesta
et ab hoedis me sequestra
statuens in parte dextra.

16. Confutatis maledictis,
flammis acribus addictis,
voca me cum benedictis.

Und die Sequenz de septem doloribus Mariae von Jaco-
ponus († 1306).

Stabat mater dolorosa
iuxta crucem lacrymosa,
dum pendebat filius,

cuius animam gementem,
contristatam et dolentem
pertransivit gladius etc.

Fast so alt, als die Sequenzen, sind die deutschen Leisen
(Kyrieleis), welche indes anfangs nicht in der Kirche, sondern bei
Prozessionen, Kirchweihen ꝛc. gesungen wurden.

So ist aus dem 12. Jahrhundert die älteste deutsche Osterleise: Christus
ist erstanden, von der Marter Banden ꝛc., aus dem 13. Jahrhundert die Pfingst-
leise: Nu bitten wir den heiligen Geist ꝛc. und viele Marienlieder, Wallfahrts-
lieder, Schifferlieder, Schlachtlieder u. s. w. Bald entstanden halb lateinische,
halb deutsche Lieder; z. B. In dulci iubilo, nu singet und seid froh, aller unser Wonne leit in presepio. Sie leuchtet vor die Sonne matris in gremio,
qui est a et o. Andere Lieder entstanden durch „geistliche Veränderung" weltlicher Lieder, so wurde aus: Insbruck, ich muß dich lassen ꝛc.: O Welt, ich
muß dich lassen, ich fahr dahin mein Straßen ins ewig Vaterland. Manchmal veranlaßte zu solcher Umbildung die Volksweise.

Die neuere Zeit.

§. 125.

Die Reformation. Sie fand die alten Principien wieder auf,
daß alle Heilserkenntnis unmittelbar beruht auf der heiligen

Schrift (Formalprincip) und alle Heilserlangung abhängt von Gottes Gnade in Christo (Materialprincip). Der Kirche gab sie die Aufgabe wieder, jeden im Volk in eine unmittelbare Verbindung mit dem Worte Gottes und mit Christo zu bringen. Vom bloßen Verneinen ist nicht die Rede.

Aus der Zeit von 1517—1648.

Martin Luther, geb. am 10. November 1483 zu Eisleben. 1. Bis 1517. Der Vater, damals noch ein armer Bergmann, hielt ihn hart. Den ersten Schulunterricht bekam er zu Mansfeld, dem Wohnort der Eltern, dann ging er nach Magdeburg und von dort nach Eisenach (Frau Cotta). Die Studien der Jurisprudenz begann er 1501 zu Erfurt ohne innere Neigung. Er geriet auch auf eine (angeschlossene) lateinische Bibel und war verwundert, darin noch mehr als die Evangelien und Episteln der kirchlichen Lektionen zu finden.

Er wird 1503 sehr krank, dazu erschüttert ihn der jähe Tod eines Freundes. So wird er 1505 Augustinermönch zu Erfurt. (Der Vater nennt ihn wieder „Du" statt „Ihr".) Er kasteite sich: „Ist je ein Mönch in Himmel kommen durch Möncherei, so wollt ich auch hineinkommen sein." Doch gewann er keine Ruhe dadurch. Ein alter Mönch wies ihn hin auf den Artikel: Ich glaube eine Vergebung der Sünden, und Staupitz sagte: „Lieber, warum plagst du dich mit diesen Speculationen und hohen Gedanken? Schau an die Wunden Christi und sein Blut, das er für dich vergossen hat." Und da fand er den Frieden, den die Welt nicht geben kann. 1508 wird Luther Lehrer der Philosophie zu Wittenberg; 1509 wird er zum Predigen veranlaßt. 1510 reist er nach Rom und findet: Je näher Rom, je ärger Christen. Nach seiner Rückkehr wird er Dr. der heil. Schrift, und sein Herz wird fester durch den Eid. Sein Fleiß wandte sich besonders auf den Römerbrief und die Psalmen. So lernte er immer besser verstehen, was es heißt: der Gerechte wird seines Glaubens leben.

2. Die Thesen.

Aus dem römischen Ablaß waren allmählich Sündenfrei-

briefe geworden. Zum Bau der Peterskirche brauchte Leo X. Geld.
Albrecht von Mainz war Agent für Deutschland und schickte Tetzel
aus, einen dummdreisten Clamanten, daß er die Wohlthat des
Ablasses verkünde. Luther predigte dagegen und schlug 1517 den
31. October 95 lateinische Thesen an die Thür der Schloßkirche zu
Wittenberg.

Thes. 71. Wer wider die Wahrheit des päpstlichen Ablasses redet, der sei
ein Fluch und vermaledeiet; wer aber wider des Ablaßpredigers mutwillige
und freche Worte Sorge träget oder sich bekümmert, der sei benedeit. —
Thes. 52. Durch Ablaßbriefe vertrauen selig zu werden, ist nichtig und erlogen
Ding, obgleich der Papst selbst seine Seele dafür zu Pfande wollte setzen. —
Thes. 36. Ein jeder Christ, so wahre Reu und Leid hat über seine Sünden,
der hat völlige Vergebung von Pein und Schuld, die ihm auch ohne Ablaßbriefe gehört. — Thes. 39. Es ist über die Maßen schwer, auch für die aller-
gelehrtesten Theologen, zugleich den großen Reichtum des Ablasses und dagegen
die wahre Reu und Leid vor dem Volke zu rühmen. — Thes. 40. Wahre
Reu und Leid sucht und liebet die Strafe, aber die Mildigkeit des Ablasses
entbindet von der Strafe und (macht), daß man ihr gram wird, zum wenigsten,
wenn dazu Gelegenheit vorfället. — Thes. 43. Man soll die Christen lehren,
daß, wer den Armen giebt oder leihet den Dürftigen, besser thut, denn daß er
Ablaß löset. — Thes. 44. Denn durch das Werk der Liebe wächset die Liebe
und der Mensch wird frömmer, durch den Ablaß aber wird er nicht besser,
sondern allein sicherer und freier von der Pein oder Strafe.

Rasche Verbreitung der Sätze. Tetzel stellte ihnen 106, dann
noch 50 andre entgegen. Luther schrieb 1518 dem Papst Leo den
Hergang. Er schloß so: „Eurer Heiligkeit Stimme ist Christi Stimme.
Hab ich den Tod verdient, so weigere ich mich nicht zu sterben." Der
Papst sagte anfangs (imprudenter): Fratrem Martinum pulcher-
rimo esse ingenio et has esse invidias monachales; dann aber
schickte er den Legaten Kardinal Cajetan nach Augsburg. Dieser
fordert von Luther hochmütig unbedingten Widerruf[1]). Luther wei-
gert sich und entrinnt der Verfolgung durch rasche Flucht nach Wittenberg. Sofort sendet man von Rom einen geschickteren Mann,
Karl Miltiz, der in Altenburg Luther (Jan. 1519) zu dem Ver-
sprechen bringt, schweigen zu wollen, wenn die Päpstlichen auch
schwiegen und er unparteiische Richter erhalte. (Miltiz straft Tetzel.)

---

[1]) Cajetan sagt: Ego nolo amplius cum hac bestia colloqui: habet enim
profundos oculos et mirabiles speculationes in capite suo.

Aber

3. Dr. Eck.

regte den Streit wieder an durch Thesen, die er gegen Karlstadt (und Luther) aufstellte und in der Leipziger Disputation (Juni 1519) vertheidigte. Die meisten Zuhörer (auch Herzog Georg) hielten Eck für den Sieger, weil er am sehrsten schrie. Der Widerspruch nötigte Luther, die römische Lehre immer gründlicher zu untersuchen. Er fand, die Gewalt des Papstes bestehe nur humano iure und auch die Konzilien seien nicht unfehlbar.

In der Leipziger Disputation tritt Philipp Melanchthon mit in die kirchlichen Verhandlungen ein, indem er durch seine Unterstützung Luthers den Gang des Gesprächs mit bestimmte. Er war 1497, am 16. Februar zu Bretten in der Unterpfalz geboren, kam seit 1507 in Pforzheim mit Reuchlin, seinem Verwandten, in Verbindung, studierte seit 1509 in Heidelberg, ging 1512 nach Tübingen, am meisten den philologischen Studien obliegend, im Jahre 1518 kam er nach Wittenberg als Professor der griechischen Sprache, wo er die Antrittsrede hielt de corrigendis adolescentiae studiis und so anfing, der praeceptor Germaniae zu werden. Sein Freund Luther zog ihn wieder mehr in die biblische Theologie hinein. Im Jahre 1521 kamen seine Loci communes rerum theologicarum zum ersten Mal heraus, eine aus den paulinischen Briefen heraus entwickelte Glaubenslehre. Er war überhaupt mehr ein Mann der Wissenschaft in ihrem damaligen Betrieb, aber in stürmischen Zeiten praktisch einzugreifen wenig geeignet.

4. Die Bannbulle. (1520, 15. Juni.)

Eck brachte die Bulle mit, aber sie hatte keine Kraft mehr. Am 10. Dezember 1520 verbrannte Luther sie öffentlich. Kurz zuvor hatte er geschrieben: An kaiserliche Majestät und den christlichen Adel deutscher Nation von des christlichen Standes Besserung und: de captivitate babylonica ecclesiae.

Luther hatte (Oct. 1520) noch einmal an den Papst geschrieben und ihm das Buch „von der Freiheit eines Christenmenschen" geschickt. In dem Briefe beklagt er den Papst: Indes sitzest du, heiliger Vater Leo, wie ein Schaf unter den Wölfen und gleichwie Daniel unter den Löwen; was kannst du einziger wider so viel wilde Wunder? — Daß ich sollte widerrufen meine Lehre, da wird nichts aus. Dazu mag ich nicht leiden Regel und Maß die Schrift auszulegen, dieweil das Wort Gottes, das alle Freiheit lehret, nicht soll noch muß gefangen sein.

5. Reichstag zu Worms. 1521 im April.

Als man Luther des „Reiches" frei gestrackt Sicherheit und Ge= leit gab und ihn ermahnte, sich fürderlich zu erheben und inwendig 21 Tagen sich zu stellen," ging er trotz aller Gefahren den Weg nach Worms, voll Vertrauen auf Gott, aber auf das Schlimmste gefaßt. Am 18. April legte er in deutscher und lateinischer Sprache Rechenschaft über seine Schriften und seine Lehre ab. Die drei Klassen seiner Schriften. Die Antwort ohne Hörner und Zähne: „Es sei denn, daß ich mit Zeugnissen der heiligen Schrift oder mit öffentlichen, klaren und hellen Gründen und Ursachen überwunden und überweiset werde (denn ich glaube weder dem Papst noch den Konzilien allein, weil es am Tag und offenbar ist, daß sie oft ge= irrt haben und ihnen selbst widersprechend gewesen sind), und ich also mit den Sprüchen, die von mir angezogen und angeführt sind, überzeuget und mein Gewissen in Gottes Wort gefangen ist, so kann und will ich nichts widerrufen, weil weder sicher noch geraten ist, etwas wider das Gewissen zu thun. Gott helfe mir! Amen." Der gemischte Eindruck auf die Zuhörer. Das Wormser Edikt (vom 25. Mai auf den 8. Mai fälschlich zurückdatiert) beachtete niemand.

6. Luther auf der Wartburg (10 Monate lang).

Er ließ von dieser „Region der Vögel" mehrere Schriften über Mißbrauch der Messe, über Klostergelübde, über den neuen „Abgott" (Ablaßmarkt) des Kurfürsten Albrecht ausgehen, war aber meist unwohl und schwermütig. Karlstadt befragte ihn wegen der Prie= sterehe, aber Luther war mit einem so wichtigen Schritte noch nicht einverstanden. Um diese Zeit fing Luther das große Werk der Bibel= Übersetzung an. (Das N. T. erschien 1522, die erste Aus= gabe der vollständigen Bibel 1534).

Karlstadt und mehrere Schwarmpropheten aus Zwickau, die sich besonderer göttlicher Offenbarungen rühmten, waren mittlerweile dem Kurfürsten von Sachsen und Melanchthon zu mächtig geworden. Luther verließ sein Exil, kam nach Wittenberg, predigte 8 Tage hintereinander (März 1522) und stillte das Volk. Die Propheten zogen ab. Man reformierte den Gottesdienst allmählich.

7. Der Bauernkrieg. 1524—25.

Schon früher hatten sich in einzelnen Gegenden Deutschlands gedrückte Bauern durch Aufruhr zu helfen gesucht. Diesmal schien er bedenklicher zu sein. Nicht alle Forderungen der Bauern waren unbillig.

Aus den 12 Artikeln. Im 1. Artikel ist ihre demütige Bitt und Begehr, daß die Gemeinden ihre Pfarrer selbst kiesen dürfen und wieder absetzen. Dieselben Pfarrer sollen ihnen das heilige Evangelium lauter und klar predigen, ohne menschlichen Zusatz, „sonst bleiben wir Fleisch und Blut, das nichts nütze ist." Im 3. Artikel: Man hat uns für (leib-) eigene Leute gehalten, welches zu erbarmen ist, angesehen, daß uns Christus mit seinem kostbaren Blutvergießen erlöst und erkauft hat. Nicht daß wir keine Oberkeit haben wollen; das lehret uns Gott nicht u. s. w.

Erst als die Bauern zu Gewaltthaten schritten, donnerte Luther gegen sie.

Um diese Zeit war Desiderius Erasmus (geb. 1467 zu Rotterdam von den Gegnern Luthers dazu vermocht worden ein Buch de libero arbitrio zu schreiben, worin er scheinbar freisinnig die Freiheit des Willens zum Göttlichen und Sittlichen verteidigt, ähnlich wie Pelagius; Luther schreibt (im Dez. 1525) dagegen in Augustins Sinn die Schrift: de servo arbitrio, von der Gebundenheit der menschlichen Natur durch die Sünde.

Erasmus war sonst in litterarischer Beziehung von Verdienst, besonders durch seine Ausgabe des Neuen Testaments in griechischer Sprache, durch seine Bekämpfung der Unwissenheit und Thorheit unter dem Klerus und überhaupt durch Hinweisung auf das Schlechte. Der bessern Überzeugung selbst nachzuleben, fehlte es ihm an Kraft. „Mögen andere ein Märtyrertum suchen, ich bin dieser Ehre nicht wert; entstünde ein Aufruhr, so würde ich fast Petrum in seinem Falle nachahmen."

Mitten in diese schwere Zeit (1525) fällt Luthers Verheiratung mit Katharina von Bora, einer ehemaligen Nonne. Was er andern geraten, das hatten nun viele, insonderheit seine Eltern, auch von ihm gefordert. Mitteilungen aus seinem Familienleben.

§. 126.

Fortsetzung.

8. Die Kirchenvisitation in Sachsen fand 1527—29 statt und enthüllte eine große Unwissenheit der Gemeinden, wie ihrer

Lehrer und Prediger in evangeliſchen Dingen. Da ſchrieb Luther (1529) ſeine beiden Katechismen, beide urſprünglich deutſch. Es wurde eine Kirchenordnung eingeführt.

Luther, der dem Worte Katechismus erſt die jetzige Bedeutung gegeben hat (Oeffſen, Bilderkatechismus S. 16) erkannte, wie wichtig es ſei, mit den Anfängern die Hauptſachen „in einerlei Form" zu treiben. Ja auch ihm ſelbſt behielt dieſe Form Wert: „Ich kanns nicht ausſtudieren, noch auslernen, ſondern lerne täglich darin und bete den Katechismus mit meinem Sohn Hanſen und meinem Töchterlein Magdalena." Schon zu Matthesius Lebzeiten ſoll der kleine Katechismus in 10,000 Exemplaren gedruckt geweſen ſein, er war nebſt etlichen Pſalmen und Kirchenliedern Luthers in jeder Schule (auch in höhern) ſtehender Unterrichtsſtoff. Dieſe Beſtrebungen der Reformatoren kamen am erſten der Volksbildung und Volksſchule in unſerm Sinn zu gute; denn in Luthers und Melanchthons Sinn war Volksſchule zum wenigſten auch eine Schule mit Latein, zum beſondern Nutzen der Kirche beſtimmt. Solche Schulen einzurichten, erwieſen die Reformatoren als öffentliche Pflicht; ſie halfen ſolche Schulen ſtiften in Eisleben (1525), Magdeburg, Nürnberg und anderswo. Luther dachte auch ſchon an Mägdelein=Schulen.

Schon 1526 war die Reformation in Heſſen durch den jungen Landgrafen **Philipp** ins Werk geſetzt und die Univerſität Marburg gegründet worden.

Die Reformation hatte damals ſchon an vielen Orten Eingang gefunden: in Nürnberg, Nördlingen, Ulm, Schwäbiſch=Hall (J. Brenz), Heidelberg, Straßburg, Frankfurt a. M., Breslau, Magdeburg (1524), Pommern, Mecklenburg, Hamburg (1528), Bremen, Braunſchweig, Dänemark (1526), Celle, Göttingen, Hannover, Schweden ꝛc.

Andererſeits bot man alles auf, die Evangeliſchen zu vernichten, beſonders in den Niederlanden. Die Auguſtiner Heinr. Voes und Joh. Eſch wurden in Brüſſel „von den Sophiſten in Löwen" verbrannt (1523). Luthers Lied: Ein neues Lied wir heben an; daraus Str. 10: Die Aſche will nicht laſſen ab, Sie ſtäubt in allen Landen. Hier hilft kein Bach, Loch, Grub noch Grab, Sie macht den Feind zu Schanden; Die er im Leben durch den Mord Zu ſchweigen hat gedrungen, Die muß er tot an allem Ort, Mit aller Stimm und Zungen Gar fröhlich laſſen ſingen, und Str. 12: Die (Feinde) laß man lügen immerhin, Sie habens keinen Frommen. Wir ſollen danken Gott darin, Sein Wort iſt wieder kommen. Der Sommer iſt hart vor der Thür, Der Winter iſt vergangen: Die zarten Blümlein gehn herfür: Der das hat angefangen, Der wird es wohl vollenden. — Ähnlich Adolf Klarenbach und Peter Fleiſteden zu Köln (1529) u. A.

9. **Ulrich Zwingli**, geb. 1484 zu Wildhaus in der Grafſchaft **Toggenburg**, in Wien und Baſel, beſonders von dem Humaniſten

Wyttenbach gebildet, wurde Pfarrer zu Glarus, dann zu Einsiedeln, 1519 zu Zürich. Hier trat er gegen die Ablaßpredigt des Bernhard Samson auf. Zugleich fing er an, durch Predigten über das ganze Neue Testament und durch Wochengottesdienste (an Markttagen) evangelische Erkenntnis zu verbreiten. Um sich nicht gehemmt zu fühlen, gab er seine römische Pension auf. Schon 1520 befahl der Rat zu Zürich den Predigern, das reine Evangelium ohne Menschensatzungen zu predigen. 1523 drang Zwingli in Zürich vollends durch, nachdem die Katholischen in einer öffentlichen Disputation unterlegen waren. 1524 schaffte der Rat die Bilder und die Messe ab, hob die Klöster auf, bald darauf stellte er die alte Form des Abendmahls wieder her. Überhaupt war man in den Kantonen der Schweiz (Zürich, Bern, Basel, Schaffhausen, St. Gallen u. A.) strenger in Beseitigung dessen, was sich in der Kirche allmählich an den biblisch-apostolischen Kern angesetzt hatte, als in den lutherischen Gegenden. (Leo Judä und Ökolampadius waren Zwinglis Freunde und Mitarbeiter).

Die Kantone Uri, Schwyz, Unterwalden, Zug, Luzern (Wallis und Freiburg) blieben dem Katholicismus treu und schlossen (1524) einen engen Bund mit einander. Daher konnten sie die weniger wachsamen, obwohl an Stärke überlegenen Evangelischen zuweilen schlagen. So bei Kappel 1531, wo Zwingli fiel.

Das Religionsgespräch zu Marburg 1529 zwischen Luther und Melanchthon auf der einen, Zwingli und Ökolampadius auf der andern Seite, hatte keinen Erfolg gehabt. Die Abendmahlslehre trennte sie insbesondere. Zwingli bot trotz der Differenzen den Lutheranern mit weinenden Augen die Bruderhand; aber Luther erklärte: Ihr habt einen andern Geist als wir. Doch hoffte er auf eine zukünftige Einigung.

10. Die Reichstage zu Speier und Augsburg.

Während auf dem früheren Reichstage zu Speier (1526) der Kaiser politischer Verhältnisse wegen zugestanden, daß bis zum allgemeinen Konzil jeder Reichsstand es in Sachen der Reform halten solle, wie er es vor seinem Gewissen verantworten könne, so drang er 1529 zu Speier auf Ausführung des Wormser Edikts und Aufhören der Neuerungen. Die evangelischen Stände (6 Fürsten und

14 Reichsstädte) protestierten „gegen alle Beschlüsse, so auf diesem Reichstage in Sachen wider Gott, sein heiliges Wort, unser aller Seelenheil und gut Gewissen, auch wider den vorigen Speierschen Reichsabschied gefaßt worden. (Daher Protestanten.)

Zu Augsburg sollte die Entscheidung stattfinden. Der Kardinal Campeggi riet, „diese giftigen Pflanzen mit Feuer und Schwert zu vertilgen." Auf Grund der 17 schwabacher (Torgauer) Artikel verfaßte Melanchthon die Confessio (Augustana[1]), und auf Verlangen Karls legte man sie vor. Am 25. Juni 1530 las Dr. Baier das deutsche Exemplar laut und deutlich in der glänzenden Versammlung, während Dr. Brück das lateinische in Händen hatte. Eindruck des Bekenntnisses. Die Confutatio der katholischen Theologen Faber, Eck, Cochläus (3. Aug.); dagegen gerichtet die Apologia confessionis von Melanchthon, die vom Kaiser nicht angenommen wurde, weil die Confutatio den Neuglauben widerlegt habe.

Als die Protestanten nun auf dem Konvent zu Schmalkalden (1531) ein Bündnis auf 6 Jahre beschlossen, da lenkte der Kaiser im Nürnberger Religionsfrieden 1532 wieder ein. Der schmalkaldische Bund verstärkte sich durch Pommern, Würtemberg und mehrere Städte und wurde auf 10 Jahre verlängert. — Die Wiedertäufer in Münster 1533—35

11. Weitere Ereignisse bis zu Luthers Tode.

Die schmalkaldischen Artikel (1537) stellten den lutherischen Lehrbegriff mit Rücksicht auf das angesagte allgemeine Konzil dar; Luther hatte sie entworfen. Das Konzil wurde abgelehnt, weil es in Italien abgehalten werden sollte, und weil auf demselben der Papst Partei und Richter zugleich war. — 1538: die heilige Ligue. Übertritt Joachims II. von Brandenburg zur Reformation (1539).

Eine große Zahl von Religionsgesprächen und Unionsversuchen fällt in diese Zeit; dahin gehört die Wittenberger Concordia (1536) zwischen den Lutherischen; Luther, Melanchthon, Po-

---

[1] Luther war zu Koburg zurückgeblieben, er billigte die Confessio durchaus, „sie gefällt mir fast wohl, und weiß nichts daran zu bessern noch zu ändern, würde sich auch nicht schicken, denn ich so sanft und leise nicht treten kann"

meranus, Jonas ꝛc. und den Reformierten: Bucer und Capito. Die Concordia (6 Artikel) enthält die Lutherische Lehre; Bucer hatte in allen Punkten nachgegeben. Die bedeutendste Verhandlung mit den Katholiken war (1541) zu Regensburg: Eck, Julius v. Pflug, Gropper von katholischer, Melanchthon, Bucer, Pistorius von protestantischer Seite.

Während Ecks Krankheit einigte man sich in 4 wichtigen Punkten, aber der Papst verweigerte die Bestätigung, womit Luther nicht unzufrieden war. Mittlerweile waren in der lutherischen Kirche zwei Richtungen bemerkbar geworden, die eine auf Versöhnung der Konfessionen bedacht (Melanchthon, also Philippisten), die andere auf gesonderte reine Darstellung des wahren, lutherischen Glaubens (Amsdorf, Flacius, Wigand). Vgl. die Änderung der Augustana durch Melanchthon 1540. Wittenberg vertrat die philippistische, Jena die rigoristische Richtung.

Der antinomistische Streit 1537—40 von Joh. Agricola von Eisleben, zuletzt Hofprediger in Berlin, angeregt. Er verwarf die Gesetzpredigt· in der Kirche und wollte allein das Evangelium treiben. Schon 1540 widerrief er.

Die letzten Tage Luthers wurden auch dadurch getrübt, daß er einen Verfall der Sitten in Wittenberg zu bemerken glaubte. Er wollte fortziehen, doch die Bitte des Kurfürsten brachte ihn wieder zurück. Am 17. Januar 1546 predigte Luther zum letzten Mal in Wittenberg. Er starb zu Eisleben, seinem Geburtsort, wohin ihn die Grafen von Mansfeld berufen hatten, am 18. Februar 1546, im 63. Jahre.

§. 127.
Bewegungen in der katholischen Kirche.

Als es unter Leo X. Sitte wurde, das Christentum zu bezweifeln, regte sich auch schon ein entgegengesetztes ernstes Streben, namentlich in den Männern des „Oratoriums der göttlichen Liebe", Contarini, Sadolet, Caraffa u. a. Es war die Einsicht erwachsen, daß eine innere Reform der Kirche sehr not thue.

Man fand es nötig, den verweltlichten Orden neue, bessere an die Seite zu stellen, so stiftete Caraffa den Orden der Theatiner, die, von vielen zeitraubenden geistlichen Übungen frei, sich ganz der Predigt und der Krankenpflege widmeten. Viel einflußreicher aber war der Orden der Jesuiten.

Ignatius Loyola, in seiner ruhmvollen Ritterlaufbahn durch

eine Verwundung vor Pamplona 1521 gehemmt, kam durch Phan-
tasien und Heiligenlegenden auf den Entschluß, als geistlicher Ritter
in dem Heerlager Jesu zu Jerusalem gegen den Antichristen zu Babylon zu dienen. Der Ernst dieses neuen Gedankens brachte ihn
in einen schweren inneren Kampf über seine Sündenschuld, aus dem
er sich, ganz anders als Luther, durch gewaltsamen Entschluß her-
ausriß. Von nun an schaute er die Geheimnisse des Glaubens
in Extase. Eine Reise nach Palästina machte es ihm deutlich, daß
er einer tieferen Bildung bedürfe, um auf die kirchliche Welt zu
wirken. Zurückgekehrt lernte er in Barcellona, drei und dreißig
Jahr alt, unter Knaben sitzend, die Elemente des Lateinischen, unter
Anfechtungen seines innern Sinnes, die er als Eingebungen des
bösen Geistes erkannte. Es schlossen sich ihm bald (in Paris) mehrere junge Männer an, darunter Salmeron, Franz Xaver, Lainez.
Sie schwuren auf die Hostie: in Armut, Keuschheit und unbedingtem
Gehorsam gegen den Papst, der Kirche zu dienen. In Venedig sahen
sie den Theatinern zu und fingen in Vincenza bald darauf an, wie
jene auf den Straßen zu predigen. In Rom wurde ihnen 1540
(1543) die päpstliche Bestätigung zu teil. Ignatius war der
erste General der Compagnie Jesu († 1556). Aber erst unter seinen
Nachfolgern Lainez und Franz Borgia erreichte der Orden seine
volle Entwickelung.

Sie machten sich noch mehr als die Theatiner von kirchlichen Verpflich-
tungen frei, sogar von der bestimmten Tracht. Alle ihre Kräfte richteten sie
auf die Krankenpflege, die Predigt, den Beichtstuhl, den Unterricht der Jugend.
Aller kirchlichen Aufsicht enthoben, standen sie (durch ihren General) nur
unter dem Papst. Den engsten Kreis um den General bildeten die professi,
hervorragend in Bildung und Frömmigkeit. Dann folgten geistliche und weltliche Koadjutoren. Diese durften auch gemeinschaftliche Einkünfte haben, damit
sie nicht für ihre Existenz zu sorgen hätten.
Wer in den Orden trat, starb seiner Familie und seinem bisherigen Le-
benskreise ab; er durfte ohne Erlaubnis weder Briefe schreiben noch empfangen. Eine Generalbeichte unterrichtete die Oberen über die ganze Lebensge-
schichte des Eintretenden. Die individuelle Neigung, ja, das individuelle Handeln hört auf, der Mensch wird Werkzeug, sein Gewissen ist der Vorgesetzte,
in dem die divina providentia wohnt: se ferri ac regi a divina providentia
per superiores suos sinere debent, perinde ac cadaver essent. — Der
Orden suchte das Individuelle dadurch wieder zu benutzen, daß er jedem eine
seiner Begabung entsprechende Wirksamkeit anwies.

§. 128.

Das Tridentiner Konzil wurde 1545 im Dezember ohne die Protestanten eröffnet. Die beiden Jesuiten Salmeron und Lainez hatten das Privilegium, jener, die Besprechungen zu eröffnen, dieser, zuletzt zu reden.

Es fehlte nicht an Anklängen an die augustinische und evangelische Ansicht, aber das Alte siegte. Die Rechtfertigung bestimmte man nicht als einen Akt Gottes objektiver Art, sondern als eine Gerechtmachung des Einzelnen, also als Heiligung; alles kommt dabei zuletzt auf die guten Werke an, die zur Seligkeit notwendig sind. Am Ende zeigten sich bedenkliche Zerwürfnisse in Sachen der Kirchenreform; man wollte bessere Kardinäle, demütigere Päpste, man forderte Erlaubnis des Kelches, Priesterehe, Errichtung von Armenschulen, deutsche Kirchenlieder 2c. Aber da man nach Köpfen stimmte, kam es zu keinem rechten Beschluß, und endlich brachte der Legat Morone durch Verhandlungen mit den Fürsten alles zum Schweigen. Die Canones et decreta concilii Trid., der Catechismus Romanus (und die Professio fidei Tridentinae) gelten als symbolische Schriften, doch steht die Auslegung der sämtlichen Beschlüsse dem Papst allein zu.

Die katholische Lehre auszubreiten und die Häresien in Italien 2c. zu unterdrücken, erneuerte man die Inquisition auf den Rat Caraffas (1542). Er und fünf andere Kardinäle bildeten die Kommission. Sofort richtete er die erforderlichen Gefängnisse ein mit Blöcken, Ketten und Riegeln. Er schärfte besonders ein: 1. man dürfe in Sachen des Glaubens keinen Augenblick warten und müsse auch den minbesten Verdacht verfolgen, 2. den Ketzern, besonders den Calvinisten gegenüber dürfe man sich mit keinerlei Toleranz herabwürdigen. — Censur. Index librorum prohibitorum (1549) 1564.

§. 129.
Entwickelung der lutherischen Kirche.

Aus dem schmalkaldischen Kriege, zu dem der Papst als zu einem Kreuzzuge vollkommenen Ablaß verkündet hatte, ging der Protestantismus gedemütigt hervor. Doch waren ihm die fortwährenden Reibungen zwischen Kaiser und Papst eine Art Schutz. Der Kaiser ließ 1547 das Augsburger Interim (durch Pflug und Agricola) abfassen; aber es mißfiel beiden Parteien, auch dann, als es 1548 durch Melanchthon, Buggenhagen 2c. zum Leipziger Interim umgearbeitet worden war. (Die katholischen Ceremonien darin als adiaphora.)

Moritz von Sachsen fiel vom Kaiser ab, der, sehr in die Enge getrieben, im Passauer Vertrage (1552) und Augsburger Religionsfrieden (1555) nachgeben mußte. Die Gleichberechtigung der beiden Konfessionen wurde zugestanden. Die weitere Reform sollte nur in den Händen der Reichsstände liegen, nicht von unten ausgehen. Auch der geistliche Vorbehalt (reservatum ecclesiasticum) hemmte die Fortschritte der Reformation. Neue Ländererwerbungen machte sie seitdem nicht mehr.

Die „reine" lutherische Lehre wurde zu dieser Zeit und weiterhin mit immer größerem Eifer gegen falsche Lehren verteidigt. Melanchthon war schon zu Anfang (1560) a rabie theologorum erlöst worden. Die gelehrten lutherischen Theologen (Jacob Andreä, Chemnitz u. A.) stellten nach mehreren Vorarbeiten 1577 noch eine Bekenntnisschrift, das bergische Buch oder die Konkordienformel auf. Sie wurde von dem größten Teile der lutherischen Kirchen angenommen[1]).

Die sämtlichen lutherischen Bekenntnisschriften wurden in dem Konkordienbuch schließlich zusammengestellt und am 25. Juni 1580 als ein Ganzes veröffentlicht. (ed. Hase, J. T. Müller 1848.)

§. 130.

Die reformierte Kirche hatte unterdessen von der französischen Schweiz (von Genf) aus eine bedeutsame Einwirkung erfahren. Unter großen Nöten hatte Farel das Evangelium in Genf angefangen zu predigen. Sein Freund Viret und die Stadt Bern unterstützten ihn; schon 1535 wurde das Papsttum in Genf abgeschafft und zugleich die Herrschaft der Herzöge von Savoyen abgeworfen. Der

---

[1]) In der Konkordienformel werden auch allerlei Sekten besprochen und abgewiesen: Die Schwenkfeldianer; die Wiedertäufer (Anabaptisten), durch Menno Simons († 1661) zu Mennoniten umgebildet, noch jetzt in den Niederlanden, in Crefeld, Neuwied 2c. die Antitrinitarier oder Unitarier u. a.

Gottesdienst war von noch größerer Einfachheit als in der übrigen Schweiz.

Joh. Calvin, geb. 1509 zu Noyon in der Picardie, schrieb 1535 in Basel den Entwurf seiner Hauptschrift: institutio christianae religionis, ein durch Kraft und Tiefsinn bewundernswürdiges Buch. Als er einst durch Genf kam, beschwor ihn Farel im Namen Gottes, zu bleiben (1536) [1]). Er wurde dort Prediger und Professor der Theologie. Die Strenge der Kirchenzucht, welche er einführte, erbitterte viele; auch die städtische Obrigkeit trat ihm entgegen. Denn viele waren zwar äußerlich evangelisch, lebten aber in Wollust und Libertinismus: quasi nihil aliud esset christianismus, quam statuarum eversio. Calvin verweigerte nun die Austeilung des Abendmahls und wurde durch Volksbeschluß mit seinen Genossen verbannt 1538. Er rettete sich nach Straßburg. Hier kam er mit der deutschen Reformation in vielfache Berührung, besonders mit Melanchthon. Auch vor Luther hatte er hohe Achtung: saepe dicere solitus sum, etiamsi me diabolum vocaret Lutherus, me tamen hoc illi honoris habiturum, ut insignem dei servum agnoscam.

Im Jahre 1541 wurde er ehrenvoll nach Genf zurückberufen und setzte den Kampf gegen die weltliche Richtung mit Erfolg fort, in kirchlicher wie in politischer Beziehung. 1564 starb er. Sein Freund Theodor Beza († 1605) setzte sein Werk fort.

Das Kirchenregiment richtete Calvin nach dem Muster der apostolischen Gemeinde ein. Alle Diener der Kirche standen im Range gleich, sie bildeten das Presbyterium in vier Abteilungen: 1. Prediger, denen Predigt und Verwaltung der Sakramente zusteht und die durch Handauflegung sich gegenseitig weihen. 2. Kirchenälteste, welche über die Sittlichkeit der Christen zu wachen und jährlich mit dem Prediger eine Hausvisitation zu machen haben. 3. Doktoren oder Lehrer der heiligen Schrift. 4. Diakonen oder Armenpfleger.

Er wollte zwar Staat und Kirche nicht vermischen, aber in

---

[1]) Formidabili Farelli obtestatione retentus sum, ac si deus violentam mihi e coelo manum iniiceret; quo terrore perculsus susceptum iter omisi.

Wirklichkeit geschah dies in einem so kleinen Gemeinwesen wie Genf doch mehr als gut war. Eine Verletzung kirchlicher Gesetze wurde zugleich als bürgerliches Vergehen vom Rate bestraft.

In dieser Richtung traten in Genf mehrere Mißgriffe hervor, namentlich in der Verbrennung des Michael Servede (1553), der sich in einem Buche gegen die heilige Dreieinigkeit frecher und gotteslästerlicher Ausdrücke bedient hatte. Übrigens fand diese Verbrennung sogar Billigung bei Melanchthon.

Die ernste Kirchenzucht, welche auch nach Abstreifung jener Mißbräuche die reformierten Gemeinden an sich übten, erhielt das kirchliche Leben noch lange Zeit in blühendem Zustande.

In den zwei hauptsächlichen Unterscheidungslehren Calvins, die die **Prädestination** und das **Abendmahl betreffen,** vgl. die §§. 105, 111, 179, 180, 183 und §§. 190, 112.

§. 131.

Die deutsche Schweiz ging von dem Lehrbegriff Zwinglis zu dem Calvins über. Von symbolischen Schriften entstand um diese Zeit die besonders wichtige und bei den Reformierten weit verbreitete Confessio helvetica posterior, durch Bullinger in Zürich abgefaßt.

Das reformierte Bekenntnis fand außerdem noch Eingang: in der **Pfalz,** durch **Friedrich III.** 1560. Er ließ 1562 den **Heidelberger Katechismus** (von Ursinus und Olevianus) abfassen, mild in den Unterscheidungslehren gegen die Lutherischen, herb gegen die Katholiken (cf. Frage 80). Er zerfällt in drei Teile: 1. Wie groß meine Sünde und Elend sei. 2. Wie ich von allen meinen Sünden und Elend erlöset werde. 3. Wie ich Gott für solche Erlösung soll dankbar sein; und besteht aus 129 Fragen und Antworten, auf LII Sonntage (Katechismuspredigten) verteilt.

Siehe in §. 133 die Fragen 6, 8, 21, 60, 61, 62, 94, 97. Hier stehe die 1. Frage: Was ist dein einiger Trost im Leben und Sterben? Daß ich mit Leib und Seel, beides im Leben und Sterben nicht mein, sondern meines getreuen Heilandes Jesu Christi eigen bin, der mit seinem teuern Blut für alle meine Sünden vollkömmlich bezahlet, und mich aus aller Gewalt des Teufels erlöset hat und also bewahret, daß ohne den Willen meines Vaters im Himmel kein Haar von meinem Haupte fallen kann, ja auch mir alles zu meiner Seligkeit dienen muß. Darum er mich auch, durch seinen heiligen Geist,

des ewigen Lebens versichert und ihm forthin zu leben von Herzen willig und
bereit macht.

In Hessen-Cassel seit Moritz, 1604.

Im Kurfürstentum Brandenburg durch Joh. Sigismund 1613.
Johann Sigismund war 1572 geboren, ein Jahr nach dem Tode
des Ahnen, welcher einst 1539 trotz des Schwures protestantisch
geworden war. Er selbst hatte 21 Jahr alt seinem Vater ge=
loben müssen, bei der Konkordienformel zu bleiben. Indessen
entstand durch häufigen Verkehr mit den Reformierten in der
Pfalz und am Niederrhein seit 1605 in Joh. Sigismund eine
Hinneigung zur reformierten Kirche, die er acht Jahre später
gewissenshalber öffentlich bekannte (1613). Aus politischen
Gründen konnte er diesen Schritt nicht thun. Die Aufregung
der märkischen Lande über den Entschluß des Kurfürsten war
groß, so daß ein Edikt erging, durch welches den Geistlichen
das Schimpfen auf den Kanzeln verboten wurde. Eine größere
Mäßigung trat erst ein, als man sich überzeugte, der Kur=
fürst werde die Gewissensfreiheit seiner lutherischen Unterthanen
nicht verletzen.

Die „Confessio Marchica" (1614) will den alten Glauben aussprechen und
stellt sich auf denselben Boden mit der Augsburgischen Konfession von 1540.
Die Taufe nütze nur den Gläubigen, welche sich ihres Bundes mit Gott alle=
zeit zu getrösten haben, auch da sie etwa in schwere Fälle geraten. Kein Ex=
orcismus. Im heil. Abendmahl sind Zeichen und Sache wegen der sakra=
mentlichen Einigung zusammen und werden zugleich gespendet und genommen.
Der Ungläubige wird des wahrhaften Leibes und Blutes nicht teilhaftig. In
Bezug auf die Gnadenwahl hat Gott ohne alles Ansehen der Würdigkeit, ehe
der Welt Grund gelegt war, alle zum ewigen Leben verordnet und auserwählt,
so an Christum beständig glauben. Nicht daß Gott nicht alle wolle selig haben,
sondern daß die Ursache der Sünde und des Verderbens allein bei dem Satan
und den Gottlosen zu suchen. Item daß an niemands Seligkeit zu zweifeln,
so lange die Mittel der Seligkeit gebraucht werden. —

In Anhalt 1597, nicht ohne Gewaltmaßregeln, und in Bremen.

Außer Deutschland noch
in den Niederlanden, durch mancherlei Verbindungen mit Frankreich und der
Schweiz. Die Inquisition konnte das Evangelium nicht unterdrücken, nicht
einmal unter Philipp II. Die sieben nördlichen Provinzen mit protestantischem
Charakter bildeten 1579 die Utrechter Union.

In England. Elisabeth führte die Reformation durch. Die Confessio anglicana in 39 Artikeln. Das Episkopalsystem und manches Liturgische wurde aus dem Katholicismus herübergenommen: book of common prayer. Der Staatskirche setzten die Puritaner die calvinische presbyteriale Kirchenverfassung entgegen. Die Independenten gingen so weit, daß sie jede Organisation der Kirche verwarfen und nur einzelne unabhängige Gemeinden anerkannten. Die verschiedenen Dissenters verbanden sich bald gegen die Staatskirche und gegen den Staat selbst in blutiger Empörung. Der Independent Cromwell, Protektor der Republik 1649—58. Wiederherstellung des Königtums und der anglikanischen Kirche 1660.

In Schottland; durch Joh. Knox eingeführt, der in Genf gebildet worden.

In Frankreich; erste Generalsynode 1559; confessio gallicana. Hugenotten, besonders im Süden des Landes.

§. 132.
Siege des Katholicismus. Der westfälische Friede.

Die protestantische Bewegung hatte sich doch schon weithin verbreitet. Der venetianische Gesandte schreibt 1558, daß nur der 10. Teil der Deutschen katholisch geblieben. In Frankreich selbst seien wohl $^3/_4$ des Reichs von Protestanten erfüllt, nur das gemeine Volk sei dem katholischen Glauben treu geblieben.

Aber viele dieser Veränderungen waren nur im Zuge äußerer Aufregung, ohne Überzeugung vorgenommen worden. Daher gediehen die Bemühungen der Jesuiten um Wiederherstellung des Katholicismus so gut. Ferdinand I. verschrieb sich 1551 dreizehn Jesuiten nach Wien. Allmählich wurden Wien, Ingolstadt und Köln Mittelpunkte der jesuitischen Arbeit. Die weltliche Macht kam gern zu Hülfe, in den Niederlanden besonders Alba. Nach Frankreich kamen die Jesuiten 1564. Die Bartholomäusnacht 1572; bei 50,000 fielen; der König schoß selbst auf einige fliehende Hugenotten. Im Jahre 1580 gingen die in Rom gebildeten englischen Jesuiten Parsen und Campian nach England zurück, und manche folgten nach, aber Elisabeth trat ihnen bald mit scharfen Gesetzen entgegen, auch die Katholiken bekamen ihre Märtyrer. — In Westfalen, Köln, Baiern, gelang die Katholisirung besonders gut. Prozessionen und Reliquien kamen wieder zu Ehren. Seit 1578 rottete Rudolf II. auch in Österreich den Protestantismus aus, ebenso Erzherzog Karl in Steiermark, überall unter Einfluß des Papstes und seiner Legaten. 1588 wurden die ersten Protestanten aus Salzburg vertrieben.

Heinrich IV. in Frankreich wurde 1593 katholisch, doch sicherte er die Hugenotten 1598 durch das Edikt von Nantes.

Bevor er zur Macht gekommen war, hatte man die Frage, ob man einem Könige, der seine Pflicht nicht thue, den Gehorsam aufkündigen dürfe, bejaht (es war zu der Zeit, wo die Jesuiten die Lehre von der Volkssouveränität aus- bildeten): Eman. Saa: Rex potest per rempublicam privari ob tyrannidem, et si non faciat officium suum, et cum est aliqua causa iusta, et elegi potest alius a maiore parte populi. Als aber Heinrich 1694 in Paris einzog, sah man ein, daß nach Römer am 13. alle Staatsgewalt von Gott stamme.

So drang der Katholicismus auf allen Seiten wieder vor, von dem alten festen Mittelpunkt aus mit neuem Eifer. Als es zuletzt in Deutschland zum Religionskriege kam (1618—48) zeigte es sich, daß keine Partei die andere überwältigen konnte. Man dachte daran, dem Reiche wieder Ruhe zu verschaffen. Umsonst protestierten die päpstlichen Gesandten gegen die Bestimmungen des westfälischen Friedens. Die Parität der Konfessionen, aequalitas exacta mutuaque, (die Reformierten waren mit eingeschlossen) wurde Prin- cip. Man fügte im Geiste jener Zeit hinzu: Sed praeter religiones supra nominatas nulla alia in sacro imperio romano recipiatur vel toleretur. Die Überwachung der Parität ließ sich das Corpus sociorum Augustanae confessionis (Corpus evangelicorum) an- gelegen sein. Doch konnte es nicht alles Unrecht verhindern. So vertrieb der Erzbischof Firmian von Salzburg viele tausend Pro- testanten mit Unterstützung des Kaisers Karl VI. aus seinem Lande. (1731.)

§. 133.
Übersicht der Unterscheidungslehren.

1. Die Erkenntnisquelle der kirchlichen Offenbarung. Nach den Protestanten ist diese die Bibel allein.

Form. Conc.: Credimus, unicam regulam et normam. . . nullam omnino aliam esse, quam prophetica et apostolica scripta cum Vet. tum N. T. — Conf. Helv. II.: Pariter repudiamus traditiones humanas.

Nach den Katholiken: Bibel und Tradition.

Conc. Tr. Sessio IV.: omnes libros tam Vet. quam N. T., cum
utriusque unus Deus sit auctor, nec non traditiones ipsas, cum ad
fidem, tum ad mores pertinentes ... pari pietatis affectu ac reverentia
suscipit et veneratur (synodus).

Die Erklärung der Bibel steht, nach den Kathol. bei der vom
heiligen Geist geleiteten Kirche, die unfehlbar ist.

Professio fidei Tr.: Sacram scripturam iuxta eum sensum, quem te-
nuit et tenet sancta mater ecclesia, cuius est iudicare de vero sensu et
interpretatione script. s. admitto, nec eam unquam nisi iuxta unanimem
consensum patrum accipiam et interpretabor.

Nach den Protestanten legt die Schrift sich selbst aus, sobald
man die erforderliche Ausrüstung zum Verständnis mitbringt: Script.
S. est sui ipsius legitimus interpres. —

Von dem Gebrauch der Vulgata — Gebrauch der Überseßun-
gen in die Landessprachen. Die Würdigung der Apokryphen §. 45.

2. Der Urzustand des Menschen.

Die Protestanten lehren: der im Ebenbilde Gottes geschaffene
Mensch war positiv gut, gerecht, heilig, nicht bloß unschuldig
und frei. Die Katholiken: er war indifferent zwischen dem Guten
und Bösen, seine moralische Güte war ein Hinzugegebenes, ein donum supernaturale, superadditum.

Heidelb. Katech. Frage 6. (Gott) hat den Menschen gut und nach seinem
Ebenbilde erschaffen, das ist, in wahrhaftiger Gerechtigkeit und Heiligkeit, auf
daß er Gott, seinen Schöpfer, recht erkennete und von Herzen liebete und in
ewiger Seligkeit mit ihm lebte, ihn zu loben und zu preisen.

Cat. Rom.: Animam ad imaginem et similitudinem suam formavit
liberumque ei arbitrium tribuit, ... tum originalis iustitiae admi-
rabile donum addidit.

3. Die Folgen der Sünde Adams. Die Erbsünde.

Nach kathol. Ansicht gingen bloß jene außerordentlichen Zu-
gaben verloren; allerdings so, daß damit auch eine Schwächung
des freien Willens eintrat. Nach evang. Lehre ist eine gänzliche
Korruption der menschlichen Natur die Folge der Sünde.

Vergl. Conf. Aug. art. 2. — Heidelb. Katech. Frage 8.: Sind wir aber
dermaßen verderbet, daß wir ganz und gar untüchtig sind zu einigem Guten
und geneigt zu allem Bösen? Ja, es sei denn, daß wir durch den Geist Gottes wiedergeboren werden.

Rat.: C. Tr. VI. 1. tametsi in eis liberum arbitrium minime extinctum esset, viribus licet attenuatum et inclinatum.

Bellarmin: Quare non magis differt status hominum post lapsum Adae a statu eiusdem in puris naturalibus, quam differt spoliatus a nudo . . . Ex sola doni supernaturalis ob Adae peccatum amissione profluxit.

4. Die Rechtfertigung durch Christum.

Beide Konfessionen sagen, „daß das Verdienst Christi der einzige objektive Grund des menschlichen Heiles und daß der Glaube an Christum der Anfangspunkt sei, von welchem die Bekehrung ausgehen müsse.“

Der Prot. lehrt nun weiter: (cf. 3), der Mensch kann zu seiner Rechtfertigung nichts beitragen, Gott erklärt ihn für gerecht aus lauter Gnade, spricht ihn frei von Schuld und Strafe. Das Mittel dazu ist der Glaube, welcher ohne aktives Zuthun des Menschen durch den heiligen Geist in ihm erweckt wird und vermöge seiner Natur die Heiligung und gute Werke als Früchte hervorbringt, wiewohl auch dann der Glaube, nicht die Werke, die Rechtfertigung bleibt[1]).

Conf. Aug. art. 4 und art. 20. — Heidelb. Katech. Fr. 60: Wie bist du gerecht vor Gott? Allein durch wahren Glauben an Jesum Christum, also, daß ob mich schon mein Gewissen anklagt, daß ich wider alle Gebote Gottes schwerlich gesündigt und derselben keines nie gehalten habe, auch noch immerdar zu allem Bösen geneigt bin, doch Gott, ohn all mein Verdienst, aus lauter Gnaden, mir die vollkommene Genugthuung, Gerechtigkeit und Heiligkeit Christi schenket und zurechnet, als hätte ich nie keine Sünde begangen, noch gehabt, und selbst allen den Gehorsam vollbracht, den Christus für mich hat geleistet, wenn ich allein solche Wohlthat mit gläubigem Herzen annehme.

Frage 62: Warum können aber unsere guten Werke nicht die Gerechtigkeit vor Gott oder ein Stück derselben sein? Darum, daß die Gerechtigkeit, so vor Gottes Gericht bestehen soll, durchaus vollkommen und dem göttlichen Gesetz ganz gleichförmig sein muß, und aber auch unsere besten Werke in diesem Leben alle unvollkommen und mit Sünden befleckt sind. —

Frage 21: Was ist wahrer Glaube? Es ist nicht allein eine gewisse Erkenntnis, dadurch ich alles für wahr halte, was uns Gott in seinem Worte hat geoffenbaret, sondern auch ein herzliches Vertrauen, welches der heilige Geist durchs Evangelium in mir wirket, daß nicht allein andern, son-

---

[1]) Vgl. Röm. 7, 18; Luk. 17, 10; Phil. 2, 13; Röm. 11, 35; Mt. 16, 26; Röm. 3, 23 ff.; Gal. 2, 16 ff.

dern auch mir Vergebung der Sünden, ewige Gerechtigkeit und Seligkeit von Gott geschenket sei aus lauter Gnaden, allein um des Verdienstes Christi willen. Heidelb. Katech. Fr. 61: Warum sagst du, daß du allein durch den Glauben gerecht seiest? Nicht, daß ich von wegen der Würdigkeit meines Glaubens Gott gefalle, sondern darum, daß allein die Genugthuung, Gerechtigkeit und Heiligkeit Christi meine Gerechtigkeit vor Gott ist und ich dieselbe nicht anders, denn allein durch den Glauben annehmen und mir zueignen kann. — Der Glaube fragt nicht, ob gute Werke zu thun sind, sondern ehe man fraget, hat er sie gethan und ist immer im Thun . . . ., also daß unmöglich ist Werk vom Glauben scheiden, ja so unmöglich, als Brennen und Leuchten vom Feuer mag geschieden werden. Form. Conc. 4.

Die Kathol. aber lehren: Der von Gott abgekehrte Mensch wird durch die unterstützende Gnade Gottes bewogen, sich zu seiner iustificatio hinzuwenden und in freier Übereinstimmung mit jener zu wirken, libere assentiendo et cooperando. Vorbereitet wird die Rechtfertigung, indem der Mensch mit Gottes Hülfe seine Sünden erkennt und Buße thut (moventur adversus peccata per odium aliquod.) Dann folgt die Rechtfertigung, welche nicht in bloßer Sündenvergebung besteht, sondern auch Heiligmachung und Erneuerung des inneren Menschen ist.

Sessio VI, c. 7. quae non est sola peccatorum remissio, sed et sanctificatio et renovatio interioris hominis per voluntariam susceptionem gratiae et donorum, unde homo ex iniusto fit instus.

Wenn dann der Mensch so zu einem heiligen Kind Gottes geworden, so behandelt ihn Gott auch diesem neuen Verhältnis gemäß und macht ihn ewiger Seligkeit teilhaftig. Wir werden demnach als Gerechtfertigte keineswegs bloß für gerecht erklärt, sondern müssen auch wirklich gerecht sein. Dies sind wir nach dem Maße der uns verliehenen Geistesgaben und nach unserer Mitwirkung (cooperatio). Die Rechtfertigung ist somit ein Wachsendes, sich Entwickelndes; niemand soll sich mit dem bloßen Glauben schmeicheln. (Der Glaube wird hier nämlich als ein Fürwahrhalten der Offenbarung angesehen).

Si quis dixerit, sola fide impium iustificari, ita ut intelligat, nihil aliud requiri quod ad iustificationis gratiam consequendam cooperetur, et nulla ex parte necesse esse, cum suae voluntatis motu praeparari

atque disponi, anathema sit. Can. IX. — Si quis dixerit, fidem iustifi-
cantem nihil aliud esse, quam fiduciam divinae misericordiae peccata
remittentis propter Christum, vel eam fiduciam solam esse qua iustifica-
mur, anathema sit Can. XII.

Weil ſo die Rechtfertigung ſtets ſchwankt, ſo kann auch niemand
nach katholiſcher Lehre ſeiner Begnadigung gewiß ſein, es ſei denn
durch beſondere Offenbarung (nisi ex speciali revelatione.) Aber
die Werke mehren ſeine Rechtfertigung und verdienen die Gnade.

Can. XXIV. Si quis dixerit, iustitiam acceptam non conservari atque etiam non augeri coram deo per bona opera, sed opera ipsa fructus solummodo et signa esse iustificationis adeptae, non autem ipsius
augendae causam, anathema sit.

Can. XXXII. Si quis dixerit, hominis iustificati opera ita esse dona
dei, ut non sint etiam bona ipsius iustificati merita, aut ipsum
iustificatum bonis operibus .... non vere mereri augmentum gratiae, vitam aeternam .... anathema sit.

Ja die Werke haben ein überfließendes Verdienſt und können
über das Geſetz hinauskommen. Für ſolches Überverdienſt giebt es
die Sphäre der consilia evangelica, Ratſchläge, die nicht für alle
verbindlich ſind, ſondern nur für die, welche eine höhere Vollkommenheit erlangen wollen; es ſind: vollkommene Armut, beſtändige Ehe-
loſigkeit und unbedingter Gehorſam (oder auch Tod im Kampf gegen
Ungläubige und Ketzer, Schenkungen und Stiftungen zu heiligen
Zwecken ꝛc.) Solche Werke ſind dann opera supererogationis und
erzeugen merita superabundantia. Dieſe kommen der allgemeinen
Kirche zu gut und bilden einen thesaurus der überfließenden Ver-
dienſte. Aus dieſem Schatze wird vom Verwalter, dem römiſchen
Biſchof, der Ablaß erteilt. Derſelbe Biſchof hat ſeit dem 12.
Jahrhundert das ausſchließliche Recht, ſolche Fromme, die ſich auch
wunderthätig bewieſen haben, durch die Vorſtufe der Seligſprechung
(beatificatio) und endlich durch Heiligſprechung (Kanoniſation) in
die Zahl der Heiligen, der Schutzpatrone, Helfer und Fürbitter
aufzunehmen.

5. Von den Sakramenten.

Nach proteſtantiſcher Lehre ſind die Sakramente zwei von Chriſtus ſelbſt eingeſetzte Handlungen, Taufe und Abendmahl, „mittelſt
welcher Gottes Gnade in irdiſchen Dingen, als ſinnbildlichen Zeichen,

unsichtbare himmlische Gaben mitteilt und besiegelt." „Durch die
Taufe wird in dem natürlichen Menschen das göttliche Leben ge=
pflanzt." „Durch das heilige Abendmahl, in welchem der Herr nach
seinem gottmenschlichen Wesen sich mit uns verbindet, wird unter
dem geweiheten Brot und Wein den Christen sein Leib und Blut
wirklich und wahrhaft mitgeteilt und dadurch in den gläubigen
Empfängern das in ihnen gepflanzte göttliche Leben genährt und ge=
stärkt bis zur Vollendung."

Die Katholiken haben sieben Sacramente, die alle von
Christo eingesetzt sein sollen, unmittelbar oder mittelbar.

Sessio VII. Can. 1. Si quis dixerit, sacramenta novae legis non
fuisse omnia a. J. Ch. Dom. nostro instituta, aut esse plura vel pauciora
quam septem, videlicet: baptismum, confirmationem, eucharistiam, poenitentiam, extremam unctionem, ordinem et matrimonium, aut etiam aliquod
horum septem non esse vere et proprie sacramentum, anathema sit.

Die heilsame Wirksamkeit der Sakramente ist eine unbedingte
(ex opere operato) in jedem, der ihr kein Hindernis entgegen=
setzt, wenn dieselben nur nach Materie und Form recht verwaltet
werden. Sie findet auch in Abwesenden und in Verstorbenen statt,
wenn auch keine Kunde davon, keine Vorbereitung ꝛc. sich bei den=
selben voraussetzen läßt. Wer nicht eine Rangordnung unter ihnen
anerkennt, ist verflucht. Taufe und Abendmahl sind durchaus not=
wendig, Taufe, Firmung und Ordination können nicht wiederholt
werden (character sanctitatis indelebilis). Ein Zweck des heiligen
Abendmahls ist die Wiederholung des einst am Kreuz dargebrachten
Sühnopfers, für Lebendige und Tote, nur ein unblutiges. Sessio
XXII. Can. 1: Si quis dixerit, in missa non offerri Deo
verum et proprium sacrificium, aut quod offeri non sit
aliud quam nobis Christum manducandum dari, anathema sit.

Über die Entziehung des Kelches und über die andern Sakra=
mente s. oben §. 117.

6. Von der Kirche.

Die Kirche im eigentlichen Sinne ist nach der protestan=
tischen Lehre eine Gemeinde der Heiligen, in welcher das Evangelium
rein verkündigt und die heiligen Sakramente laut des Evangelii ver=

waltet werden. C. A. art. 7. Außer dieser wahren Kirche ist kein Heil möglich.

Apol. C. IV. p. 145: At ecclesia non est tantum societas externarum rerum ac rituum, sicut aliae politiae, sed principaliter est societas fidei et spiritus sancti in cordibus, quae tamen habet externas notas, ut agnosci possit, videlicet puram evangelii doctrinam et administrationem sacramentorum consentaneam evangelio Christi. Et haec ecclesia sola dicitur corpus Christi, Ephes. 1, 22 f. Quare illi in quibus nihil agit Christus, non sunt membra Christi.

Die Kirche ist kein Platonischer (Gedanken-) Staat, sondern existiert wirklich, freilich zerstreut über den ganzen Erdkreis.

Weil im apostolischen Symbolum eine heilige, allgemeine Kirche gelehrt wird, kann die sichtbare katholische Kirche nicht gemeint sein, welche ja eine Menge gottloser Menschen enthält. Die Kirche im weitern Sinne ist allerdings die Gesamtheit der Getauften. (Vergl. Unkraut unter dem Weizen ꝛc.) Die Gesamtheit ist im Anfange (apostolische Kirche) dem Ideal der Kirche recht nahe gekommen, aber besonders seit dem 6. Jahrh. immer mehr abgewichen. Doch hat der Herr noch überall sein Volk, und die protestantische Lehre, weit entfernt eine neue Lehre zu sein, faßt sich als den alten biblischen Glauben auf und ist als verus et perpetuus consensus catholicae ecclesiae zu bezeichnen.

Die kathol. Kirche lehrt: die Kirche ist die von Gott durch Christus unmittelbar gestiftete, unter dem Papste als sichtbarem Oberhaupte vereinigte Gesellschaft. In dieser Gesellschaft bemerkt man Fromme und Gottlose; ihr Band ist die Taufe. Wenn man von unsichtbarer Kirche spricht, so kann man nur die triumphierende im Himmel meinen.

Außer dieser Papst-Kirche giebts kein Heil. Sine qua (fide) impossibile est, placere deo. Sessio V. init. — Diese Kirche kann auch nicht irren: Quemadmodum haec una ecclesia errare non potest in fidei ac morum disciplina tradenda, quum a spiritu sancto gubernetur, ita ceteras omnes, quae sibi ecclesiae nomen arrogant, ut quae diaboli spiritu ducantur, in doctrinae et morum perniciosissimis erroribus versari necesse est. Cat. R. I. 10, 15.

Den Päpsten wird die suprema in ecclesia universa potestas zugesprochen. Ihnen wird die Bestätigung der Bischöfe, die Ablaßerteilung und

Communio sub utraque anheimgegeben. Übrigens gab es Kurialisten und Episkopalisten.

7. Anhang: Von der Heiligenverehrung.

Nach protestantischer Lehre ist es Götzendienst, sich mit seinen Gebeten an andere Wesen, als an den dreieinigen Gott zu wenden, oder ein Bild Gottes oder gar eines Geschöpfes zu verehren. Conf. Aug. art. 21. — Apol. Conf. art. 21. p. 224. Confessio nostra probat honores sanctorum. — Praeterea et hoc largimur, quod angeli orent pro nobis (Sacharja 1, 12.) — De sanctis etsi concedimus, quod sicut vivi orant pro ecclesia universa in genere, ita in coelis orent pro ecclesia in genere, tametsi testimonium nullum de mortuis orantibus extat in scripturis. — Porro nt maxime pro ecclesia orent sancti, tamen non sequitur, quod sint invocandi.

Heidelb. Katech. Fr. 94: Was erfordert der Herr im ersten Gebot? Daß ich bei Verlierung meiner Seelen Heil und Seligkeit alle Abgötterei, Zauberei, abergläubischen Segen, Anrufung der Heiligen oder anderer Kreaturen meiden und fliehen soll, und den einigen wahren Gott recht erkennen ꝛc.

Heidelb. Katech. Fr. 97: Soll man denn gar kein Bildniß machen? Gott kann und soll keineswegs abgebildet werden, die Kreaturen aber, ob sie schon mögen abgebildet werden, so verbeut doch Gott, derselben Bildnis zu machen und zu haben, daß man sie verehre oder ihm damit diene.

Die römische Kirche lehrt, daß zwar der höchste Grad der Verehrung, die Anbetung, adoratio (λατρεία), nur dem wahrhaftigen Gott (incl. der Hostie) also auch Christo gebühre, aber es sei bonum atque utile, auch die Heiligen und guten Engel um Hülfe und Fürbitte anzuflehen, sowie auch ihre Bilder und Reliquien zu verehren, indem durch die letzteren Kranke geheilt, ja Tote erweckt seien, und indem man ja in den Bildern, welche man küsse und vor denen man das Haupt entblöße oder sich niederwerfe, die Heiligen selbst verehre, denen sie ähnlich seien. Auch ist es gut, durch Messelesen sich der Fürbitten der Heiligen, die ihrer Verdienste wegen Mittler sind, zu versichern. Besonders aber ist anzurufen die Himmelskönigin, die allerheiligste und seligste Jungfrau, die Mutter Gottes, als Fürsprecherin und Beschirmerin des Volkes Gottes. Cat. rom. IV., 5, „damit sie (Maria) uns Sünder durch ihre Fürbitte mit Gott versöhne und uns sowohl die zu diesem, als zum ewigen Leben notwendigen Güter verschaffe." Sie ist seit dem 8. Dezember 1854 als immaculata anerkannt.

Nach Anführung der Einzelheiten stehe hier zum Beschluß eine Zusammenfassung der kathol. Hauptgedanken: Woran erkennt man das wahrhaft Christliche? denn es ist ja entgegengesetztes als das Christliche bezeichnet worden. Gewiß muß das ächte Christentum seinen Ursprung von den Aposteln nachweisen können. Wodurch bewahrt die Kirche das Apostolische? Die Bibel ist auch von Irrlehrern für sich benutzt worden und reicht auch deswegen nicht aus, weil neue Fragen entstehen, die eine neue Entwicklung des apost. Geistes verlangen, eine lebendige Fortsetzung desselben. Diese nun liegt zunächst in der mündlichen Überlieferung von den Aposteln her. Die Fortpflanzung dieser Tradition muß aber dem Zufall entnommen sein, es giebt daher einen göttlichen eingesetzten Lehrstand im Episkopat, der im Konzil zum inspirierten Ausdruck kommt. Der Episkopat muß centralisiert werden im Primat des Papstes, denn „die unmittelbare Gegenwart des apostol. Geistes würde der vollkommenen Wirklichkeit entbehren, wenn sie sich nicht in einer wirklichen Persönlichkeit konzentrierte." Seit dem 18. Juli 1870 ist der Papst als unfehlbar anerkannt.

§. 134.

Das evangelische Kirchenlied trat mit der Reformation zugleich ans Licht. Es war Gemeindelied, ja Volkslied. Sein Charakter ist lebendiges Bekenntnis der großen Heilsthatsachen, ohne Einmischung subjektiver Gefühle. Als Liederdichter steht Luther oben an (mit 37 Nr.), aber auch noch lange nach ihm fehlte es der lutherischen Kirche nicht an geweihten Sängern.

Anmerkung. Luthers Lieder sind teils freie Bearbeitungen lateinischer Hymnen, z. B.: Der Tag, der ist so freudenreich, Gelobet seist .bu, Jesu Christ, Herr Gott dich loben wir, Komm Gott, Schöpfer, heiliger Geist, Mitten wir im Leben sind, Wir glauben all an einen Gott — teils alter deutscher Gesänge, z. B.: Christ lag in Todesbanden, Nun bitten wir den heiligen Geist — teils Bearbeitungen von Bibelstellen, z. B.: Ach Gott vom Himmel sieh darein Ps. 12, Aus tiefer Not schrei ich zu dir Ps. 130, Dies sind die heiligen zehn Gebot, Ein feste Burg ist unser Gott Ps. 46, Vom Himmel hoch, da komm ich her Luc. 2, — teils Originallieder,

z. B.: Erhalt uns, Herr, bei beinem Wort, Jesus Christus unser Heiland, Nun freuet euch, liebe Christen gemein.

Andere Lieberdichter dieser Periode (bis zu Paul Gerhard) sind:

H. Albert in Königsberg, † 1668: Gott des Himmels und der Erden.

Simon Dach in Königsberg, † 1659: O wie selig seid ihr doch, ihr Frommen, Ich bin ja Herr in beiner Macht.

Nik. von Hofe, (Decius), seit 1524 Prediger in Stettin, wo er 1529 starb: Allein Gott in der Höh sei Ehr, O Lamm Gottes, unschuldig.

Paul Eberus in Wittenberg, † 1569: Herr Jesu Christ, wahr Mensch und Gott, Wenn wir in höchster Not und Pein.

Paul Flemming im Voigtlande, † 1640: In allen meinen Thaten.

Just. Gesenius in Hannover, † 1673: Wenn meine Sünd' mich kränken.

J. Graumann (Polianber) Pfarrer in Königsberg, † 1541: Nun lob mein Seel den Herren.

Heinr. Held, geb. zu Guhrau in Schlesien, † 1643: Gott sei Dank durch alle Welt.

Ludw. Helmbold in Erfurt und Mühlhausen, † 1598: Von Gott will ich nicht lassen.

Valerius Herberger, Prediger zu Fraustadt in Großpolen, † 1627: Valet will ich dir geben.

Nik. Hermann, Kantor in Joachimsthal, † 1561: Wenn mein Stündlein vorhanden ist, Lobt Gott ihr Christen alle gleich.

Joh. Heermann aus Wehlau, Prediger zu Köben an der Ober, † 1647: Herzliebster Jesu, O Gott, du frommer Gott, Wo soll ich fliehen hin?

Joh. Mathesius, Prediger in Joachimsthal, † 1565; Aus meines Herzens Grunde.

Matth. Meifart in Erfurt, † 1642: Jerusalem, du hochgebaute Stadt.

Mart. Rinckart aus Eilenburg in Sachsen, † 1649: Nun danket alle Gott (nach Sirach 50, 24—26).

Hans Sachs von Nürnberg, † 1576: Warum betrübst du dich, mein Herz?

J. Schneesing (Chiomusus) aus Frankfurt a. M., seit 1534 Pfarrer zu Friemar bei Gotha, † 1567: Allein zu dir, Herr Jesu Christ.

Nik. Selnecker in Leipzig, † 1592: Ach bleib bei uns, Herr Jesu Christ, Laß mich dein sein und bleiben.

Jos. Stegmann in Rinteln, † 1632: Ach bleib mit deiner Gnade.

Val. Thilo in Königsberg, † 1662: Mit Ernst, ihr Menschenkinder.

§. 135.

Die Tonkunst kam in der evangelischen Kirche als Weise des Kirchenliedes zu einer hohen Bedeutung. Diese Weisen, von der ganzen Gemeinde angestimmt, waren rhythmisch belebt und wurden von einem Chor (anfangs nicht von der Orgel) mehrstimmig be= gleitet. Viele Choralmelodien sind Umbildungen katholischer Gesänge oder alter Volkslieder; manche auch originale Schöpfungen. Luther, Hans Walther, besonders aber Eckart (Berlin † 1611) sind hier zu erwähnen.

In der katholischen Kirche hatte sich die kirchliche Musik gegen 1550 in die verschlungenste Künstlichkeit verloren, so daß die Väter zu Trident Anstoß daran nahmen. Die Musiker behaupteten, bei den Gesetzen ihrer Kunst sei Verständlichkeit der Worte und Übereinstimmung der Musik mit dem Texte nicht zu erreichen. Man beriet sich, ob dann die Figural=Musik noch zu dulden sei. Da erschien der rechte Mann Palestrina, † 1594. Seine missa Marcelli, seine Improperien 2c. eröffneten der heiligen Kunst eine neue Bahn.

§. 136.
Innere Mission.

Vincenz von Paula. Er wurde geboren 1576 zu Pouy in der Gascogne. Als Erzieher im Hause des Grafen Gondy lernte er die Not und das Verderben des Volkes gründlich kennen und klagte über die mangelhafte Seelsorge. Zunächst drang er nun auf auf= richtige, vollständige Beichte. Bald hatte er als Pfarrer zu Cha= tillon Gelegenheit, eine Schwesterschaft wohlthätiger Frauen zu einer geordneten Unterstützung der Armen (confrérie de charité) zu grün= den. Er gründete nun eine große Anzahl solcher Vereine von mild= thätigen Frauen; dann wandte er den zu den Galeeren Verurteilten seine Seelsorge zu, ließ sich auch einmal für einen der Sträflinge anschmieden, bis derselbe von dieser Liebe überwunden war. Auch ihre äußere Lage besserte er.

In Macon (in Burgund) ging er den zahlreichen Bettlern nach, unterrichtete, ermahnte sie, half ihnen auch leiblich; bald sah man keinen Bettler mehr auf den Straßen. In Paris wurde später ein Hospital eingerichtet, wohin man alle brachte, welche bettelten.

Aus einem Vermächtnis der Gondyschen Familie gründete er eine Missionsgesellschaft für das Inland. Seine Priester predigten,

katechifierten, hörten Beichte ꝛc. alles ohne Lohn. Sie gingen in
Krankenstuben, Zuchthäuser, in die Kellerwohnungen, an alle Orte
menschlichen Elends. Die barmherzigen Schwestern, filles de charité, 1634. Sie
sollten keine Nonnen sein, ihr Kloster war das Haus der Kranken.
Erst nach fünf Jahren legten sie ein Gelübde ab, konnten aber auch
dann noch austreten; denn Vincenz wollte nur freiwillige Arbeiter
an dem heiligen Werk. Bald verlangte man sie allenthalben. —

§. 137.
Bewegungen in der katholischen Kirche Frankreichs.

Während seit dem Tridentiner Konzil an den meisten Orten die katholische
Theologie in ihrem Zustande ruhig verblieb, zeigte die gallicanische Kirche
ein reges Streben nach tieferer Wissenschaft und gründlicher Gelehrsamkeit
(Bossuet, Fénélon, Tillemont, Richard Simon, Pascal).

1. Cornelius Jansen, geb. 1585, Prof. zu Löwen, dann
Bischof von Ypern, hatte durch unausgesetztes Studium des heiligen
Augustin den in der Kirche herrschenden Semipelagianismus (§. 105, 1)
erkannt. Erst nach seinem Tode kam sein Werk Augustinus
heraus. Die Jesuiten bewirkten, daß es der Papst verbot. Aber
es fand Freunde in Frankreich. Das Kloster Port-royal zu Paris
wurde der Mittelpunkt des tiefern christlichen Strebens der Zeit.
Besonders kämpfte man gegen die Jesuiten und ihre verderbliche
Moral. So namentlich Blaise Pascal (1623—1663) (le génie
de Port-royal, der in seinem 31. Jahre durch Todesgefahr aufge-
geweckt wurde und nun sein Leben ganz Gott weihte in der strengen
Weise der alten Askten[1]).

---

[1] Pascal schrieb Pensées sur la religion und die einflußreichen Lettres
provinciales, gerichtet gegen die Moral der Jesuiten. Aus dem 9. Briefe: Une
chose des plus embarassantes est d'eviter le mensonge et surtout quand
on voudroit bien faire accroire une chose fausse. C'est à quoy sert admi-
rablement nostre doctrine des equivoques, par laquelle il est permis, d'user
des termes ambigus, en les faisant entendre en un autre sens qu'on ne les
entend soi-mesmo, comme dit Sanchez. „Je sçay cela, mon père," lui
dis-je . . . . „Mais sçavez-vous bien, comment il faut faire, quand on ne
trouve point de mots equivoques?" „Non, mon père." Je m'en doutois bien,
dit il, cela est nouveau, c'est la doctrine des restrictions mentales.

Der Papst Innocenz X. hatte 5 janseniſtiſche Sätze als ketzeriſch verdammt. Die Janseniſten leugneten, daß dieselben in Janſens Buche ſo vorkämen, aber der Papſt erklärte, ſie kämen allerdings vor und in demſelben Sinn, in welchem ſie verdammt wären. Der König Ludwig XIV. und der Papſt im Bunde un-terbrückten den Jansenismus; Port-Royal wurde zerſtört.

Wie der Jansenismus ſich gegen die verfälſchte Lehre der katholiſchen Kirche erhob, ſo richtete ſich gegen die Äußerlichkeit des ganzen kirchlichen Le-bens eine neu erwachte katholiſche Myſtik:

2. Der Spanier Molinos (1640—1697) hatte dieſer Myſtik zuerſt einen beſtimmten Ausdruck gegeben. Der Menſch müſſe ſich zu nichte machen, Gott alles ſein laſſen, in abſoluter Ruhe ihm ſtille halten und ſich ſogar ſeiner Sünden wegen nicht beunruhigen. Quietismus.

Der Jeſuit la Chaiſe regte die Inquiſition gegen Molinos auf, er mußte 68 Sätze abſchwören, dann brachte man ihn in le-benslängliche Kloſterhaft; er mußte alle die Werke nun thun, die er früher in ſeiner innerlichen Weiſe für eitel gehalten; täglich 2 Mal den Roſenkranz beten, einmal das credo herſagen, dreimal in der Woche faſten, viermal jährlich beichten und oft das heilige Abend-mahl empfangen.

Frau de la Mothe Guyon (1648—1717) bildete die quie-tiſtiſche Richtung noch viel ſtärker in ſich aus.

„Die Seele ſtirbt (myſtiſch) im Kuſſe des Herrn, ſie iſt wahrhaftig mit ihm verbunden und zwar ohne Mittelding. Dann weckt Gott die Seele auf und teilt ihr immer reichlicher ſein Leben mit. Dieſe Gegenwart Gottes iſt für eine Stelle ſo behaglich und erfreulich, daß ſie dieſelbe nicht würde entbeh-ren wollen noch können; die Seele ſpürt es, wie ſie nach und nach in völlige Ruhe übergeht; hüte ſie ſich wohl, ſich in eine andere Stimmung verſetzen zu wollen, als in die der Ruhe, ſei es für die Beichte oder Kommunion, für ein Werk oder ſüns Gebet. Nichts ſoll ſie hier thun, als ſich vom göttlichen Aus-fluß erfüllen laſſen.‟

Sanchez la donne . . „On peut jurer, qu'on n'a pas fait une chose quoy qu'on l'ait faite effectivement, en entendant en soy-mesme, qu'on ne l'a pas faite un certain jour, ou avant qu'on fust né . . . est cela est fort commode en beaucoup de rencontres et toûjours très-juste, quand cela est necessaire ou utile pour la ſanté, l'honneur ou le bien. — Comment, mon père, et n'est ce pas un mensonge et mesme un parjure? Non, dit le père . . . . Après avoir dit tout haut: Je jure, que je n'ay point fait cela on ajoute tout bas, aujourdhuy etc.‟

Auf ihren vielen Reisen teilte sie einer großen Anzahl von Menschen ihre Begeisterung für die uneigennützige Liebe zu Gott (amour desinteressé) mit. Als der berühmte Bossuet, Bischof von Meaux, ihre mystischen Ausdrücke neu und anstößig fand, zeigte Fénélon in seiner explication des maximes des Saints sur la vie intérieure, wie sich bei den ehrwürdigen Vätern ähnliches finde, namentlich bei dem heiligen Franz von Sales. Aber auf Bossuets Betrieb verdammte der Papst 23 Sätze Fénélons als ketzerisch. Fénélon mußte das betreffende Breve in seiner Gemeinde selbst ver= lesen. Er that es mit Demut und ermahnte jeden, sich darnach zu halten. Seine Ausdrucksweise müsse wohl mißverständlich und mangelhaft gewesen sein, und der heilige Vater habe seine Gründe gehabt, das Buch zu verbieten.

Der katholische Werkdienst hatte somit gesiegt. Mittlerweile aber entwickelte sich eine nicht bloß antikirchliche, sondern auch anti= christliche und gottlose Richtung in Frankreich, die dann in der Re= volution offen hervortrat.

§. 138.

Angelus Silesius. Ein gleichzeitiger Mystiker in Deutsch= land war Angelus Silesius, oder Joh. Scheffler aus Breslau, der durch schöne Lieder: Mir nach, spricht Christus ꝛc., Der am Kreuz ist meine Liebe, Liebe, die du mich zum Bilde u. a. seine Kirche erfreute, darnach (1653) zum Katholicismus übertrat.

Die Vereinigung des Menschen mit Gott, die göttliche Gleich= heit und Gottwerdung des Menschen ist sein Hauptgedanke. Die Seele soll ihre Kreatürlichkeit nicht verlieren, das kann nicht sein; aber sie soll zu einem vollkommenen Gleichnis Gottes gelangen, so daß sie das aus Gnaden ist, was Gott von Natur ist.

> Gott grünt sich ohne Grund und mißt sich ohne Maß,
>   Bist du ein Geist mit ihm, Mensch, so verstehst du das.
> Gott wohnt in einem Licht, zu dem die Bahn gebricht;
>   Wer es nicht selber wird, der sieht ihn ewig nicht.
> Gott ist ihm selber alls, sein Himmel, seine Lust;
>   Warum schuf er denn uns? Es ist uns nicht bewußt.
> Gott ist so viel an mir, als mir an ihm gelegen.
>   Sein Wesen helf ich ihm, wie er das meine hegen.

Ich weiß, daß ohne mich Gott nicht ein Nu kann leben;
Werb ich zu nicht, er muß von Not den Geist aufgeben
Gott macht kein neues Ding, obs uns zwar neue scheint;
Vor ihm ist ewiglich, was man zu werden meint,
Die Rose, welche hier dein äußres Auge sieht,
Die hat von Ewigkeit in Gott also geblüht.
Die Kreatur ist mehr in Gotte, denn in ihr;
Zerwird sie, bleibt sie doch in ihme für und für.
Zwei Augen hat die Seel: eins schauet in die Zeit,
Das andre richtet sich hin in die Ewigkeit.
Das Gute kommt aus Gott; drum ists auch sein allein;
Das Bös entsteht aus dir, das laß du deine sein.
Kein Übel ist als Sünd; und wären keine Sünden,
So wär in Ewigkeit kein Übel auch zu finden.
Viel Wissen blähet auf; dem geb ich Lob und Preis,
Der den Gekreuzigten in seiner Seele weiß.
Wird Christus tausendmal in Bethlehem geboren
Und nicht in dir, du bleibst doch ewiglich verloren.
Entbilde dich, mein Kind, so wirst du Gotte gleich,
Und bist in stiller Ruh dir selbst dein Himmelreich.
Nicht bist du in dem Ort, der Ort, der ist in dir.
Wirfst du ihn aus, so steht die Ewigkeit schon hier.
Gar unermeßlich ist der Höchste, wie wir wissen,
Und bennoch kann ihn ganz ein menschlich Herz umschließen.
Der nächste Weg zu Gott ist durch der Liebe Thür;
Der Weg zur Wissenschaft bringt dich gar langsam für.

§. 139.
Georg Calixt und die synkretistischen Streitigkeiten.

Calixt war 1586 zu Flensburg geboren. Seine sehr vielsei-
tigen Studien auf der Universität Helmstädt und die Berührung mit
den verschiedenen Theologen in Deutschland, Frankreich und England
erwarben ihm für die Beurteilung der vielen christlichen Gemeinschaften einen höhern, freiern Standpunkt, als den damals gewöhnlichen.
Sein Streben ging nicht auf Verschmelzung der verschiedenen Kirchen,
sondern auf Befreundung und gegenseitige Anerkennung derselben.
Darum wies er auf das allen Konfessionen gemeinsame Wesen des
Christentums hin und fand dasselbe nicht bloß im Bibelworte,
sondern auch in der Überzeugung der 5 ersten christlichen Jahr-
hunderte. Den strengen Lutheranern mißfielen diese Bestrebungen,

die sie als Religionsmengerei, (Synkretismus) und Krypto-
katholicismus bezeichneten.

Zu derselben Zeit entbrannte der Streit in dem Kurfürsten-
tum Brandenburg. Der große Kurfürst wünschte nichts sehnlicher,
als die Lutheraner und Reformierten in seinem Lande einander näher
zu bringen.

So erließ er das Edikt, daß Reformierte und Lutherische sich
aller Schmähreden und Anzüglichkeiten enthalten sollten und forderte
von den Predigern die Unterschreibung eines Reverses. Paul
Gerhard, Prediger an der Nikolaikirche, der tüchtigste und geachtetste
der lutherischen Geistlichen, welche dem großen Kurfürsten wider-
strebten, weigerte sich einen Revers zu unterschreiben, der ihm und
seinen Amtsbrüdern alle Polemik gegen die (irrgläubigen) Reformierten
verbiete. Absetzung 1666, Fürbitte der Berliner Gewerke und des
Magistrats und Restitution in der Voraussetzung, „P. Gerhard habe
die Meinung der Edikte nicht recht begriffen" und werde auch ohne
Revers den kurfürstl. Willen befolgen. Doch P. G. „fürchtete den
nagenden Wurm des Gewissens," gab eine neue Erklärung und
wurde abgesetzt. Seine Gemeinde in Berlin unterhielt ihn, bis er
nach Lübben berufen wurde. († 1676.)

Mit Paul Gerhard tritt im Kirchenliede neben dem christlichen Ge-
meindebewußtsein auch das persönliche Gefühlsleben, die subjektive
Seite mehr hervor. P. Gerhards Lieder (123 Nr.) gehören zu den schönsten.
Unter den bekannteren derselben sind: Befiehl du deine Wege, Die güldne
Sonne, Ein Lämmlein geht und trägt die Schuld, Ich bin ein Gast auf Erden, Ich singe dir mit Herz und Mund, Ist Gott für mich, so trete, Nun laßt
uns gehn und treten, Nun ruhen alle Wälder, O Haupt, voll Blut, Herr
Jesu Christ, mein schönstes Licht, O Welt, sieh hier dein Leben, Sollt ich meinem Gott nicht singen, Wach auf, mein Herz, und singe, Warum sollt ich mich
denn grämen, Wie soll ich dich empfangen.

Zu gleicher Zeit dichtete die Kurfürstin Louise Henriette von Brandenburg (1627—1667), der reformierten Kirche angehörig: Ich will von meiner
Missethat, Jesus meine Zuversicht.

Wilhelm II., Herzog zu Sachsen-Weimar, † 1662: Herr Jesu
Christ, dich zu uns wend.

Neumark aus Mühlhausen, † 1681: Wer nur den lieben Gott.

Keimann aus Pankraz in Böhmen, † 1662 als Rektor in Zittau: Hosianna, Davids Sohn, Meinen Jesum laß ich nicht.

Joh. Frank aus Guben, † 1677: Herr Jesu, Licht der Heiden, Schmücke dich, o liebe Seele.

E. Christoph Homburg aus Mühla bei Eisenach. † 1681: Ach, wunderbergroßer Siegesheld, Jesu, meines Lebens Leben.

Mich. Schirmer aus Leipzig, seit 1636 am grauen Kloster zu Berlin, † 1673: O heilger Geist, kehr bei uns ein.

§. 140.

Phil. Jak. Spener. († 1705). Der Pietismus. Viel erfolgreicher als jene Einigungsbestrebungen der Theologen waren die Bemühungen frommer Männer, von innen heraus die in Rechtgläubigkeit tote Kirche neu zu beleben. Dahin gehören Joh. Arndt † 1621 (sechs Bücher vom wahren Christentum — Paradiesgärtlein), Heinr. Müller (Geistliche Erquickstunden), Christ. Scriver (Seelenschatz), Valerius Herberger, Joh. Val. Andreä u. a. Aber erst durch den Pietismus drangen diese Bestrebungen recht in die Kirche.

Spener war 1635 zu Rappoltsweiler im Elsaß geboren. Früh schon zum Dienst der Kirche bestimmt, bezog er 1651 die Universität Straßburg, wo er sich nicht bloß in der Theologie, sondern auch in der Philologie, Geschichte, Geographie, Heraldik gute Kenntnisse erwarb. 1666 wurde er erster Pfarrer zu Frankfurt am Main. In seinen Predigten vermied er immer mehr alle Manier und drang in schmuckloser Weise auf gänzliche Erneuerung des Menschen. Besonders gab er sich Mühe, seine Gemeindeglieder in die Bibel einzuführen und bediente sich dazu auch der Katechese. Im Jahre 1669 trat eine Anzahl von Christen zu besonderen Erbauungsstunden zusammen, welche Spener leitete, collegia pietatis (Pietisten). Von solchen kleinen Kirchlein in der Kirche, hoffte er, würde die große Kirche aufs neue belebt werden.

Im Jahre 1686 wurde er als Oberhofprediger nach Dresden berufen. In Leipzig waren es besonders drei Universitätslehrer, unter ihnen Aug. Herm. Franke, welche durch ihre collegia philobiblica Speners Gedanken unter den Studierenden verbreiteten und ausführten. Einige Eiferer verbrannten ihre früheren Hefte und behielten in Verachtung der Wissenschaft bloß die Bibel und einige Erbauungsbücher. Bald fiel Spener bei seinem Kurfürsten in Ungnade,

1691 berief ihn der brandenburgische Kurfürst Friedrich III. als
Probst an die Nikolaikirche zu Berlin.

§. 141.

Aug. Herm. Franke wurde 1663 zu Lübeck geboren und
kam 1684 nach Leipzig, wo er unter Speners Einfluß die schon erwähnten collegia philobiblica stiftete. Als ihm seine theol. Vorlesungen
untersagt wurden, nahm er einen Ruf als Diakonus an der Augustiner
Kirche zu Erfurt an. Der Kurfürst von Mainz vertrieb ihn von dort.
Franke wurde 1692 (Professor und) Pastor in Halle und trieb dieses
doppelte Amt mit großer Treue. Die **Hallischen Waisenhausan-
stalten** machten Frankes Namen bald weltberühmt. Den Anfang
machte er im hohen Glauben an Gottes Hülfe, als jemand sieben
Gulden in die Armenbüchse gelegt hatte. Sein Studierzimmer wurde
bald zu klein für die Armenkinder, welche er unterrichtete. Nun
ging es rasch voran. Geschenke von allen Seiten setzten ihn in den
Stand, ein Haus anzukaufen. Im Jahre 1698 legte er den Grundstein zu dem jetzigen Hauptgebäude des Waisenhauses.

Vgl. die Inschrift des Hauses: Die auf den Herren harren, kriegen neue
Kraft, daß sie auffahren mit Flügeln wie Adler, daß sie laufen und nicht matt
werden, daß sie wandeln und nicht müde werden (Jesaias 40, 31).

Von besonderer Wichtigkeit war auch die mit dem Waisenhaus
in Verbindung stehende **Bibelanstalt** des Freiherrn von Canstein
und die Mitwirkung Frankes bei der Stiftung der **dänisch-ostin-
dischen Mission**. Ziegenbalg und Plütschau wurden 1705 in
Kopenhagen für diese Mission ordiniert. §. 154.

§. 142.

Zinzendorf. Nicolaus, Graf von Zinzendorf, wurde (1700)
zu Dresden geboren und von seiner Großmutter fromm erzogen.
Seine weitere Bildung bekam er im Pädagogium zu Halle (Orden
zum Senfkorn) und auf der Universität Wittenberg (Rechte und
Theologie). Nach einer längern Reise durch Holland und Frankreich trat er gegen seine Neigung in sächsische Staatsdienste. Als
einst mehrere mährische Brüder auf den Gütern des Grafen (zu
Berthelsdorf) Zuflucht suchten, entstand hier **Herrnhut**, wo sich

(1727) unter der umsichtigen Leitung des Grafen eine Gemeinde in der Weise und Verfassung der alten mährischen Brüder bildete. In der Lehre duldete man verschiedene Färbungen — lutherische, reformierte — als Tropen, bekannte sich später indes ausdrücklich zur Augsburgischen Konfession. Der Graf trat selbst in den geistlichen Stand und wurde zum mährischen Bischof ordiniert. Er widmete mit großem Eifer seine ganze Zeit, sein Vermögen, seine Kräfte der Förderung der Brüdergemeinden, die sich allmählich immer weiter verbreiteten. Auch sein vornehmer Stand und seine feine weltliche Bildung kam ihm vielfach zu Hülfe [1]).

Was die Verfassung der Brüdergemeinde betrifft, so sollte Christus selbst als Ältester (durch das Los) die Gemeinde regieren. Von Zeit zu Zeit traten Deputierte aller Gemeinden zu einer Synode zusammen, und faßten Beschlüsse im Namen der Brüder-Unität. Von ihr wurde auch eine Ältesten-Konferenz als stehende Behörde eingesetzt.

Vom Kultus (lieblicher, sentimentaler Gesang, Agapen, Fußwaschen, Los, Tageslosungen), vom christlichen Leben (mönchische Scheu vor der Welt — innige Gemeinschaft mit dem Heiland). Von der Lehreigentümlichkeit: Hervorheben des Versöhnungstodes Christi und überhaupt des Sohnes.

§. 143.

Gerhard Tersteegen, geboren den 25. November 1697 zu Mörs, war ein Glied der reformierten Kirche. Er besuchte die lateinische Schule seiner Vaterstadt und machte gute Fortschritte, namentlich hatte er tüchtige Sprachkenntnisse. In seinem 15. Jahre kam er nach Mülheim a. d. R. zu einem Kaufmann in die Lehre, er durfte bei anstrengendem Dienste nur die Nächte zu seiner Be-

---

[1]) Anfangs war mit der Brüdergemeinde eine ähnliche Richtung in der englischen Kirche, der **Methodismus**, in Verbindung getreten, aber die Verbindung dauerte nicht lange. Während die Herrnhuter eine stille, besonders auf das Gefühl gerichtete Predigt trieben, forderten die Methodisten (John Wesley 1729, Georg Whitefield 1732) in ihren Massenpredigten — oft vor 20—30,000 Menschen auf freiem Felde — eine gewaltsame Erschütterung des sichern Sünders durch alle (methodisch vorgeführten) Schrecken des Gesetzes und der Hölle. Sie entwickelten dabei in englischer Art eine unglaubliche Thätigkeit, mitten unter Hohn und Verfolgung (Wesley hat über 40,000 Vorträge gehalten). Die Methodisten blieben in der bischöflichen Kirche, in der sie als ein „geistlicher Sauerteig" wirken wollten.

lehrung und Erbauung benutzen. Später gab er die Handlung auf und ernährte sich durch Weben und Bandwirken, bis er auch dazu zu schwach wurde und der geistliche Verkehr mit nahen und fernen Freunden ihn zu sehr in Anspruch nahm. Er liebte die Stille und Einsamkeit, um desto ungestörter mit Gott umgehen zu können; doch fehlte es ihm auch nicht an Anfechtungen. Die damalige Kirche war vielfach in toten Glauben geraten; manche Prediger predigten sogar wider Tersteegen und die Frommen im Lande. Tersteegen wurde dadurch gehindert, den Segen der großen christlichen Gemeinschaft und der in ihr gespendeten Gnadenmittel ganz zu würdigen; doch war er kein Separatist. „Ein Mystikus," sagt er, „hat wichtigere Sachen zu thun. Recht innige Seelen machen keine besondere Sekte." Auf das Verlangen christlicher Freunde hielt er längere Zeit hindurch „Versammlungen," die viele Frucht brachten und noch jetzt in den „geistlichen Brosamen" fortwirken. Gegen Einzelheiten des Bekenntnisses war er nachsichtig und gleichgültig, wenn nur die Hauptsache, „die Jesusliebe," vorhanden war und eine innere Ehrlichkeit und Wahrhaftigkeit sich im Wandel offenbarte. Er starb 1769.

Terst. ist neben Joach. Neander und F. A. Lampe ein hervorragender Dichter der reform. Kirche. Lied 26: Gott ist gegenwärtig. Ferner: Kommt, Kinder, laßt uns gehen, der Abend kommt herbei. Vers 9:

„Was wir hier hörn und sehen,
Das hörn und sehn wir kaum;
Wir lassens da und gehen,
Es irret uns kein Traum.
Wir gehn ins Ewge ein,
Mit Gott muß unser Handel,
Im Himmel unser Wandel
Und Herz und alles sein.

10. Wir wandeln eingekehret,
Veracht und unbekannt,
Man siehet, kennt und höret
Uns kaum im fremden Land;
Und höret man uns ja,
So höret man uns singen
Von unsern großen Dingen,
Die auf uns warten da."

Aus dem Liede: Wann sich die Sonn' erhebet Vers 8:

Daß du mich stets umgiebest,
Daß du mich herzlich liebest
Und rufst du zu dir hinein,
Daß du vergnügst alleine
So wesentlich, so reine,
Laß früh und spät mir wichtig sein.

9. Ein Tag der sagt dem andern,
Mein Leben sei ein Wandern
Zur großen Ewigkeit.
O Ewigkeit, du schöne,
Mein Herz an dich gewöhne,
Mein Heim ist nicht in dieser Zeit.

Aus dem Blumengärtlein:

Je mehr ich bleib mit Jesu einsam,
Je mehr er sich mir macht gemeinsam;

Wenn er und ich nur sind allein
In meinem Herzenskämmerlein,
So hab ich in ihm tiefen Frieden,
Drum bleib ich gerne abgeschieden.

§. 144.
Der Deismus.

Der Deismus, „das Streben, die natürliche Religion, das innere Licht der Vernunft über die geoffenbarte Religion zu setzen," war schon in manchen Erscheinungen des Mittelalters vorgebildet, ausgebildet wurde aber diese Richtung von 1640—1740, besonders in England. Die Deisten nannten sich auch Freidenker und Naturalisten. Manche unter ihnen waren ernste und in ihrer Art fromme Männer, manche frivol und gottlos. Als Hauptbegriffe der natürlichen Religion wollte man gelten lassen: Gott, Vorsehung, freien Willen, Tugend und Unsterblichkeit. Von der Dreieinigkeit, von Erbsünde, Rechtfertigung, Gnade wußte man in der natürlichen Religion nichts zu finden.

In dem katholischen Frankreich fand sich ein geeigneter Boden für ein Nachbild des Deismus. Die Freidenker wurden hier zu esprits forts, beaux esprits. Sie nannten sich auch die Philosophen.

Es gehören dahin Voltaire, der „Philosoph von Ferney," und Rousseau.

§. 145.

In Deutschland stärkte sich eine schon vorhandene Freidenkerpartei an den Werken der englischen Deisten.

Neben gelehrten Vertretern des Unglaubens (des Rationalismus) finden wir auch die populäre, geistreiche, alle gute christliche Sitte und Frömmigkeit schnell untergrabende, französische Form desselben. Sie drang mit der übrigen französischen Bildung besonders seit Friedrich des Großen Vorliebe für den esprit der französischen Schriftsteller in unser Vaterland ein. De la Mettrie, Voltaire 2c. kamen selbst nach Berlin. Man hoffte das Christentum bald beseitigt zu haben. Trotz der öfters ausgesprochenen Toleranz des Königs [hier

15*

muß ein jeder nach seiner Façon selig werden — ein jeder kann
bei mir glauben, was er will, wenn er nur ehrlich ist], verleitete ihn
doch persönlicher Widerwille gegen den Pietismus ꝛc. einigemal zu
intoleranten Handlungen.

§. 146.

Zu größerem Ernst und gründlicher Forschung weckte die Gebildeten unseres Volkes die Philosophie Kants. Kant lehrte (in seiner
Kritik der reinen Vernunft 1781), daß der Mensch von dem Über-
sinnlichen, von Gott, Freiheit, Unsterblichkeit aus seiner Vernunft
nichts wissen könne; es seien aber Postulate der praktischen Vernunft, des Gewissens. Die menschliche Schwäche und Verderbtheit
hatte er wohl erkannt (das „radikale Böse"), und niemand bestand
strenger als er darauf, die Forderung des Guten, des kategorischen
Imperativ, gegen alles Gelüst des Menschen durchzusetzen. Vgl. §. 161.

An Kant knüpfen die großen Philosophen der neuern Zeit an;
so hat Fichte durch seine kraftvolle Vertretung des rechten Wollens
gegenüber dem Nutzen oder Behagen dem ganzen Vaterlande einen
tiefen Impuls in schwerer Zeit gegeben (Reden an die deutsche
Nation).

Gleichzeitig nahm die deutsche Nation auch in der Litteratur
durch Klopstock einen Aufschwung, der für das Christentum förderlich wurde, so wenig auch einige unserer großen Schriftsteller dem
kirchlichen Christentum geneigt waren. Davon hat die Litteraturge-
schichte zu handeln.

§. 147.

Die Theologie nahm zuerst an den tiefen Bewegungen der
Zeit nur geringen Anteil und blieb in Dr. Paulus (zu Heidel-
berg), Wegscheider und andern noch auf dem rationalistischen
Standpunkt. Eine Erschütterung erfuhr dieser erst durch Friedrich
Schleiermacher (1768—1834) den Theologen und Philosophen.

„Aus der Brüdergemeinde, unter deren erziehenden Einflüssen er
herangewachsen war, brachte er eine unvertilgbare, innige und persönliche Hingabe an den Erlöser; aus der reformierten Kirche, der er
angehörte, eine klare und scharfe Verstandesrichtung in die Wissen-

schaft und das Leben mit. Das Wesen der Religion setzte er in das unbedingte Abhängigkeitsgefühl und deducierte die Heilslehre aus dem vom christlichen Gemeingeist durchdrungenen Gemüt, das im Bewußtsein seiner Fülle und Sicherheit nicht nur die dogmatischen Satzungen der Kirche, sondern auch den Kanon der heiligen Schrift einer scharfen, zersetzenden Verstandeskritik preisgeben konnte." (Kurtz).

Hauptschriften: Reden über die Religion, an die Gebildeten unter ihren Verächtern (1799). Monologen (1800). Weihnachtsfeier (1806). Darstellung des theologischen Studiums (1811). Der christliche Glaube (1821). Predigten (7 Sammlungen). Abhandlungen (über sittliche Begriffe). Übersetzung: Platons Werke u. a.

In dem Sinn Schleiermachers arbeiteten darnach Lücke, Twesten, Nitzsch und Andere weiter. In der Kirchengeschichte war der so innerliche und fromme Aug. Neander († 1850) von dem größten Einflusse.

"Wahrheit war alles, was er sagte und that. Sein Inneres war zugleich seine Außenseite. Unbedeckt, ungeschützt, arglos wie ein Kind stand er der Außenwelt gegenüber, nur getrennt von jeder rohen Berührung durch den Hauch der Göttlichkeit, der ihn um= gab. Nichts war bei ihm Form. Was andere Menschen mehr oder minder aus Gewohnheit thun, empfing von ihm wieder den Geist, von dem es ursprünglich 'ausgegangen war. Bei einem "Wie gehts Ihnen?" aus seinem Munde war man gar nicht im Stande, die unberührte Gleichgültigkeit zu bewahren, die sonst wohl auf derlei Fragen zum guten Ton gehört: daß es ihn wirk= lich bekümmere, lag sichtbar in Wort und Miene. Wenn man irgend etwas auf dem Herzen hatte und kam zu Neander, er merkte es gewiß. Und fragte er dann: Fehlt Ihnen etwas? Sie sehen so niedergeschlagen aus: man konnte nicht anders als ant= worten: "O nein, es geht mir recht wohl." Ging es einem doch wirklich recht wohl in diesem Augenblick, drang doch Blick und Ton so lindernd, so heilend ins Herz. Nie werde ich den Ein= druck vergessen, den sein Benehmen gegen einen Blinden auf mich machte, der Neanders Vorlesungen hörte, wiewohl er in den alten Sprachen nur notdürftig bewandert war. Diesen armen Men= schen nun krank und still vor Neander stehen zu sehen, vor dem

Manne, den er so innig verehrte und den er doch nicht sehen
konnte, und die Stimme Neanders zu hören, mit der er ihn
fragte: Wie gehts Ihnen denn? ich mußte mich abwenden, mir
traten die Thränen in die Augen und ich glaube, dem Blinden
auch in seine dunkeln, ausgeflossenen."

§. 148.
Union.

Die große Not, welche in Folge der Greuel=Revolution in
Frankreich durch Napoleon I. über unser Vaterland kam, und die
wunderbare Rettung im Befreiungskriege lenkte auch die Herzen
der Menge wieder zur Frömmigkeit hin. Wie in der „heiligen
Alliance" die Konfessionen sich freundlich vertrugen, so lebte auch im
Volke das christliche Bewußtsein zunächst auf als Gefühl religiöser
Zusammengehörigkeit, nicht in der bestimmtesten Form historischer
Konfessionalität. Daher fand in Preußen der Versuch des frommen
Königs **Friedrich Wilhelm** III., die lutherische Kirche Preußens
mit der reformierten zu vereinigen, viel Anklang; am Secularfeste der
Reformation, 31. Oct. 1817, wurde in den größten Städten diese
Union vollzogen, die unierte Kirche nannte man die evangelische.
Auch in andern deutschen Staaten, Nassau, Sachsen=Weimar, Rhein=
baiern, Baden, Würtemberg ꝛc. wurde die Union gesetzlich eingeführt.

Es folgen die zwei Haupturkunden der Union in Preußen von
1817 und 1834.

A. Schon Meine in Gott ruhende, erleuchtete Vorfahren, der Kurfürst
Johann Sigismund, der Kurfürst Georg Wilhelm, der große Kurfürst, König
Friedrich I. und König Friedrich Wilhelm I. haben, wie die Geschichte ihrer
Regierung und ihres Lebens beweiset, mit frommem Ernst es sich angelegen
sein lassen, die beiden getrennten protestantischen Kirchen, die reformirte und
lutherische, zu einer evangelisch=christlichen in ihrem Lande zu vereinigen. Ihr
Andenken und Ihre heilsamen Absichten ehrend, schließe Ich Mich gern an Sie
an, und wünsche ein gottgefälliges Werk, welches in dem damaligen unglücklichen
Sektengeiste unüberwindliche Schwierigkeiten fand, unter dem Einfluß eines
bessern Geistes, welcher das Außerwesentliche beseitigt, und die Hauptsache im
Christenthum, worin beide Confessionen eins sind, festhält, zur Ehre Gottes
und zum Heil der christlichen Kirche, in Meinen Staaten zu Stande gebracht
und bei der bevorstehenden Sekularfeier der Reformation damit den Anfang
gemacht zu sehen. Eine solche wahrhaft religiöse Vereinigung der beiden, nur

noch durch äußern Unterschied getrennten protestantischen Kirchen ist den großen Zwecken des Christenthums gemäß; sie entspricht den ersten Absichten der Reformatoren; sie liegt im Geiste des Protestantismus; sie befördert den kirchlichen Sinn; sie ist heilsam der häuslichen Frömmigkeit; sie wird die Quelle vieler nützlichen, oft nur durch den Unterschied der Confession bisher gehemmten Verbesserungen in Kirchen und Schulen.

Dieser heilsamen, schon so lange und jetzt wieder so laut gewünschten und so oft vergeblich versuchten Vereinigung, in welcher die reformirte nicht zur lutherischen und diese nicht zu jener übergeht, sondern beide eine neubelebte, evangelisch-christliche Kirche im Geiste ihres heiligen Stifters werden, steht kein in der Natur der Sache liegendes Hinderniß mehr entgegen, sobald beide Theile nur ernstlich und redlich in wahrhaft christlichem Sinne sie wollen, und von diesem erzeugt würde sie würdig den Dank aussprechen, welchen wir der göttlichen Vorsehung für den unschätzbaren Segen der Reformation schuldig sind, und das Andenken ihrer großen Stifter, in der Fortsetzung ihres unsterblichen Werkes, durch die That ehren.

Aber so sehr Ich auch wünschen muß, daß die reformirte und lutherische Kirche in Meinen Staaten diese Meine wohlgeprüfte Ueberzeugung mit Mir theilen möge, so weit bin Ich, ihre Rechte und Freiheiten achtend, davon entfernt, sie aufbringen und in dieser Angelegenheit Etwas verfügen und bestimmen zu wollen. Auch hat diese Union nur dann einen wahren Werth, wenn weder Ueberredung noch Indifferentismus an ihr Theil haben, und sie nicht nur eine Vereinigung in der äußeren Form ist, sondern in der Einigkeit der Herzen, nach echt biblischen Grundsätzen, ihre Wurzeln und Lebenskräfte hat.

So wie Ich selbst in diesem Geiste das bevorstehende Sekularfest der Reformation, in der Vereinigung der bisherigen reformirten und lutherischen Hof- und Garnison-Gemeinde zu Potsdam zu einer evangelisch-christlichen Gemeinde feiern und mit derselben das heilige Abendmahl genießen werde, so hoffe Ich, daß dieses mein eigenes Beispiel wohlthuend auf alle protestantischen Gemeinden in Meinem Lande wirken, und eine allgemeine Nachfolge im Geiste und in der Wahrheit finden möge. Der weisen Leitung der Consistorien, dem frommen Eifer der Geistlichen und ihrer Synoden überlasse Ich die äußere übereinstimmende Form der Vereinigung, überzeugt, daß die Gemeinden in echt christlichem Sinn dem gern folgen werden, und daß überall, wo der Blick nur ernst und aufrichtig, ohne alle unlautern Nebenabsichten, auf das Wesentliche und die große heilige Sache selbst gerichtet ist, auch leicht die Form sich finden, und so das Aeußere aus dem Innern, einfach, würdevoll, mehr von selbst hervorgehen werde. Möchte der verheißene Zeitpunkt nicht mehr fern sein, wo unter einem gemeinschaftlichen Hirten Alles in einem Glauben, in einer Liebe und in eine Hoffnung sich zu einer Heerde bilden wird!

B. Es hat Mein gerechtes Mißfallen erregen müssen, daß von einigen Gegnern des kirchlichen Friedens der Versuch gemacht worden ist, durch die Mißdeutungen und unrichtigen Ansichten, in welchen sie hinsichtlich des Wesens und des Zweckes der Union und Agende befangen find, auch Andere irre zu leiten. Die Union bezweckt und bedeutet kein Aufgeben des bisherigen Glaubens-bekenntnisses, auch ist die Autorität, welche die Bekenntnißschriften der beiden evangelischen Confessionen bisher gehabt, durch sie nicht aufgehoben worden. Durch den Beitritt zu ihr wird nur der Geist der Mäßigung und Milde aus-gedrückt, welcher die Verschiedenheit einzelner Lehrpunkte der anderen Confession nicht mehr als den Grund gelten läßt, ihr die äußerliche kirchliche Gemeinschaft zu versagen. Der Beitritt zur Union ist Sache des freien Entschlusses, und es ist daher eine irrige Meinung, daß an die Einführung der erneuerten Agende nothwendig auch der Beitritt zur Union geknüpft sei, oder indirect durch sie bewirkt werde. Jene beruht auf den von Mir erlassenen Anordnungen; dieser geht nach Obigem aus der freien Entschließung eines Jeden hervor. Die Agende steht mit der Union nur insofern in Zusammenhang, daß die darin vorgeschriebene Ordnung des Gottesdienstes und die für kirchliche Amtshand-lungen aufgenommenen Formulare, weil sie schriftmäßig find, ohne Anstoß und Beschwerde auch in solchen Gemeinden, die aus beiderlei Confessionsverwandten bestehen, zu gemeinsamer Förderung christlicher Gottesfurcht und Gottseligkeit, in Anwendung kommen können. Mithin ist das Begehren derer, welche aus Abneigung gegen die Union auch der Agende widerstehen, als unstatthaft, ernst-lich und kräftig abzuweisen. Auch in nicht unirten Kirchen muß der Gebrauch der Landesagende unter den für jede Provinz besonders zugelassenen Modifica-tionen stattfinden, am wenigsten aber — weil es am unchristlichsten sein würde, darf gestattet werden, daß die Feinde der Union, im Gegensatze zu den Freun-den derselben, als eine besondere Religionsgesellschaft sich constituiren.

Der König hatte aus den alten Formularen eine neue Agende zusammenstellen (1816) und ihre Einführung (1822) der gesamten evangelischen Landeskirche empfehlen lassen. Doch fand diese Agende vielen Widerspruch; eine neue Ausgabe (1829) beseitigte durch grö-ßere Auswahl die meisten Anstöße, und bald galt die Agende als allgemein eingeführt.

Auf einer Generalsynode zu Breslau (1841) traten die, welche der Union nicht beitreten wollten, zu einer lutherischen Kirche in Preußen zusammen und wurden als „von der Landeskirche getrennte Lutheraner" 1845 anerkannt. Auch diese haben sich wieder in mehrere Zweige geteilt.

§. 149.

Neben der Union bildeten sich Konföderationen in der evangelischen Kirche. In ihnen will man den Konfessionen ihre volle Eigentümlichkeit und Selbständigkeit lassen, sie dann aber auch, weit über die politischen und nationalen Grenzen hinaus, zu gemeinsamer Vertretung ihrer Interessen verbünden. Der Gustav-Adolf-Verein ist ein Exempel einer solchen Konföderation einer werkthätigen Liebe zu solchen Protestanten, die sich inmitten katholischer Bevölkerung in leiblicher oder geistlicher Not befinden.

Anderer Art ist die Konföderation, welche 1846 in London gestiftet wurde: der evangelische Bund, evangelical alliance. Es verbrüderten sich unter diesem Namen eine große Anzahl Christen aus verschiedenen Konfessionen und Sekten zur Verteidigung und Verbreitung des fundamental Christlichen, das sie gegenüber den Unterscheidungslehren stark hervorheben.

§. 150.

In der katholischen Kirche hatte sich mittlerweile eine freisinnige Partei entwickelt, welche, namentlich in romanischen Ländern die Austreibung der Jesuiten durchzusetzen suchte. Clemens XIV. (Ganganelli) hob in der That diesen Orden 1773 auf.

In Deutschland hatten sich antihierarchische Bestrebungen unter den Erzbischöfen gezeigt; so verfocht der Weihbischof von Trier Nicolaus von Hontheim, die Autorität der Konzilien und die Unabhängigkeit der Bischöfe gegen die Anmaßungen der Päpste (1763). Die Kurfürsten von Mainz, Trier und Cöln nebst dem Erzbischof von Salzburg beschlossen 1786 zu Ems (Emser Punctation), eine von Rom unabhängige deutsche Nationalkirche herzustellen. Aber die deutschen Bischöfe wollten lieber dem fernen Papst unterworfen sein, als ihren Erzbischöfen.

Auch der Kaiser Joseph II. (1780—1790) suchte den Katholicismus in seinem Reich national abzuschließen, aber er verfuhr zu rasch, und als er starb, stellten sich meist die alten Zustände wieder her.

§. 151.

Ein großes Leid erlebte der Papst durch die französische Revolution von 1789. Die Nationalversammlung beseitigte die

Hierarchie und machte die Geistlichen zu besoldeten Staatsbeamten. Der Konvent schaffte das Christentum ab und errichtete den temple de la raison. Aber 1794 erklärte Robespierre: le peuple français reconnaît l'être suprême et l'immortalité de l'âme. · Das Direktorium (1795—1799) ließ den Kultus wieder frei, und das Volk strömte in die geöffneten Kirchen. Im Jahre 1804 krönte der Papst Napoleon zum Kaiser. Bald aber entstanden Zerwürfnisse zwischen beiden; Napoleon ließ den Kirchenstaat besetzen und erklärte die Schenkung seines großen Vorfahren, er meinte Karl den Großen, für aufgehoben. Der Papst wies das ihm angebotene Jahrgehalt von zwei Millionen Franks als einen Schimpf zurück und that die in den Bann, welche sein Reich so ungerecht behandelten. Da ward er als Gefangener nach Fontainebleau geführt. Im Jahre 1814 setzten ihn die drei verbündeten Monarchen wieder in alle seine Rechte ein. Sofort stellte er die Inquisition und die Jesuiten wieder her. Alle Bibelübersetzungen in die verschiedenen Landessprachen wurden als Höllenerfindungen und Schlingen des ewigen Verderbens verboten, eben damit auch alle Bibelgesellschaften verdammt.

§. 152.
Die Heidenmission.

Die evangelische Mission unter den Heiden begann 1556, als 14 Sendboten von der reformierten Gemeinde zu Genf nach Brasilien abgeordnet wurden; 1559 stiftete im hohen Norden der König Gustav Wasa von Schweden eine Mission für die heidnischen Lappländer, welche von Gustav Adolf eifrig fortgesetzt wurde. Im 17. Jahrhundert konnte man bei den vielen Kämpfen gegen Rom und bei der so weit verbreiteten toten Rechtgläubigkeit in Deutschland an Mission nicht gut denken.

Anders war es bei einer Kolonie von Engländern in Nordamerika, die der Verfolgung seitens der Staatskirche ihren Ursprung verdankte. Elliot, der Apostel der Indianer, der auch die Bibel in der Indianersprache drucken ließ, reizte durch seine schönen Erfolge das Mutterland zur Nacheiferung. Man stiftete zunächst eine Gesellschaft zur Verbreitung des Evangeliums, die erste dieser Art. Unterdessen saßen die Deutschen noch still und wußten ihre Unthä= tigkeit zu rechtfertigen.

Sie fanden es unthunlich, „sonderlich ohne apostolische Gab fremder Spra= chen, mit solchen barbarischen Leuten zu reden" und leichtsinnig, „sich denen ungeheuern Menschenfressern zur Speis darzugeben." Andere aber hielten den Ernst und die Dringlichkeit des Werkes ihren Landsleuten vor, indem sie na= mentlich fragten: „Ist es recht, daß wir aller Orten so viel studiosos theo= logiae haben und ihnen nicht Anlaß geben, daß sie anderwärts in dem geist= lichen Weinberge Jesu Christi arbeiten helfen, lassen sie auch viel lieber drei, sechs und mehr Jahre auf einen Pfarrdienst warten oder gar deutsche Schul= meister werden?"

§. 153.

Erst die sogenannten Pietisten (A. H. Franke, Ziegenbalg, Friedrich IV. von Dänemark, vgl. §. 141) griffen das Missions= werk wieder an und zwar zu Tranquebar, einer dänischen Colonie in Ostindien 1706.

Der Missionar Schwartz.

In Ostindien wirkte mit besonderem Segen der Missionar Chr. Fr. Schwartz (aus der Neumark) 1750—1798. Er war von seiner frommen Mutter schon früh dem Herrn geweiht und darnach in Halle von Franke unterwiesen worden. Wunderbare Bewahrun= gen (in Stürmen und heftigen Fiebern) bezeichneten den Anfang seines Missionslebens. Nachdem er in Tranquebar 400 Täuflinge in die christliche Kirche aufgenommen hatte, begann er seine Reisen durch Südindien und Ceylon, allenthalben predigend in großer An= strengung und Gefahr. Besonders suchte er die Götzentempel auf, um vor den herbeiströmenden Scharen von Indern ein Zeugnis ab= zulegen. Durch seine evangelische Freundlichkeit und Milde gewann er Hohe und Niedere, Brahminen und Fürsten, Parias, Leute aus allen Kasten. Er wußte nach Pauli Vorbild „jedermann allerlei zu werden, auf daß er allenthalben ja etliche selig mache" (1 Kor 9, 22). Sein Leben war höchst einfach. Von seinem geringen Ein= kommen unterhielt er noch die Gehülfen, welche er sich aus den Ein=

gebornen zuzog. Welch ein Ansehen Schwartz bei den Indern hatte, zeigte sich, als der furchtbare Fürst Hyder Ali im Kampfe gegen die Engländer in Ostindien mit 100,000 Mann die Provinz verwüsten ließ, in welcher Schwartz arbeitete. Auch ernannte ihn der Fürst von Tanjore zum Vormund des Prinzen Serfubscha, so daß Schwartz auf das ganze Reich einen großen Einfluß gewann. Bei aller politischen Thätigkeit vergaß er aber nie die Predigt und die Leitung der Schulen, seinen nächsten Beruf. In seinem 70. Lebensjahre mahnte ihn ein Fußübel und eine damit zusammenhängende schmerzliche Krankheit ernstlich an sein Ende. Er starb, nachdem er sich noch an deutschen Weisen (Christus der ist mein Leben — Wenn ich einmal soll scheiden) erquickt hatte.

§. 154.

Der unermüdliche Hans Egede ging 1721 mit seiner Familie als Heidenbote von Dänemark nach Grönland, wo er von den alten Christengemeinden nichts mehr vorfand; die heidnischen Eskimos machten ihm viel zu schaffen. In der folgenden Zeit wurde die herrnhutische Brüdergemeinde die gesegnetste Trägerin des Missionswerkes; 1732 machten sich ihre ersten Boten nach Westindien (St. Thomas) auf, „und 10 Jahre später hatte sie schon auf Grönland und Nordamerika, in Surinam, in Südafrika, in Guinea, in der Tartarei, in Ceylon, Algier und Lappland das Lamm Gottes verkündigt."

§. 155.

Eine besonders wichtige Förderung der Mission war die Gründung der „britischen und ausländischen Bibelgesellschaft" 1804, die bis jetzt schon über 60 Millionen Bibeln oder biblische Bücher in 180 verschiedenen Sprachen und Dialekten verbreitet hat. Außerdem ist die Traktatgesellschaft (1799) zu erwähnen. Über 400 Millionen Exemplare in mehr als 100 verschiedenen Sprachen hat sie schon verteilt. . Manche ähnliche Vereine sind seitdem in andern evangelischen Ländern entstanden.

Als im Freiheitskriege heidnische Kalmücken und Tartaren nach

Hüningen bei Basel kamen, erwachte ein lebhafter Trieb in frommen Christen zu Basel, zu der Bekehrung derselben beizutragen. So entstand 1815 „die evangelische Missionsgesellschaft" zu Basel und das Missionsseminar daselbst. Anfangs sandte man keine Boten auf eigene Hand aus, sondern stellte sie in den Dienst anderer Missionsgesellschaften. Denn die Deutschen sind auch bei den andern Völkern als die tüchtigsten Missionare bekannt. Bekannt ist z. B. die großartige Wirksamkeit des Missionars der Chinesen, Gützlaff († 1851), der, ein Zögling des Berliner Seminars, in englische Dienste getreten war. Seit 1821 aber sendet Basel (mit Unterstützung der badischen, würtembergischen, schweizerischen ꝛc. Missionsfreunde) auch eigene Boten aus, besonders nach Ostindien und Sierra Leone.

§. 156.

Für den westlichen Theil Deutschlands wurde 1828 die rheinische Missionsgesellschaft zu Barmen ein Mittelpunkt (sie hat ihre Stationen besonders im südöstlichen Afrika, im Lande der Namaquas, der Hottentotten und Kaffern). In Hamburg besteht seit 1836 eine „norddeutsche Missionsgesellschaft," auch eine „lutherische Missionsgesellschaft" hat sich 1836 in Sachsen gebildet.

Viel umfassender noch als in Deutschland, ist die Missionsarbeit in England und Nordamerika. Im ganzen bestehen gegen 35 Gesellschaften für evangelische Heidenmission; sie schicken auf 1200 Stationen ihre Arbeiter, nahe 3000 an der Zahl, welche von eben so vielen bekehrten Eingebornen unterstützt werden.

§. 157.

Die innere Mission umfaßt eine Reihe von Arbeiten der christlichen Liebe, sofern sie darauf ausgeht, innerhalb der christlichen Gemeinschaft das Verlorene und Verkommene zu suchen und zu pflegen. Diese Arbeiten haben schon in der apostolischen Gemeinde ihren Anfang genommen, und wie sie denn recht eigentlich kirchliche Aufgaben sind, so haben sie auch in keiner Zeit der Kirche ganz gefehlt. Vornehmlich sind es Mönche und Nonnen gewesen,

welche ihr Leben dem Dienste der Armen, Kranken, Gefallenen, Gefangenen, Verlassenen, Verzweifelnden geweiht haben. Eigene Orden
wurden dazu gestiftet. In der That häuften sich die Arbeiten der
innern Mission, je mehr Verweltlichung in die Christenheit einbrang.
Denn die Sünde erzeugt allerlei Elend und zerrüttet auch die
Grundlagen des leiblichen Wohlseins.

VI. Zur Glaubenslehre.

§. 158.

Die Religion geht mit Notwendigkeit aus der Beziehung hervor, welche zwischen Gott und Menschen stattfindet und ist die Bethätigung dieser Beziehung von Seiten des Menschen. Sie ruht auf dem Bewußtsein, daß alle Kreatur von dem allbedingenden Gott abhängt, wird sodann zu der Hingabe an diesen Gott und zur Darstellung des göttlichen Lebens in unserm Leben. So ist die Religion eine Bestimmtheit der Seele, welche die Gefühle, Gedanken und Willensregungen eigentümlich beherrscht und durchbringt; sie ist weder auf das Gefühl, noch auf das Wissen, noch auf das Handeln zu beschränken.

Das Wort religio leitet Cicero (de nat. d. II. 26) von relegere ab: qui omnia quae ad cultum deorum pertinerent, diligenter pertractarent et tanquam relegerent, sunt dicti religiosi ex relegendo. Dagegen denkt Lactantius an religare; quod homines sibi deus religavit et pietate constrixit; der Sache nach richtig. Gott hat die Menschen an sich gebunden, der Mensch wird durch die Religion erst zum wahren Menschen.

§. 159.

Die christliche Religion ist dadurch von den andern Religionen verschieden, daß in derselben die Beziehung zwischen Gott und Menschen durch Jesum von Nazareth wiederhergestellt und vollendet wird. Sie setzt also voraus: die Sünde und eine vollbrachte Erlösung von derselben durch den Gottmenschen. Die Betrachtung dieses Gottmenschen führt uns zurück auf seinen Ausgang aus Gott und sein Hervortreten aus der Menschheit; vorwärts auf seine Verklärung und Verherrlichung in der Welt und in der Menschheit. In der Mitte liegt sein geschichtliches Werk, die Thatsache der Erlösung. Wir erhalten daher, in Uebereinstimmung mit dem symbolum apostolicum, 3 Teile:

1. Von Gott dem Vater und unsrer Erschaffung.
2. Von Gott dem Sohne und unsrer Erlösung.
3. Von Gott dem Geiste und unsrer Heiligung.

§. 160.
A. Die Lehre von Gott.

Die Erkennbarkeit Gottes. Im höchsten Sinn des Wortes und abgesehen von Gottes Mitteilung an uns, ist uns eine Erkenntnis Gottes unmöglich. 1. Tim. 6, 16: Der allein Unsterblichkeit hat u. s. w. Aber weil uns Gott zur Unendlichkeit berufen und sich uns offenbart hat, so erschließt sich uns sein Wesen in demselben Maße, als wir mit unserm ganzen Wesen und mit reinem Herzen ihn suchen. Joh. 17, 3: Das ist aber das ewige Leben, daß sie dich ..... erkennen. 4: Ich habe dich verkläret auf Erden. 1. Kor. 13, 12: Jetzt erkenne ich stückweise, dann aber u. s. w. Mt. 5, 8: Selig sind, die reines Herzens sind, denn u. s. w.

Die allgemeinste Offenbarung Gottes ist in der Schöpfung enthalten. (Röm. 1, 19—20: τὸ γνωστὸν τοῖ θεοῦ φανερόν ἐστιν ἐν αὐτοῖς κτλ.). Mehr enthüllt er sein Wesen in der Leitung des einzelnen Menschen (die Gewissensregung: Röm. 2, 14) und des Menschengeschlechts. Am vernehmlichsten hat er zu uns geredet durch den Sohn. Hebr. 1, 1—2. Immer aber teilt Gott nicht bloß mit, daß er ist, sondern auch, wie er ist.

§. 161.

In den Beweisen für das Dasein Gottes spricht sich die Gewißheit des Menschen von seinem Gott aus, und darin liegt die Bedeutung derselben. Die Beweise gehen a) vom Bewußtsein des Menschen aus:

1. Das Bewußtsein weiß von einem unvertilgbaren Streben nach dem höchsten Gut, einem Streben, welches durch die relativen Güter der Welt, die auch zu Übeln umschlagen, nicht befriedigt

wird. Nur ein unbedingtes persönliches Gut thut ihm Genüge (eudämonischer Beweis).

2. Der moralische Beweis geht von der Thatsache des Gewissens aus und schließt von dieser unbedingten Norm des Lebens im Innern auf einen die Menschen und die Welt beherrschenden Gesetzgeber.

3. Der Kantische Beweis hebt hervor, daß hier oft derjenige unglücklich werde, welcher auf das moralische Gesetz achte und fordert eine einstige Ausgleichung, also eine ausgleichende Macht.

b) von der Welt aus:

4. Die Welt ist auf allen Punkten bedingt und hat sich nicht selbst bedingt. Es muß ein Wesen geben, das sich selbst und alles andere bedingt hat (Causalitätsbeweis).

5. Die Welt ist zweckvoll bestimmt und wird in ihrem Leben beherrscht von einem Gedanken, der vor ihr war (Teleologischer Beweis).

Anhang: Vom Beweise e consensu gentium, vgl. Hom. Od. 3, 48. Aristoteles do coelo 1. 3 πάντες ἄνθρωποι περὶ θεῶν ἔχουσι ὑπόληψιν. Cic. de N. D 1. Senec. ep. 117: Deos esse inter alia sic colligimus, quod omnibus de iis opinio insita est; aus der Geschichte, und a tuto. Indessen gilt allen solchen Beweisen gegenüber: „Durch ein frommes Leben werden wir Gott inne." Und ieder ist in Gefahr, praktisch Gott zu leugnen, „wenn er seine persönliche Gemeinschaft, seinen Umgang mit Gott in Christo abbricht."

§. 162.

Wesen und Eigenschaften Gottes. Wenn für unser Denken das Wesen, die essentia Gottes, in eine Reihe von Eigenschaften zerlegt wird, so ist von Gott eine allmählige Zusammensetzung aus solchen Attributen fernzuhalten.

Der Welt gegenüber ist Gott: der Unendliche, und zwar der Allgegenwärtige: Pf. 139, 1. Herr, du erforschest mich und erkennest mich. 7. Wo soll ich hingehen vor deinem Geist . . . Führe ich gen Himmel, so bist du da 2c., Jer. 23, 24: Bin ich es nicht, der 2c., der Ewige Pf. 90, 2: Ehe denn die Berge worden 2c., der Unveränderliche Pf. 102. 28· Du aber bleibest wie du bist . . . Pf. 103, 17. Jaf. 1, 17. Alle gute Gabe 2c. Ferner ist Gott: der

Allgenugsame (Apostelgesch). 17, 25: Seiner wird auch nicht von Menschenhänden gepflegt 2c.), der Gütige (Jak. 1, 17). der Weise Pf. 104, 24. Röm. 11, 33—34: O, welch eine Tiefe 2c., der All= mächtige Pf. 33, 8—9: Alle Welt fürchte den Herrn ..., denn so er spricht, so geschieht es 2c. Pf. 115, 3: Unser Gott ist im Himmel. Luk. 1, 37: Bei Gott ist kein Ding unmöglich. Gen. 18, 14; der Allwissende Mt. 12, 36: Ich sage aber, daß die Menschen müssen Rechenschaft geben 2c. 1. Cor. 4, 5. Hebr. 4, 13: Und ist keine Kreatur vor ihm unsichtbar, sondern es ist alles bloß und entdeckt vor seinen Augen.

Den Menschen insbesondere gegenüber ist Gott: der Heilige, der gerechte, fromme Gott, Levit. 19, 2: Ihr sollt heilig sein, denn ich bin heilig. Pf. 25, 8. 1. Joh. 1, 7; der Freie und Freimachende (1. Sam. 16, 7 ff. Röm. 9, 15. 16; Apgsch. 17, 24. 27), der Treue (Jes. 54, 10: Es sollen wohl Berge weichen 2c.) Mt. 28, 20: Ich bin bei euch alle Tage 2c.

(Dem sündigen Menschen gegenüber modificieren sich die eigen= schaftlichen Kundgebungen Gottes noch anders.)

Zusatz. In Bezug auf die Form seiner Existenz nennen wir Gott persönlich. Nicht bloß, daß wir ihn nicht in bloße Thätigkeit verflüchtigen dürfen (das agere setzt ein agens voraus, ein Subjekt, das wirken und leiden kann); wir fassen ihn auch als ein solches Subjekt, dem sein Wirken und Leiden zugleich bewußt ist, als Person. Ja, Gott allein ist in vollständigem Sinn Per= sönlichkeit. Unser persönliches Selbstbewußtsein zwar wird durch äußere Reize erst veranlaßt. An ihre Stelle traten bei Gott in viel vollkommenerer Weise seine ewigen inneren Bewegungen. Wir sind mit unserm Verständnis und Bewußtsein in enge Grenzen ge= wiesen und kommen uns nur unvollkommen zur Erscheinung; Gott, der alles in allen ist, hat ein vollkommenes Sichselbstwissen, er ist die absolute Persönlichkeit.

§. 163.

Der Dreieinige.

Gott ist ein einiger Gott (Deut. 6. 4: Höre, Israel 2c. 1. Cor. 8, 6. 1. Tim. 2, 5), aber nicht in dem Sinne einer ver=

schloſſenen Einfachheit. Schon im A. T. tritt in Gott eine Fülle des Lebens hervor, die ſich mit der Welt in Verbindung ſetzt, ſich entfaltet, ohne ſich an dieſelbe zu verlieren. Das N. T. ſpricht von einer Dreiheit der Thätigkeit Gottes in klarer Weiſe. Mt. 28, 19: Gehet hin in alle Welt. (1. Cor. 8, 6.) 2. Cor. 13, 13: Die Gnade unſeres Herrn Jeſu ꝛc. Röm. 1, 1—4. 1. Joh. 1, 1—3. Auch die kirchlichen Symbole bezeugen die Trinitätslehre durch die Anordnung ihrer Sätze wie im Credo, oder auch durch beſtimmte Ausſagen.

Zunächſt erſcheint die Dreiheit als die der Offenbarung. Dasſelbe Weſen Gottes giebt ſich zu erkennen 1. als der Vater in der Schöpfung und Erhaltung der Welt; 2. als der Sohn in dem erlöſenden Thun Chriſti; 3. als der Geiſt in der Mitteilung der Erlöſung. Demgemäß fühlt ſich der Chriſt in einer dreifachen Beziehung zu Gott.

Dieſe geſchichtlich hervortretende Dreiheit der Offenbarungsform hat eine ewige und innere Begründung in dem Weſen Gottes ſelbſt, nämlich in ſeinem ewigen Rat. So iſt Chriſtus das Wort bei Gott, welches Gott iſt. (Joh. 1, 1) „die ausdrückliche Form des göttlichen Bewußtſeins." §. 47. Und ſo iſt der heilige Geiſt ja der Geiſt Gottes und Chriſti, bevor er Geiſt der Gemeinde iſt. Vgl. noch 1. Cor. 2, 10—11: Der Geiſt erforſchet ꝛc. 12, 11: Dies alles aber wirket derſelbe ꝛc. Apgſch. 5, 3—4. Joh. 14, 16—17, 26.

§. 164.
Die Welt und der Menſch.

Gottes unſichtbares Weſen, ſeine ewige Kraft und Gottheit hat ſich geoffenbaret in der Schöpfung der Welt. Der Chriſt bekennet mit der Schöpfungsgeſchichte (Gen. 1), daß die Welt durch den freien, liebevollen Willen Gottes entſtand; daß alles ohne Ausnahme Gotte ſein Daſein verdankt und zur allmählichen Entwickelung berufen iſt. (Sechstagewerk.) Er negiert den ewigen Weltſtoff und die Emanationslehren. Vgl. §. 1.

Die Welt erſcheint in dem Gegenſatz und der Wechſelwirkung von Himmel und Erde. Die Erde aber iſt in allen Beziehungen eingerichtet auf den Menſchen.

Geist und Leib, oder Seele und Leib machen die ursprünglich
gute Einheit des Menschen aus. Der Leib ist der Bestimmung des
Menschen nicht entgegen, sondern ihr förderlich und dienstbar. Paulus
klagt Röm. 7, 24 „τίς με ῥύσεται κτλ" nicht über die Leiblichkeit
an sich, sondern sofern sie ein Anlaß des fleischlichen Wollens geworden ist.

Der Mensch ist nach seinem geistigen Wesen ein Bild Gottes.
Diese Ebenbildlichkeit als Anlage kann der Mensch nicht verlieren
(Gen. 9, 6), wohl aber die Entwicklung derselben verfehlen. (Gen. 1,
27; Jak. 3, 9; 2. Petri 1, 3—5, daß ihr sollet teilhaftig werden
der göttlichen Natur).

Die Ähnlichkeit Gottes im Menschen bedeutet nicht schon absolute Unsterblichkeit — denn Gott allein hat Unsterblichkeit 1. Tim. 6,
16 — noch absolute Freiheit, wohl aber, daß es des Menschen Bestimmung ist, den Gott, von dem und zu dem er ist (1. Kor. 8,
6), zu erkennen und zu verehren (Joh. 4, 23; Apostelg. 17,
27; Joh. 17, 3), als Gottes Werkzeug die Natur sich wissend und
bildend anzueignen (Genes. 1, 28; 2, 15—19) sich und seines
Gleichen in Gott zu lieben, und in göttlicher Gemeinschaft mit
Engeln und Menschen selig zu werden. Diese Bestimmung des
Menschen wird ihm innerhalb mancherlei irdischer Bestimmungen
(in Ehe, Haus, Staat und Kirche, Wissenschaft und Kunst) als blei-
bende vorgehalten, zu deren Erreichung alles dienen soll. Nichts ist
als Mittel dazu verwerflich 1. Tim. 4, 4, die Güter dieser Welt
sollen vielmehr erstrebt werden, wie die Bedürftigkeit des Menschen
und sein ursprüngliches Triebleben schon lehrt (1. Kor. 6, 13;
Gen. 1, 28—30; Pf. 34, 9; Jak. 1, 17; Luk. 11, 5—13;
Mark. 7, 15; 1. Tim. 4, 3), doch in der ursprünglichen Ordnung
der Güter und Triebe, so daß 1. die Erhaltung des Lebens dem
verschönernden Triebe und Genuß (Luk. 11, 23; 1. Tim. 6, 8), 2.
die Güter der häuslichen und vaterländischen Gemeinschaft der ver-
feinernden Bildung, 3. Ehre und Freiheit dem Reichtum vorangestellt
werden, überhaupt 4. daß das Ganze des niedern Lebens als das
gewissermaßen dem Menschen fremde (Luk. 16, 12) dem einen was
not ist (10, 42) nachstehe, das irdische Leben (βίος 1. Joh. 2, 16;
Luk. 21, 34) dem wahrhaftigen Leben (ζωή). Der Mensch lebt

nicht vom Brote allein, sondern von einem jeglichen Wort, das durch den Mund Gottes geht (Nitzsch).

Bei der Durchführung dieser Sätze im Leben des Einzelnen löst keine allgemeine Norm alle Schwierigkeiten. Es giebt aber in dem Menschen nicht bloß eine Anlage zum Erkennen des Gegebenen, die in der gemeinsamen geübten Erkenntnisarbeit zum Bewußtsein ihrer Gesetze kommt, sondern auch eine Anlage zum Gemütsurteil über das Handeln, die zum Gewissen entwickelt werden und zum Bewußtsein der sittlichen Ideen gelangen kann. Dieses Gewissen macht uns der Freiheit des Willens gewiß.

§. 165.

Die Vorsehung und Regierung. Vgl. §. 1. Zus. 2.

Gott sichert den Weltlauf, welcher durch die freien Geister gestört werden könnte, dadurch, daß er unbedingt waltet auch in seiner Wechselwirkung mit dem Menschen. Die Vorsehung ist a) ein Zuvorversehen (Apostelg. 17, 26), b) eine Mitwirkung und Gegenwirkung bei den Entschlüssen der Menschen, c) eine benselben folgende innere Vergeltung. Die Vorsehung Gottes streitet nicht mit der Freiheit, denn sie läßt die Gesetze des Gedankenlaufes gewähren, aber Gott begleitet den Menschen in seinen Stimmungen vorhaltend, urteilend und richtend, beschränkt auch die Wirkungen des Bösen beim Hervortreten in die Außenwelt durch die zähe Natur der Dinge und lenkt die wirklichen Handlungen des Bösen zum Besten.

Anmerkung. Nichts entzieht sich der Fürsorge Gottes (Cicero citiert als stoisch die Meinung: de N. D. II. 66. magna Dei curant, parva neglegunt), vgl. Plato legg. X. 900 c. Vgl. Gen. 50, 20: Ihr gedachtet es u. s. w. Hiob 1, 21: Der Herr hats gegeben. Ps. 104, 9—31. Ps. 31, 5: Befiehl dem Herrn (Lied 40). Mt. 6, 25—26, 31—34; 10, 29—31. Röm. 8, 28; 38: Denn ich bin gewiß, daß weder Tod noch Leben u. s. w. 1. Tim. 4, 10: Welcher ist der Heiland aller Menschen, sonderlich aber der Gläubigen.

Über das Verhältnis der göttlichen Vorsehung und Regierung zu den Mittelursachen. Es besteht eine wunderbare Harmonie zwischen dem Natürlichen und Sittlichen, so daß in dem Zusammenwirken von Natur und Geschichte sich dem religiösen Gemüt oft eine übernatürliche Ursache (ein Finger Gottes) offenbart, während doch der natürliche Erklärungsgrund vor dem

Verstande sein Recht behält. „Der strenge Winter und der verhängnisvolle Zug Napoleons I. nach Rußland, der plötzliche Sturm und die Armada Philipp II. (afflavit deus et dissipati sunt auf der Denkmünze) können als Beispiele betrachtet werden."

Die Vorsehung und das Übel in der Welt. Das Übel ist vom Bösen stets zu unterscheiden, das letztere — siehe unten — ist eine Lebenshemmung und Schädigung; das Übel aber ist als Gegenwirkung gegen die Störung und Verletzung des geordneten Lebens eine Lebensförderung; wie Krankheit, Armut, Tod 2c. oft genug beweisen. Das Übel kann als Versuchung zum Bösen gereichen, wenn wir es nicht recht gebrauchen.

Auch dem Gebet scheint die Weltregierung Gottes zu widersprechen. Wer sich denkt, daß Gott in unvordenklicher Zeit der Welt einen Plan vorgeschrieben, nach welchem alles Einzelne später vor sich gehen müsse, hat freilich für das christliche Gebet keinen Raum. Aber einen solchen „verjährten" Weltplan Gottes giebt es nicht, Gottes Weltplan ist ewig, aber nicht uralt. Der Christ hat einen persönlichen, freien Gott, der den freien Menschen hört und erhören kann. Schicksal, fatum, εἱμαρμένη sind heidnische Vorstellungen. Und der Deismus (§. 144), der Gott von der Welt trennt und die letztere ihrem eigenen Mechanismus überläßt, widerspricht dem christlichen Gemütsleben ebenso sehr, wie der Poesie (Schiller, Götter Griechenlands).

§. 166.
Die Sünde.

Während bei den ersten Menschen die Worte und Gebote Gottes, von welchen sie im Paradiese umgeben waren, auf keine gegensätzliche Stimmung trafen, finden wir die Sünde als Thatsache in uns vor, als bewußte Abweichung unserer Begehrungen von den Grundgeboten Gottes und als falsche Selbstbestimmung, Selbstsucht. In dieser Beschreibung der Sünde ist zugleich angedeutet, daß sie das Nichtige und Ohnmächtige an sich hat, so gewaltsam sie auch manchmal in die Ordnung Gottes einbrechen mag.

Die Sünde ist a) nicht eine bloße Unvollkommenheit, eine Negation, ein Nochnichtgewordensein des Guten, eine durch die weitere Entwicklung aufzuhebende Ohnmacht des Gottesbewußtseins; das Gewissen urteilt anders. Auch nicht b) immer ein Überwiegen des Sinnlichen über das geistige Lebensprincip — man denke an den nicht sinnlichen Character von Ehrgeiz, Neid, Haß, Rache bis zur Selbstpeinigung, und an ähnliche Formen der Selbstsucht, — c) auch nicht ein von Gott geordneter notwendiger Entwicklungsprozeß, als

Durchgang zum Guten, denn dann wäre Gott Urheber der Sünde
oder die Sünde wäre keine Sünde mehr, sondern Schwäche.

Die Sünde ist Selbstsucht (Egoismus). Der Sünder ist, wenn
auch im Innern „das Ich, der dunkele Despot" oft von Leiden=
schaften fern bleibt, ohne wahre Teilnahme für Leiden und Freuden
der andern und entfremdet von Gott. Erscheinen kann diese Selbst=
sucht entweder mehr in tierischer Form oder in dämonischer.

Anmerkung. Über die Ausdrücke: Selbstsucht, Eigenwille, Egoismus, Unrecht
(ἀνομία, mit dem Artikel, also die Sünde ist das eigentliche oder wahre Un=
recht. 1. Joh. 3, 4), Feindschaft wider Gott. (Röm. 8, 7). Augenlust,
Fleischeslust und hoffärtiges Wesen. (1. Joh. 2, 15—17.) Es liegt im Wesen
der Sünde, daß sie nicht erklärt, sondern nur beschrieben werden kann,
und zwar nach ihrem Kontrast zum Guten.

§. 167.

Die Entwickelung der Sünde im Menschen. Obwohl die
Sünden nach Art und Tendenz gleich sind, so ist doch unter ihnen
in mehrfacher Beziehung ein Unterschied. So sind zu sondern: die
böse Lust, der Entschluß, das Wort, die That. Ferner können die
sündigen Thaten unter der Einwirkung besserer Triebfedern geschehen,
z. B. aus mißverstandener Pietät, aus der natürlichen Liebe, aus
Ehrgefühl, in „Kollisionen" von Pflichten, wie in der Tragödie
(Soph. Antig. vgl. auch Rüdeger im Nibel.=L.); oder aber sie können
gerade recht deutliche und gewaltig mahnende Antriebe zum Guten
frevelhaft durchbrechen (parricidium).

Anmerkung. Zwischen den einzelnen sündigen Handlungen und der Sünd=
haftigkeit (als Zustand) besteht ein psychologischer Zusammenhang, vgl. 1. Joh. 1,
8. 10, ἡμάρτηκαμεν und ἁμαρτία. Die einzelne sündige That hinterläßt in
der Seele, so gut wie die Anschauung, eine Spur, die sich bei der Wieder=
holung der That verstärkt und endlich zum Hange, zum Laster wird, man
denke an den Trunkenbold. Umgekehrt wird aus dem schon entwickelten Hange,
dem sündigen Zustande auch eine Reihe einzelner Handlungen hervorgehen,
also Wechselwirkung. Psychologische Möglichkeit, daß der Mensch wieder
dem besseren Motiv folgen könne.

§. 168.

Indem der Mensch sündigt, verletzt er die göttliche Norm im
Leben, er erfährt daher notwendig eine Gegenwirkung des göttlichen

Wesens, das er verletzt hat. Die **Strafe** ist zunächst bestimmt, das von Gott gesetzte Leben, welches auch das Wohlsein aller Persönlichkeit bedingt, gegen Verletzung hinfort zu sichern. Der letzte Endzweck der Strafe ist die Rettung des Sünders.

Die Strafe bezieht sich auf die Sünde nicht in dem Sinne, daß jeder nach Maßgabe seiner individuellen Schuld leiden müsse (vgl. Luk. 13, 1 ff. Joh. 9, 1—3.). Für den Gläubigen verklärt sich die Strafe besonders dadurch, daß er sie als παιδεία ansieht, als eine väterliche Schickung, die ihn von einer ihm noch anhaftenden Sünde befreien soll (Hiob).

Anmerkung. Die Unterscheidungen der Strafen als innere und äußere, natürliche und positive, allgemeine und specielle, zeitliche und ewige, sind nicht genau durchzuführen. Die Heiden führten die Strafe lieber auf den Neid der Götter, als auf die Gerechtigkeit Gottes zurück. Vgl. Her. I. 32 τὸ θεῖον πᾶν ἐστι φθονερόν. III. 40. VII, 46. Hor. Od. II. 10.

§. 169.

Als **Folge der Sünde** ist im allgemeinen der Tod zu bezeichnen. Der Tod ist der Sünde Sold (Röm. 6, 16, 23; Jac. 1, 15), die Sühne für die Sünde (Hebr. 9, 22). Wer in der Sünde bleibt, bleibt im Tode (Ephes. 2, 1: Da ihr tot waret durch Übertretung und Sünden, 1. Joh. 3, 14). Der Tod wird überhaupt im N. T. meist als innerer, als Zerrüttung des geistigen Lebens gefaßt. Der vollendete Tod ist einer andern Sphäre der Dinge vorbehalten. §. 192; in diesem Leben ist der Tod immer nur werdend und noch vielfach treten im sündigen Menschen Spuren göttlichen Lebens hervor.

Die nächste Erscheinung des Todes, die unmittelbare Folge der Versündigung ist die Schuld, der Zustand, in welchem der Mensch sich verpflichtet fühlt, dem verletzten Rechte genugzuthun und doch nicht im Stande ist, das Geringste mit reinem Sinn zu leisten. Röm. 7, 10. In diesem Zustande der Unseligkeit erscheinen alle sittlichen Kräfte des Geistes als verfallen, ja auch die Leiblichkeit ist in das Verderben des Geisteslebens hineingezogen. Der durch die Sünde gewirkte Verfall pflanzt sich fort in der Folge der Geschlechter. So hat der Sündenfall Adams eine weitreichende historische Bedeutung für das ganze Menschengeschlecht.

Der Mensch ist auf der einen Seite dem Zusammenhang der Geschlechter unterworfen, aber er ist auf der andern in dem tiefsten Grunde seiner Selbstbestimmung frei von der Naturverknüpfung. Nach der ersten Seite ist er unter dem Fluche der Erbsünde (vitium originis), nach der andern giebt es eine Möglichkeit, daß sich ein Keim der Gnade der verderbten Natur heilend gegenüberstelle, ein Erbsegen dem Erbfluch. Vgl. Ex. 20, 5—6; Gen. 12, 3.

Anmerkung. Der Apostel Paulus beschreibt Röm. 7, 14 ff. den Zustand eines Menschen, den das Gesetz zu dem Gefühl seiner Bedürftigkeit gebracht hat. Das Wollen (θέλειν) des Guten fehlt ihm nicht, aber bei seinem Doppelleben (νόμος ἐν τοῖς μέλεσιν und νόμος τοῦ νοός) kommt er nicht zum Thun des Guten (ποιεῖν, κατεργάζεσθαι). Gerade die Besten haben über die Gebundenheit ihres Willens geklagt. — Das liberum arbitrium ein servum arb. geworden. — Vgl. noch Pf. 14. Pf. 51, 7. Joh. 3, 6: Was vom Fleisch ꝛc. Röm. 3, 23: Denn es ist hier kein Unterschied ꝛc. Luk. 11, 13: Die ihr arg seid. Röm. 5, 12. 1 Cor. 2, 14: Der natürliche (psychische) Mensch vernimmt ꝛc. Ephes. 2, 3: Von Natur Kinder des Zorns. Vgl. in §. 105, 1: Pelagius und Augustin.

Den Hellenen war die Idee des Erbfluches nicht fremd; vergleiche die Sage der 4 Weltalter. Namentlich gehört die Tragödie hieher, so z. B. Soph. Ant. 582, οἷς γὰρ ἂν σεισθῇ θεόθεν δόμος ἄτας | οὐδὲν ἐλλείπει γενεᾶς ἐπὶ πλῆθος ἕρπον κτλ. und in der Antistr.: οὐδ' ἀπαλλάσσει γενεὰν γένος, ἀλλ' ἐρείπει | θεῶν τις, οὐδ' ἔχει λύσιν.

§. 170.

Bei den Folgen der Sünde ist noch historisch folgendes hervorzuheben:

Von einer verhältnismäßig hohen und reinen Erkenntnis Gottes mußten die Menschen herabsinken in Aberglauben (Röm. 1, 21 ff.) und Gottlosigkeit, besonders da, wo nicht starke mildernde und hemmende Mächte, z. B. im Staatsleben, eingriffen. Unter der Einwirkung dieser Mächte erhielt sich namentlich in dem griechischen und römischen Altertum noch lange manches Edle und Schöne. Aber wie der Polytheismus selbst das Zeichen des Verfalls ist, so wirkt er wieder zerstörend auf die bestehende Sitte bis zur völligen Auflösung.

Der Polytheismus nahm übrigens mannigfache Formen an. Im Morgenlande lag der Gestirndienst (Sabäismus) nahe; dazu kam die Sonderung eines männlichen und weiblichen Princips (Baal und Astarte bei den Phöniciern) in Ähnlichkeit der natürlichen Lebenserzeugung. Überhaupt knüpfte sich die Verehrung an das allgemeine Leben der Natur, wie es allen Gegensätzen und Kämpfen, allem Auftauchen und Erlöschen zu grunde liegt, oder an das Ur-Sein, das Substancielle in der Natur, zu dem alles Vergängliche, Einzelne zurücksinkt. Dies letztere mehr Pantheismus; so bei den Hindus, die als Ziel der Welt die Rückkehr in das reine göttliche Urwesen Brahm, in das reine Nichts ansahen. Vgl. §. 46 a u. b.

Die Entwicklung der heidnischen Völker ist jedoch nicht von bloß negativer Bedeutung für das Christentum, insofern allerdings jene Völker müde wurden im Irrtum ihrer Wege, sondern auch von positiver. Sie haben dem Heilsgute die schöne menschliche Form und der christlichen Gemeinschaft eine Menge Förderungs- und Bildungsmittel erworben. In Kunst, Wissenschaft und Recht gehen wir stets auf sie zurück. Aber das Heil kommt nicht von ihnen. (Joh. 4, 22).

B. Von Gott dem Sohne und unserer Erlösung.

§. 171.
Die Vorbereitung des Heils.

Mitten in dem Verlauf der Sünde im Menschengeschlecht und schon gleich nach dem Fall enthüllte Gott seinen Heilsplan, zuerst in den allgemeinsten Andeutungen, dann in zunehmender Klarheit. Die Verheißung des Heils schreitet von Gen. 3, 15 (dem Protevangelium vom Weibessamen) bis zu Gen. 9, 26 (Noah und seine Söhne Sem, Ham und Japhet) zu größerer Bestimmtheit fort. Schon hier sehen wir, daß die Verheißung Gottes nicht etwas bloß Ideelles sind, sondern sich einerseits an sittliche Handlungen knüpfen, andrerseits an historische Facta und Lebensführungen. (Diluvium, Bundesschließung.)

Noch mehr ist dies bei Abraham zu erkennen, in welchem Gott ein Volk erwählte zum Träger des Heils, (Gen. 12, 1 ff., 18, 18; 22 18); ein Volk zum Vermittler des Heils für alle.

Das Gesetz scheint den Gang der Erziehung des Volkes zu

unterbrechen, aber es ist doch eine neue Heilsthat; die Gottesgemein=
schaft, welche die Patriarchen nur einzeln genossen, sollte sich jetzt
auf ein ganzes Volk erstrecken. (Ex. 19, 5. 6). Das Unterpfand
war die Verschonung in Ägypten und die Herausführung aus dem
Diensthause. Gott wohnte symbolisch inmitten des Volkes (Stifts=
hütte, Opfer ꝛc.). In den Forderungen des Gesetzes lag die Not=
wendigkeit der Entscheidung für oder gegen, eine Erfahrung von
Leben und Tod (vgl. §. 15), eine **Pädagogik auf Christus** hin.
Direkte Beziehung auf das persönliche Heil der Zukunft findet sich
im Umkreis des Gesetzes nur Num. 24, 17—19 (Bileam) und
Deut. 18, 18, wo ein **Prophet** wie Moses in Aussicht gestellt
wird. Dieser Prophet (zunächst der Prophetenstand) soll eben das
Gesetz weiter bilden.

Weiterhin schließt sich die messianische Verkündigung an die
Vollendung des **Königtums** im Volke Israel, bestimmter an
David an (2. Sam. 7, 12. 13. 19. §. 26.) Das Davidische
Königtum wird nunmehr der Hauptbegriff in der messianischen Ent=
wicklung. Zunächst stützen sich auf ihn eine Reihe von Psalmen.

Scheinbar wird die Hoffnung auf das Davidische Geschlecht
mit dem Zerfallen der Monarchie (seit 975) geknickt. Da tritt die
Prophetie ein. Die Propheten weisen auf eine bessere Zukunft des
Volkes hin, während sie der Gegenwart Gericht und Strafe (zur
Züchtigung und Rettung) vorhalten. Namentlich tadeln sie eine
bloß ceremonielle Erfüllung des Gesetzes (Jes. 1, 11—18; Hos. 6, 6)
und fordern ein **neues Herz**, das die Gebote mit Freudigkeit thue
Jer. 31, 31 ff.; vgl. Ps. 119, 16. 92. 97.
Für das Einzelne cf. §§. 33—43. Lied 1. 2. 3.

§. 172.

Der verheißene Erretter erschien in der Person **Jesu Christi**
von Nazareth, dem **Messias der Juden**. Sein Leben bezeugen
zunächst die 4 Evangelien; §. 91. Aus einer wunderbar beschützten
Kindheit und verborgenen Jugendzeit (nur Luk. 2, 41—52) trat er
unter sein Volk, angekündigt durch den Täufer und versucht in der
Wüste. Das Volk erkennt, daß Gott durch ihn großes thut, und
er sammelt sich einige Auserwählte zu Jüngern. Aber bald §. 61 ff.

werden die Gedanken vieler offenbar, und die Führer des Volkes
stoßen ihn von sich. Allmählich machen sie auch die Herzen des
Volkes von ihm abwendig. Kaum findet er noch in Peräa eine
segensreiche Wirksamkeit §. 75. Endlich, als seine Stunde gekom=
men war, zog er zum letzten Mal nach Jerusalem auf das Oster=
fest. Nur kurze Zeit dauerte der Jubel des Palmsonntages, er war
die Einleitung zu der Marterwoche. Verrat des Judas, Zusammen=
wirken jüdischer und heidnischer Feinde brachte ihn zum Tode am
Kreuz. Aber der Tod konnte den Fürsten des Lebens nicht halten.
Und nach 40 Tagen vollendete sich seine Auferstehung in der Him=
melfahrt. Vgl. §§. 47—82 und den zweiten Artikel des Credo.

§. 173.

Die Person Christi. Er nennt sich sehr oft des Menschen
Sohn nach Daniel 7, 13: er kam wie eines Menschen Sohn hin
bis zu dem Alten der Tage; Joh. 5, 27; Mt. 8, 20; und auch
Gottessohn Mt. 11, 27; 22, 42 ff. (Davids Sohn); Joh. 3, 35:
Der Vater hat den Sohn lieb ꝛc.

1. Er ist **Mensch**, Joh. 8, 40; Hebr. 2, 14; Fleisch und Blut
4, 15, Hoherpriester πεπειρασμένος, κατὰ πάντα καϑ' ὁμοιότητα
χωρὶς ἁμαρτίας; Luk. 24, 39 Fleisch und Bein, unterworfen
menschlicher Entwickelung und Schwachheit, Mt. 4, 2; Joh. 4, 6 ff.;
Luk. 2, 40. 52, und menschlicher Gefühle teilhaftig, Luk. 19, 41;
Joh. 11, 33—35, aber „ausgenommen die Sünde." Hebr. 4, 15;
2. Cor. 5, 21: „der von keiner Sünde wußte," d. h. von eigner
Sünde; 1. Petri 2, 22: „welcher keine Sünde gethan hat, ist auch
kein Betrug in seinem Munde erfunden." Joh. 8, 46.

2. Andrerseits ist er **Gott:** Joh. 1, 14, eingeborner Sohn;
3, 16: Also hat Gott die Welt u. s. w. Röm. 8, 32: Welcher
auch seines eigenen Sohnes u. s. w. Col. 2, 9: in ihm wohnet
die Fülle der Gottheit leibhaftig. 2. Cor. 5, 19: Gott war in
Christo u. s. w. Joh. 10, 30: Ich und der Vater sind eins, ἕν
ἔσμεν (d. h. eins im Wesen, woraus die Willenseinheit folgt, die
ja ohne das erstere nur zufällig oder vorübergehend stattfinden könnte.)
Gleichwohl ist er als Sohn dem Vater untergeordnet; Mt. 11, 27;

Joh. 14, 28: „Denn der Vater ist größer denn ich." 1. Cor. 15, 28, Joh. 4, 34.

Die beiden Naturen waren in dem Gottmenschen (so Chrysostomus) zu einer Person verbunden, unvermischt und auch ungetrennt.

Die Ebioniten hoben die göttliche Natur Christi auf, die Doketen die menschliche. §. 96. Nestorius (428) dachte sich beide Naturen nur äußerlich mit einander verbunden (συνάφεια). Eutyches dagegen hob die Einheit der beiden so sehr hervor, daß er das Verhältnis derselben als μίξις bezeichnete.

§. 174.

Die Stände Christi. Nach der Grundstelle Phil. 2, 6—11: ὃς ἐν μορφῇ θεοῦ ὑπάρχων οἰχ ἁρπαγμὸν ἡγήσατο τὸ εἶναι ἴσα θεῷ, ἀλλ᾽ ἑαυτὸν ἐκένωσεν κ. τ. λ. unterscheidet man zwei Stände Christi, den der Erniedrigung und den der Erhöhung. Man vergl. die Worte des Credo. In der Auferstehung ist die Erhöhung Christi principiell schon vollendet. Daher der Nachdruck, den die Schrift auf diesen Artikel legt (1. Cor. 15, 12 ff).

§. 175.

Die drei Ämter Christi. Man bezeichnet das Werk Christi zur Erlösung der Welt als ein Amt und zwar nach Anleitung des A. T. Deut. 18, 18. Pf. 110, 4. Jer. 33, 15 als ein dreifaches. (Salbung.)

Christus ist Prophet, Priester und König. 1. Als Prophet (Mt. 13, 57. Luk. 13, 33) hat er „uns den heimlichen Rat und Willen Gottes von unserer Erlösung vollkömmlich offenbart." Alle Propheten des A. T. konnten dies nur unvollkommen; aber durch ihn, den eingebornen Sohn, der in des Vaters Schoße sitzt (Joh. 1, 18), der eine Erkenntnis Gottes aus eigener Anschauung hat (Joh. 3, 13), ist uns Gnade und Wahrheit geworden (Joh. 1, 17). Er hat diese Wahrheit nicht bloß gelehrt, sondern er war sie selbst; hat uns damit ein Vorbild gelassen, daß wir sollen nachfolgen seinen Fußstapfen (1. Petri 2, 21). Er ist Weg, Wahrheit und Leben (Joh. 14, 6). Seine Wahrheit macht uns frei (Joh. 8, 32), in demselben Maße, als sie uns beherrscht in Gedanken, Worten und Werken, d. i. frei von der Knechtschaft der Sünde. Zu seinem pro-

phetischen Amt gehört auch sein Zeugnis durch Wunder und Weissagung (Wunder des Wissens).

2. Christus ist Priester oder Hoherpriester, weil er „uns
mit dem einigen Opfer seines Leibes erlöset hat und immerdar mit
seiner Fürbitte vor dem Vater vertritt." „Auf sich genommen
hat er den Fluch der Sünde (nicht sie selbst) schon mit der Menschwerdung — empfunden hat er ihn sein ganzes Leben hindurch,
indem er mit seinem Mitgefühl auf das Leiden der Menschheit ein-
ging" — so besonders in Gethsemane; da lag die Sündenschuld
des ganzen Geschlechts fast erdrückend auf ihm, und am Kreuze
fühlte er sich wiederum verlassen von Gott (Mt. 27, 46). Solche
vorübergehende Schwankungen seiner klaren, freudigen Zuversicht
stehen in keinem Widerspruch zu der Ruhe und Festigkeit, mit der
er so oft über seinen Tod redet, sie bezeugen die Wahrheit seines
menschlichen Lebensgefühls — getilgt aber hat er den Fluch erst
im Tode, der die Spitze seines Lebens und Leidens ist. Vgl. 1. Joh. 1, 7:
Das Blut Jesu Christi ꝛc. 2. Cor. 5, 14; Einer für alle gestorben;
1. Petri 3, 18. Gal. 3, 13. Dies Opfer ist einmal dargebracht
für immer; Hebr. 10, 10—14; 9, 25—28. Über die Fürbitte
vgl. 1. Joh. 2, 1: und so jemand sündiget, so haben wir einen
Fürsprecher bei dem Vater, Jesum Christum, den Gerechten, und
Hebr. 7, 25.

3. Ein König ist der Herr auch in der tiefsten Erniedrigung;
auch in seinem Wandeln auf Erden in Knechtsgestalt (Phil. 2, 6 ff.)
herrschte er mächtig über die Natur und über die Herzen der Menschen. Vgl. auch Mt. 18, 18—20. Aber im engeren Sinne beginnt sein königliches Amt mit seiner Erhöhung, vgl. obige Stelle
Phil. 2, 8—11; seit er auferstanden und gen Himmel gefahren ist
und zur Rechten Gottes sitzet, ist er bei uns alle Tage bis an der
Welt Ende und ihm ist gegeben alle Gewalt im Himmel und auf
Erden. Mt. 28, 18. Insbesondere bezieht sich nun seine königliche Wirksamkeit auf die Gründung, Erhaltung, Regierung und Ausbreitung seines Reiches, auf die Gemeinde seiner Gläubigen. Er
ist ihr Haupt nicht etwa bloß gewesen, sondern bleibt es, Eph. 1,
20—22. Als Haupt teilt er sein Leben den erlösten Menschen
mit, lebt in ihnen, wie sie in ihm. In der Entwicklung dieses

Reiches liegt es, die ganze Menschheit allmählich zu umfassen, denn wenn das Reich Christi auch nicht aus und von der Welt ist, so ist es doch in der Welt, ist real und kein bloßes Gedankending, Joh. 18, 36 ff.

C. Von Gott dem heiligen Geist und unserer Heiligung.

§. 176.

Die von Gott gestiftete, in dem Sohne vollendete Erlösung soll von den Menschen angeeignet werden. Darauf beruht das Leben des Einzelnen, wie der christlichen Gemeinschaft von Anfang an.

Wie das Heil allein durch göttliche Thaten objektiv zu stande gekommen ist, so geschieht die Aneignung desselben so, daß auf allen ihren Stufen Gottes Wirken das erste, schlechthin Bedingende ist. Röm. 5, 10. 1. Joh. 4, 19. „zuerst geliebt." Es ruft aber eine entsprechende Bewegung im Menschen hervor, die sich in freier Weise mit Gottes Wirken einiget. Daher ist die Aneignung des Heils eine gottmenschliche Thätigkeit, nirgend bloß göttlich und nirgend bloß menschlich. Die göttliche Thätigkeit in der Zueignung der Erlösung ist die Thätigkeit des heiligen Geistes. (Katech. 16. 17. §. 163.) Sie findet statt:

I. in dem einzelnen Menschen (Heilsweg),

II. in der menschlichen Gemeinschaft (Heilsanstalt, Kirche),

III. endlich in der gesamten Welt (Heilsvollendung).

Dabei erkennt man leicht, daß diese drei Kreise in der Wirklichkeit nicht außer einander liegen (so daß etwa der Christ müßte vollendet sein, bevor er in die Kirche einträte), sondern vielfach in einander geschoben sind.

Für die Anordnung der folgenden §§. vgl. die Stelle Röm. 8, 29—30: Welche er zuvor versehen hat (οὒς προέγνω), die hat er auch verordnet (προώρισεν, praedestinavit) . . . welche er aber verordnet hat, die hat er auch berufen (ἐκάλεσεν, vocavit), welche er aber berufen hat, die hat er auch gerecht gemacht (ἐδικαίωσεν, iustificavit), welche er aber gerecht gemacht hat, die hat er auch herrlich gemacht (ἐδόξασεν, glorificavit). — Und dazu noch Epheser 1, 4—5: Wie er uns denn erwählet hat ελέξατο) in demselbigen (Christo), ehe der Welt Grund gelegt war, daß wir sollten sein heilig und unsträflich vor ihm in der Liebe, und hat uns verordnet ($\pi\varrho oo\varrho i\sigma as$ $\eta\mu\tilde{a}s$) zur Kindschaft. (Lange, Dogm. II. S. 926 ff.)

§. 177.
Erwählung.

I. Der letzte Grund der Begnadigung des Menschen liegt darin, daß Gott ihn (a) erwählet hat vor Grundlegung der Welt. Diese Erwählung war eine schöpferische, in seinem Zuvorerkennen rief uns Gott erst hervor.

Der Mensch ist durch die Erwählung Gottes ein einziges Wesen, ein eigentümlicher, ewiger Gedanke Gottes. Auf des Menschen Seite ist (b) die religiöse Anlage Wirkung jener Erwählung. Sie ist unendlich verschieden; es giebt unter den Erwählten Auserwählte und auch Mindererwählte (Mt. 25, 14 ff.: Jedes getreuen Knechtes jedoch harrt „des Herrn Freude"). Über allen aber waltet (c) die ewige Bestimmung des Menschen, die er erreichen und verfehlen kann. (Vgl. §. 105. 1.)

§. 178.
Verordnung.

Indem nun der erwählte Mensch in mancherlei Verhältnisse der Welt eintritt, waltet über ihm (a) die Verordnung Gottes. Sie bereitet ihm ein eigentümliches Geschick, das ihn in seiner bloßen Natürlichkeit vernichten und zu einem Wesen des Geistes machen soll.

Der Verordnung entspricht auf Seiten des Menschen (b) ein oft dunkler Drang der Seele nach dem wahrhaften Leben, Vergl. den Stern der Weisen. Mt. 2. In dem Zusammenwirken beider liegt (c) die Führung des Menschen. Vgl. §. 164 extr.

Ihr Grundzug ist, „stolze Ausfahrt und demütige Wiederkehr: ein Auszug mit allen Kräften und tausend Hoffnungen, eine Wiederkehr in der Gestalt der gebrochenen Lebenskraft und Hoffnung." Jes. 26, 16: Herr, wenn Trübsal da ist, so rufet man dich, wenn du sie züchtigst, so rufen sie ängstlich. Jona 1, 12; 2. Mos. 3, 10 ff. Der verlorene Sohn. Luk. 15. Röm. 2, 4.

§. 179.

Berufung.

In der (a) Berufung tritt Gott mit dem Sünder in bestimmtere Verbindung. Der Ruf muß von Gott ausgehen, denn der Sünder, wenn er erst von dem Schicksal, das überall seine sündliche Willkür zerstört, aufgeweckt ist, hat Furcht vor Gott und flieht vor ihm. Gott ruft den verlornen Sohn und zwar (Röm. 10, 13—14) durch das von der Kirche gepredigte Evangelium (vergl. §. 170), durch die frohe Botschaft, daß in Christo eine Erlösung für den Sünder erfunden ist. Indem Gott den Menschen beruft, wirkt er in ihm zugleich Erleuchtung und Erweckung. Eph. 5, 14: Wache auf, der du rc.

Die Berufung ist in ihrer Verbreitung über die Welt an zeitliche Bedingungen geknüpft; so sind noch manche Heidenvölker von der Missionspredigt nicht erreicht. Gleichwohl will Gott, „daß alle Menschen gerettet werden und zur Erkenntnis der Wahrheit kommen" (1. Timoth. 2, 4); vgl. 1. Joh. 2, 2; 2. Petri 3, 9: Gott will nicht den Tod des Sünders u. s. w.; Röm. 11, 32; Gott hat alle (τοὺς πάντας) beschlossen unter u. s. w. Daß die einen berufen werden, die andern nicht, ist nicht Folge ihrer Würdigkeit oder Unwürdigkeit. Röm. 9—11. Irgend eine Kunde des Heils muß allen zu teil werden, bevor ein abschließendes Gericht eintreten kann. 1. Petri 3, 19.

Nicht alle, welche Gott ruft, folgen seiner Gnadenstimme: der Mensch kann dem Rufe widerstreben, ihn verachten, und so das Gericht über sich herbeiziehen. Joh. 3, 18: wer aber nicht glaubt, der ist schon gerichtet; Luc. 13, 34: „ihr habt nicht gewollt." Je empfänglicher die Seele für Gottes Stimme schon geworden ist, desto mehr wird sie dieselbe als unwiderstehlich (irresistibilis) empfinden, nur nicht im Sinne des Zwanges, für den im Verkehr zwischen Gott und der Seele kein Raum ist.

§. 180.

Das dem Gnadenruf entsprechende Werk des heiligen Geistes im Menschen ist (b) die Bekehrung. In der Bekehrung kommt der Mensch zu seiner wahren Natur, zu sich selbst (geht in sich, vgl. εἰς ἑαυτὸν ἐλθών Luc. 15, 17), denn er kommt zu seinem Gott. Seine Gesinnung wird eine andere (μετάνοια), und damit ändert sich auch sein Dichten und Trachten. Aber dies alles nicht so schlechthin und ebenmäßig. Sein altes sündiges Leben glaubt er anfangs wohl überwinden zu können, aber es gelingt immer weniger, er fühlt sich gebunden und elend (Röm. 7, 25). In dieser scheinbaren Unfreiheit wird er wahrhaft frei; vgl. besonders Röm. 7, 9—29. Die einzelnen Momente der Bekehrung sind: 1. die Reue, 2. die Buße im engeren Sinne und 3. das Vertrauen (der Glaube als Vertrauen Confessio Aug. Art. 12). Besonders muß es sich im Vertrauen zum Gnadenruf Gottes zeigen, ob die Buße rechter Art ist, oder nur Scheinbuße. Denn jene führt in die Freudigkeit des Glaubens, diese macht bald wieder der bösen Lust platz oder fällt in Verzweiflung. (Petrus und Judas Ischarioth). Die Traurigkeit der Welt bringt den Tod. (2. Kor. 7, 10.)

§. 181.

Wenn nun der Gnadenruf des Herrn einen Wiederhall gefunden in der Bekehrung des Sünders, so ist (c) das Gebet in seiner Wahrheit die Feier, in der der Mensch ausruht. Bis zur letzten Vollendung hin aber wird das Gebet immer wieder ausgehen von der Buße und dem stets neuen Heilsbedürfnis. Denn das Gebet bleibt eine Einigung „zwischen dem rufenden Gott und dem rufenden Menschen." Jac. 5, 13. Das wahre Gebet ist der Wiederhall des Wortes Gottes im Herzen des Gläubigen Röm. 8, 26 und eben deshalb auch erhörlich. Mt. 7, 7—11. Das Gebet des Herrn §. 56. Das Gebet im Namen Jesu (Joh. 16, 23).

Wie das Gebet auf der einen Seite notwendige Lebensäußerung eines Christen ist, so ist es auf der andern auch mit Anstrengung zu pflegen und zu üben. Das Gebet ohne Unterlaß (Kol. 4, 2: Haltet an am Gebet. 1. Thess. 5, 17) bezeichnet die Gemütsstellung eines wahrhaften Jüngers Christi, welche stets auf Gott hingekehrt und vom Müßiggang weit entfernt ist. Die Wichtigkeit und Pflichtmäßigkeit der Fürbitte für Eltern und Angehörige, Lehrer, Obrigkeiten ꝛc. 1. Tim. 2, 1—4: So ermahne ich nun, daß man vor allen Dingen thue Bitte, Gebet, Fürbitte, Danksagung für alle Menschen, für die Könige und für alle Obrigkeit ꝛc.; Eph. 6. 18—20; Röm. 15, 29—30.

§. 182.
Rechtfertigung.

Die Berufung vollendet sich (a) in der Rechtfertigung Gottes, in welcher Gott nach seiner Gerechtigkeit (Röm. 3, 26. 1. Joh. 1, 9: So wir aber unsre Sünden bekennen, so ist er treu und gerecht, daß er uns die Sünden vergiebt ꝛc.) und Liebe (Joh. 3, 16) das ganze Schuldbewußtsein des Menschen auflöst und ihn seiner ewigen Versöhnung gewiß macht ($\delta\iota\kappa\alpha\iota\omega\sigma\iota\varsigma$). Das Leben Christi, wie es als Versöhnung aller Welt zu gute kommt, wird dem Sünder geschenkt als die Gerechtigkeit seines Lebens ($\delta\iota\kappa\alpha\iota\omega\mu\alpha$). Und zwar so, daß der heilige Geist, indem er dem Sünder die Gerechtigkeit Christi und seine eigene Ungerechtigkeit vorhält, ihn voll Zuversicht macht zu der gerechtsprechenden Gnade Gottes, ihm Zeugnis giebt von seiner Versöhnung. Dadurch wirkt der heilige Geist im Menschen die $\delta\iota\kappa\alpha\iota\sigma\sigma\acute{\upsilon}\nu\eta$. Die Rechtfertigung ist zunächst ein Gerichtsakt Gottes; bevor der Mensch gerecht ist, spricht Gott ihn gerecht, weil er ihn ansieht in Christo. Der Sünder soll nicht erst durch seine sittliche Tüchtigkeit Gott für sich gewinnen und umstimmen; er findet Gott schon reich an Gnade und nun beschwichtigt sich erst sein Gewissen. Röm. 5, 10 „Feinde waren."

Es versteht sich von selbst, daß die Rechtfertigung aus Gnaden, nicht mit Rücksicht auf unsere Würdigkeit geschieht Röm. 3, 23, 28; Gal. 3, 11. $\delta\omega\rho\epsilon\acute{\alpha}\nu$, $\chi\omega\rho\grave{\iota}\varsigma$ $\acute{\epsilon}\rho\gamma\omega\nu$, absque operibus, sine merito. Um der vielfachen Verdunkelung dieser Lehre willen muß man jedoch immer wieder auf diesen Mittelpunkt evangelischer Wahrheit zurückgehen. Vgl. §. 133, 4. Das Verdienst Christi, worauf unsere Rechtfertigung beruht, ist unendlich und kann nicht durch Verdienste der Kirche oder des gläubigen Menschen ergänzt werden. Die Rechtfertigung ist als That Gottes vollendet in sich, daher ihre selige Gewißheit. Aber das Wort Gottes, womit er uns gerecht spricht, ist kein unwahres, unwirksames, es ist der entscheidende Grund für unser gerecht werden. Vgl. Phil. 3, 12 „ergriffen bin."

Die Rechtfertigung wird von dem heiligen Geist uns zugeeignet (b) in dem seligmachenden Glauben (fides salvifica) vgl. in §. 133 die 21. Frage des Heidelb. Katechismus und Hebr. 11, 1

Unterschied dieses Glaubens von dem Fürwahrhalten in seinen
niedern, wie in seinen höhern Formen (in der Erkenntnis), andrerseits von dem dumpfen religiösen Gefühl. Der wahre Glaube
ist vollendete Hingabe an Gott in Gehorsam, aber eben dadurch
wird der Mensch von aller menschlichen Autorität, die nicht in
Gott sein will, frei. „Der Glaube macht selig, weil die Rechtfertigung, die in dem Glauben sich verwirklicht, selig macht." Es ist
also nicht so, daß wir den einen Glauben als ein Hauptwerk an die
Stelle der vielen guten Werke setzten.

In der Einheit der Rechtfertigung und des seligmachenden Glaubens liegt (c) die Wiedergeburt des Menschen, die Geburt ἄνωθεν
Joh. 3; eine Umgestaltung des ganzen Lebens, nicht eine Besserung
auf diesem oder jenem Punkte. Vielmehr ein ἀποθέσθαι τὸν πα-
λαιὸν ἄνθρωπον — καὶ ἐνδύσασθαι τὸν καινὸν ἄνθρωπον τὸν
κατὰ θεὸν κτισθέντα ἐν δικαιοσύνῃ καὶ ὁσιότητι τῆς ἀληθείας.
„Durch die Wiedergeburt wird der Mensch noch kein Mann in
Christo, sondern eben nur ein Kind, das erst wachsen und erstarken
muß," aber doch ein Kind Gottes (Eph. 1, 5 υἱοθεσία) und in
dieser Kindschaft hat er Frieden (Röm. 5, 1—2). Über die
Werke Conf. Aug. Art. 20; Jac. 2, 14 - 20, 26.

§. 183.
Verherrlichung.

Der wiedergeborne Christ hat schon (a) das Princip der
Herrlichkeit in sich aufgenommen; er hat die Salbung und weiß
alles (1. Joh. 2, 20), vermag alles, sein Glaube hat im Grunde
schon die Welt überwunden (Joh. 16, 33. 1. Joh. 5, 4), auch die
Sünde, denn er sündigt nicht mehr, 1. Joh. 3, 6: wer da sündigt,
der hat ihn nicht gesehen, noch erkannt. Ja, er trägt schon das
ewige Leben in sich und ist selig, aber in Hoffnung (Röm. 8, 24).
Denn immer umgiebt ihn noch die sündliche Welt mit ihren Trug-
bildern und will ihn zum Abfall verlocken. Aber Gott ist getreu
(1. Thess. 5, 24) und führt den Christen auch durch Leid und
Prüfung hindurch zur innern Glorie, welche der Welt freilich oft
als Elend erscheint.

Im Laufe dieser Erfahrung kommt durch den heiligen Geist (b) die Heiligung des Menschen zu stande. Sie ist die Entfaltung der principiell schon in ihm liegenden Heiligkeit, auf der einen Seite eine stete Reinigung, auf der andern eine Erneuerung seiner Natur. In der fortgehenden Heiligung kommt auch die verborgene Sünde ans Licht. Eine augenblickliche Verdunklung des neuen Lebens, oder die wieder hervortretende alte Natur wecken die Reue, aber die Heiligung wird dadurch nur um so ernster und gründlicher. Freilich bleiben die besten Werke in diesem Leben unvollkommen und mit Sünde befleckt; und ihre Belohnung geschieht nicht aus Verdienst, sondern aus Gnaden.

Die Frage, ob der schon begnadigte Mensch wieder abfallen und verloren gehen könne, muß im allgemeinen bejaht werden. 1. Kor. 9, 3—4. Offb. 3, 11; 2, 5. Gal. 5, 4. In demselben Maße aber, als der Mensch wahrhaft mit Gott eins geworden, nicht bloß kirchlich erzogen und in die kirchliche Gemeinschaft hineingewachsen ist, vermindert sich die Möglichkeit eines gänzlichen Abfalls von Gott. 1. Joh. 2, 19. Mt. 24, 24. (§. 179.) Es ergiebt sich immerhin daraus für den Christen die ernste Aufgabe, zu wachen und zu beten, daß ihn nicht die Versuchung überwältige und ihm so ein Anfangspunkt des Abfalls werde. Hat sie ihn aber auch überwältigt, so ist doch die Gnade nicht verloren, wenn er sie nur sucht und mit Reue seine Sünde bekennt (2. Tim. 3, 13). Denn so lange der Mensch hienieden ist, schneidet ihm Gott nicht die Möglichkeit der Rückkehr ab. Die Auslegung von Hebr. 6, 4—6; 10, 26.

§. 184.

Damit wäre denn die letzte Stufe der persönlichen Heilsaneig-nung beschrieben, da die Seele glorificiert, „vergottet" von Heiligung zu Heiligung emporsteigt. Am treffendsten wird der Charakter dieser Stufe (c) als Gottesliebe (vgl. §. 119, 2) bezeichnet. 1. Kor. 13, 13. Die Liebe ist auch des Gesetzes Erfüllung. Darum kann auch von hier aus erst eine volle Einsicht in den christlichen Wandel, in das Wesen christlicher Sittlichkeit (Ethik) gewonnen werden. Der Christ kennt nun das Heilsgut, das ihm Christus erworben hat, und erinnert sich wohl der Führung, durch welche es ihm zum Heilsbesitz geworden. Sein hauptsächliches Streben geht nun darauf, das ihm geschenkte Heilsgut zu bewahren; und damit erscheint das Thun des Guten von einer neuen Seite als so wichtig, denn wenn es auch aus dem Glaubensleben als seinem Grunde hervorwächst, so hat es doch auch eine kräftigende Rückwirkung auf den Glauben, wie das Wachstum der Baumkrone auf die Kräftigung der Wurzel förderlich wirkt (2. Petri 1, 5 – 10).

Von den geistlichen Gütern aber gilt es insbesondere, daß man sie nicht dadurch bewahrt, wenn man sie für sich behält. Darum tritt „die Erbauung" (οἰκοδομή) in ihrem weitesten Umfang als Selbsterbauung und Erbauung der andern erklärend hinzu. Dieser Erbauung muß alles dienen, sie ist auch die Schranke der christlichen Freiheit. Die Liebe aber ist es, die erbauet (1. Cor. 8, 1. ἡ ἀγάπη οἰκοδομεῖ). Freilich die erbauende Einwirkung auf das Ganze setzt voraus, daß der Einzelne selbst bereits ἐποικοδομηθείς ist auf den Grund der Apostel Eph. 2, 20, aber gerade in dieser Arbeit an andern stärkt sich die sittliche Kraft, wie in der Bildung der andern die eigene Bildung gewonnen wird.

1. Kor. 10, 23; 6, 12: Ich habe es alles Macht, aber es bessert (οἰκοδομεῖ) nicht alles. Niemand suche, was sein ist, sondern was des andern ist. Ephes. 2, 19—22. Apgsch. 20, 22.

§. 185.
Innere Freiheit und Wahrhaftigkeit.

Zu den nächsten Erweisungen einer Gesinnung, die das Heils-gut als das höchste irdische Gut anerkennt, gehört das Zeugnis und Bekenntnis, Mt. 10, 32. 33, mag es in Zeichen, Wort oder That, frei und unfrei, wie Eid und Märtyrertum, abgelegt werden. Alles Selbstische ist ausgeschlossen. Vom Eide vgl. §. 56. Das Martyrium liegt nicht im Leiden und Sterben als solchem, sondern in der Gesinnung des Leidenden. (Joh. 21, 19. Gott preisen.) Sogar die „Flucht" kann geboten sein. (§. 98.) Auch die alltäg-liche Weise des cultus externus soll auf dem cultus internus ruhen. (Mt. 12, 34. Röm. 10, 8—15.) Darin besteht überhaupt die christliche Wahrhaftigkeit. „Mache den Gedanken bange, Ob das Herz es redlich mein, Ob die Seele an dir hange, Ob wir scheinen oder sein." Wenn diese Tugend je und dann natürlich scheint, muß sie zu andern Zeiten wieder mit Anstrengung gesucht werden, wie alles Gute zugleich Äußerung des Gläubigen und Erziehungsmittel für ihn ist. Die innere Freiheit haßt nicht bloß den Schein, sondern

auch das gleichgültige Auseinanderfallen von Überzeugung und Handeln; alles sittliche Thun soll dem mechanischen Treiben der Gewohnheit entzogen werden und immer wie ein neues aus der Liebe
hervorgehen, von ihr getragen. cfr. §. 147 von Neander.

§. 185 a.
Irdischer Beruf. Schätzung der Güter.

In der weiten Möglichkeit des Handelns bedarf der Christ,
daß ihm außer seiner Bestimmung im allgemeinen (§. 164, 177)
auch noch Fingerzeige für die nähern und fernern Gebiete seines
sittlichen Handelns gegeben werden. Hier greift die Verordnung
Gottes ein. (§. 178.) So hat uns Gott außer dem himmlischen
Beruf auch einen irdischen Beruf gegeben. In beiderlei Beruf
treu zu sein (Treue im Kleinen Luc. 16, 10), ist die Aufgabe, so
aber, daß man die Beziehungen des irdischen Berufes denen des
himmlischen unterordnet. Dann hat man an dem irdischen Beruf
ein von Gott gesetztes Maß, welches der Bezeugung der Frömmigkeit die rechte Schranke und zugleich den Stoff, sowie das Ziel giebt.
1. Kor. 7, 20—24, $\dot{\varepsilon}\nu$ $\tau\tilde{\eta}$ $\varkappa\lambda\dot{\eta}\sigma\varepsilon\iota$ $\mu\varepsilon\nu\acute{\varepsilon}\tau\omega$. 1. Petri 4, 10, $\varkappa\alpha\vartheta\dot{\omega}\varsigma$
$\dot{\varepsilon}\lambda\alpha\beta\varepsilon\nu$ $\chi\dot{\alpha}\varrho\iota\sigma\mu\alpha$. 1. Thess. 4, 10—12, $\pi\varrho\dot{\alpha}\sigma\sigma\varepsilon\iota\nu$ $\tau\dot{\alpha}$ $\ddot{\iota}\delta\iota\alpha$. Zwar
gilt gegen die Sorge Mt. 6, 25 ff., aber Phil. 4, 8 was wahrhaftig
ist, 2c. zeichnet doch ein eifriges Berufsstreben mit steter Richtung
auf den himmlischen Beruf, obwohl immer Luc. 17, 10 $\delta o\tilde{\nu}\lambda o\iota$
$\dot{\alpha}\chi\varrho\varepsilon\tilde{\iota}o\iota$ und 1. Kor. 3, 7 „weder der da pflanzet" leitend bleibt.
(Der Sabbath als eine Gabe s. Katech. 3.) Die Selbsterbauung
prägt sich sodann aus in der Bewahrung des Leibes zum Dienste
der Seele. (Sorge für Gesundheit, für die Herrschaft über die
sündigen Lüste in Mäßigkeit, Nüchternheit, Keuschheit. Röm. 12, 1
$\sigma\dot{\omega}\mu\alpha\tau\alpha$ $\vartheta\nu\sigma\dot{\iota}\alpha$ $\zeta\tilde{\omega}\sigma\alpha$; 13, 13—14; 1. Petri 2, 11—12: welche
wider die Seele streiten. Weil aber das Leibesleben nur in Be-
ziehung zum Beruf der Seele Wert hat, so wird der Christ das
leibliche Leben hingeben, wenn die Erhaltung desselben Verletzung der
Treue im himmlischen oder irdischen Beruf wäre. (1. Kor. 6, 15.
19. 20. Röm. 6, 12, 13, $\tau\dot{\alpha}$ $\mu\dot{\varepsilon}\lambda\eta$ $\ddot{o}\pi\lambda\alpha$ $\dot{\alpha}\delta\iota\varkappa\dot{\iota}\alpha\varsigma$, 19. Mt. 10. 39
sein Leben finden; 16. 25.) Auch die irdischen Güter — sachliche

wie persönliche — sind zum Dienste der Seele zu bewahren, nicht
als Selbstzwecke, sondern als hinzukommende Gabe und Erhöhung
des Wohlseins im irdischen Beruf, so jedoch, daß ihr Besitz und
Verlust gering erscheint gegen das Heil der Seele. 1. Tim. 4, 4
οὐδὲν ἀπόβλητον. 1. Joh. 2, 17 bleibt in Ewigkeit. 1. Kor. 7,
29—31 „als hätten sie keine." Hiob 1, 21. 1. Tim. 6, 6—10
nichts in die Welt gebracht.

§. 185 b.

In diese verschiedenartigen Äußerungen und Richtungen der
Selbsterbauung tritt überall auch die Rücksicht auf die Gemeinschaft. Die Sorge für die eigene Seele z. B. offenbart sich erst
recht in der Einwirkung auf andere, auf ihre Seele wie auf ihr
ganzes Wohlergehen. (Phil. 2, 4 σκοποῦντες τὰ ἑτέρων.) Doch ist
Weisheit hier in doppelter Beziehung von nöten (Mt. 7, 6 τὸ
ἅγιον τοῖς κυσίν), und nur dem Seelsorger von Beruf gilt 2. Tim.
4, 2 εὐκαίρως ἀκαίρως. Hier ist auch die Stelle für die sittliche
Würdigung des gemeinschaftlichen Gottesdienstes Apgsch. 2,
46. 47, sowie des geistigen Verkehrs und Umgangs. 1. Kor.
15, 33: verdirbt gute Sitten. 5, 9—11: auch nicht essen. Aufs
neue entsteht hier die Forderung der Wahrhaftigkeit, Apgsch. 5
Ananias. Col. 3, 9. Jac. 3, 2, des Vertrauens, des heiligen
Ernstes in der Liebe. (Joh. 8, 44—45. Eph. 4, 15 ἀληθεύειν
ἐν ἀγάπῃ u. 25.) Von der Notlüge. (Petrus, Luk. 22, 54—62.)

Ebenso indem der Christ die Bewahrung seines Leibes über-
trägt auf die Gemeinschaft, entsteht das Bewußtsein, daß dem Einzelnen wie der Gesamtheit gegen unberechtigten, ungöttlichen Angriff
eine Machtübung und Notwehr zukomme, die bis zum Töten
geht. Gegen eine Bedrohung von Seiten der geordneten Vollstrecker
des Rechts über Leben und Tod giebt es natürlich keine Notwehr,
selbst wenn diese Menschen irren sollten. Ebensowenig darf in geordneten Rechtszuständen das Recht der Notwehr auf das Duell
übertragen werden. Luk. 6, 29. Röm. 12. 14, 19. Wohl aber
ist in jenem Recht die sittliche Bedeutung des Krieges enthalten.

Endlich entsteht aus der Bewahrung der irdischen Güter beim
Hinblick auf die Gemeinschaft nicht bloß die Anerkennung des

verschiedenen Besitzstandes als göttlicher Fügung, sondern auch
ein Gemeingeist, welcher in Sitte, Gesetz und Handlungsweise
für alle Güter die wahre Bürgschaft bietet und überall Fürsorge
für die geistige und leibliche Bedürftigkeit hervorruft.
(1. Joh. 3, 18, lieben in That und Wahrheit. Jac. 2, 15 u. 16.
Apgsch. 2, 44 u. 45. Apgsch. 6. Röm. 15, 26. Hebr. 13, 16. Dia-
konie. Gütergemeinschaft Luk. 16, 9. Apgsch. 20, 35: Geben ist
seliger denn nehmen. 2. Kor. 9, 7. Innere Mission. Gustav-
Adolf-Verein. Erziehungsanstalten. Rettungshäuser. (§. 157.)

§. 186.

Haus. Staat.

Die Natur und Bestimmung des Menschen (φύσει πολιτικὸν
ζῷον) hat in dem bunten, fließenden Leben der bürgerlichen Gesellschaft einige Formen der Gemeinschaft fester ausgeprägt, als dauernde,
nicht für einen vorübergehenden Zweck bestimmte, es sind Familie,
Staat und religiöse Gemeinschaft (Kirche). Diese Gemeinschaften
betrachten wir hier nicht nach ihrer Naturseite, sondern nach ihrer
sittlichen Seite. Die Erziehung der Menschen geht überall so vor
sich, daß in den Gemeinschaften Unterschiede von Führern und Ge-
führten, Begabten und Minderbegabten hervortreten (§. 7 Zusatz).
Dieses Gesetz, welches auch für weltliche Bildung — Künstler, Dichter — gilt, widerspricht einer falschen Gleichmacherei und Ausebnung
aller Eigentümlichkeit. (Wuchern mit seinem eigentümlichen Pfunde
Talente Luk. 19, 12—26.)

Die Ehe ist dem Christen die selbstsuchtlose, höchste, persönliche
Gemeinschaft von Mann und Weib, auf Grund leiblicher und geistiger
Anziehung. Die natürliche Liebe wird von göttlicher Liebe getragen;
so ist die Ehe gottgeordnet und der Weihe durch Christus aufge-
schlossen. Die Liebe, in welcher man sich in Christo liebt, bewahrt
die gegenseitige Über- und Unterordnung, 1. Kor. 11, 3. 7. 9;
1. Petri 3, 1—7, sichert gegen Leichtfertigkeit, Untreue und gott-
widrige Trennung. (Gen. 1, 27. 28; 2, 18. 22 ff. Mt. 5, 32
19, 3—11; Röm. 7, 2. 3; 1. Kor. 7, 10—11, 26 ff. 1. Tim.
4, 3; Mt. 22, 30; Eph. 5, 22 ff.)

In der Familie wird die natürliche Abhängigkeit vieler von den Gründern des Geschlechts dadurch erst recht segensreich, daß das natürliche Element als göttliche und in ihrer Wirkung sittliche Ordnung erkannt und hinwiederum der höheren Beziehung zum Reiche Gottes untergeordnet wird. In den Grundverhältnissen der Eltern zu den Kindern und der Geschwister zu einander ist ein Bild der rechten Über- und Unterordnung wie der rechten Gleichstellung gegeben. Die Dienenden sieht eine christliche Familie als Glieder des Hauses an. Eph. 6, 5—9. Das rechte Verhältnis der Familienglieder kann durch falsche Zuneigung wie durch falsche Abneigung zerstört werden. (Col. 3, 20—21; Eph. 6, 1—4; 1. Tim. 5, 8; 6, 2.) Die christliche Erziehung. — Die Übertragung der Familienliebe auf ähnliche Verhältnisse: den Lehrer, Herrn, den Greis (1. Tim. 5, 1; 1. Kor. 4, 14. 15), ja auf alle Menschen (1. Petri 2, 17).

Der Staat ist die höchste irdische Gemeinschaft für Ordnung und Förderung des äußern Lebens. Die verschiedenen Formen, in denen Regierung und Regierte ihre Stellung ausgeprägt haben, begründen verschiedene Namen der Staatsform.

Der Christ ehrt die bestehende Ordnung seines Staates, als eine unter dem Walten Gottes zu Stande gekommene. Vgl. 1. Petri 2, 13—15: Seid unterthan aller menschlichen Ordnung, um des Herrn willen, es sei dem Kaiser, der die höchste Gewalt hat, oder den Statthaltern, als welche von ihm ausgesandt sind ꝛc. Röm. 13, 1. 2: Jedermann sei unterthan den Obrigkeiten, die Gewalt über ihn haben. Denn es ist keine Obrigkeit ohne von Gott. Gegenüber jeder Obrigkeit gilt aber Apgsch. 5, 29, Gott mehr zu gehorchen als den Menschen. Denn der himmlische Beruf steht höher als der irdische.

§. 187.
II. Von der Kirche.

Die Kirche ist die Gemeinschaft der durch Christum berufenen und geheiligten Menschen. Ihr Haupt ist allein Christus, Mt. 23, 8—10, „einer ist euer Meister, Christus; ihr alle aber seid Brüder.“ Ephes. 4, 15—16: ὅς ἐστιν ἡ κεφαλή, ὁ Χριστός, ἐξ οὗ πᾶν τό σῶμα συναρμολογούμενον κτλ. Ephef. 1, 22—23: er hat ihn gesetzt zum Haupt der Gemeinde über alles, αὐτὸν ἔδωκεν κεφαλὴν ὑπὲρ πάντα τῇ ἐκκλησίᾳ, ἥτις ἐστὶν τὸ σῶμα αὐτοῦ, τὸ πλήρωμα τοῦ τὰ πάντα ἐν πᾶσιν πληρουμένον. (§. 133, 6.)

Zunächst ist die Kirche eine unsichtbare und Gegenstand des Glaubens. Aber sie muß sich auch zur sichtbaren gestalten, äußerlich werden, und der Herr hat dies selbst so gewollt. Denn die von ihm angeordnete Predigt des Evangeliums, das gemeinsame Gebet, die Feier der Taufe und des Abendmahls, die Gemeindedisciplin (Mt. 18, 15—16) und das Amt der Schlüssel sind Äußerungen des sichtbaren kirchlichen Organismus. Vgl. Conf. Aug.: Est autem ecclesia congregatio sanctorum, in qua evangelium recte docetur et recte administrantur sacramenta. Die beiden Teile der Defini= tion hangen doch zusammen. Wo sancti sind, da pflegen sie Wort und Sakrament, und wo Wort und Sakrament in lebendiger Übung stehen, da entsteht ein Häuflein sancti, denn das Wort Gottes kommt nicht leer zurück. Die einseitige Betonung des ersten Teiles — die Kirche kommt aus dem Glauben — kann zum Donatismus (§. 105, 2) führen, die des zweiten Teiles — die Kirche ist mater fidelium, der Glaube kommt aus der Kirche — zum Romanismus. Mit der Sichtbarwerdung der Kirche entsteht auch das Auseinandergehen der einen Kirche in viele ἐκκλησίαι. Doch können diese ihren gliedlichen Zusammenhang nicht vergessen, so lange sie an ihrem Haupte und an dem gemeinsamen Grunde der Apostel und Propheten festhalten und die Sakramente des Herrn feiern.

Mit der Sichtbarwerdung der Kirche tritt auch eine gewisse Un= wahrheit an ihr hervor. Sie findet sich selbst in der apostolischen Gemeinde, Apgsch. 5—6, 1 die doch im übrigen ein Musterbild der Kirche ist und bleibt. Aber dadurch wird doch die sichtbare Kirche selbst keine unwahre, wie Schwärmer dies schon frühe behauptet ha= ben. Vielmehr ist die unsichtbare Kirche nur in der sichtbaren, nicht außer und über ihr. Die eine, wahre, lebendige, christliche Kirche bleibt vermöge des Wortes Gottes und der königlichen Gewalt Christi auf Erden bestehen, nur daß sie von ihren Entstellungen gereinigt und durch Reformationen immer wieder auf ihren Ursprung zurück= geführt werden muß. (Luther, Spener, Schleiermacher.)

Der Satz; extra ecclesiam nulla salus (§. 98) ist richtig, wenn man ihn von der einen unsichtbaren und doch sichtbaren Kirche versteht. Falsch ist er, wenn ihn ein Teil dieser Kirche mit dem Anspruch geltend macht, er sei schon die ganze Kirche und wer mit Willen draußen bleibe, sei verdammt (§. 133, 6). Der Herr hat ʻeine Glieder in allen Partikularkirchen, wie sie bestehen.

§. 188.

Die Kirche bedarf keines menschlichen Hauptes oder Mittlers, denn der ewige und einige Hohepriester vertritt die Gläubigen zur Rechten des Vaters. Die Glieder stehen alle in unmittelbarer Verbindung mit ihm. Darin liegt die Gleichheit aller; sie sind alle zum königlichen Priestertum berufen. 1. Petri 2, 9, Offb. 1, 6, so verschieden auch die Art ist, in welcher der Einzelne je nach seinem Charisma der Kirche dienen kann und soll. 1. Petri 4, 10.

Und dieses Verhältnis wird dadurch nicht anders, daß die Kirche, wie jede Gemeinschaft, einer Leitung und Pflege durch Menschen anvertraut ist (1. Kor. 12, 28). Indem diese als verordnete Diener des Worts im Auftrage Christi (1. Petri 5, 1–3; 2. Kor. 5, 20 „so sind wir nun Botschafter $\dot{\upsilon}\pi\dot{\varepsilon}\varrho$ $X\varrho\iota\sigma\tau o\tilde{\upsilon}$, denn Gott vermahnet durch uns") oder als Älteste 1. Tim. 5, 17 oder in einem andern Kirchenamt (als Diakonen rc.) der Gemeinde dienen, bekommen sie nicht eine höhere Würde und erlangen keine besondere Heiligkeit, wie die katholische Kirche lehrt. Ihre Befugnis ist eine rein kirchliche und entbehrt deshalb auch der weltlichen Zwangsmittel. Das Amt der Schlüssel.

§. 189.

Die Thätigkeit, welche die Kirche durch ihre verordneten Diener vollziehen läßt, ist einerseits Predigt des Worts (und auf das Wort gegründete Einzel-Pflege des geistlichen Lebens, Seelsorge), andererseits Spendung der Sakramente. Gerade durch diese Wirksamkeit ist die Kirche eine Heilsanstalt. Über die Wichtigkeit des Wortes und des Predigtamts vergl. noch Röm. 10, 14–17 $\dot{\eta}$ $\pi\dot{\iota}\sigma\tau\iota\varsigma$ $\dot{\varepsilon}\xi$ $\dot{\alpha}\kappa o\tilde{\eta}\varsigma$, $\dot{\eta}$ $\delta\dot{\varepsilon}$ $\dot{\alpha}\kappa o\dot{\eta}$ $\delta\iota\dot{\alpha}$ $\dot{\varrho}\dot{\eta}\mu\alpha\tau o\varsigma$ $\Theta\varepsilon o\tilde{\upsilon}$. Die Predigt geht immer auf das Wort Gottes zurück, aber die Kirche hat auch das unabweisbare Bedürfnis, ihrem Glauben einen bestimmten Ausdruck zu geben: Symbol, σύμβολον, Erkennungszeichen, Vgl. Abth. VII. und §. 126, 10, 11; 128—131. Die Kirche sieht darin nichts Fremdes, sondern den Abdruck ihres eigenen, an der heiligen Schrift entwickelten Lebens. Das Symbol hat öffentliche Geltung, ist norma docendorum, während die heilige Schrift norma credendorum bleibt. Die symbolischen Bücher exprimunt a nobis credita, scriptura sacra imprimit nobis credenda, weshalb sie auch für das Symbol maßgebend ist.

§. 190.

Über die Sakramente vgl. §. 133, 5; das 4. und 5. Hauptstück und die Erklärung Luthers dazu, Conf. Aug. Art. X. auch Augustins Wort: Sacramentum est verbum visibile und das andere: accedit verbum ad elementum et fit sacramentum. Warum es nur zwei Sakramente giebt. Die heilige Taufe. Die Kindertaufe. Die Konfirmation. Das heil. Abendmahl: die wesentliche Gemeinschaft des Leibes und Blutes Christi. Der Segen desselben ist die Zueignung der Sündenvergebung, und Mitteilung des geistlichen Lebens zur Nahrung des inwendigen Menschen. Joh. 6, 53—59. Dieser Segen ist an den Glauben geknüpft; dagegen das Gericht nach 1. Kor. 11, 27—29 an den Genuß des Ungläubigen, Unwürdigen. Die Vorbereitung (Beichte).

Anmerkung. Für die reformierte Lehre vom heil. Abendmahl vgl. Heidelb. Katechismus Frage 75—82. Heppe, die Bekenntnisschriften der reformierten Kirchen Deutschlands 1860. S. 9. 44. 259. 279 ꝛc. Sudhoff, Fester Grund christlicher Lehre 1854. Desselben: Christliche Religionslehre 1861.

§. 191.

III. Die Weltverklärung und die letzten Dinge.

Das Ziel des Gnadenwerkes des heiligen Geistes ist, zugleich mit der Verklärung der Kirche, die Vollendung aller Dinge, das Weltende. Dieses Ziel ist gegeben durch die Wiederkunft (παρουσία) Christi 1. Joh. 2, 28, am jüngsten Tage.

Zeit und Stunde dieses letzten Advents zu bestimmen, hat der Vater seiner Macht vorbehalten (Apostelgesch. 1, 7; Mark. 13, 32, 33).

Der Ausdruck der Apostel: der Herr kommt bald, mahnt uns zur Wachsamkeit, daß uns der Tag des Herrn nicht überrasche. Doch sind in der heiligen Schrift auch Bedingungen und Vorzeichen des Weltendes angegeben. So muß das Evangelium allen Völkern erst geprebigt werden (Mt. 24, 14), die Fülle der Heiden eingehen und dann auch Israel selig werden (Röm. 11, 25).

§. 192.

Für den Einzelnen ist der Anfang der letzten Dinge der Tod, der Sünde Sold, ein Schrecken für die Natur, aber durch die Erlösung verklärt zu einem Eingang in das Leben. Vgl. Röm. 14, 8; Phil. 1, 23; 2. Kor. 5, 6—3.

Einmal aber wird der Herr unsern nichtigen Leib, der als ein Samenkorn verweslich in die Erde gelegt worden, verklären zur Ähnlichkeit seines verklärten Leibes, zur Unverweslichkeit. 1. Kor. 15, 15 - 44; Phil. 3, 20. 21. Dies geschieht in der allgemeinen Auferstehung des Fleisches. Das jüngste Gericht ist die Vollziehung des Gerichts, das ein jeder schon als ihm bevorstehend erkannt hat und eine völlige, definitive Scheidung der Gerechten und Ungerechten. Zugleich aber geht aus der alten Weltgestalt eine neue verklärte Welt hervor. Offenb. 21, 1: Und ich sah einen neuen Himmel und eine neue Erde. Denn der erste Himmel und die erste Erde verging und das Meer ist nicht mehr. Vgl Röm. 8, 19 ff. Dann genießen die Gläubigen das ewige Leben in seiner reinen Gestalt, als „vollkommene Gemeinschaft mit Gott in Christo durch den heiligen Geist," eine Gemeinschaft, deren Herrlichkeit nur geahnt werden kann (1. Kor. 2, 9). Die heilige Stadt, das neue Jerusalem (Lied 52), prangt allda, eine Hütte Gottes bei den Menschen (Offenb. 21, 1—4); das Symbolische hört auf, denn das Wesen ist erschienen.

Offenb. 21, 22—24: Und ich sah keinen Tempel darinnen, denn der Herr, der allmächtige Gott, ist ihr Tempel und das Lamm; und die Stadt bedarf keiner Sonne, noch des Mondes, daß sie ihr scheinen; denn die Herrlichkeit Gottes erleuchtet sie, und ihre Leuchte ist das Lamm. Der Glaube ist zum Schauen geworden (1. Kor. 13, 12; 2. Kor. 5, 7); wir erkennen, wie wir erkannt sind, das Stückwerk hört auf, die Liebe bleibet.

VII. Die Augsburgische Confession

(Artikel 1—21)

nebst den allgemeinen (ökumenischen) Symbolen.

A. Das Apostolische Symbolum.

a.

Credo in deum patrem omnipotentem, creatorem coeli et terrae et in Iesum Christum, filium eius unicum, dominum nostrum, qui conceptus est de spiritu sancto, natus ex Maria virgine, passus sub Pontio Pilato, crucifixus, mortuus et sepultus, descendit ad inferna, tertia die resurrexit a mortuis, ascendit ad coelos, sedet ad dexteram dei patris omnipotentis, inde venturus iudicare vivos et mortuos, credo in spiritum sanctum, sanctam ecclesiam catholicam, sanctorum communionem, remissionem peccatorum, carnis resurrectionem, vitam aeternam. Amen.

b.

Πιστεύω εἰς θεὸν πατέρα παντοκράτορα, ποιητὴν οὐρανοῦ καὶ γῆς· καὶ Ἰησοῦν Χριστόν, υἱὸν αὐτοῦ τὸν μονογενῆ, τὸν κύριον ἡμῶν, τὸν συλληφθέντα ἐκ πνεύματος ἁγίου, γεννηθέντα ἐκ Μαρίας τῆς παρθένου, παθόντα ἐπὶ Ποντίου Πιλάτου, σταυρωθέντα, θανόντα καὶ ταφέντα, κατελθόντα εἰς τὰ καιώτατα, τῇ τρίτῃ ἡμέρᾳ ἀναστάντα ἀπὸ τῶν νεκρῶν, ἀνελθόντα εἰς τοὺς οὐρανούς, καθεζόμενον ἐν δεξιᾷ θεοῦ πατρὸς παντοδυνάμου, ἐκεῖθεν ἐρχόμενον κρῖναι ζῶντας καὶ νεκρούς· πιστεύω εἰς τὸ πνεῦμα τὸ ἅγιον, ἁγίαν καθολικὴν ἐκκλησίαν, ἁγίων κοινωνίαν, ἄφεσιν ἁμαρτιῶν, σαρκὸς ἀνάστασιν, ζωὴν αἰώνιον. Ἀμήν.

II. Das Nicänische Symbolum (325).

A.

Πιστεύομεν εἰς ἕνα θεὸν πατέρα παντοκράτορα, πάντων ὁρατῶν τε καὶ ἀοράτων ποιητήν· Καὶ εἰς ἕνα κύριον Ἰησοῦν Χριστὸν, τὸν υἱὸν τοῦ θεοῦ, γεννηθέντα ἐκ τοῦ πατρὸς μονογενῆ, τοῦτ' ἐστὶν ἐκ τῆς οἰσίας τοῦ πατρός, θεὸν ἐκ θεοῦ, φῶς ἐκ φωτὸς, θεὸν ἀληθινὸν ἐκ θεοῦ ἀληθινοῦ, γεννηθέντα, οὐ ποιηθέντα, ὁμοούσιον τῷ πατρὶ, δι' οὗ τὰ πάντα ἐγένετο, τά τε ἐν τῷ οὐρανῷ καὶ τὰ ἐπὶ τῆς γῆς, τόν δι' ἡμᾶς τοὺς ἀνθρώπους καὶ διὰ τὴν ἡμετέραν σωτηρίαν κατελθόντα καὶ σαρκωθέντα ἐνανθρωπήσαντα, παθόντα, καὶ ἀναστάντα τῇ τρίτῃ ἡμέρᾳ καὶ ἀνελθόντα εἰς τοὺς οὐρανούς, ἐρχόμενον κρῖναι ζῶντας καὶ νεκρούς· καὶ εἰς τὸ ἅγιον πνεῦμα.

Τοὺς δὲ λέγοντας, Ἦν ποτε ὅτε οὐκ ἦν, καὶ πρὶν γεννηθῆναι οὐκ ἦν, καὶ Ἐξ οὐκ ὄντων ἐγένετο, ἢ ἐξ ἑτέρας ὑποστάσεως ἢ οἰσίας φάσκοντας εἶναι ἢ κτιστὸν ἢ τρεπτὸν ἢ ἀλλοιωτὸν τὸν υἱὸν τοῦ θεοῦ, ἀναθεματίζει ἡ καθολικὴ ἐκκλησία. (§ 103.)

Symbolum Nicaenum.

B.

Credo in unum deum, patrem omnipotentem, factorem coeli et terrae, visibilium omnium et invisibilium.

Et in unum dominum, Iesum Christum, fillium dei unigenitum et ex patre natum (ante omnia saecula), deum de deo, lumen de lumine, deum verum de deo vero, genitum, non factum, consubstantialem patri. per quem omnia facta sunt. Qui propter nos homines et propter nostram salutem descendit de coelis et incarnatus est de spiritu sancto ex Maria virgine et homo factus est; crucifixus etiam pro nobis sub Pontio Pilato, passus et sepultus est, et resurrexit tertia die, secundum scripturas, et ascendit ad coelos; sedet ad dexteram patris, et iterum venturus est in gloria, indicare vivos et mortuos, (cuius regni non erit finis).

Et in spiritum sanctum, (dominum et vivificantem, qui ex patre procedit, qui cum patre et filio simul adoratur et glorificatur), qui locutus est per prophetas. (Et unam sanctam catholicam et apostolicam ecclesiam. Confiteor unum baptisma in remissionem peccatorum et exspecto resurrectionem mortuorum et vitam venturi saeculi.) Amen.

III. Das Athanasianische Symbol *)

oder

Symbolum Quicunque.

[1]Quicunque vult salvus esse, ante omnia opus habet, ut teneat catholicam fidem: [2]quam nisi quisque integram inviolatamque servaverit, absque dubio in aeternum peribit.

[3]Fides autem catholica haec est, ut unum Deum in trinitate et trinitatem in unitate veneremur, [4]neque confundentes personas neque substantiam separantes. [5]Alia est enim persona patris, alia filii, alia spiritus sancti; [6]sed patris et filii et spiritus sancti una est divinitas, aequalis gloria, coaeterna majestas.

[7]Qualis pater, talis filius, talis et spiritus sanctus. [8]Increatus pater, increatus filius, increatus et spiritus sanctus; [9]immensus pater, immensus filius, immensus et spiritus sanctus; [10]aeternus pater, aeternus filius, aeternus et spiritus sanctus; [11]et tamen non tres aeterni, sed unus aeternus, [12]sicut non tres increati, nec tres immensi, sed unus increatus et unus immensus. [13]Similiter omnipotens pater, omnipotens filius, omnipotens et spiritus sanctus; [14]et tamen non tres omnipotentes, sed unus omnipotens. [15]Ita deus pater, deus filius, deus et spiritus sanctus, [16]et tamen non tres dii, sed unus est deus; [17]ita dominus pater, dominus filius, dominus et spiritus sanctus, [18]et tamen non tres domini, sed unus est dominus; [19]quia, sicut singillatim unamquamque personam et deum et dominum confiteri Christiana veritate compellimur, ita tres deos et dominos dicere catholica religione prohibemur.

---

*) Dies Symbol ist nicht von Athanasius († 373), sondern es ist im Abendlande um 500 entstanden und in der griechischen Kirche nicht anerkannt.

[20]Pater a nullo est factus nec creatus nec genitus; [21]filius a patre solo est non factus, non creatus, sed genitus; [22]spiritus sanctus a patre et filio nec factus, nec creatus nec genitus est, sed procedens. [23]Unus ergo pater, non tres patres; unus filius, non tres filii; unus spiritus sanctus, non tres spiritus sancti; [24]et in hac trinitate nihil prius aut posterius, nihil maius aut minus, sed totae tres personae coaeternae sibi sunt et coaequales, [25]ita ut per omnia, sicut iam supra dictum est, et unitas in trinitate et trinitas in unitate veneranda sit. [26]Qui vult ergo salvus esse, ita de trinitate sentiat.

[27]Sed necessarium est ad aeternam salutem, ut incarnationem quoque domini nostri Iesu Christi fideliter credat. [28]Est ergo fides recta, ut credamus et confiteamur, quia dominus noster Iesus, dei filius, deus pariter et homo est. [29]Deus est ex substantia patris ante saecula genitus, homo ex substantia matris in saeculo natus; [30]perfectus deus, perfectus homo, ex anima rationali et humana carne subsistens; [31]aequalis patri secundum divinitatem, minor patre secundum humanitatem; [32]qui, licet deus sit et homo, non duo tamen, sed unus est Christus; [33]unus autem non conversione divinitatis in carnem, sed assumtione humanitatis in deum: [34]unus omnino non confusione substantiae, sed unitate personae; [35]nam sicut anima rationalis et caro unus est homo, ita et deus et homo unus est Christus;

[36]qui passus est pro salute nostra, descendit ad inferos, [37]tertia die resurrexit a mortuis, ascendit in coelos, sedet ad dexteram patris, inde venturus iudicare vivos et mortuos; [38]ad cuius adventum omnes homines resurgere habent cum corporibus suis et reddituri sunt de factis propriis rationem, [39]et qui bona egerunt, ibunt in vitam aeternam, qui vero mala, in ignem aeternum.

[40]Haec est fides catholica, quam nisi quisque fideliter firmeque crediderit, salvus esse non poterit.

Die Augsburgische Confession von 1530.

Artikel des Glaubens und der Lehre.	Articuli fidei praecipui.
1.	**I.**
Von Gott	**De Deo.**

Erstlich wird einträchtlich gelehrt und gehalten, laut des Beschluß Concilii Nicäni, daß ein einig göttlich Wesen sei, welches genennt wird und wahrhaftiglich ist Gott, und sind doch drei Personen in demselbigen einigen göttlichen Wesen, gleich gewaltig, gleich ewig: Gott Vater, Gott Sohn, Gott heiliger Geist; alle drei Ein göttlich Wesen, ewig, ohne Stück, unermessener Macht, Weisheit und Güte, ohne Ende, ein Schöpfer und Erhalter aller Dinge, der sichtbaren und unsichtbaren. Und wird durch das Wort Persona verstanden nicht ein Stück, nicht eine Eigenschaft in einem andern, sondern das selb bestehet, wie denn die Väter in dieser Sachen dies Wort gebraucht haben.

Derhalben werden verworfen alle Ketzereien, so diesem Artikel zuwider sind, als Manichät[1], die zween Götter gesetzt haben, ein bösen und ein

Ecclesiae magno consensu apud nos docent, decretum Nicaenae synodi de unitate essentiae divinae et de tribus personis verum et sine ulla dubitatione credendum esse; videlicet, quod sit una essentia divina, quae et appellatur et est deus: aeternus, incorporeus, impartibilis, immensa potentia, sapientia, bonitate, creator et conservator omnium rerum, visibilium et invisibilium; et tamen tres sint personae eiusdem essentiae et potentiae et coaeternae, Pater, Filius et Spiritus sanctus. Et nomine personae utuntur ea significatione, qua usi sunt in hac causa scriptores ecclesiastici, ut significet non partem aut qualitatem in alio, sed quod proprie subsistit.

Damnant omnes haereses contra hunc articulum exortas, ut Manichaeos, qui duo principia ponebant, bonum et malum; item

---

[1] §. 96.

guten; item Valentiniani²), Arianí³), Eunomiani⁴), Mahometiften⁵), und alle dergleichen, auch Samofateni⁶), alte und neue, so nur Ein Perfon fehen, und von diefen zweien, Wort und heilig Geift, Sophifterei machen, fagen, daß es nicht müffen unterfchiedne Perfonen fein, fondern Wort bedeute leiblich Wort oder Stimme, und der heilige Geift fei gefchaffne Regung in Creaturen.

2.
Von der Erbfünde.

Weiter wird gelehrt, daß nach dem Fall Adä alle Menfchen, so natürlich geboren werden, in Sünden empfangen und geborn werden, das ift, daß fie alle von Mutter Leibe an voll böfer Luft und Neigung find, und keine wahre Gottesfurcht, kein wahren Glauben an Gott von Natur haben können: daß auch diefelbige angeborne Seuch und Erbfünd wahrhaftiglich Sünd fei, und verdamme alle diejenigen unter ewigen Gottes Zorn, fo nicht durch die Taufe und heiligen Geift wiedergeborn werden.

Hie werden verworfen die Pelagianer und andere, fo die Erbfünde nicht für Sünde halten, damit fie die Natur fromm machen durch natürliche Kräft, zu Schmach dem Leben und Verdienft Chrifti⁷).

Valentinianos, Arianos, Eunomianos, Mahometistas et omnes horum similes. Damnant et Samosatenos veteres et neotericos, qui, cum tantum unam personam esse contendant, de verbo et de spiritu sancto astute et impie rhetoricantur, quod non sint personae distinctae, sed quod verbum significet verbum vocale, et spiritus motum in rebus creatum.

II.
De peccato originis.

Item docent, quod post lapsum Adae omnes homines secundum naturam propagati nascantur cum peccato, hoc est, sine metu dei, sine fiducia erga deum et cum concupiscentia; quodque hic morbus seu vitium originis vere sit peccatum, damnans et afferens nunc quoque aeternam mortem his, qui non renascuntur per baptismum et spiritum sanctum.

Damnant Pelagianos et alios, qui vitium originis negant esse peccatum, et, ut extenuent gloriam meriti et beneficiorum Christi, disputant hominem propriis viribus rationis coram deo iustificari posse.

---

²) §. 96. ³) 103. ⁴) Eunomius war ein Arianer. ⁵) §. 107. ⁶) Paulus von Samofata (in Syrien) um 260, er lehrte ähnlich dem Sabellius §. 103. Unter den neuen Samofatenern find die Antitrinitarier der Reformationszeit zu verftehen, vergl. Servet §. 130. Vgl. überhaupt §. 163. ⁷) §. 105. Vergl. überhaupt §§. 166—169. §. 133, 2. 3. 4.

3.

Von dem Sohne Gottes.

Item, es wird gelehrt, daß Gott der Sohn sei Mensch worden, geboren aus Maria der reinen Jungfrauen, und daß die zwo Naturen, göttliche und menschliche, in einer Person, also unzertrennlich, vereinigt Ein Christus sind, welcher wahrer Gott, wahr Mensch ist, wahrhaftig geborn, gelitten, gekreuziget, gestorben und begraben, daß er ein Opfer wäre nicht allein für die Erbsünde, sondern auch für alle andere Sünde, und Gottes Zorn versühnet.

Item, daß derselbig Christus abgestiegen zur Hölle, wahrhaftig am dritten Tag von den Toten auferstanden, aufgefahren gen Himmel, sitzend zur Rechten Gottes, daß er ewig herrsche über alle Creatur und regiere, daß er alle, so an ihn gläuben, durch den heiligen Geist heilige, reinige, stärke, tröste, ihnen auch Leben und allerlei Gaben und Güter austeile, und wider den Teufel und wider die Sünde schütze und beschirme.

Item, daß derselbige Herr Christus endlich wird öffentlich kommen zu richten die Lebendigen und die Todten u. s. w. laut des Symboli Apostolorum[a]).

4.

Von der Rechtfertigung.

Weiter wird gelehrt, daß wir Vergebung der Sünden und Gerechtig-

III.

De filio Dei.

Item docent, quod verbum, hoc est filius dei, assumpserit humanam naturam in utero beatae Mariae virginis, ut sint duae naturae, divina et humana, in unitate personae inseparabiliter coniunctae, unus Christus, vere deus et vere homo: natus ex virgine Maria, vere passus, crucifixus, mortuus et sepultus, ut reconciliaret nobis patrem et hostia esset non tantum pro culpa originis, sed etiam pro omnibus actualibus hominum peccatis.

Idem descendit ad inferos et vere resurrexit tertia die; deinde ascendit ad coelos, ut sedeat ad dexteram patris et perpetuo regnet et dominetur omnibus creaturis, sanctificet credentes in ipsum, misso in corda eorum spiritu sancto, qui regat, consoletur ac vivificet eos ac defendat adversus diabolum et vim peccati.

Idem Christus palam est rediturus, ut iudicet vivos et mortuos etc. iuxta symbolum apostolorum.

IV.

De iustificatione.

Item docent, quod homines non possint iustificari coram deo pro-

[a]) §§. 172—175.

keit vor Gott nicht erlangen mögen
durch unser Verdienst, Werk und
Genugthun; sondern wir bekommen
Vergebung der Sünden und werben gerecht vor Gott aus Gna-
ben um Christus willen durch
ben Glauben, so wir gläuben,
daß Christus für uns gelitten hab,
und daß uns um seinetwillen die
Sünde vergeben, Gerechtigkeit und
ewigs Leben geschenkt wird. Denn
biesen Glauben will Gott für Gerechtigkeit vor ihm halten und zurechnen, wie St. Paulus sagt zu
ben Römern am 3. und 4.[9]).

priis viribus, meritis aut operibus,
sed gratis iustificentur propter
Christum per fidem, cum credunt
se in gratiam recipi et peccata
remitti propter Christum, qui sua
morte pro nostris peccatis satis-
fecit. Hanc fidem imputat deus
pro iustitia coram ipso; Rom. III.
et IV.

5.

Vom Predigtamt.

Solchen Glauben zu erlangen,
hat Gott das Predigtamt eingesetzt, Evangelium und Sa-
kramenta geben, dadurch er als
burch Mittel den heiligen Geist giebt,
welcher den Glauben wirkt, wo und
wann er will, in benen, so das
Evangelium hören, welches da
lehret, daß wir durch Christus
Verdienst, nicht durch unser Ver-
bienst, ein gnädigen Gott haben,
so wir solchs gläuben[10]).
Und werden verbammet die Wie-
bertäufer[11]) und andere, so lehren,
daß wir ohne das leibliche Wort des
Evangelii den heiligen Geist durch
eigene Bereitung, Gedanken und
Werk erlangen.

V.

De ministerio ecclesiastico.

Ut hanc fidem consequamur,
institutum est ministerium do-
cendi evangelii et porrigendi sacramenta. Nam per verbum et
sacramenta, tanquam per instru-
menta, donatur spiritus sanctus,
qui fidem efficit, ubi et quando
visum est deo, in iis, qui audiant
evangelium, scilicet, quod deus
non propter nostra merita, sed
propter Christum iustificet hos,
qui credunt se propter Christum
in gratiam recipi.

Damnant Anabaptistas et alios,
qui sentiunt, spiritum sanctum
contingere sine verbo externo
hominibus per ipsorum praepa-
rationes et opera.

---

[9]) §. 133, 4. §. 182.   [10]) §§. 179. 180.   [11]) §. 125, 6. §. 129. Anmerk.

6.
Vom neuen Gehorsam.

Auch wird gelehret, daß solcher Glaub gute Frucht und gute Werk bringen soll, und daß man müsse gute Werke thun allerlei so Gott geboten hat, umb Gottes willen, doch nicht auf solche Werk zu vertrauen, dadurch Gnad für Gott zu verdienen; denn wir empfahen Vergebung der Sünden und Gerechtigkeit durch den Glauben an Christum, wie Christus spricht: So ihr das alles gethan habt, sollt ihr sprechen, wir sind untüchtige Knecht. Also lehren auch die Väter, denn Ambrosius spricht: Also ists beschlossen bei Gott, daß, wer an Christum gläubt, selig sei, und nicht durch Werk, sondern allein durch Glauben ohne Verdienst Vergebung der Sünden habe[12]).

7.
Von der Kirche.

Es wird auch gelehret, daß allzeit müsse eine heilige christliche Kirche sein und bleiben, welche ist die Versammlung aller Gläubigen, bei welchen das Evangelium rein gepredigt und die heiligen Sakrament laut des Evangelii gereicht werden[13]).

Denn dieses ist genug zu wahrer Einigkeit der christlichen Kirchen, daß da einträchtiglich nach reinem Verstand das Evangelium gepredigt, und die Sakramente dem göttlichen Wort

VI.
De nova obedientia.

Item docent, quod fides illa debeat bonos fructus parere, et quod oporteat bona opera mandata a deo facere propter voluntatem dei, non ut confidamus per ea opera iustificationem coram deo mereri. Nam remissio peccatorum et iustificatio fide apprehenditur, sicut testatur et vox Christi: *Cum feceritis haec omnia, dicite: servi inutiles sumus.* Idem docent et veteres scriptores ecclesiastici. Ambrosius enim inquit: *Hoc constitutum est a deo, ut qui credit in Christum, salvus sit, sine opere, sola fide, gratis accipiens remissionem peccatorum.*

VII.
De ecclesia.

Item docent, quod una sancta ecclesia perpetuo mansura sit. Est autem ecclesia congregatio sanctorum, in qua evangelium recte docetur et recte administrantur sacramenta.

Et ad veram unitatem ecclesiae satis est consentire de doctrina evangelii et administratione sacramentorum, nec necesse est ubique esse similes traditiones humanas, seu ritus aut ceremonias

---

[12]) §. 133, 4; 182. [13]) §. 133, 6; 187.

gemäß gereicht werden, und ist nicht
not zu wahrer Einigkeit der christlichen Kirchen, daß allenthalben gleichförmig Ceremonien von Menschen
eingesetzt gehalten werden, wie Paulus spricht Eph. 4: Ein Leib, Ein
Geist, wie ihr berufen seid zu einerlei Hoffnung eures Berufs, Ein Herr,
Ein Glaub, Ein Taufe.

8.
(Was die Kirche sei.)

Item, wiewohl die christliche
Kirche eigentlich nicht anders ist
denn die Versammlung aller
Gläubigen und Heiligen, jedoch dieweil in diesem Leben viel
falscher Christen und Heuchler, auch
öffentliche Sünder unter den Frommen bleiben, sind die Sakrament
gleichwohl kräftig, obschon die Priester, dadurch sie gereicht werden,
nicht fromm sind, wie Christus an-
zeigt: Auf dem Stuhl Mosi sitzen
die Pharisäer u. s. w. Derhalben
werden die Donatisten 14) und alle
andre verdammt, so anders halten.

9.
Von der Taufe.

Von der Tauf wird gelehrt, daß
sie nötig sei, und daß dadurch Gnad
angeboten wird, daß man auch die
Kinder täufen soll, welche durch solche
Tauf Gott überantwort und gefällig
werden 15). Derhalben werden die

ab hominibus institutas; sicut inquit Paulus: *Una fides, unum
baptisma, unus deus et pater
omnium etc.*

VIII.
De sacramentorum admini-nistratione.

Quanquam ecclesia proprie sit
congregatio sanctorum et vere credentium, tamen, cum in hac vita
multi hypocritae et mali admixti
sint, licet uti sacramentis, quae per
malos administrantur, iuxta vocem
Christi: *Sedent scribae et pha-
risaei in cathedra Mosis etc.*
Et sacramenta et verbum propter ordinationem et mandatum
Christi sunt efficacia, etiamsi
per malos exhibeantur.
Damnant Donatistas et similes,
qui negabant licere uti ministerio
malorum in ecclesia, et sentiebant
ministerium malorum inutile et
inefficax esse.

IX.
De baptismo.

De baptismo docent, quod sit
necessarius ad salutem, quodque
per baptismum offeratur gratia dei,
et quod pueri sint baptizandi, qui
per baptismum oblati deo reci-
piantur in gratiam dei.

---

14) K. 105, 2; 98. Vgl. Wiclif §. 121.   15) §. 183, 5. §. 190

Wiedertäufer verworfen, welche lehren, daß die Kindertauf nicht recht sei.

Damnant Anabaptistas, qui
improbant baptismum puerorum
et affirmant pueros sine baptismo
salvos fieri.

10.
Vom heiligen Abendmahl.

Von dem Abendmahl des
Herrn wird also gelehret, daß wahrer Leib und Blut Christi wahrhaftiglich unter Gestalt des Brots und
Weins im Abendmahl gegenwärtig
sei, und da ausgeteilt und genommen wird. Derhalben wird auch
die Gegenlahr verworfen[10]).

X.
De coena Domini.

De coena domini docent, quod
corpus et sanguis Christi vere ad-
sint et distribuantur vescentibus
in coena domini, et improbant
secus docentes.*)

11.
Von der Beichte.

Von der Beicht wird also gelehrt, daß man in der Kirchen pri-
vatam Absolutionem erhalten und
nicht fallen lassen soll, wiewohl in
der Beicht nicht not ist, alle Missethat und Sünden zu erzählen, dieweil doch solchs nicht möglich ist;
Psalm 18 (19): Wer kennet die
Missethat?[17])

XI.
De confessione.

De confessione docent, quod
absolutio privata in ecclesiis re-
tinenda sit, quanquam in confessione non sit necessaria omnium
delictorum enumeratio. Est enim
impossibilis iuxta psalmum: *De-
licta quis intelligit?*

12.
Von der Buße.

Von der Buße wird gelehrt,
daß diejenigen, so nach der Taufe gesündigt haben, zu aller Zeit, so sie
zur Buße kommen, Vergebung der
Sünden erlangen, und ihnen die Absolutio von der Kirchen nicht soll ge-
wegert werden. Nu ist wahre rechte

XII.
De poenitentia.

De poenitentia docent, quod
lapsis post baptismum contingere
possit remissio peccatorum quo-
cunque tempore, cum convertun-
tur, et quod ecclesia talibus
redeuntibus ad poenitentiam absolutionem impartiri debeat.

---

¹⁶) §. 190; 133, 5; 117; 112. ¹⁷) §. 117. 180.
*) Editio variata (1540): *De coena domini docent, quod cum pane et
vino vere exhibeantur corpus et sanguis Christi vescentibus in coena domini.*

Buße eigentlich nicht anders, denn Reu und Leid oder Schrecken haben über die Sünd und doch darneben glauben an das Evangelium und Absolution,[18]) daß die Sünde vergeben und durch Christum Gnad erworben sei, welcher Glaub wiederumb das Herz tröst und zufrieden macht.

Darnach soll auch Besserung folgen, und daß man von Sünden lasse; denn dies sollen die Früchte der Buße sein, wie Johannes spricht, Matth. 3: Wirket rechtschaffene Früchte der Buße.

Hie werden verworfen die, so lehren, daß diejenigen, so einest sind fromm worden, nicht wieder fallen mögen[19]).

Dagegen auch werden verdammet die Novatiani[20]), welche die Absolutio denen, so nach der Tauf gesündigt hatten, wegerten.

Auch werden die verworfen, so nicht lehren, daß man durch Glauben Vergebung der Sünden erlange, sondern durch unser Gnugthun.

Constat autem poenitentia proprie his duabus partibus: altera est contritio, seu terrores incussi conscientiae, agnito peccato; altera est fides, quae concipitur ex evangelio seu absolutione, et credit propter Christum remitti peccata, et consolatur conscientiam et ex terroribus liberat. Deinde sequi debent bona opera, quae sunt fructus poenitentiae.

Damnant Anabaptistas, qui negant semel iustificatos posse amittere spiritum sanctum: item, qui contendunt quibusdam tantam perfectionem in hac vita contingere, ut peccare non possint.[19])

Damnantur et Novatiani, qui nolebant absolvere lapsos post baptismum, redeuntes ad poenitentiam.

Reiiciuntur et isti, qui non docent remissionem peccatorum per fidem contingere, sed iubent nos mereri gratiam per satisfactiones nostras.

19.
Vom Gebrauch der Sakramente.

Vom Brauch der Sakrament wird gelehret, daß die Sakrament eingesetzt sind nicht allein darumb, daß sie Zeichen sind, dabei man äußerlich die Christen kennen möge, sondern daß es Zeichen und Zeugnis sind göttlichs Willens gegen uns, unsern Glauben dadurch zu erwecken und zu stärken, derhalben sie auch Glau-

XIII.
De usu sacramentorum.

De usu sacramentorum docent quod sacramenta instituta sint non modo ut sint notae professionis inter homines, sed magis ut sint signa et testimonia voluntatis dei erga nos, ad excitandam et confirmandam fidem in his, qui utuntur, proposita. Itaque utendum est sacramentis ita, ut fides accedat,

---

18) §. 180.   19) §. 183.   20) §. 98.

ben forbern, unb bann redjt gebraudjt
werben, fo mans im Glauben em=
pfangen l)at unb ben Glauben ba=
burdj ftärlt ¹¹).

quae credat promissionibus, quae
per sacramenta exhibentur et
ostenduntur.

Damnant igitur illos, qui docent, quod sacramenta ex opere
operato iustificent, nec docent
fidem requiri in usu sacramentorum, quae credat remitti peccata.

14.
Vom Kirdjenregiment.

Bom Kirdjenregiment wirb
geleljrt, baß niemanb in ber Kirdjen
öffentlidj leljren ober prebigen ober
Saframent reidjen foll oljn orbent=
lidjen Beruf²²).

XIV.
De ordine ecclesiastico.

De ordine ecclesiastico docent,
quod nemo debeat in ecclesia pu-
blice docere aut sacramenta ad-
ministrare, nisi rite vocatus.

15.
Von Kirdjenorbnungen.

Von Kirdjenorbenung, von
Menfdjen gemadjt, leljret man bie=
jenige ljalten, fo oljne Sünbe möge
geljalten werben, unb ʒu Frieben unb
guter Orbnung in ber Kirdjen bie=
nen, als gewiffe Feier, Feft unb ber=
gleidjen. Dodj gefdjieljt Unterridjt
babei, baß man bie Gewiffen bamit
nidjt befdjweren foll, als fei foldj
Ding nötig ʒur Seligleit.

Darüber wirb geleljrt, baß alle
Saßungen unb Trabitionen   von
Menfdjen, ber Meinung gemadjt, baß
man baburdj Gott verfüljne unb Gnab
verbiene, bem Evangelio unb ber
Leljre vom Glauben an Christum ent=
gegen finb. Derljalben finb Klofter=
gelübb unb anbere Trabition von
Unterfdjieb ber Speis, Tag u. f. w.,
baburdj man vermeint Gnab ʒu ver=
bienen unb für Sünbe gnug ʒu thun,
untüdjtig unb wiber bas Evangelium.

XV.
De ritibus ecclesiasticis.

De ritibus ecclesiasticis docent,
quod ritus illi servandi sint, qui
sine peccato servari possunt et
prosunt ad tranquillitatem et bonum ordinem in ecclesia, sicut
certae feriae, festa et similia. De
talibus rebus tamen admonentur
homines, ne conscientiae oneren-
tur, tanquam talis cultus ad salutem necessarius sit.

Admonentur etiam, quod traditiones humanae, institutae ad pla-
candum deum, ad promerendam
gratiam et satisfaciendum pro peccatis, adversentur evangelio et
doctrinae fidei; quare vota et
traditiones de cibis et diebus etc.,
institutae ad promerendam gratiam et satisfaciendum pro pec
catis, inutiles sint et contra evangelium.

¹¹) §. 133, 5. 190. ²²) §. 188.

16.
Von Polizei und welt=
lichem Regiment.

Von Polizei und weltlichem
Regiment wird gelehrt, daß alle
Oberkeit in der Welt und geordnete
Regiment und Gesetze, gute Ordenung
von Gott geschaffen und eingesetzt sind,
und daß Christen mögen in Oberkeit,
Fürsten= und Richterampt ohne Sünde
sein, nach kaiserlichen und andern üb=
lichen Rechten Urteil und Recht spre=
chen, Uebelthäter mit dem Schwert
strafen, rechte Kriege führen, streiten,
laufen und verkaufen, aufgelegte Eide
thun, Eigen haben, ehelich sein u. f. w.
Hie werden verdammet die Wie=
dertäufer, so lehren, daß der oban=
gezeigten keins christlich sei [23]).

Auch werden diejenige verdampt,
so lehren, daß christliche Vollkommen=
heit sei, Haus und Hof, Weib und
Kind leiblich verlassen, und sich der vor=
berührten Stück äußern, so doch dies
allein rechte Vollkommenheit ist: rechte
Furcht Gottes und rechter Glaub an
Gott; denn das Evangelium lehret
nicht ein äußerlich, zeitlich, sondern
innerlich, ewig Wesen und Gerechtig=
keit des Herzens, und stößet nicht umb
weltlich Regiment, Polizei und Ehe=
stand, sondern will, daß man solchs
alles halte als wahrhaftige Gottes=
Ordnung, und in solchen Ständen
christliche Liebe und rechte gute Werke
ein jeder nach seinem Beruf, beweise.
Derhalben sind die Christen schuldig,
der Oberkeit unterthan und ihren Ge=
boten und Gesetzen gehorsam zu sein

---

²³) §. 125, 7.

XVI.
De rebus civilibus.

De rebus civilibus docent, quod
legitimae ordinationes civiles sint
bona opera dei; quod Christianis
liceat gerere magistratus, exercere iudicia, iudicare res ex im-
peratoriis et aliis praesentibus
legibus, supplicia iure constituere,
iure bellare, militare, lege con-
trahere, tenere proprium, insiu-
randum postulantibus magistratibus dare, ducere uxorem, nubere.

Damnant Anabaptistas, qui in-
terdicunt haec civilia officia Christianis.

Damnant et illos, qui evange-
licam perfectionem non collocant
in timore dei et fide, sed in de-
serendis civilibus officiis; quia
evangelium tradit iustitiam aeternam cordis; interim non dissipat
politiam .aut oeconomiam, sed
maxime postulat conservare tanquam ordinationes dei, et in talibus ordinationibus exercere ca-
ritatem. Itaque necessario debent
Christiani obedire magistratibus
suis et legibus; nisi cum iubent
peccare: tunc enim magis debent
obedire deo quam hominibus.
Act. V.

in allem, so ohne Sünde geschehen
mag; denn so der Oberkeit Gebot ohne
Sünd nicht geschehen mag, soll man
Gott mehr gehorsam sein, denn den
Menschen, Act. 4 (4, 19; 5, 29).

17.

Von der Wiederkunft Christi zum Gericht.

Auch wird gelehrt, daß unser
Herr Jesus Christus am jüngsten Tag kommen wird zu richten, und alle Toten auferwecken,
den Gläubigen und Auserwählten
ewigs Leben und ewige Freude geben, die gottlosen Menschen aber
und die Teufel in die Höll und
ewig Straf verdammen[14]).

Derhalben werden die Wiedertäufer verworfen, so lehren, daß die Teufel und verdampte Menschen nicht
ewige Pein und Qual haben werden.

Item, hie werden verworfen etliche
jüdische Lehren, die sich auch jetzund
eräugen, daß für der Auferstehung der
Toten eitel heilige Fromme ein weltlich Reich haben und alle Gottlosen
vertilgen werden[15]).

18.

Vom freien Willen.

Vom freien Willen wird also
gelehret: daß der Mensch etlichermaße
ein freien Willen hat äußerlich ehrbar
zu leben, und zu wählen unter denen
Dingen, so die Vernunft begreift; aber
ohne Gnad, Hülf und Wirkung des

XVII.

De Christi reditu ad iudicium.

Item docent, quod Christus apparebit in consummatione mundi
ad iudicandum, et mortuos omnes
resuscitabit, piis et electis dabit
vitam aeternam et perpetua gau-
dia, impios autem homines ac
diabolos condemnabit, ut sine
fine crucientur.

Damnant Anabaptistas, qui sentiunt hominibus damnatis ac dia-
bolis finem poenarum futurum
esse.

Damnant et alios, qui nunc
spargunt Iudaicas opiniones, quod
ante resurrectionem mortuorum
pii regnum mundi occupaturi sint,
ubique oppressis impiis.

XVIII.

De libero arbitrio.

De libero arbitrio docent, quod
humana voluntas habeat aliquam
libertatem ad efficiendam civilem
iustitiam et deligendas res rationi
subiectas. Sed non habet vim
sine spiritu sancto efficiendae

---

[14]) §. 191 ff.   [15]) Der Chiliasmus. Vergl. die Lehre von der Wiederherstellung der Dinge: ἀποκατάστασις πάντων. §. 99.

heiligen Geiſts vermag der Menſch nicht Gott gefällig zu werden, Gott herzlich zu fürchten oder zu gläuben, oder die angeborn böſe Luſt aus dem Herzen zu werfen, ſondern ſolchs geſchicht durch den heiligen Geiſt, welcher durch Gottes Wort geben wird; denn Paulus ſpricht 1. Cor. 2: Der natürlich Menſch vernimpt nichts vom Geiſt Gottes.

Und damit man erkennen möge, daß hierin kein Neuigkeit gelehrt wird, ſo ſind das die klaren Wort Auguſtini vom freien Willen hiebei geſchrieben aus dem dritten Buch Hypognoſtikon: Wir bekennen, daß in allen Menſchen ein freier Wille iſt, denn ſie haben ja alle natürlich angeborn Verſtand und Vernunft, nicht daß ſie etwas vermögen mit Gott zu handeln, als Gott von Herzen zu lieben, zu fürchten: ſondern allein in äußerlichen Werken dieſes Lebens haben ſie Freiheit, Gutes oder Böſes zu wählen: Gut mein ich, das die Natur vermag, als auf dem Acker zu arbeiten oder nicht, zu eſſen, zu trinken, zu einem Freund zu gehen oder nicht, ein Kleid an oder auszuthun, zu bauen, ein Weib zu nehmen, ein Handwerk zu treiben, und dergleichen etwas Nützlichs und Guts zu thun: welches alles doch ohne Gott nicht iſt noch beſtehet; ſondern alles aus ihm und durch ihn iſt. Dagegen kann der Menſch auch Böſes aus eigener Wahl fürnehmen, als für einem Abgott nieder zu knieen, einen Totſchlag zu thun u. ſ. w.

iustitiae dei seu iustitiae spiritualis, quia animalis homo non percipit ea, quae sunt spiritus dei; sed haec fit in cordibus, cum per verbum spiritus sanctus concipitur.

Haec totidem verbis dicit Augustinus lib. III. Hypognosticon: *Esse fatemur liberum arbitrium omnibus hominibus, habens quidem iudicium rationis, non per quod sit idoneum [in iis], quae ad deum pertinent, sine deo aut inchoare aut certe peragere; sed tantum in operibus vitae praesentis tam bonis quam etiam malis; bonis dico, quae de bono naturae oriuntur, id est: velle laborare in agro, velle manducare et bibere, velle habere amicum, velle habere indumenta, velle fabricare domum, uxorem velle ducere, pecora nutrire, artem discere diversarum rerum bonarum, velle quicquid bonum ad praesentem pertinet vitam; quae omnia non sine divino gubernaculo subsistunt, imo ex ipso et per ipsum sunt et esse coeperunt; malis vero dico, ut est: velle idolum colere, velle homicidium etc.*

Damnant Pelagianos et alios,[88]) qui docent, qnod sine spiritu sancto solis naturae viribus possimus deum super omnia diligere, item praecepta dei facere quoad substantiam actuum. Quanquam enim externa opera aliquo modo efficere natura possit (potest enim continere manus a furto, a caede), tamen interiores motus non potest efficere, ut timorem dei, fiduciam erga deum, castitatem, patientiam etc.

19.
Von Ursach der Sünden.

Von Ursach der Sünden wird bei uns gelehret, daß wiewohl Gott der allmächtige die ganze Natur geschaffen hat und erhält, so wirkt doch der verkehrte Wille die Sünd in allen Bösen und Verächtern Gottes, wie denn des Teufels Wille ist und aller Gottlosen, welcher alsbald, so Gott die Hand abgethan, sich von Gott zum Argen gewandt hat, wie Christus spricht, Joh. 8: der Teufel redet Lügen aus seinem Eigen.

XIX.
De causa peccati.

De causa peccati docent, quod, tametsi deus creat et conservat naturam, tamen causa peccati est voluntas malorum, videlicet diaboli et impiorum, quae non adiuvante deo avertit se a deo, sicut Christus ait Ioann. VIII.: *Cum loquitur mendacium, ex se ipso loquitur.*

20.
Vom Glauben und guten Werken.

Den Unsern wird mit Unwahrheit aufgelegt, daß sie gute Werke verbieten; denn ihre Schriften von zehen Geboten und andere beweisen, daß sie von rechten christlichen Ständen und Werken guten nützlichen Bericht und Ermahnung gethan haben, davon man für dieser Zeit wenig gelehret hat, sondern allermeist in allen Predigten auf kindische unnötige Werk, als Rosenkränz, Heiligendienst, Mönch werden, Wallfahrten, gesatzten Fasten, Feiern, Brüderschaften u. s. w. getrieben. Solche unnötige Werk rühmet auch unser Widerpart nun nicht mehr so hoch als vor Zeiten, darzu haben sie auch gelernet nun vom Glauben zu reden, davon sie doch in Vorzeiten gar nichts geprediget haben; lehren dennoch nun, daß wir nicht allein aus Werken vor Gott gerecht werden, sondern setzen den Glauben

XX.
De fide et bonis operibus.

Falso accusantur nostri quod bona opera prohibeant. Nam scripta eorum, quae extant de decem praeceptis, et alia simili argumento testantur, quod utiliter docuerint de omnibus vitae generibus et officiis, quae genera vitae, quae opera in qualibet vocatione deo placeant. De quibus rebus olim parum docebant concionatores; tantum puerilia et non necessaria opera urgebant, ut certas ferias, certa ieiunia, fraternitates, peregrinationes, cultus sanctorum, rosaria, monachatum et similia. Haec adversarii nostri admoniti nunc dediscunt, nec perinde praedicant haec inutilia opera ut olim. Praeterea incipiunt fidei mentionem facere, de qua olim mirum erat silentium; docent nos non tantum operibus iustificari, sed coniungunt fidem an Christum darzu und sprechen: Glaub und Werk machen uns gerecht vor Gott; welche Rede mehr Trosts bringen mag, dann so man allein lehret auf Werk zu vertrauen.

Dieweil nun die Lehre vom Glauben, die das Hauptstück ist, im christlichen Wesen so lange Zeit, wie man bekennen muß, nicht getrieben worden, sondern allein Werklehr an allen Orten geprediget, ist davon durch die Unsern solcher Unterricht geschehen:

Erstlich, daß uns unsere Werk nicht mögen mit Gott versöhnen und Gnad erwerben, sondern solchs geschicht allein durch den Glauben, so man glaubet, daß uns umb Christus willen die Sünde vergeben werden, welcher allein der Mittler ist, den Vater zu versöhnen. Wer nun solches vermeint durch Werk auszurichten und Gnad zu verdienen, der verachtet Christum, und suchet ein eigen Weg zu Gott wider das Evangelium.

Diese Lehre vom Glauben ist öffentlich und klar im Paulo an vielen Orten gehandelt, sonderlich zu den Ephes. 2: Aus Gnaden seid ihr selig worden durch den Glauben, und dasselbig nicht aus euch, sondern es ist Gottes Gab, nicht aus Werken, damit sich niemand rühme, u. s. w. Und daß hierin kein neuer Verstand eingeführet sei, kann man aus St. Augustino beweisen, der diese Sache fleißig handelt, und auch also lehret, daß wir durch den Glauben an Christum Gnad erlangen und vor Gott gerecht werden, nicht durch Werk, wie sein ganz Buch de Spiritu et Litera ausweiset.

et opera, et dicunt nos fide et operibus iustificari. Quae doctrina tolerabilior est priore, et plus afferre potest consolationis quam vetus ipsorum doctrina.

I. Cum igitur doctrina de fide, quam oportet in ecclesia praecipuam esse, tam diu iacuerit ignota (quemadmodum fateri omnes necesse est, de fidei iustitia altissimum silentium fuisse in concionibus, tantum doctrinam operum versatam esse in ecclesiis), nostri de fide sic admonuerunt ecclesias:

Principio, quod opera nostra non possint reconciliare deum aut mereri remissionem peccatorum et gratiam et iustificationem; sed hanc tantum fide consequimur, credentes, quod propter Christum recipiamur in gratiam, qui solus positus est mediator et propitiatorium, per quem reconcilietur pater. Itaque qui confidit operibus se mereri gratiam, is aspernatur Christi meritum et gratiam, et quaerit sine Christo humanis viribus viam ad deum, cum Christus de se dixerit: *Ego sum via, veritas et vita.*

Haec doctrina de fide ubique in Paulo tractatur; Eph. II. *Gratia salvi facti estis per fidem, et hoc non ex vobis; dei donum est, non ex operibus, etc.*

Et ne quis cavilletur, a nobis novam Pauli interpretationem excogitari, tota haec causa habet testimonia patrum. Nam Augustinus multis voluminibus defendit gratiam et iustitiam fidei contra meritum operum. Et similia docet Ambrosius de vocatione gentium et alibi. Sic enim inquit de vocatione gentium: *Vilesceret redemtio sanguinis Chri-*

Wiewohl nun diese Lehre bei unverfuchten Leuten sehr veracht wird, so befindet sich doch, daß sie den blöden und erschrockenen Gewissen sehr tröstlich und heilsam ist; denn das Gewissen kann nicht zu Ruhe und Frieden kommen durch Werk, sondern allein durch Glauben, so es bei sich gewißlich schleußt, daß es um Christus willen einen gnädigen Gott hab, wie auch Paulus spricht, Röm. 5: So wir durch Glauben sind gerecht worden, haben wir Ruhe und Frieden vor Gott.

Diesen Trost hat man vor Zeiten nicht getrieben in Predigten, sondern die armen Gewissen auf eigne Werk getrieben; und sind mancherlei Werk fürgenommen; denn etzlich hat das Gewissen in die Klöster gejaget, der Hoffnung, daselbst Gnad zu erwerben durch Klosterleben; etzlich haben andere Werk erdacht, damit Gnad zu verdienen und für die Sünde gnug zu thun. Derselbigen viel haben erfahren, daß man dadurch nicht ist zu Frieden kommen; darum ist not gewesen, diese Lehre vom Glauben an Christum zu predigen und fleißig zu treiben, daß man wisse, daß man allein durch den Glauben, ohn Verdienst, Gottes Gnad ergreife.

Es geschieht auch Unterricht, daß man hie nicht von solchem Glauben redet, den auch die Teufel oder Gottlosen haben, die auch die Historien glauben, daß Christus gelitten hab und auferstanden sei von den Toten; sondern man redet von wahrem Glauben, der da gläubet, daß wir durch Christum Gnad und Vergebung der Sünde erlangen, und der nun weiß, daß er ein gnä-

sti, nec misericordia Dei humanorum operum praerogativa succumberet, si iustificatio, quae fit per gratiam, meritis praecedentibus deberetur, ut non munus largientis sed merces esset operantis.

Quanquam autem haec doctrina contemnitur ab imperitis: tamen experiuntur piae ac pavidae conscientiae plurimum eam consolationis afferre, quia conscientiae non possunt reddi tranquillae per ulla opera, sed tantum fide, cum certo statuunt, quod propter Christum habeant placatum deum; quemadmodum Paulus docet Rom. V.: *Iustificati per fidem pacem habemus apud deum.* Tota haec doctrina ad illud certamen perterrefactae conscientiae referenda est, nec sine illo certamine intelligi potest. Quare male iudicant de ea re homines imperiti et profani, qui Christianam iustitiam nihil esse somniant nisi civilem et philosophicam iustitiam.

Olim vexabantur conscientiae doctrina operum, non audiebant ex evangelio consolationem. Quosdam conscientia expulit in desertum, in monasteria, sperantes ibi se gratiam merituros esse per vitam monasticam. Alii alia excogitaverunt opera ad promerendam gratiam et satisfaciendum pro peccatis. Ideo magnopere fuit opus hanc doctrinam de fide in Christum tradere et renovare, ne deesset consolatio pavidis conscientiis, sed scirent fide in Christum apprehendi gratiam et remissionem peccatorum et iustificationem.

Admonentur etiam homines, quod hic nomen fidei non significet tantum historiae notitiam, qualis

tigen Gott durch Christum hat,
kennet also Gott, rufet ihn an,
und ist nicht ohn Gott wie die
Helden. Denn Teufel und Gott=
lose glauben diesen Artikel: Ver=
gebung der Sünde, nicht; darum
sind sie Gott feind, können ihn
nicht anrufen, nicht Guts von ihm
hoffen. Und also, wie jetzt ange=
zeigt ist, redet die Schrift vom
Glauben, und heißet nicht Glauben
ein solches Wissen, das Teufel und
gottlose Menschen haben (denn
also wird vom Glauben gelehret,
zu den Hebr. am 11.: daß Glauben
sei nicht allein die Historien wissen,
sondern, Zuversicht haben zu Gott,
seine Zusag zu empfahen. Und
Augustinus erinnert uns auch, daß
wir das Wort Glauben in der
Schrift verstehen sollen, daß es
heiße Zuversicht zu Gott, daß er
uns gnädig sei, und heiße nicht
allein solch Historien wissen, wie
auch die Teufel wissen²⁷).

Ferner wird gelehret, daß gute
Werk sollen und müssen geschehen,
nicht daß man darauf vertrau,
Gnad damit zu verdienen, sondern
um Gottes willen und Gott zu
Lob; der Glaub ergreift allzeit
allein Gnad und Vergebung der
Sünde. Und dieweil durch den
Glauben der heilig Geist geben
wird, so wird auch das Herz ge=
schickt, gute Werk zu thun; denn
zuvor, dieweil es ohne den heiligen
Geist ist, so ist es zu schwach;
dazu ist es ins Teufels Gewalt,
der die arme menschliche Natur zu
viel Sünden treibet, wie wir sehen
in den Philosophen, welche sich un=
terstanden ehrlich und unsträflich zu
leben, haben aber dennoch solchs
nicht ausgericht, sondern sind in
viel große öffentliche Sünden ge=

est in impiis et diabolo, sed significet fidem, quae credit non
tantum historiam sed etiam effec-
tum historiae, videlicet hunc articulum: *Remissionem peccatorum*, quod videlicet per Christum
habeamus gratiam, iustitiam et
remissionem peccatorum.

Iam qui scit se per Christum
habere propitium patrem, si vere
novit deum, scit se ei curae esse,
invocat eum, denique non est
sine deo sicut gentes. Nam Diaboli et impii non possunt hunc
articulum credere, *Remissionem
peccatorum*. Ideo deum tanquam
hostem oderunt, non invocant
eum, nihil boni ab eo expectant.
Augustinus etiam de fidei nomine
hoc modo admonet lectorem, et
docet in scripturis nomen fidei
accipi non pro notitia, qualis est
in impiis, sed pro fiducia, quae
consolatur et erigit perterrefac-
tas mentes.

II. Praeterea docent nostri,
quod necesse sit bona opera facere, non ut confidamus per ea
gratiam mereri, sed propter voluntatem dei. Tantum fide apprehenditur remissio peccatorum
ac gratia. Et quia per fidem ac-
cipitur spiritus sanctus, iam corda
renovantur et induunt novos affectus, ut parere bona opera
possint. Sic enim Ambrosius:
*Fides bonae voluntatis et iustae
actionis genitrix est.* Nam humanae vires sine spiritu sancto
plenae sunt impiis affectibus, et
sunt imbecilliores quam ut bona
opera possint efficere coram deo.
Ad haec sunt in potestate diaboli,
qui impellit homines ad varia
peccata, ad impias opiniones, ad
manifesta scelera; quemadmodum

---

²⁷) §. 133, 4; Frag· 21 des Heidelb. Kat.

fallen. Also gehet es mit dem Men=
schen, so er außer rechtem Glauben,
ohn den heiligen Geist ist, und sich
allein durch eigene menschliche Kraft
regieret.

Derhalb ist diese Lehre vom Glau=
ben nicht zu schelten, daß sie gute
Werk verbiete, sondern vielmehr zu
rühmen, daß sie lehre gute Werk
zu thun, und Hülf anbiete, wie
man zu guten Werken kommen
möge. Denn außer dem Glauben
und außerhalb Christo ist menschli=
che Natur und Vermögen viel zu
schwach, gute Werk zu thun, Gott
anzurufen, Gebuld zu haben im
Leiden, den Nächsten zu lieben, be=
fohlene Aemter fleißig auszurichten,
gehorsam zu sein, böse Lust zu
meiden, u. s. w. Solche hohe und
rechte Werk mögen nicht geschehen
ohn die Hilf Christi, wie er selbst
spricht Joh. 15: Ohne mich könnt
ihr nichts thun.

est videre in philosophis, qui
et ipsi conati honeste vivere tamen id non potuerunt efficere,
sed contaminati sunt multis ma-
nifestis sceleribus. Talis est im-
becillitas hominis, cum est sine
fide et sine spiritu sancto, et
tantum humanis viribus se gu-
bernat.

Hinc facile apparet hanc doctrinam non esse accusandam,
quod bona opera prohibeat, sed
multo magis landandam, quod
ostendit, quomodo bona opera
facere possimus. Nam sine fide
nullo modo potest humana natura
primi aut secundi praecepti opera
facere. Sine fide non invocat
deum, a deo nihil exspectat, non
tolerat crucem, sed quaerit humana praesidia, confidit humanis
praesidiis. Ita regnant in corde
omnes cupiditates et humana consilia, cum abest fides et fiducia
erga deum. Quare et Christus
dixit: *Sine me nihil potestis
facere*, Ioann. XV.; et ecclesia
canit: *Sine tuo numine Nihil
est in homine, Nihil est innoxium* [26]).

21.
Vom Dienst der Heiligen.

Vom Heiligenbienst wird von
den Unsern also gelehret, daß man
der Heiligen gedenken soll, auf daß
wir unsern Glauben stärken, so

XXI.
De cultu sanctorum.

De cultu sanctorum docent,
quod memoria sanctorum proponi
potest, ut imitemur fidem eorum
et bona opera iuxta vocationem;

[26]) Aus einer Pfingstsequenz des Königs Robert von Frankreich († 1031)

19*

wir sehen, wie ihnen Gnad wider=
fahren, auch wie ihnen durch Glau=
ben geholfen ist; dazu, daß man
Exempel nehme von ihren guten
Werken, ein jeder nach seinem Be=
ruf, gleich wie Kaiserliche Majestät
seliglich und göttlich dem Exempel
Davids folgen mag, Krieg wider
den Türken zu führen: denn sie
beide sind in königlichem Ampt,
welches Schutz und Schirm ihrer
Unterthanen fordert. Durch Schrift
aber mag man nicht beweisen, daß
man die Heiligen anrufen oder
Hülf bei ihnen suchen soll; denn
es ist allein ein einiger Versühner
und Mittler gesetzt zwischen Gott
und Menschen, Jesus Christus,
1. Tim. 2, welcher ist der einige
Heiland, der einige oberste Priester,
Gnadenstuhl und Fürsprecher für
Gott, Röm. 8, und der hat allein
zugesagt, daß er unser Gebet er=
hören wolle. Das ist auch der
höchste Gottesdienst nach der Schrift,
daß man denselbigen Jesum Christ
in allen Nöten und Anliegen von
Herzen suche und anrufe; 1. Joh. 2:
So jemand sündiget, haben wir
einen Fürsprecher bei Gott, der ge=
recht ist, Jesum [29].

---

[29] §. 133, 7; 175, 2.

ut Caesar imitari potest exem
plum Davidis in bello gerendo ad
depellendos Turcas a patria: nam
uterque rex est. Sed scriptura
non docet invocare sanctos seu
petere auxilium a sanctis, quia
unum Christum nobis proponit
mediatorem, propitiatorium, pon-
tificem et intercessorem. Hic
invocandus est et promisit se
exauditurum esse preces nostras,
et hunc cultum maxime probat,
videlicet ut invocetur in omnibus
afflictionibus; I. Ioh. II. *Si qui,*
peccat, habemus advocatum
apud deum, cet.

Druck von J. Winkelß in Berlin.